Chinese Economists 50 Forum

中国经济 50 人论坛丛书

走进中国经济 50 人论坛

握手中国最有影响力的群体经济学家

中国经济的定力

白重恩 蔡 昉 樊 纲 江小涓
隆国强 杨伟民 易 纲 主编

中信出版集团 | 北京

图书在版编目（CIP）数据

中国经济的定力 / 白重恩等主编 . -- 北京：中信
出版社 , 2019.2
（中国经济 50 人论坛丛书）
ISBN 978-7-5217-0011-4

Ⅰ . ①中… Ⅱ . ①白… Ⅲ . ①中国经济－经济发展－
研究 Ⅳ . ① F124

中国版本图书馆 CIP 数据核字 (2019) 第 013672 号

中国经济的定力

主　　编：白重恩等
出版发行：中信出版集团股份有限公司
　　　　　（北京市朝阳区惠新东街甲 4 号富盛大厦 2 座　邮编　100029）
承 印 者：北京通州皇家印刷厂

开　　本：787mm×1092mm　1/16　　　印　　张：34.25　　　字　　数：400 千字
版　　次：2019 年 2 月第 1 版　　　　印　　次：2019 年 2 月第 1 次印刷
广告经营许可证：京朝工商广字第 8087 号
书　　号：ISBN 978-7-5217-0011-4
定　　价：88.00 元

序 言 《《《

"中国经济50人论坛"完全是一个非官方的学术组织，其目的是使一些学者能够经常地相互交流与沟通，定期或不定期地在一起讨论一些大家正在进行着的研究课题，相互启发一些研究思路。它不像美国的总统经济顾问委员会，是一个政府机构，也不像法国总理府搞的"经济40人"，德国科学院的"智人团"等，多少有些"官方色彩"。中国经济50人论坛完全像是一个"同人会"，尽管它的一些成员有政府职位，尽管在最初的成立阶段，国家信息中心和中国经济信息网提供了重要的组织方面的支持，但它本身不是一个（也没有意图成为一个）正式的机构，而只是一些经济学者自发组织进行交流的平台。

"中国经济50人论坛"成立以来，搞了不少"封闭式"（没有媒体报道）的研讨会，但"长安讲坛"，则是一个面对公众的政策论坛，对任何参加者都不收取任何费用，每次活动请一位经济专家或学者，就自己近期研究的一个问题，做40~60分钟的演讲，然后听取听众的批评、提问，并答疑、讨论30分钟，在一个半小时的时间里，可以将一个问题相当深入地讨论一番。对听众来说，可以从专家的演讲和答疑中获得大量的信息、知识，可快捷地了解到这一方面问题目前研究的前沿状况；而对讲演者来说，这不仅是一个发布自己研究成果的讲坛，也是一个直接听取批评、发现问题、得到反馈，以便改进自己研究的绝好机会。中国经济 50 人论坛多年来坚持每两个星期搞一次"长安讲坛"，几乎所有在经济理论和经济政策领域里有所建树的学者、专家，都到论坛上宣讲过自己的研究成果，涉及范围广泛，讨论问题深入。回顾起来，已颇为壮观。也正因如此，出版界和我们论坛的组织者觉得，将"长安讲坛"和其他一些相关的公共论坛上大家的发言或发言的论文收为文集，或许具有一定的学术价值，也得以使大家的研究成果产生更大的社会影响。

在这套丛书出版过程中，各位作者当然会对自己的论文或演讲稿进行一些修改和补充，在一定程度上，这里收集的东西，已经不同于当初在论坛上宣讲的内容，但这其实也是论坛本身的成果，体现了论坛的作用，因为论坛的目的就是为了在更广泛的讨论和辩论中，使大家的观点得到修整和完善。不过，在这套丛书中，我们仍然可以看到这几年来大家所关心、所讨论的问题的踪迹，这也是一个历史的记录。

我们将努力把论坛的活动继续办下去，因此，这套丛书也会不断地出下去，也许会更加及时地反映论坛上大家所讨论的问题，使更多不能身临论坛的读者，能够及时了解论坛上的话题，以各种方式加入到经济问题的讨论中来。毕竟，中国的经济改革与经济发展，需要更多的人参与，需要有更多的新观点、新思想、新办法，需要有更多的民主机制，来解决我们所面临的和将要面临的各种难题，确保中国能够持续地发展下去。

樊　纲

目 录

中国经济 50 人论坛丛书
Chinese Economists 50 Forum

第一章　转向高质量发展的中国经济

Chinese Economists 50 Forum

Chinese Economists 50 Forum

改革开放四十年经济学总结[1]

李稻葵[2]

今天这个话题略微学术化，那就是如何从经济学的角度回顾、反思、总结我们四十年的改革开放历程。

我想分四个方面同大家交流。第一，为什么要从经济学层面总结四十年的改革开放。第二，如何在经济学层面总结改革开放四十年。第三，试探性地总结改革开放四十年在经济学层面上的、有可能向世界推广的几条经验。第四，作为经济学研究者、教学者，应该怎样推进中国的经济学学科建设。

一、为什么要从经济学层面来总结四十年的改革开放

我们可以从许多层面总结这四十年。比如，哲学层面，我们提出了实践是检验真理的唯一标准。政治层面，我们始终坚持中国共产党的领导。治理层面，我们坚持渐进式的改革而不是"巨变式"的革命。

---

① 本文根据长安讲坛第 334 期内容整理而成。
② 李稻葵，中国经济 50 人论坛特约专家，清华大学中国与世界经济研究中心主任。

国际关系层面，我们积极参与国际秩序的不断完善。当然，我的话题是为什么要从经济学层面总结改革开放的四十年。我认为，至少有三个原因。

第一个原因，从经济学的角度总结这四十年有助于我们进一步推进改革开放的事业。我们的改革还没有完成，要把改革进行到底就必须要知道改革的终极目标是什么。即便我们无法准确地描述终极目标，也要讲清楚基本目标，否则改革就容易失去方向。未来一段时间国家发展的总体目标在党的十九大报告与总书记的系列讲话中表述得很清楚，但是在经济学层面学者应该做出更清晰的论述。2050年我国的经济体制是怎样的？这个问题需要在经济学层面进行学术探讨。

中国的经济体制与英国、美国的体制相比不一样，因为我们的文化不同。坦率地讲，二三百年前英国人、美国人的治国、建国理念是受犹太教、基督教影响的，接受"神"的引导。特朗普总统、班农等都有宗教信仰，传播神的精神是他们血液中的使命。他们参与叙利亚、索马里的斗争，他们与俄罗斯斗争，其中都有这些宗教成分掺杂在里面。虽然我们的文化不同，但是我们讲世界大同、和而不同。文化、理念不同，因此经济体制也会不同。究竟哪些方面会有所不同、怎样不同？这要在经济学层面进行研究，否则实践中不好把握好方向。要把改革进行到底需要有经济体制方面的方向感，要知道过去哪些做对了，哪些做错了，这样才能将改革进行到底。

第二个原因，中国经济的升级遇到了瓶颈，我们没有在国际上表达清楚我们许多做法的逻辑与正当性。因此，在贸易谈判中对方天然地认为我们的做法不公平。我曾与一位美籍华人谈话，她在美国奥巴马的政府里做过财政部部长助理。她对我说，中国目前的做法处在"底线"上，美国在"上面"，这是不公平的，因此中国必须提高，没有讨价还价的余地。我反驳说谈判就意味着相互让步，特朗普总统在《交易的艺术》中也是这样讲的。她不同意，认为中国的做法不公平，占了便宜。比如中国扶持国有企业，限制外国企业进入，政府采购设置国家经济安全限制，等等。究其根本，我们没有讲清楚自己的哪些实践在学理上是对的，哪些在国际上能站住脚，哪些需要改革。与她的谈话让我感到有些沉重。我觉得我们与美国人谈判真艰难、真痛苦、真有压力，是因为我们的学者没有把道理、实践讲清楚。

美国和欧洲到目前也不承认我们是市场经济国家。按照加入 WTO（世界贸易组织）的协议，"入世"十五年之后中国将自动成为市场经济国家，具体条文不再赘述。现在我们正在 WTO 进行申诉，告欧盟、美国不遵守协议。美国、欧洲却坚持认为中国不是市场经济国家，中国的很多做法不符合市场经济国家的定义。现在 WTO 的机制也遇到了困难，七人的仲裁委员会只有四人到位，美国在阻挠另外三人的提名，就像足球比赛中一方球队阻止裁判员上场。这背后的深层次原因仍然是美国和欧盟认为中国作为 WTO 中拥有巨大经济体量的主要成员，不按照市场经济规则运行，因此无法进行比赛。我们没有讲清楚到底什么是市场经济，没有讲清楚中国哪些制度、做法符合市场经济原则，哪些不符合需要改变。这个问题讲不清楚，谈判就必然节节败退。日本就有过这样的遭遇。

我们从经济学层面总结改革开放四十年，就是为当下的中国经济升级服务，为中国的全球贸易服务，这是很紧迫的任务。

第三个原因，是为了实现总书记在杭州 G20（二十国集团）会议上所讲的"贡献中国智慧、中国方案"。什么是中国智慧？如何贡献中国方案？哪些事情可以在国际上复制？哪些事情不能复制？在国有企业里设党委是中国的重要经验，但如果我们建议美国在通用汽车公司里面设共和党、民主党委员会领导企业工作，恐怕很难被美国人接受。因此，有一些实践符合中国国情，但不一定适合写入"中国方案"，因为复制起来有门槛，也不容易解释清楚。贡献中国智慧、中国方案，必须要在学理上用世界的语言，就大家关心的话题讲出道理，必须用国际通用的语言讲出可操作、可复制、具有普遍价值的方案。

二、如何在经济学层面总结改革开放四十年

一是必须要理清我们的实践中哪些做得对，哪些做得不对，这需要实事求是地总结分析。比如，我们有许多宏观调控的手段，经济过热时提高准备金率、利率、房贷、首付比例等，我们也用过"贷款额度""存贷比"的办法在各省之间配置信贷资源。这些办法哪个好、哪个坏，需要进行分析讨论。

再比如，市场监管，有一段时期，企业上马项目要得到国家经济贸易委员会审批。电冰箱行业 20 世纪 90 年代初很热，全国有几百家电冰箱企业，北京市就有好几家。当时的国家经贸委很着急，认为行业内存在重复建设，效率太低。为了解决这个问题，国家经贸委规定全国国企只批准 200 家能进行电冰箱生产，选 200 家最好的保留，其他的进行限制，限时退出。这 200 家被保留的有哪些？没有美的。这

200 家里大家听说过的大概只有海尔这一家，它是当时名单里的第 199 名。这个做法在当时看也许有一定道理，不过现在看就不一定对，至少不一定要继续坚持。

举这几个例子是为了说明学术界需要回过头去做大量实证性、案例性、新闻调查式的社会调研、田野调查，真正把当时的情况搞清楚，而后才谈得上总结经验，判断哪些是好的，哪些是坏的，哪些政策是有效的，哪些政策是无效的。这项工作非常必要。

在这个过程中，要有反事实的推断。比如，现在汽车工业整体不错，大部分车厂有盈利，有部分企业已经走向世界。尽管如此，我们还是要问，假如当时换一个政策会不会做得比今天更好？这就是反事实的推理、论证。同时，还要分清过渡性的、临时的制度安排与稳定的、长期的制度安排，不要把过去的一些在短期具有合理性的政策当作长期遵守的原则。这个也需要大量的研究。

二是总结改革开放四十年的经验要有宽广的国际视野。我们的目标是在国际上讲出中国的道理，而不能只讲给自己听，要做国际比较，而且要看各国在历史上是怎么做的。下面举几个例子。

首先看德国。在马克思写《资本论》的时候德国还是一个很落后的国家，甚至没有完成统一。马克思在《资本论》第一卷中带着嘲笑的口吻讲德国，认为德国经济学家是只总结局部经验。威廉大帝于 1871 年统一德国。在俾斯麦首相的领导下，德国迅速实现工业化，到 1910 年前后超过英国。这四十年间，德国人做了什么？德国当时的很多做法现在不被提及，比如，大力扶持国有企业、搞贸易保护，造就了一批有实力的企业。蒂森克虏伯现在是一家做电梯、炼钢铁的实力派企业，它是蒂森和克虏伯两家公司合并而来的。克虏伯是为德皇造大炮的企业，北洋水师的大炮就是从德国进口的。德国四十年的工业化，政府大力扶持大企业，部分的保护关税起了重要作用。当然，这些讨论不掺杂任何意识形态因素，是对历史事实的总结。德国没有按照亚当·斯密、大卫·李嘉图的理论搞零关税和自由贸易，德国的经济学家也没有照搬英国古典经济学，而是建立了德国历史学派。他们认为大卫·李嘉图的国际贸易理论只适合于个别国家，德国的历史传统与英国不同，不能盲目遵从。这些历史现在很多人不讲，但是我们必须研究它，不能只看今天的情况。

再看日本。在我看来日本经济最辉煌的时期不是战后 20 世纪六七十年代，而是明治维新时期。明治维新用三十年实现了工业化，打败了沙皇俄国，当时没有人认为亚洲民族国家能够打败欧洲国家。第二次世界大战前夕，日本造出了全球第一艘航空母舰，这也是工业化的成果。日本的崛起也离不开政府对企业的扶持。

美国也是类似的情况。美国建国以来大部分时间是有关税保护的。在很长一段时间内关税收入占美国联邦收入的比例非常高，可以说美国也曾经"闭关锁国"。今天以自由主义精神闻名的波士顿，在历史上是纺织工业的中心。波士顿在北方，支持贸易保护的北方在南北战争中战胜了支持自由贸易的南方，惩罚性关税是波士顿纺织工业得以发展的重要因素。

我们在总结改革开放四十年的成功经验，尤其是在给外国人讲故事的时候，一定要牢牢把握这些历史资料。入世协议中允许我们在十五年内保护投资银行、商业银行、汽车工业等行业，这些与历史上欧洲、美国几十年甚至上百年的贸易保护相比简直是"小巫见大巫"。美国经历了上百年的贸易保护才发展起来，中国十五年就发展起来了，还能说中国占便宜了吗？了解这段历史，才能够把学理讲清楚。当然，必须要看到今天的全球形势与当年不一样，当下是全球化的时代，今天如果完全像美国当年那样"闭关锁国"一百年，很多新技术就学不来了。

三是我们总结改革开放四十年的历史，还要把这些总结写进教科书，而且是西方人用的教科书。这是我们经济学研究者的职责。我们不能光请诺贝尔经济学奖得主给我们讲课，也要做到让西方人修订教科书的时候加一段文字讲中国的经验，甚至在介绍基本原理时就要讲中国，告诉大家中国的经验表明此前经济学对一些问题的认识不完整。唯有如此，三十年后白宫里读过这本教科书的本科生、硕士生、博士生才不会像今天这样指责我们。

怎样的总结才能进入西方人的教科书呢？修订经济学教科书要注意的第一点是要把对方的事情搞清楚，把西方教科书的假设和理念搞清楚。今天热销的西方经济学原理之类的教科书，尽管种类繁多，但基本理论的演绎很简单。这些理论的第一个基础是简化了的亚当·斯密的理论，认为人都是自私自利的，以经济利益为核心，唯经济利益是图。斯密非常博学，有人文关怀。他不仅研究经济学，还研究哲学、天文学，写了很多关于天文学的著作，却在去世前付之一炬。他最满意的书有两本，一本是《道德情操论》，另一本是《国富论》。斯密的思想极为丰富，他的理论绝不是简单地认为人自私自利，因此我把这第一个基础称为"简化后"的斯密的自利理论。

现代西方经济学的第二个基础是认为人是理性的。这个理论来自 1900 年前后的奥地利学派。当时奥匈帝国已近崩溃，维也纳成为艺术中心。与同样讲德语的德国人不同，奥地利的维也纳更浪漫，艺术、心理学等学科百花齐放。希特勒也曾在维也纳逗留，希望当画家，但他考学失败了。当时的维也纳学术氛围非常活跃。奥地利的一些经济学家认为，经济学理论必须从理性出发，必须用严格的数学语言进行描述、推断，这就是奥地利学派早期的观点，它构成了当前主流西方经济学的第二个基础。

总结起来，现在西方经济学的两个基础：一个是认为人是自私的，一切以经济利益为核心；另一个是认为经济行为要讲理性，都要从数学推导，从每一个人的利益出发来推导。这里面忽略了马克思的观点。第一，马克思认为人是有阶级性的，无产阶级的需求、偏好与资产阶级的不同。第二，马克思认为人尤其是资本家不是完全理性的。这一点凯恩斯也认同——资本家受动物精神影响。当前的主流经济学对这些观点的介绍都不够。

与之相联系，修订经济学教科书要注意的第二点是，要在基础层面上修订它。基础层面是什么？人是复杂的，人的行为也是复杂的，人不完全追求经济利益，也不是完全理性。在很小的事情上讲感情，小物品喜欢就买了，不在乎钱。在很大的事情上也不讲钱，例如为了生命、亲情会不惜代价。这样说来，我们只在中观层面讲钱，这有点像牛顿力学的应用范围。

我们总结改革开放四十年，要有人类社会发展的根本关怀。具体来说，咱们现在讲中国智慧、中国方案，讲继承马克思，我个人理解是要站在人类社会发展的高度考虑问题。构建人类命运共同体，中国就要为世界做贡献。如果我们总结改革开放四十年的经验，只论证出"这么干对中国有利"，那样西方国家能接受吗？他们会批评我们是民族主义、国家主义，只关心局部利益。只有总结出"这么干不仅对中国人有利，对西方人也有利，对世界有利"，大家才能信服。举例来说，中国的某些做法，比如，管理的开放，不仅能解决中国五亿人口的贫困问题，其他国家也可以学习，也能解决他们的问题，这就是对人类社会发展的关怀了。总结改革开放四十年的经验必须要有这个根本的关怀，这样才能走向世界。经济学是世界性的，不是中国性的。

三、经济学层面上的、有可能向世界推广的几条经验

既然要总结，我们就要遵循学术规律，首先总结已有工作。对这个问题许多学者已经有了很多探索，这里我只讲三点。

第一，林毅夫老师提出的新结构经济学，他定义为，"提倡以新古典的方法来研究一个国家的技术、产业、基础设施和制度安排等经济结构的决定因素和其变迁的原因。新结构经济学强调从每一个时点给定，但以随时间可以变化的要素禀赋（其实是这个国家在每一时点的总预算）和其结构（内生决定要素的相对价格）为切入点来动态分析一个国家的经济结构和结构变迁"。其实二十年前，林老师就强调比较优势理论，强调中国经验是在每时每刻都要用好中国的比较优势。这是林毅夫老师的贡献，我们要充分引用和肯定。

第二，文一老师的著作《伟大的中国工业革命》，强调市场经济制

度本身就是公共产品。比如，股票交易，什么时候买？什么时候卖？如果违约怎么办？交易制度是公共产品，必须由政府提供，政府需要在市场经济制度中发挥重要作用。

第三，周黎安老师强调，从中国地方官员的晋升激励来看经济发展。他从斯坦福大学毕业，多年从事相关研究，做出了许多贡献。

在我看来，要想把中国的经验总结好，把中国的故事讲好，还需要做两件事。第一，要做大量的案例和实证研究。只有理论——不论是文字表达的还是数学表达的——是很难说服人的。要真正说服美国同行是需要案例、数据、故事的。故事、案例相当于革命的武器，是夺取政权的必备工具。我们现在还缺少大量的故事、案例和实证研究，这也是我们学界下一步必须要狠抓实干的。第二，上述这些故事，地方官员晋升锦标赛也好，市场经济制度是公共产品也好，还有新结构经济学也好，需要一些更加简单的普遍性的理论总结，让大家一听就明白的总结。

我将中国改革开放四十年在经济学层面上试探性总结为"政府赋能的市场经济"（Government Empowered Economics，GEM，亦可称宝玉模式）。我们是市场经济，没有市场经济我们怎么能实现繁荣呢？这个必须要坚持。但是，我们的市场经济跟西方的又不同，我们是国家赋能的，是国家帮助市场经济正向发展的市场经济。当然，我们也不是国家资本主义。

具体而言，政府赋能的市场经济有三条经验。

第一，政府帮助新企业进入市场。中国的政府，不论是中央政府还是地方政府，都在不断帮助新企业进入市场。一个经济要发展或升级，最重要的不是老企业干什么，而是新企业要进来。如果没有马云的阿里巴巴，没有刘强东的京东，我们哪儿来的网店？靠中国电信，靠沃尔玛或北京百货大楼恐怕很难。中国的新企业进入市场很多都有政府的帮助。的确，我们的官僚体制很复杂，要盖很多公章才能办一个企业，但是也不要忘记，每一个企业背后的成功都有一些地方政府和官员帮助企业突破现有体制。地方政府当然不会帮助所有的企业。政府会有自己的判断。为什么地方政府热衷于推动新企业进入？主要原因之一是收税。地方政府收税的主要来源就是企业，把企业扶持起来之后它就是"摇钱树"。中国的这套办法——对企业收税而不是对个人收税——是有道理的。在这一点上美国应该跟中国学，这个说法尽管有争议，但我愿意同大家继续讨论。

第二，积极主动的宏观调控。这也是有中国特色的。市场经济的运行永远避免不了周期。马克思在哲学层面上给我们讲清了这个道理——社会大生产的决策掌握在个别企业家和资本家手里，而企业家和资本家是非理性的，一会儿乐观一会儿悲观，于是就有了经济周期。

怎么解决这一问题？既然社会大生产决策掌握在不见得永远理性的少数人手里，政府就应该搞宏观调控：当企业家太悲观的时候推一把，太乐观的时候控制一下。当然，具体的做法、政策可以讨论、改进。但是，原则上讲，通过政府的精心的、有效的调控把经济的波动变小，是一条有益经验。

第三，有效管理的对外开放。讲两个案例，一个例子是中国的汽车行业。当前中国的汽车行业规模大、利润高。全球每年生产约9 000万辆汽车，中国约占1/3。今天中国的汽车行业总体是赚钱的，对工厂而言利加税能占到销售额的 1/3。同时，中国也培育出了吉利、广汽和长城这样有能力走向世界的本土品牌。我认为，这要感谢过去十五年我们对汽车行业的保护，因为有了高关税的保护，这些企业才有能力、有动力搞创新。如果十五年前就施行零关税，中国的汽车行业可能很难发展起来。十五年后的今天，我们已经培养出了一些有世界竞争力的企业，可以开放市场了。这不是因为美国要求我们开放，而是因为百姓要买便宜的汽车了，汽车行业也需要更多历练。对外开放要有管理地进行。

商业银行也是一个例子，中国的银行业经过十五年的保护已迅速成长。今天中国大型商业银行不怕外资，客户服务比美国好。但是当年如果一下子全开放，怎么搞私人银行服务，怎么搞风险管理，一点经验都没有。

开放是必要的，开放要有管理。这句话很多美国人也都认可，哈佛大学的一个教授强调简单的开放对落后国家是不利的。同样的道理，我也认为美国人可以适当搞贸易保护，学理上讲得通，如果通过适当的贸易保护，把美国的汽车工业救活也是给美国人造福。

四、怎样推进中国的经济学学科建设

首先，我们要回顾一下中国经济学的发展历程。这里提及几位前辈，排序不分先后。中国的现代经济学始于北京大学校长严复先生，他 1901 年翻译《国富论》，引进了经济学的理念。严复先生是福建人，当过船员，后来去英国学航海，学会英语后翻译了大量西方社会科学的作品。

1901 年另一个伟大的经济学家出生了，他就是王亚南先生。王亚南在 1938 年翻译了《资本论》。王亚南没有留过洋，也没有系统地上过大学，但很用功，写了很多文章。解放前他就在研究官僚资本和官办资本，他研究了国民党时代的国有企业，还参照《资本论》写了《中国经济原论》。王亚南先生不仅仅是翻译和介绍西方经济学理论，他还有自己的创新。

第三个重要人物是陈岱孙，他 1900 年出生，1997 年去世。陈岱孙是清华大学的老前辈，清华大学留美预科班毕业后去了威斯康星大学，导师是当时的美国著名经济学家康芒斯。陈先生本科毕业以后去哈佛大学读博士，博士论文选题是麻州（马萨诸塞州）的公共财政。1974 年左右中国大学恢复招收工农兵学员的时候，他讲授西方经济学思想史，讲义整理成了著作《从古典经济学派到马克思》。他引进了西方经济学，但他是一位坚定的马克思主义者。类似的还有浦山先生，也是从哈佛大学经济系毕业，在美国加入共产党，参加了中美朝鲜战场的谈判，之后在外交部工作。浦山是坚定的马克思主义者，尽管他的毕业论文是关于西方经济学的。

下一个要讲孙冶方先生，他是学习苏联政治经济学的。1960 年左右，毛泽东主席曾经组织中国的学者认真学习苏联的政治经济学教科书，除了孙冶方还有邓力群。他们花了很多时间研究，做读书笔记，后来邓力群还写了回忆录。孙冶方认真研究苏联政治经济学，但是到了后期，他认为搞这些在中国行不通，要搞市场经济，要搞价值和价格论。

下面是我们熟知的厉以宁、吴敬琏等学者，这一代人引进了西方的现代经济学理论。现在这一批留学归国的学者，包括钱颖一院长，也在做相关工作。我们读书的时候读的是厉以宁先生的西方经济学。吴敬琏老师去耶鲁大学学习，带回来很多新的理念，并和政策结合在一起。

回顾了这些成绩，再来谈我们这代人的使命。我们的使命不是简单地把西方的理论和学说引进来，不是每年搞一个诺贝尔奖介绍，讲西方的学术观点。我们最重要的使命是把改革开放四十年成功的经验变成西方人认同的理论，讲给世界听。

要进行这项工作，我认为需要四个条件。第一个条件，中国经济必须行稳致远。如果到2050年我们能够实现现代化，就有七十年的成功经验。第二个条件，坚决不走当年日本、德国的侵略道路。我们提出"一带一路"倡议，要让世界各国的朋友感到温暖。如果我们的发展把别人搞穷了，别人就不愿意听我们的经验。第三个条件，在经济层面我们要总结出可复制、有普遍意义的经验。第四个条件，要有活跃宽松的学术研究氛围。经济研究要百花齐放，这一点要学习当年维也纳的学术环境。

最后，我们把外国经济学的发展思路梳理一下。亚当·斯密是非常了不起的思想家，他是超越自由经济思想的。大卫·李嘉图是犹太人，有实践经验，炒股出身，对市场经济了如指掌，此后做了国会议员，掌握了政治实践经验，最后才去当大学老师。

马克思的基本思想和其他经济学家不一样。马克思追求的是人类解放，我认为习总书记和中国共产党真正继承了马克思主义。当然，我们不能要求马克思在二百年前就看到今天的世界，那不符合实事求是的精神。因此学习马克思不是看具体结论和政策，而是看思想和方法论。马克思继承的是德国黑格尔的传统，人类要解放，人类要通向更多的自由，人类要打破枷锁。恩格斯也是如此，他们对很多社会制度安排提出了质疑。马克思和恩格斯的理论要从哲学层面上理解。马克思经济学最根本的一条是，经济的发展过程必须伴随着制度的发展。现代资本主义的发展从某种意义上说是回应了马克思的经济学论述——政府干预在各国都很普遍。

德国历史学派的创始人李斯特是伟大的学者和社会活动家。他推荐马克思担任《莱茵报》主编。李斯特认同德国统一，和英国古典经济学派针锋相对，他认为经济发展离不开政府主导，这和中国当今的思路是一致的。德国人现在很少提及历史学派和马克思了，但是我们要认真学习。

奥地利学派是今天经济学的一个重要的基础，他们大量引入数学方法，强调一切从个人理性出发和数学推导，强调个人自由，批判社会主义。后来的米塞斯和哈耶克也是这一派。这极大地影响了今天经济学的发展。

美国的经济学确实是当今的主流，这毋庸置疑。但是，美国本土的经济思想家很少，康芒斯算一个，他主要讲制度建设，保护工人的利益和建立工会。凡勃伦也算一个，但他是"造反派"，他认为美国的贵族只知道奢靡消费。凡勃伦是芝加哥大学的经济学教授，但是现在很多人已经忘记他了。克拉克提出了边际生产率学说，并创办了美国经济学会。战后美国的主要经济学家里，熊彼特是奥地利人，他在哈佛大学提出了创新理论。弗里德曼是克拉克的学生，继承了奥地利学派的理论。汉森是哈佛大学经济学教授，在美国传播凯恩斯主义，但是凯恩斯主义也不是美国人的原创。

最后还要谈两个需要注意的问题。第一，不要谈中国经济学。经济学就是经济学，中国是经济学的一个重要的实验场，相当于物理学的对撞机，是能量最大的对撞机。如果强调中国经济学，有人会提出质疑，就好比说中国人足球踢不过巴西人就搞中国式足球。第二，要打破"米兰/巴黎/纽约"T台效应。今天经济学的评判标准主要在美国，就像服装品牌想要打入国际主流必须去米兰、巴黎、纽约走秀。为了打破这个垄断，我们要创造自己的T台。我们国内的学者要坚持用中国的经济实践做实证研究，坚持以我为标准，创造自己的"时装秀"。

最后用四句话总结一下。第一，我们要从经济学层面对中国改革开放四十年的经济实践进行总结。第二，要从人类社会发展的深层关怀的角度出发，以国际视角、从实践出发总结改革开放四十年的基本经验。第三，我初步的总结是，我们的市场经济是政府赋能的市场经济。第四，中国经济学的学科发展站在了一个新的历史起点，而年轻人是关键。我们这代人只是过渡性角色，只能帮年轻人摇旗呐喊，几年后将要把接力棒交给年轻人。

中国对外开放四十年的回顾与展望[1]

隆国强[2]

在过去四十年里，中国对外开放取得了巨大成就。我们从一个封闭的经济转向了一个开放的经济，从依靠初级产品也就是农产品、矿产品去参与全球分工，到今天我们变成了世界上最大的制成品出口国，这是一个很大的跨越。能够实现这个跨越，和过去四十年我们实行了正确的对外开放战略有着密切的关系，我们在从封闭走向开放的过程中，积累了很多的经验，当然也有教训。

2018年是改革开放四十周年，这是一个新的历史节点。总结过去的经验，一方面我们要更加坚定不断深入参与全球化的信念和决心，另一方面，我们要站在一个新的起点上，谋划好进一步的对外开放，继续在全球化进程中趋利避害，做全球化进程中的赢家。

今天给大家讲三个方面的内容：第一，对过去四十年对外开放的回顾；第二，对外开放的经验；第三，对外开放的展望。

我们可以把过去四十年中国对外开放的进程分成四个阶段。第一

---

① 本文根据长安讲坛第 340 期内容整理而成。

② 隆国强，中国经济 50 人论坛学术委员会成员、国务院发展研究中心副主任。

阶段，1978—1992 年，是对外开放启动阶段。第二阶段，从 1992 年邓小平南方谈话到 2001 年，是对外开放的深化阶段。第三阶段，从 2001 年底加入世界贸易组织到 2012 年，是规则化开放的阶段。第四阶段，是 2013 年后的大国开放阶段。

一、第一阶段

在对外开放的启动阶段我们主要做以下几个方面的工作。

第一，对外开放理念的形成。大家都知道，新发展理念讲创新、协调、绿色、开放、共享，其中一条就是开放。我们能有这样的认识，是对过去几十年甚至更长一段时间中国人民不懈追求和探索的总结。我们曾有过康乾盛世，麦迪逊曾经推算说，当时中国 GDP（国内生产总值）大概占全球 GDP 的 1/3。而今天中国的 GDP 占世界 GDP 比重有多少呢？大概 17%，我们正在走向中华民族的伟大复兴。

康乾盛世后为什么我们很快就滑落下来了？在乾隆皇帝八十大寿的时候，当时有一个英国人叫马戛尔尼，他作为英国派出的公使带了一个 700 人的代表团到中国来，表面上看他是来给中国皇帝祝寿的，但是他真正的目的是要和当时全世界最繁荣的经济体——大清国通商。结果我们的乾隆皇帝说"天朝大国物产丰盈"，意思是说我大清国啥都有，"无须与外夷之邦互通有无"，不需要跟你们做什么生意。在中华民族几千年的历史上，中国皇帝习惯的是朝贡体系，周边国家必须得尊重我，隔三岔五跑来朝贡，我会赏赐给你更多的东西。

这件事发生在什么时候？应该在 1793 年，也就是二百多年前。可是仅仅过了不到五十年，1840年就发生了鸦片战争。从此以后大清国就快速滑落，沦为半殖民地半封建社会。

为什么一个当时世界上最繁荣的经济体，在很短的一段时间内就快速滑落了？我们回顾历史可以看得很清楚，英国发生工业革命的时候，我们还沉浸在农业文明的繁荣之中，自满自大、闭关锁国。鸦片战争之后，中华民族几代志士仁人都在探寻如何振兴中华，发起了所谓的洋务运动，有了戊戌变法，有了新文化运动，推翻了帝制，建立了民国，最后又建立了新中国。在这个过程中，中国的对外关系发生了很多变化。洋务运动中我们引进来的主要是国防工业技术，想要"师夷长技以制夷"，但是洋务运动并没有取得预期的成果。到了19世纪末，我们认识到只向西方学习技术不行，还要学习新的制度，所以推行了戊戌变法，但是戊戌变法又失败了。当时的志士仁人反思说只学技术、制度还不够，还得学文化，所以又有了新文化运动。

新中国成立后的前十年，世界处在冷战格局下，一边是以苏联为首的社会主义阵营，另一边是以美国为首的西方发达国家阵营。我们是社会主义国家，所以就和以苏联为首的社会主义国家开展经济贸易合作。应该说，我们从中得到了很大的收益。20世纪50年代，苏联援建了我国156个项目，对于奠定新中国工业基础起到了很重要的作用。

20世纪50年代末中苏关系破裂以后，我们被迫陷入封闭发展状态，强调的是自力更生，关起门来搞建设。这个状态持续了二十年，大家对开放的意识慢慢丧失了。

除了客观上国际政治的背景以外，在第二次世界大战结束以后，发展中国家有着不同的发展战略，其中很多发展中国家都采取了所谓"进口替代"的战略。进口替代战略理论源自"幼稚产业保护理论"，最早提出实行幼稚产业保护的人，是美国第一任财政部部长汉密尔顿。美国刚刚建国的时候，汉密尔顿和另外一个人合作写了一份《关于制造业的报告》，他认为应该通过保护本国市场来发展自己的制造业。后来德国学习借鉴了美国的经验，德国经济学家李斯特写了一个小册子，正式提出了"幼稚产业保护理论"。

第二次世界大战结束以后，巴西、印度等很多国家都采取了进口替代发展战略。中国也多少受到了这种理论的影响。所以客观上的国际政治现实加上发展理论的影响，使中国也走上了一条以进口替代、计划机制和封闭发展的道路。

到了 20 世纪 70 年代末期，国内经历了十几年的政治运动，国民经济遭到了很大破坏，几乎濒临崩溃的边缘。这时候中国人才开始慢慢地重新睁眼向外看世界。1978 年 5 月，当时的国务院副总理谷牧带领一个 30 多人的代表团走出国门，访问了欧洲 5 个国家的 15 个城市，结果大家感觉非常震撼。第二次世界大战结束以后的二三十年时间，欧洲发展取得的成就远远超出了这些党政干部的想象，同时他们也得到了很重要的信息，那就是欧洲国家愿意和中国开展贸易方面的合作。代表团回来后用了一个多月时间讨论、提炼，写出报告呈送党中央和国务院，国务院为此专门召开务虚会，会议开开停停，不断讨论，一直持续了一个多月时间，这其实就是一个思想解放的过程。

到了 1978 年底，中央召开党的十一届三中全会，正式拉开了改革开放的大幕。其实在此之前，我们就有一些开放的动作。大家都知道，深圳是中国改革开放的最前沿，1980年建立了深圳特区。而在特区建立之前，先是招商局在蛇口搞了工业区。招商局是交通部直属的一个国有企业，前身是清政府时期建的轮船招商局，它是我们在香港的窗口公司。招商局学习"亚洲四小龙"搞工业区的经验，先在蛇口划了大概不到一平方公里的地方，搞了一个出口加工区，当时叫工业区。到1980年，逐步建立了四个经济特区。从沿海地区开始，搞"三来一补"的加工贸易，再推进到沿江，然后到省会城市，后来再有沿边开放政策。这个时期是从零到一，开始突破长期封闭发展的理念，逐渐形成了对外开放的理念。"思路决定出路"，开放理念的形成，对于推动后来的全面对外开放进程非常重要。

当时社会上对此也有很多争论。在四十年对外开放的进程中，坚持开放和反对开放两种不同的思潮一直处于冲突中，反对开放的思潮在不同阶段会有不同的表现形式。早期责问对外开放会不会让我们的红色江山变了颜色，后来又质疑对外开放会不会影响我国的产业安全、经济安全。尽管始终有不同的理论思考和争论，但是今天我们回过头来看，我们对外开放的政策从来没有动摇过，政策的稳定性非常重要。前不久习主席讲，"中国开放的大门不会关闭，只会越开越大"，这句话中的"越开越大"，是动态的、方向性的，它不是开到今天、明天或什么时候就停住了，而是一直要越开越大。它表示的是一个大的方向，这就给所有与中国做生意的贸易伙伴和投资者一个清晰的、政策方向的指引。所以，突破长期形成封闭发展的想法，逐渐形成对外开放的理念，是这个阶段最重要的特征，我们实现了理论上、思想上的突破。

邓小平同志讲"不改革开放，只能是死路一条"，他为什么有这样一个判断？一是基于对第二次世界大战以后或者更长时间各国发展经验的观察，不开放、封闭起来的国家就会落伍，封闭导致落后。二是对国际政治形势、经济全球化的重要判断。改革开放之前，世界的主流是什么？当时我们认为是民族要独立，无产阶级要革命，意味着革命与战争是世界的主流，甚至说第三次世界大战越早打越好。在这样的判断下，当然是要加强国防建设，根本谈不上什么对外开放。

改革开放启动以后，经过深入研究，我们逐渐形成了一个新的判断：和平与发展是世界的主题。今天我们觉得这个看法不是问题，但在当时，"和平与发展"这五个字，确实是一个重大判断。如果我们对全球的发展方向，对世界潮流走向没有看清楚，没有准确的判断，那么我们的战略选择和发展方向会正确吗？会成功吗？正是认清了和平与发展是世界的主题，这才使我们选择了顺应历史规律，融入世界发展的大潮之中。孙中山先生曾经讲过，"世界潮流浩浩荡荡，顺之者昌，逆之者亡"。我们一定要判断清楚，什么是世界发展的主流？主流之外的分汊支流是什么？千万不要被一个浪花误导了自己对主流的判断。

今天，经济全球化是世界的主流，虽然贸易保护主义在抬头，我们还是要坚定对经济全球化的信心。正是基于和平与发展、经济全球化是当今世界主要潮流的判断，我们才做出了对外开放的重大决策，它既是一个理念，是思想的变化，同时也是战略的变化，也是政策的变化。

在中国，能够称为基本国策的不多，一个是计划生育政策，另一个就是对外开放政策。在突破思想上的藩篱以后，我们做出了对外开放的重大决策，并且以建设经济特区为突破口。1980年，我国开始建设深圳、珠海、汕头、厦门四个特区。当时的考虑是，深圳毗邻香港，珠海毗邻澳门，厦门和台湾隔海相望，汕头则是著名的侨乡。

在经济特区，我们可以学习世界上很多国家的出口加工区政策，在小的范围内改善投资环境、营商环境。当年我们搞计划经济，外商到中国来投资，想要买钢材，却没有计划指标，就连买包装产品的纸箱子，也没有计划指标。在计划经济一统天下的时候，要逐渐打破僵硬的计划机制是非常不容易的。当时财政那么困难，搞基础设施根本没有钱，建设特区的起步规划不到一平方公里，搞"三通一平"（通路、通水、通电、平整土地）只能一步一步来，好不容易筹点钱，先把路修通了，再把土地平整了，然后赶紧把土地出让给投资人，收回钱再来滚动开发。

今天很多发展中国家派人来学习中国发展的经验，我有时候给他们讲课。我不能讲今天中国在沿海地区或其他很多地方搞成片开发的经验，因为这些对他们没有意义，他们学不了这些。中国是经过了二三十年的快速发展以后才有这个能力的。今天很多非洲国家和我们当年一样，没有钱也要搞开发，要完善基础设施，只能一点一点做起。特区建设搞了四年以后，大家觉得经验不错。到 1984 年，我们在 14 个沿海开放城市实行了类似特区的政策，并且在沿海开放城市建立了经济技术开发区。

这一阶段的主要工作：一是吸引外资，特别是吸引出口性外资；二是搞"三来一补"，就是来样、来件、来料和补偿贸易。中方企业加工以后，把加工完的成品交给委托方，委托方拿到国际市场上去卖。中方企业只能收取很微薄的加工费。20 世纪 80 年代中期以后，很多企业已经不满足于"三来一补"，开始搞"进料加工"，即企业到国际市场上买料件，加工以后自己开拓市场去卖。搞"三来一补"的时候，这些中间料件的所有权属于外方、委托方。而"进料加工"则让中国企业有了更大的选择权。我可以按照我的能力开拓市场，按照我得到的订单选择市场、组织生产。所以很快进料加工就超过了来料加工，成为加工贸易的主要方式。同时，在这个过程中我们还在推进外贸和外汇体系的改革，增强本土企业出口创汇能力。这个阶段是起步阶段，起步往往是最艰难的，但是起步阶段我们取得了很好的成效，在20世纪80年代我们开始有了"大进大出"，也就是参与国际经济大循环的理念。

到了20世纪80年代末，国内经济社会出现了一些动荡。1988年的"价格闯关"出现了严重的通货膨胀，再加上1989年后，西方国家开始制裁中国，所以从1990年开始，国内经济陷入低迷状态。

二、第二阶段

1992年初，小平同志到南方视察，一路视察，一路思考，一路谈话，南方谈话回答了一系列社会主义的重大理论问题，他鼓励大家要大胆闯、大胆试，由此掀起了我们对外开放的新一轮热潮。1992年有一大批党政干部、高校老师从原来的所谓体制内单位走出来，去"下海"创业了，被人们称为"九二派"，经过大浪淘沙，他们当时有一批成功的，也有不成功的，甚至可以说不成功的是多数。

1992年召开党的十四大，明确社会主义市场经济是我们改革的目标，开放领域有了很多重大举措。正是在新一轮改革开放的背景下，中国吸引外资的水平跃上了新台阶。从 1978 年开始对外开放，中国每年吸收的外资从原来的几亿美元提高到三四十亿美元。1992 年小平同志南方谈话以后，很快就上升到 100 多亿美元，紧接着又增加到 200 多亿美元、300 多亿美元，一年上一个大台阶。这是因为我们明确了社会主义市场经济改革的目标，落实了大量改革开放的新举措，坚定了投资者对中国未来发展的信心和对中国改革开放政策的信心。

在这个阶段，我国出台了几项重大改革措施，一直影响到今天。比如说分税制改革，汇率并轨改革，并在 1996 年实现了经常项目可兑换，还有国有企业改革。1998 年的住房制度改革，使得几年之后房地产发展成为中国经济发展重要的驱动力。如果没有 1998 年住房制度改革，这是不可想象的。

1997—1998 年出现了严重的亚洲金融危机。从泰国开始，当时的东亚地区几乎每个经济体都出现了资本外逃、汇率大幅度（贬值）的现象。受到危机冲击的国家，二十年积累的财富可能全都要被人家"剪羊毛"。中国政府采取了一系列应对举措，不仅帮助香港扛住了国际炒家的炒作，同时我们宣布人民币不贬值，在应对亚洲金融危机的过程中起到了非常重要的作用。从那以后，中国在东亚地区的影响力和国际威望得到了大幅度提升。

在这个阶段，我们还深化了外贸体制的改革。在原来的计划体制下外贸是专营，当时外汇特别短缺，强调要把外汇"好钢用在刀刃上"，主要用于进口国家最紧缺的先进技术、关键零部件、关键设备，所以国家严格控制外汇使用。要控制外汇使用，就得控制外贸企业，当时全中国一共只有十几家外贸公司，出口进口都要经外贸公司做代理，其他企业一律不得从事国际贸易，这对今天的人们来讲是很难想象的。在市场经济条件下，做国际贸易是每家企业天赋的权利，但是在计划经济体制下，这个权利被剥夺了。这种剥夺主要是能满足国家控制使用外汇的目标，但付出的代价也很沉重。最大代价就是把所有的生产企业跟国际市场隔离开了，企业根本不知道国际市场需要什么，也不关心国际市场需要什么。因此企业有出口竞争力的、有发展潜力的产品无法顺利走向国际市场。

改革外贸管理体制，虽然还不许企业直接进口，但开始让一些制造业企业拥有出口权、直接出口权，这使他们变成工贸型企业。产品出口创汇以后，早期是先把外汇交给政府，到后来允许企业外汇留成。从20世纪80年代开始企业有了外汇留成，于是又有了外汇调剂市场，我们称为计划外的外汇调剂市场。当时的汇率一个是官方汇率，一个是调剂市场的汇率。1993年的官方汇率是1美元兑换5.7元人民币，调剂市场上1美元大概兑换8.7元人民币。另外还有一个外汇黑市就没有谱了，1美元兑换十几元人民币的都有。所以，1994年的银行间外汇市场改革非常重要，就是把这些全部并为单一的汇率。一开始定价在1美元兑换8.7元人民币，比当年官定汇率有所贬值，但很快稳定下来了。到1997年、1998年亚洲金融危机的时候，人民币升值到1美元兑换8.3元人民币。因为应对亚洲金融危机，汇率固定了很长一段时间。虽然我们定义的是有管理的浮动汇率制度，但是在应对亚洲金融危机的紧急措施下，客观上汇率就会固化，直到2005年国家重启汇率的改革。

三、第三阶段

2001 年底，中国改革开放进程中一个最具里程碑意义的事件，就是加入了世界贸易组织。第二次世界大战结束以后，由西方发达国家主导成立了一系列国际组织和机构，其中有世界银行、国际货币基金组织等，这就是所谓的布雷顿森林体系。当时还想搞一个国际贸易组织，但是没有谈成，只谈成了一个关税及贸易总协定，协定有 23 个缔约方，当时的"中华民国"是缔约方之一，后来退出了。当我们决定参与全球化，融入世界经济体系时，1986 年就提出来要恢复关贸总协定缔约方资格。1994 年，关贸总协定乌拉圭回合部长会议决定，成立我们今天熟知的世界贸易组织。于是我们的"复关"谈判也转换成了加入世界贸易组织的谈判。这个谈判断断续续持续了十五年。2001 年中国终于成为世界贸易组织的成员。世界贸易组织秉持的是自由贸易理念，有一系列关于世界贸易的规则，包括货物贸易总协定、服务贸易总协定、与贸易相关的投资协定、知识产权保护协定，还有关于检验检疫的协定等。既然中国要加入世贸组织，就要遵循世贸组织的规则，在谈判过程中，我们要跟每一个主要的成员去谈，如汽车关税、农产品关税等内容。每个国家还有不同的关注点，有的国家关心汽车产业，有的国家关心粮食贸易，有的国家关心鸡爪等农产品质量安全，因此我们要跟每个国家去达成一个双边的协定，最后汇总成一个加入世界贸易组织的议定书。现在大家可以到图书馆去翻一翻，这个议定书非常厚，是我们加入世界贸易组织必须要做出的各种各样的承诺。

加入世界贸易组织后，我们进行了很多与世界贸易组织相关的国内经济体制改革，为此修订了 2 300 多项法律法规。我们很多法律法规是在过去的计划经济体制下，按照国内发展条件来制定的，与世贸组织规则不相符合。我们要兑现加入世贸组织的承诺，就必须调整修订这些法律法规和相关政策。同时，还清理了 30 多万份政府下发的红头文件，对所有不符合世贸组织规则的政策文件进行了全面的清理，有的修订，有的废止。今天回过头来看，大家公认的是，加入世界贸易组织不仅使中国经济对外开放迈上了一个新台阶，同时还是以开放促改革最经典的案例之一，它大大促进了国内经济体制从原有计划经济转向社会主义市场经济体制。

在深化改革的同时，按照入世承诺，中国推出了很多贸易自由化措施，比如平均关税降至 9.8%。我们还扩大服务贸易的开放，使货物贸易和服务贸易同时并举。中国的贸易大国地位在这一阶段逐步确立，2009 年我国货物贸易出口超过德国。2013 年，按进出口总额统计，中国已经成为世界第一大贸易体。

在跨境投资领域，从 1978 年改革开放之初，我们就开始引进出口性的外资。1997 年中央第一次召开外资工作座谈会，当时的中共中央总书记江泽民提出"要把引进来和走出去相结合"。但是当时我国对外投资非常少，2003 年全年的对外投资只有 28.5 亿美元。2016 年我们的对外投资一年就有 1 700 多亿美元。从不到 30 亿美元到 1 700 多亿美元，只用了十三年的时间。中国迅速变成了一个对外投资的大国，同时我们还是吸引外资的大国，每年大概有 1 300 亿美元左右的外商对华投资，这在全世界排位能进前三名。无论走出去还是引进来，中国都是跨境投资的大国。

在加入世界贸易组织的同时，我们开始启动了区域贸易合作。2001 年，朱镕基总理在参加中国和东盟九国领导人会晤时，倡议研究中国和东盟建立自贸区的可行性。东盟和中国双边组成联合专家组，当时我也参加了这个专家组，研究建立中国东盟自贸区是否可行，会带来什么样的收益，有什么样的问题需要解决。最后总的结论是支持建立中国—东盟自贸区，紧接着开始谈判。中国—东盟自贸区是中国第一个对外签订的自由贸易区。后来我国提出了自由贸易区战略，把构建自由贸易区作为整个开放战略的重要组成部分。

还有金融市场双向开放，人民币开始启动国际化进程。人民币以前在外贸交易中都不用，但是人民币币值很稳定，而且持续升值，周边那些做边贸生意的外国人都愿意持有人民币。2001 年我去中越边境调研，那些越南边民把土特产卖到中国来，你给美元他愿意要，你给人民币更愿意要，就是因为人民币相对美元在升值。越南边民拿到人民币后，可以在广西的银行开一个账户，直接把人民币存在里面，在他看来人民币是一种持续升值的硬通货。从官方角度来看，虽然人民币在国际贸易中还不是正式使用的货币，但是已经从边贸开始慢慢被周边国家所接受。于是我们的政策就顺应这种需求，允许人民币在正式外贸领域作为结算的货币。现在一些国家都已经把人民币作为储备货币了。在特别提款权的篮子里，人民币已经变成了其中的篮子货币之一，占有一定份额，得到了国际社会的逐步认可。人民币作为国际货币，是从这个阶段开始起步，但是这个进程是一个相当长的进程，急不得，我也不主张人为地加速人民币国际化进程。一种货币作为国际货币，是有利有弊的。好处大家很容易看得到，比如美元的国际货币地位。很多人说美国人就靠印钞票来换取世界的财富，对全世界人民征铸币税，这是它的好处。但是美元作为一种国际货币，要稳定自己的币值，货币政策的制定就要考虑国际货币地位。国际货币有很多责任，但是这些责任大家可能看不到，所以这件事需要我们全面地权衡。人民币国际化是一个水到渠成的过程，这取决于中国经济的整体国际竞争力，取决于整个国家经济体系在国际上的地位，不是可以人为加速去推行的事情。

有人说这一轮的全球化是基于规则的全球化，这个规则就是以多边贸易规则为基础。中国加入世界贸易组织后，就要遵循世界贸易组织的规则。从那以后，我们天天讲国际经贸规则，国内的法律、法规和政策都要与我们的对外承诺相一致，要遵循这个规则。

四、第四阶段

第四阶段是大国开放阶段。从国土面积、人口来说，中国一直是大国，但是从经济贸易指标来看，1978 年我们在全世界只排到第 32 位，只能算一个经贸小国。到 2013 年，中国出口额达到 20 000 多亿美元，变成了世界上第一大货物贸易出口国，我们还是排名前三位的服务贸易大国、吸收外资大国、对外投资大国，所以到今天我们敢说自己是经贸大国了。

也许有人会问，经贸大国跟经贸小国有什么区别？对于小国来说，你在国际体系里是一个因变量，你经常要琢磨全球化有什么机遇，要准确判断去抓机遇。大国也要做这件事，但是大国有一个和小国不一样的地方，那就是在某种程度上大国是世界经贸体系里的一个自变量，它的政策和行为会对全球产生影响。过去我们要借势发展、顺势而为，今天我们作为一个大国，就可以造势，发挥我们大国的影响，可以去改变自身的外部环境。如果我们对自己的影响力浑然不觉，我们干起事来就像一个任性的小孩子。你是一个小国可以随便，因为大家可能并不太关注你，但是如果你是一个大国，作为一个负责任的大国，就一定要知道自己的政策和行为都会有溢出影响，而且这种溢出影响还会反作用于我们自己。你如果对此浑然不觉，就会觉得很无辜，感觉自己做了好事反而被人家误解。所以我们要清醒地认识到作为大国的影响力，要有意识地利用这种影响力来创造机遇。这是大国在制定开放战略的时候，思考点和经贸小国有很大不同的地方。

从大国的国际影响力角度来说，在这个阶段我们可以做很多事情。一是进一步扩大开放，深化涉外经济体制改革，我们叫构建开放型经济新体制。从 2013 年建立中国（上海）自由贸易试验区开始，我们已经做了大量新的探索。要适应高水平国际经贸的规则，我们自身就要进行探索，总结经验以后在全国复制推广。二是提出了"一带一路"区域合作倡议，短短五年，取得了超乎预期的成果。三是适应比较优势转化的新形势，提出要把外贸大国变成一个外贸强国。四是作为一个大国，要积极融入全球治理体系，这个阶段刚刚开始，是当前我们面临的任务。

过去的四十年，世界银行说中国是全球化进程中少数几个发展中国家的赢家之一。这其中有两层意思，一层意思是说中国改革开放，特别是对外开放取得了巨大成绩，肯定了中国，另外还有一个潜台词，就是在全球化进程中并不是每一个国家都平等受益。全球化和其他任何东西一样，是一把双刃剑，有机遇也有挑战。中国实现了趋利避害，但是有的国家可能是未得其利，先受其害。这就告诉我们，在全球化时代，小平同志讲"不改革开放，就是死路一条"，开放是国家走向繁荣的必要条件，但不是充分条件。开放的效果取决于我们做得好不好。纵观全球，真正封闭起来搞建设的国家很少。从经济开放度来看，可以把全世界 200 多个国家和地区排成一个光谱，最开放的极端有比如中国香港特别行政区、新加坡等，最不开放的有比如东北方向的邻居，我们曾经也是在最封闭的极端。我们正从封闭的极端慢慢向开放走，现在是不是走到了平均水平呢？我看还没有，所以我们仍处于一个渐进式开放的过程。开放是繁荣发展的必要条件，但是并不是说"一开就灵"。一个国家能否在全球化进程中趋利避害，从根本上讲取决于你是否有正确的开放战略，是否有得力的开放举措。仅仅说开放了，也未必能够成功。

回顾四十年的改革历程来总结经验，第一，要坚持对外开放不动摇，这是顺应全球化大势和历史潮流的必然选择。第二，要紧紧围绕着国家发展的大局，确定一个正确的开放战略。第三，要牢牢把握开放主动权，要应时而变、与时俱进。这里还有三个考虑点：一是外部环境变化，二是自身优劣势变化，三是国家发展目标的变化。我把它称为确定开放战略的三元模型。第四，作为一个大国，要量力而行，承担和自身发展阶段相适应的国际责任。你不履行国际责任是没有朋友的。但是如果透支自己的国力也会带来负面影响，所以一定要履行与自身发展阶段相适应的国际责任。第五，开放要防范风险，要有底线思维，时时刻刻维护国家安全。

在这样的经验基础上讨论下一步怎么办。过去四十年的成功，并不意味着按照过去的套路做未来还能成功。但是如果在总结经验教训的基础上，我们能够进一步与时俱进，调整完善开放战略，就有可能继续趋利避害，做全球化的赢家。

要考虑我刚才说的三个因素。第一个因素，国内发展对于开放提出了新的要求。过去四十年，甚至从洋务运动开始算，中国在世界工业革命进程中已经落伍了，中国现在在补工业化发展的课。工业化是现代化的基础，所以我们把实现工业化当作主要任务，特别注意学习发达国家的先进经验。

1965 年，时任世界银行副行长钱纳里研究了几十个发展中国家的发展状况，发现要想推进工业化、实现经济起飞，发展中国家要解决两个"缺口"。一是资金短缺。储蓄率低，没有资金，投资就低，发展就慢。二是外汇短缺。在全球化时代，发展中国家快速工业化，不能关起门来重复发达国家走的每一个台阶，而是可以通过引进先进的技术设备，来实现跨越式增长。第二次世界大战结束以后，有了 GDP 的统计，发展中国家的增长速度平均超过 4%，发达国家是 2%。原因就是发展中国家对外开放，有后发优势，能够比别人跑得快，可以实现跨越式增长。现在还有一个词叫"压缩式增长"，就是把别人发展的进程压缩到更短的时间，人家二百年走的路，我们五十年就走完了。要实现这个追赶，就得有外汇，所以发展中国家要想办法解决外汇短缺。过去四十年的开放战略，就是把出口创汇作为核心目标。

今天我们从高速增长阶段转向高质量发展阶段。所谓高质量发展有以下几个方面。

一是增长动力的转变。过去依靠生产要素的投入、外延式的增长将变成更多依靠创新，依靠产业结构的升级，依靠资源配置的优化，依靠效率的提升实现经济持续增长。二是实现更加均衡的发展，逐步化解城乡矛盾、区域矛盾。三是实现更加可持续的发展，就是人和自然协调的绿色发展。四是实现更加包容的发展。社会阶层能够更加平等分享发展成果，缩小收入差距。因此对外开放要对标如何服务于高质量发展，来增强出口创新能力，推动国际竞争力的升级。发展阶段的变化和国家发展战略调整，对于新一轮开放提出了新的要求。当前国际环境正在发生着深刻的变化，经济全球化在不断深化，这是历史潮流，但是贸易保护主义有所抬头。这个变化有很多新的挑战和新的机遇，我个人认为最大的挑战是美国把中国定义为战略竞争对手后，美国对华政策正在发生一个全面的调整。中美贸易摩擦远不限于关税，未来还会有更加深刻的冲突，需要我们处理好对美关系。还有比如全球金融风险积累、贸易保护主义、贸易摩擦等。

当前我们最大的机遇是什么？我觉得最大的机遇就是以信息技术为代表的新一轮技术革命和产业变革。自工业革命以来，人类已经经历了几轮重大技术变革，每一轮技术变革都是机遇和挑战并存，哪个国家抓住了新一轮技术革命机遇，它就会脱颖而出。英国的工业革命，使其率先变成了大英帝国。后来法国、德国、美国都分别抓住了电力革命、化学革命、电子革命等机遇，实现了跨越式发展。这一轮信息技术革命，可能比前面说的电力革命、化学革命、电子革命等影响更加深远。

如果把人类历史划分为几个大阶段，第一次革命是农业革命，人类从靠打猎、摘果子取食，发展到自己进行种植生产，满足自己的生存所需，这是第一次革命性的影响。第二次是工业革命。第三次是我们正在面临的信息革命。我们正在从工业社会进入信息社会，这是巨大的革命性变化。

中国在农业文明时代属于世界最领先的国家，一直持续到"康乾盛世"。但是在工业革命时期我们落伍了。在信息革命时期，如果我们能够把握好这个机遇，中华民族伟大复兴的中国梦就能实现。

从外部环境变化来说，老天还眷顾当代中国人，给了我们这个机遇，但是如果不进行从思想观念到体制机制的深入改革，我们就会错失新技术革命带来的机遇，就会和它擦肩而过。所以要立足于抓住历史性机遇，加速调整国家发展战略和新一轮开放战略，实现跨越式的发展。

对外经济关系和比较优势正在发生深刻变化。过去四十年中国变成了一个制成品出口大国，支撑它的最基本因素是低成本劳动力，这是人口红利。经过四十年，我们的人口红利应该说已经消耗殆尽，人口老龄化迅速到来。我们的劳动力总量在前几年就已经达到高峰，人口总量到 2018 年达到了高峰。劳动力总量正以每年一二百万的速度减少。人口红利已经到了拐点，或者说已经跨过了拐点。

在我们出口的产品里，海关统计有近 1/3 是所谓高新技术产品。其实大量被归类为高新技术的产品，在中国完成的是劳动密集型增值环节。比如苹果手机，它是高新技术的产品，由美国苹果公司设计、提供软件，芯片由高通公司和代工企业生产，存储器由韩国三星生产，最后都汇总到中国来组装。一个苹果手机一半多的增值是苹果公司拿走了。中国代工企业富士康早期获得的价值只占不到2%。据说现在增值率有所提升，但增值环节主要还是劳动密集型。我们参与全球分工，靠的是低成本劳动力，这个比较优势正在快速变化。现在很多企业抱怨说招工难，劳工工资上涨太快，实际上这是在发展阶段当中必然会发生的现象。中国新的优势正在涌现出来，人口数量红利正在迅速变成质量红利。我们的教育普及率、平均受教育年限正在迅速提升，一年有800多万以上大学毕业生。除了人口质量红利，还有已经形成的完整工业体系，我们有相当完备的基础设施，我们还有充裕的外汇储备，这些使企业有能力通过对外投资来整合全球资源。所以旧的优势在削弱甚至丧失，新的优势也正在显现出来。

在改革开放四十年的时代节点上，我们的开放战略要有相应调整，战略不调整就不能适应这些变化。前两年我们提出，下一步开放战略可以称为新兴大国竞争力升级战略。这里面包括两个层面的含义，第一是在实体层面上，中国要尽快实现国际竞争力从劳动密集型产业向资本和技术密集型产业包括制造业、服务业升级，从而提升我国在全球生产价值链上的分工地位。第二是要适应中国的大国崛起的现状，要营造互利共赢的国际环境。

第二次世界大战以后有很多发展中国家，大概有111个经济体从低收入进入中等收入阶段，也就是今天我们所处的这个阶段。但是其中只有13个经济体从中等收入阶段提升到高收入阶段，仅仅是10%多一点。所以世界银行提出"中等收入陷阱"这一概念，你不小心陷在里面就出不来了。从中等收入进入高收入阶段，中小经济体并不具有全球影响力。但是中国不一样。新加坡 1965 年建国，迅速变成高收入经济体，虽然它变富了，但国际社会并不怎么关心。中国现在刚刚到了中等收入阶段，GDP 变成了世界第二，随之而来的是各国都在讨论中国还是不是发展中国家。我们的人均 GDP 还不到 9 000 美元，应该属于发展中经济体。但是人家说你这发展中经济体太奇怪了，比如上海、北京、深圳已经达到中等发达国家人均收入水平，但是中国的中西部地区还有 3 000 多万人没有脱贫，超过了英国一半的人口。中国每往前走一步，人均收入提高一点，在全球份额中就有明显体现，就会有全球影响力。所以说我们是一个新兴大国。

国际社会对中国崛起的态度是非常复杂的。一方面中国的崛起让各国都觉得有机遇，习主席在讲话中也表示，欢迎大家搭乘中国经济发展快车。这是中国机遇。另一方面也有很多经济体在看到机遇的同时，也看到了一些威胁和挑战。美国的希拉里·克林顿，曾经在澳大利亚演讲时说，今天全世界生活在发达国家过好日子的有多少人呢？ 10 亿人，而中国有 13 亿人，如果 13 亿中国人都进入发达国家高收入阶段，和发达国家的人过一样的生活，那么会对全球资源、全球环境产生什么样的影响？当然，我们会不断提高资源利用效率，我们的消费观也在进行革命，我们会更加注重环境等，但是那些发达国家和已经处在发达地位的人，就像所谓"公交车效应"，他们已经挤上公交车了，就会说后面的人别再挤了，里面没有空间了，他们当然不希望有更多的人挤上公交车。所以，国际社会有所谓的"中国威胁论"。

从中国人的角度来说，凭什么你们可以成为发达经济体？凭什么你们可以否定我的发展权？所以，确实需要国际社会和中国相互包容，中国在和平崛起的过程中，通过平等合作、平等协商实现互利共赢。大国崛起之路本身就充满了坎坷，处理不好这个关系就会面临更多的风险。

党的十九大提出要以"一带一路"为重点，推动形成全面开放的新格局。所谓全面开放，我的理解一是开放的领域要更加全面，包括货物贸易、服务贸易要并重，贸易和投资要并重，引进来、走出去要并重，引资、引技、引智要并重，等等。二是开放布局要更加全面，我们的开放是从沿海开始的渐进式推进，所以各地区开放程度不一样。今后开放布局要更加全面。沿海、内陆、沿边不同的地区要发挥各自的优势，都要全面提升开放水平，建设开放新高地。三是开放对象也要更加全面。早期开放面向发达经济体，出口面向发达经济体，引进外资来自发达经济体，引进技术设备来自发达经济体。未来面向发达经济体的开放依然非常重要。但是，全球增长发展的格局发生了很大的变化，过去几十年，发展中国家作为一个整体，在全球经济增长、全球贸易、全球投资中的份额大幅度提升。所以中国在开放的同时，要更加注重和发展中国家的经济贸易合作，以此来推动全面开放新格局。我觉得这两者都要并重，既要继续做好对发达经济体开放合作，又要更加注重和发展中经济体开放合作。

第一，培育参与全球竞争的新优势。要把创新能力的国际合作作为一个重点，把引资、引技、引智结合起来，不仅是引进资金，还引进技术，引进人才。

第二，把服务业开放作为重点。长期以来，我们一直很注重制造业，这是对的。美国从 2008 年以来开始振兴制造业，吸引制造业回流。发展实体经济肯定是对的，但是发展服务业同样非常重要。从全球来看，人类社会发展的过程中，服务经济占比越来越高。随着信息技术革命的到来，我们还看到制造业服务化的新趋势。恰恰因为我们长期对服务业不重视，导致中国服务业在 GDP 中的比重虽然超过了 50%，但是和同等水平经济体相比，占比相对偏低。我们的服务业国际竞争力比较弱。中国是第二大服务业进口国，第三大服务业出口国，但是我们的服务贸易有着巨额的逆差，而且还在逐年扩大，这反映出服务业整体的国际竞争力不够强。我把它归纳为两句话："对内管制过度"，"对外开放不足"。

我们要针对它的症结深入推进改革。一是大幅度扩大服务业的开放，引进平等的竞争，引进先进的业态、管理的人才。二是进行服务业管理体制改革，从政府宏观管理到服务业企业治理机制管理，一系列的改革都要到位、要快速推进。

第三，在资本技术密集的制造业服务业形成国际竞争力。在加入世贸组织的时候，我们特别担心汽车这种战略性的产业，开放过快会受到冲击。所以当时我们保持了对外商投资股权的限制，这个比例不能超过 50%，规定一个外商最多只能投资两家企业。在汽车贸易领域，规定整车进口征收 25% 的关税，零部件关税为 10%，相对来说比较高。

长期以来，我们一直把汽车作为支柱产业。中国的汽车工业起步并不晚，解放前就不说了，1956 年长春第一汽车制造厂建立，从货车开始，后来逐渐开始生产轿车。现在中国是世界最大的汽车生产国，一年生产 3 000 多万辆，也是世界最大的汽车市场。但是如果我们横向比较，韩国从 20 世纪 60 年代末才开始发展汽车制造业，但是韩国一年出口汽车几百万辆，满世界都有韩国汽车在跑。我们比它早起步十几年，但直到现在，中国汽车的国际竞争力还相当弱。幼稚产业需要保护，但是如果保护的时间太长，保护的力度太大，就会把国内企业养懒，久而久之它就会变成温室里的花朵，拿到外面去就会毫无竞争力可言。因此2018年我们宣布，首先从新能源汽车和专用车开始，再到商用车和乘用车，五年之内分步把汽车合资要求取消。所以，特斯拉马上宣布要在上海建大工厂，在中国独资生产特斯拉新能源汽车。许多汽车企业也期待进入中国汽车市场，因为这是全球最大的市场。同时我们还宣布降低汽车进口关税。

我们对像汽车这样的资本技术密集产业，长期实行进口替代的发展战略，是以满足国内市场需要为目标，而不是以提升它的国际竞争力为目标。过去我们可以靠劳动密集型产业在全球竞争，但是到了现在这个发展阶段，劳动力成本上涨，劳动密集型产业的国际竞争力不可能像以前那样优势明显。如果资本和技术密集型产业不能接续成为有国际竞争力的产业，大家想象一下后果是什么？那就是你的出口会越来越少，但是进口有很多是刚性的，因为我们资源短缺，缺能源，缺石油，缺农产品，全中国有1/3都是进口的资源性产品，一年要进口大豆6亿吨左右，这些都是刚性需求。我们要满足老百姓对美好生活的需要，他们需要消费进口产品、进口服务，但是我们出口要靠什么？如果出口不行，最后一条路就是人民币贬值。贬值的结果就是，以人民币计价，我们的经济增长还在保持中高速增长，但是拿美元一算账，怎么增长那么低？2016年因为汇率贬值，我们按人民币计价增长6.8%，按美元计价是增长1.3%。所有成功地跨越中等收入陷阱的经济体，无一例外都实现了竞争力升级，如果没有这一点，中国是无法跨越中等收入陷阱的。因此下一步开放，利用好全球资源、全球市场，实现竞争力的升级，涉及的是对整个资本密集型产业发展战略以及相应政策、体制进行改革。

第四，打造中国的跨国公司。让中国企业走出去，去全球整合资源，我们已经有了一些成功的案例。在外汇短缺的时候，我们严格控制企业对外投资。但是近十几年，尤其是在中央提出"走出去"战略以后，对外汇使用实际上是逐渐放松管制的过程，是从放松管制到有选择地支持企业走出去。展望未来，如果中国没有一大批有国际竞争力的企业，怎么能在全球整合资源？这和我们新兴大国地位也是不匹配的。

第五，构建开放型经济新体制。形成参与全球竞争的新优势，构建开放的新格局，需要通过构建开放型经济新体制来提供保障。要对接高水平国际经贸规则，不断提高贸易投资自由化、便利化水平。要打造一个国际化、市场化、法治化的营商环境。

第六，营造一个良好的国际环境。其中很重要的就是要积极参与到国际治理体系中，提升中国制度性话语权。全球经济治理体系，是第二次世界大战以后以布雷顿森林体系为主体构建起来的。在过去的七十年里，它对保障和推动全球贸易投资自由化、便利化，保证通过经贸合作来促进经济发展，甚至对保障世界和平，都起着很重要的作用。但是现在它也有许多与时代不适应的地方，有很多新的议题还缺乏规则。比如现在信息化发展这么快，那么数字贸易的规则是什么？今天的大数据也是生产要素，数据跨境流动需要遵照什么样的规则？这些都没有。所以当前全球治理体系正在进入一个快速的调整期。同时，全球治理体系非常复杂，既有多边体系，也有区域合作体系。20 世纪 90 年代的时候，全世界只有二十几个区域合作组织，而现在已经有 400 多个区域合作组织，被人们形象地称为"意大利碗面"，是说这一大碗里的面条相互交织，缠在一起，管理成本很高，效率却很低。多边贸易体系里的 160 多个成员，都要秉持共同一致的原则来谈判，谈判效率自然就不高了。多哈回合谈了这么多年迟迟没有结果，跟它本身的内部机制是有关系的，当然跟议题也有关系，跟那些发达国家的行为也有很大的关系。

所以，整个全球治理体系面临着改革调整。全球经济治理体系是一个公共品，它的功能强了，效率高了，全世界都会受益。不能把它作为某一个国家的私器，要让公共品能够适应经济发展的要求，要有效率，就需要各国来沟通协商。近来美欧贸易部长提出来要推进世贸组织改革，暗中针对中国，只不过没有点中国的名。世贸组织改革一定要兼顾发达国家和发展中国家的利益，只是针对中国搞改革肯定不行。到底怎么改？各国还没有达成共识。在这个阶段，中国作为一个新兴的大国，我们要主动深入研究，提出建设性的方案，大家共同商量着，努力达成一个包容的、平等的、互惠的、更有效率的全球经济治理体系。

我们在多边层面也好，区域层面也好，双边层面也好，有大量工作要做。构建人类命运共同体是一个目标，但是光喊口号不行，需要实实在在的建议、倡议，只有实实在在的行动才能把愿景变成现实。中国作为新兴大国，未来开放战略任务是非常艰巨的。我做了几十年的中国开放研究，充分感觉到对外开放对国家发展是多么重要。但是，真正愿意研究中国开放的专家学者太少。所以我希望，能有更多优秀的学者和后来人投身于中国的开放研究，关注全球经济治理改革，为中国和世界多贡献智慧。

第七，要树立底线思维，防范开放风险，保障金融安全、资源安全、粮食安全等。

我们处在一个新的历史起点上，过去的四十年我们积累了非常好的经验。基于这些经验，我们要调整开放战略，要有新的思路、新的目标、新的举措，才能使中国在全球化进程中趋利避害，实现中华民族伟大复兴的中国梦。

高质量发展与生产率重振[1]

张文魁[2]

党的十九大提出，中国经济要从高速发展转向高质量发展，很多人对高质量发展看法各不相同。我想结合自己最近的研究，和大家一起探讨一下什么是高质量发展，高质量发展应该避免什么问题，同时思考一下如何来重振生产率。

一、如何理解高质量发展并设置相应指标

首先我想强调，增长速度与发展质量并不是此消彼长、相互对立的关系。党的十九大报告指出，我国经济已由高速增长阶段转向高质量发展阶段，提出要实现质量变革、效率变革、动力变革，要提高全要素生产率。于是一些人就认为，中央认为我国由高速增长阶段转向高质量发展阶段，是因为高速维持不了，于是只能搞高质量，有种退而求其次的意思。甚至有些比较权威的解读党的十九大精神的材料，

---

① 本文根据长安讲坛第 335 期内容整理而成。

② 张文魁，中国经济 50 人论坛特邀专家，国务院发展研究中心企业研究所副所长。

也讲到我国经济增速从过去的 9% 甚至更高的速度，逐步下降到目前 6% 左右的增长速度，今后一段时间的潜在增长率基本处于 6%~7% 之间，所以要从简单追求速度转向坚持质量第一、效益优先。这好像给人一种暗示：因为各种条件变化了，我们没法追求以前的 9% 以上的增速了，速度上不去，就转向了质量第一。如果这种理解变成决策依据，好处在于我们不会再一味追求增长速度，但是也有可能会落入一种误区，就是把发展质量与增长速度看成一种此消彼长的关系。但实际上，发展质量与增长速度在很多情况下是同步的。不管如何衡量发展质量，有一条是不能漏掉的，那就是以更少的要素投入获得更多的产出，如果没有这一条，无论如何也不能称为高质量发展，没有人认为粗放式发展是高质量发展，而集约式发展，也就是比较少一点的要素投入获得比较高一点的产出，才有可能算得上高质量发展。当然光有这一条也不行，但这一条是基础。要衡量这一条，就离不开 TFP（全要素生产率）这个指标。从 TFP 来看，我国改革开放以来，GDP 增速最高的几个时段，恰恰也是 TFP 增速最快的时段。表 1.1 是两个美国经济学家对我国几个重要时段 GDP 和 TFP 增速的计算结果，很明显，GDP 高速增长和 TFP 快速上升的时段是重合的。从这个表可以看出来，增速最高的时段是 1990—1995 年，GDP 增速是 11.7%，而这个时候 TFP 增速为 6.7%，TFP 对 GDP 的贡献率是 57.3%，这是最高的。而增速比较低的时段大家也看得出来，是 1985—1990 年，GDP 增速低，TFP 增速也低，它对 GDP 的贡献率也比较低。

表 1.1　中国一些典型时段的 GDP 和 TFP 增速

时段	GDP 年均增速（%）	TFP 年均增速（%）	TFP 对 GDP 贡献率（%）
1952—2005	7.0	2.1	30.9
1978—2005	9.5	3.8	40.1
1985—1990	7.7	3.1	39.7
1990—1995	11.7	6.7	57.3
1995—2000	8.6	3.2	36.8

资料来源：德怀特·铂金斯和托马斯·拉瓦基：预测 2025 年前的经济增长（见勃兰特和罗斯基主编的《伟大的中国经济转型》，格致出版社，2009 年）。

这个表告诉我们，未来如果 GDP 增速降下来了，想要让 TFP 增速上来不是特别容易，称这为高质量发展恐怕是很勉强的。在这种情况下，我们特别要防止以这样一种思维定式来定政策、定规划，认为主流的观点都认为增速就是 6%、7%，只能把它作为 GDP 的目标，然后来制定有关政策。这其中有一些历史教训。譬如说，某些对国家政策有很大影响的部门，曾经对经济增速进行预测，对"十五"期间增速预测是 7.5% 左右，而且还给出了每年的经济增速预测。如图 1.1 所示，实际速度远远在预测速度之上，高出不止一个百分点，很多是在两个

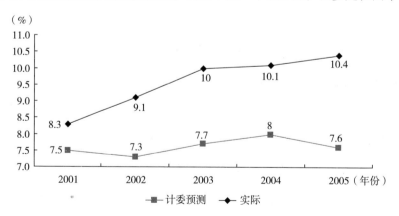

图 1.1　国家发改委宏观院对"十五"期间经济增速预测值与实际值的比较

百分点以上。这只是举一个例子，预测不符合实际的情况还是比较多的，但由于很多研究机构的预测结果对国家政策有很大影响，这些预测就会对国家政策的制定产生一种误导性。国家根据这些预测来做规划、定政策，怎么会不陷入被动呢？

这并不是说国内研究机构水平不高。其实大牌的国际机构的预测也一样。譬如说世界银行也曾经对中国 2000—2020 年经济增长进行预测性研究，对很多指标和数据进行了分析。他们认为 21 世纪前十年中国经济年均增速 6.9%，第二个十年增速 5.5%。现在第一个十年已经过去了，第二个十年也接近尾声了，都远远超出了这个速度。如果对这些所谓的权威机构、权威人物做出的预测，国家决策部门信以为真，他们定下的规划就可能与实际情况有偏离。还有可能出现另一种情况，就是我们的统计调查队可能变成一个打靶队，国家定下一个 6.5%~7.0% 的靶子，我们的统计数据正好就是这样的。图 1.2 就很有意思。

（%）	2015 Q1	2015 Q2	2015 Q3	2015 Q4	2016 Q1	2016 Q2	2016 Q3	2016 Q4	2017 Q1	2017 Q2	2017 Q3	2017 Q4
美国	2	2.6	2	0.9	0.8	1.4	3.5	2.1	1.2	3.1	3.2	2.9
中国	7	7	6.9	6.8	6.7	6.7	6.7	6.8	6.9	6.9	6.8	6.8

◆美国　■中国

图 1.2　中美季度 GDP 增速比较

这个图很清楚地显示，近几年来我们的 GDP 季度增速基本是一条直线，而美国的波动性很大，有的季度零点几，有的季度三点几。是我们的经济调控水平更高，还是统计手段更巧呢？经济增长一般都是有波动的，这是很正常的。从我国每个月的用电量变化，就可以看出有波动。如果是没有波动的一条直线，这样的处理也太平滑了，这可能会使我们很多的政策制定就不得要领。

所以我很担心，担心很多人以为我们掌握了新时代经济发展和经济增长的规律，那就是 6.5%、7% 或者 6% 以下的 GDP 增速，加上较高的 TFP 增速和更好的生态与环保。我们不能如此理解和谋求高质量发展，至少我们不能对是否掌握了新时代发展规律有如此自信。我们以前对自然系统不够敬畏，我觉得我们现在对经济系统也不够敬畏。虽然从各种迹象来看，我们的劳动年龄人口在下降，储蓄率在下降，这个趋势已经形成了，经济增速从较长的趋势来看要下滑，但是它也会有波动性，不能说所有时段、所有季度的经济增速一定是在这个范围内，更不能以此去确定我们的经济政策。

大家自然会问，你说不一定速度下降到 6% 或 7% 就是高质量发展，那你认为什么是高质量发展？

2018 年一季度中央政治局会议提出，高质量发展要形成指标体系、统计体系、考核体系。有关部门也在研究指标体系。从以往的经验教训来看，指标如果太复杂，就会失去它的指向性和引导性。如果有四五十个指标，面面俱到，就不叫高质量发展，而是叫综合性发展了。要形成高质量发展的指标体系，首先就涉及如何理解高质量发展。现在有很多学者提出各种各样的理解和指标。我个人认为，高质量发展主要是指两个方面：第一个方面，生产的效率应该更高；第二个方面，增长的普惠性应该更强。这两个方面都是必需的。当然了，还可以包括第三个方面，就是生态环境更优美。不过，我个人不太主张把生态环境指标纳入高质量发展中，因为生态环境好不好，很多时候跟增长速度高一点和低一点没什么太大关系，主要还是社会性监管问题。很多发展水平很低的地方，反而生态环境更恶劣；很多发展水平高、人均 GDP 高的国家，生态环境也很好，这背后主要是社会监管和法制健全的问题，而且生态与环境也不太容易用一些指标来衡量，满眼是青山绿水，满地是牛屎马粪，用什么指标能刻画这个场景？这是低质量还是高质量？所以我认为主要看前两个方面。还有一些专家希望把产业体系甚至经济体制等，都纳入高质量发展的指标体系，这就把问题复杂化了，因为即使从生产的效率更高、增长的普惠性更强这两点往回追溯，查找它们的原因、过程、影响因素，同样可以引申出许多指标，这似乎不太必要，也不太现实。

二、我国全要素生产率对美国的追赶轨迹

生产的效率更高，肯定要把全要素生产率作为一个核心指标；普惠性更强，应该把人均收入和基尼系数作为核心指标。我认为，高质量发展的这三个指标一定要包括进去。党的十九大报告讲高质量发展，特别提到要提高供给体系的质量，而且要作为主攻方向。我所讲的生产体系的效率更高，其实就是供给体系，这是一个主攻方向。党的十九大也提到制造业升级、新经济和新动能、技术创新等内容，它们都能被全要素生产率包括进来，所以 TFP 是一个比较综合的参数。

大家会问，你既然主张把 TFP 作为高质量发展的核心指标，却又

说 TFP 增速高的阶段往往也是 GDP 增速高的阶段，那到底全要素生产率以后会怎么样？还会高吗？的确，这要打一个很大的问号。过去几十年，特别是过去十几年，我们在很多方面取得了很大的成绩，包括创新也有很多突破。但是在 TFP 这个方面不容乐观，为什么这么说呢？我们来看数据和图表。

我用的数据，是美国、欧洲几个大学教授开发的潘恩世界表（PWT），这个表对世界主要经济体无论是 GDP 还是其他重要指标进行了核算和比较。其最新版是 9.0 版，数据更新到 2014 年。从图 1.3 可以看出，在过去十几年（21 世纪以来），中国 TFP 增速的确高于美国，而且在 2008 年之前远远高于美国的 TFP 增速。但是，这几年我们的 TFP 下降的速度特别快，虽然现在还比美国高一点，但是差距已经很小了。

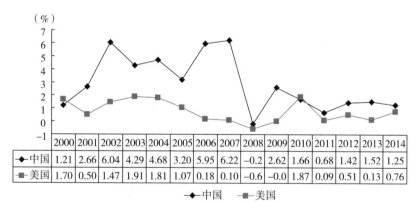

（%）	2000	2001	2002	2003	2004	2005	2006	2007	2008	2009	2010	2011	2012	2013	2014
中国	1.21	2.66	6.04	4.29	4.68	3.20	5.95	6.22	-0.2	2.62	1.66	0.68	1.42	1.52	1.25
美国	1.70	0.50	1.47	1.91	1.81	1.07	0.18	0.10	-0.6	-0.0	1.87	0.09	0.51	0.13	0.76

◆— 中国　■— 美国

图 1.3　中美 TFP 增速对比

资料来源：PWT，V9.0。

美国的 GDP 增速在 2% 左右居多，我们还有 6% 以上，但是我们的 TFP 增速下降得很快，特别是在 2008 年之后。受金融危机的影响，

2008 年美国和中国的 TFP 增速都是负的，但是美国的恢复比较明显，我们虽然也在恢复，但增速是慢慢地一路走低，这就比较麻烦。我们的 TFP 增速在 2002—2004 年是高的，都是 4%、5%、6% 的增速，大步流星地追赶美国，但是现在的追赶速度就很慢了。

据我们了解，有一些网络媒体在宣传我国近几年重大工业技术进展和科技创新的时候，有些内容还是有点水分的。2018 年发生的"中兴事件"，在某个方面暴露了这个问题。另外有些创新和科研成果，并没有转化为 TFP。中国的科技成果转化率比美国低很多。尽管科技成果转化都不容易，但他们比我们高很多，这是一个很重要的方面。不要以为我们发表了很多论文，有很多研究成果，TFP 自然就高了。TFP 是生产体系，它跟科研体系是两张皮。

如果大家对上表还不太清楚的话，我们来看一下后面的图 1.4，这是中国 TFP 与美国 TFP 的距离。前面那个图是看中美 TFP 增速的变化，这个图是看中美 TFP 的距离。从 1994 年到 2014 年的 21 年间，我们的 TFP 对美国是一个追赶的过程。虽然中间有那么一小段，就是亚洲金融危机那几年，差距有所拉大，我们受到了一些影响。由此也可以看出，中国经济增速一下滑，TFP 的下滑就更严重，但总体上是一个缩小差距的过程。1994 年我们是美国的 32%，2014 年我们是美国的 43%，21 年追赶了 11 个百分点。

有意思的是，2008 年之前，这个追赶比较明显，那条线往上的斜率比较大。2000—2008 年，我们的 GDP 增速大发展，TFP 也是大幅度增长，整个生产效率在大幅度提高。但这几年基本上停止追赶了，这条线是平的了。我国 TFP 与美国相比，如果美国是 1，我国 2009 年是 0.42，2010 年是 0.43，到 2014 年还是 0.43，连续五年停止追赶。这条线与我们平时的宣传和感觉也不太一样，大家都觉得我们过去几年进步很大，为什么 TFP 反而是停止追赶的呢？我们对此也有些讨论，可能潘恩世界表对中国的 TFP 有些低估，但不会有太大的偏差，所以我们基本上还是认可这个表的计算结果的。如果我们停滞不前，总是相当于美国的 40% 多的水平，就比较麻烦了。

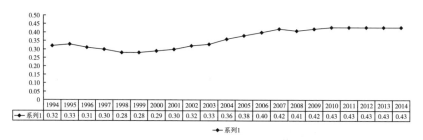

图 1.4　中国 TFP 与美国 TFP 的距离（美国 =1）

资料来源：PWT，V9.0。

曾经跟我们一样属于追赶型的国家，比如日本，从 1960 年到 1980 年，是日本大发展大跨步追赶美国的时候，日本 TFP 与美国 TFP 的差距（见图 1.5）基本上是稳步上升的曲线，它的斜率比较平稳。1960 年日本的 TFP 相当于美国 TFP 的 39%，跟我们在 21 世纪初差不多，但是到 1980 年它已经相当于美国的 81%。我为什么把这个表中的数据只做到 1980 年？日本 20 世纪 80 年代初有点像我们现在，按照我们现在的说法，可以说日本那个时候已经进入了它的"新常态"了，它的高速增长基本宣告结束，慢慢转入中速、低速增长，进入后来所谓"失去的二十年"，但那时日本的工业化已经完成。中国是从 21 世纪第二个十年开始，经济增速显著下滑。2011 年经济增速开始下台阶。日本是 1981 年左右下台阶，但是在下台阶之前，日本 TFP 的追赶已经完成了 80%，即使石油危机那几年它也是在一直追赶。后来追到了 81%，这应该是它历史上的一个峰值。后来它不但停止追赶，而且相对于美国还在下滑，现在大概 TFP 不到美国的 70%。日本"失去的二十年"，不光人均 GDP 很多年没有提高，它的生产率相对位置还下滑了。这表明日本这么多年，在生产效率提高这方面，相对于美国的前进步伐而言，并没有什么太大进展。

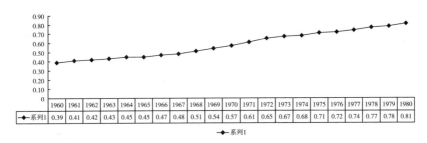

图 1.5　日本 TFP 与美国 TFP 的距离（美国 =1）

资料来源：PWT，V9.0。

我们再看看韩国的情形（见图 1.6）。韩国 TFP 对美国的追赶，比日本差一点。它也有一个阶段这条线是往下走的，但这个阶段非常短，后来又往上走。总体而言它是持续往上走的，但不像日本的追赶曲线的斜率那么平稳。到了 1991 年，韩国 TFP 相当于美国 TFP 的 60%，看起来也不错。大家知道 20 世纪 90 年代以来，韩国 GDP 增速开始下台阶，高速增长也结束了，转入中速增长。但韩国在经济增速下台阶的时候，TFP 已经追赶到了美国的 60%。现在它对美国的追赶比较慢了，但不像日本从过去的相对位置下滑，目前还是在缓慢上升。美国 TFP 也在增长，每年大概就是 1%，有时高一点有时低一点，但五年平均值不变。因为它处于技术前沿、生产率前沿，我们都以它为标杆来追赶。反过来看中国，我们的经济增速下台阶的时候，TFP 只相当于美国的 43%，而且这五年一直停滞不动，这是需要我们警觉的，因为不进则退。

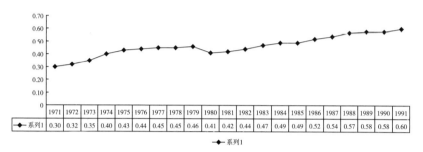

图 1.6　韩国 TFP 与美国 TFP 的距离（美国 =1）

资料来源：PWT，V9.0。

中国能不能像日本和韩国那样，TFP 追到美国的 81% 和 60%？

我设定了一个时间点。党的十九大提出，到 2035 年中国要基本实现社会主义现代化。到时候如果 TFP 水平到不了美国的 60%，好像就有点不匹配了。基本实现现代化，达到美国 TFP 的 60%，应该不是很激进的目标，还是比较值得追求的目标。即使到 2035 年实现这个目标，我们也已经比韩国晚了 40 多年。

要在 2035 年达到美国 TFP 的 60% 或者以上，中国的 TFP 应该怎么发展呢？我们先来预测美国的未来，因为到 2035 年还有十几年时间，美国 TFP 也在增长。我们以美国 21 世纪以来 TFP 增速平均值作为未来十几年到 2035 年的增速，也就是 0.76%，这也是合理的。看看前面的图，美国 2014 年 TFP 增速是 0.76%，这两年肯定会更高，数据还没有出来，我们保守一点估算的是平均数。

我们再来预测中国的未来。如果按中国 2000—2014 年的平均来看就比较高，因为中国 2000—2008 年 GDP 增速很高，TFP 增速也很高，我们已经不可能回到那个阶段了。按照中国进入新常态以后 TFP 增速平均值来预测未来 10~20 年，也就是用 2010—2014 年这五年中国 TFP 平均增速，即 1.31%，作为未来十几年 TFP 增速的预测值。2014 年是 1.25%，2015 年估计更低，初步估算在 1% 以下，2016 年上升一点，2017 年可能上升更明显。如果未来以 1.31% 的速度增长，这应该是既不保守又不激进的速度。到 2035 年会怎么样？我们只相当于美国的 48%，还是到不了 60%（见图 1.7）。

所以，我们必须要重振 TFP，必须提高到 1.31% 以上才有希望。要提到多高？

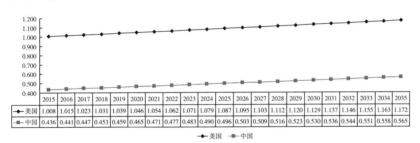

	2015	2016	2017	2018	2019	2020	2021	2022	2023	2024	2025	2026	2027	2028	2029	2030	2031	2032	2033	2034	2035
美国	1.008	1.015	1.023	1.031	1.039	1.046	1.054	1.062	1.071	1.079	1.087	1.095	1.103	1.112	1.120	1.129	1.137	1.146	1.155	1.163	1.172
中国	0.436	0.441	0.447	0.453	0.459	0.465	0.471	0.477	0.483	0.490	0.496	0.503	0.509	0.516	0.523	0.530	0.536	0.544	0.551	0.558	0.565

—◆— 美国 —■— 中国

图 1.7　中美 2035 年 TFP 预测（中国年均增速 1.31%，美国为 0.76%）

注：此处假设中国年均增速为 1.31%，美国为 0.76%。

只有中国的 TFP 增速达到 2.5%，美国还是 0.76%，到 2035 年中国 TFP 才能超过美国的 60%，达到 62%。如图 1.8 所示，最上面一条线是美国 0.76% 没有变，下面三条线分别是 1.5%、2.0%、2.5%。中国未来十到二十年如果有这么高的 TFP 增速，才可以到 2035 年追到美国的 60% 以上。

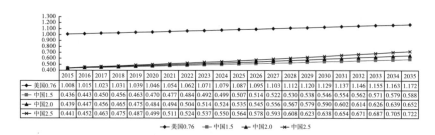

	2015	2016	2017	2018	2019	2020	2021	2022	2023	2024	2025	2026	2027	2028	2029	2030	2031	2032	2033	2034	2035
美国0.76	1.008	1.015	1.023	1.031	1.039	1.046	1.054	1.062	1.071	1.079	1.087	1.095	1.103	1.112	1.120	1.129	1.137	1.146	1.155	1.163	1.172
中国1.5	0.436	0.443	0.450	0.456	0.463	0.470	0.477	0.484	0.492	0.499	0.507	0.514	0.522	0.530	0.538	0.546	0.554	0.562	0.571	0.579	0.588
中国2.0	0.439	0.447	0.456	0.465	0.475	0.484	0.494	0.504	0.514	0.524	0.535	0.545	0.556	0.567	0.579	0.590	0.602	0.614	0.626	0.639	0.652
中国2.5	0.441	0.452	0.463	0.475	0.487	0.499	0.511	0.524	0.537	0.550	0.564	0.578	0.593	0.608	0.623	0.638	0.654	0.671	0.687	0.705	0.722

→ 美国0.76 ─■─ 中国1.5 ─▲─ 中国2.0 ─✕─ 中国2.5

图 1.8　中美 2035 年 TFP 预测（中国较高设定）

这非常不容易！如果按照很多经济学家的预测，接近 2030 年的时候 GDP 只能有 5% 的增速，TFP 想要到 2.5%，何其难也！TFP 对 GDP 的贡献率达到或超过 50% 很难，极少有这种情况。所以尽管我们在很多方面有可能超过美国，但是总体生产效率超越美国还是很难的，要达到美国 TFP 的 60% 都不容易。这个图假设美国 TFP 年均增速只有 0.76%，如果美国超过这个速度，岂不是更严峻吗？

上图假定美国 TFP 增速总是 0.76%，显得有点保守。美国的 TFP 增速，如果剔除 2008 年为负和 2009 年为零这两年的数据，那就不一样了。我们假定它 0.76% 的增速，是把这两年的数据包括进去了。这两年是受金融危机的冲击，这种状况不可能十几年之间一直都会有。如果剔除这两年的数据，美国 21 世纪以来的 TFP 增速平均是 0.93%，这可能比较符合美国多年的情形。我从各种因素来分析，将美国未来十几年 TFP 年增速设定为 1%，这应该是合理的。如果美国 TFP 是以 1% 的速度增长，那么美国每年迈 1 步，中国就要迈 2.7 步，这才能在 2035 年达到美国 60% 以上的水平，即达到 61%。所以这是非常困难的（见图 1.9）。

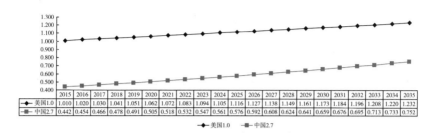

图 1.9 中国 2035 年 TFP 预测（更高设定）

三、如何重振全要素生产率

目前，中国实际的 TFP 增速肯定远远低于 2.7%。2017 年情况较好，估计 2018 年情况也不错，但肯定不会到 2.7% 这么高。如果 GDP 增速过了几年之后真的到 6% 以下，想要 TFP 增速达到 2.7% 是很难的。所以，我认为从现在起刻不容缓，必须重振全要素生产率，这样才有可能到 2035 年，我们能够真正地拍胸脯说，中国是一个基本上实现现代化的社会主义国家。

那么如何重振全要素生产率？的确，这是一个需要认真研究的事。TFP 在美国政策界很少有人谈，这是学术界没有办法了才搞出来的一个"筐"，这个"筐"里装的东西我们叫 TFP。

从学术上来说，很多经济学家分析证明，如果 TFP 不提高，不达到一定水平，国家很难成为富裕国家。有一本书叫《通向富有的屏障》，作者讲到一个国家要成为一个富裕国家，无一例外都是 TFP 比较高。没有任何一个低 TFP 国家能成为富裕国家，我觉得这本书的观点还是比较有说服力的，关键是你怎么认识它。

也有很多人被误导，认为我们只要增加投入，大力促进科技创新，

TFP 一定会高起来。这个话也对也不对。所谓对，在于生产率不是凭空来的。而不对之处，我们以日本为例，日本从 20 世纪 90 年代以来 TFP 相对美国是下滑的，但是它的科研成果很多，科技投入占 GDP 的比重也在增加。日本在 20 世纪六七十年代增速很快，很多时候是抄袭、引进、消化、吸收，而从 20 世纪 90 年代至今，科技投入大大增加，基础研究大大加强，但 TFP 却并没有出色表现。从日本来看，就不一定完全有这种对应关系。

我对后发国家生产率的增长和工业化做了一些研究，发现后发国家 TFP 高速增长，往往是一种"压缩式"的工业化带来的，特别是某些主导性制造业的"压缩式"发展带来的。"压缩式"的工业化是什么意思？就是先行国家比如英国、美国走了几十年的工业化道路，日本、韩国、中国等后发国家只用了十几年就完成了，等于把别人的三四十年压缩成了自己的十几年，所以这十几年 TFP 增速是别人的三四倍。美国是前沿，我们是跟随者，加上中国人口众多，购买力集中释放，需要在短短几年间一下子就释放出来，生产体系的产能利用率非常高，设备大型化非常快，工艺技术升级非常频繁，TFP 就提高非常快。中国 TFP 增速高的那几年，都是某些行业、产业高速增长的几年，产能上得非常快，需求释放得也非常快。特别是一些主导性制造业起来了，对 TFP 的带动非常快。20 世纪 80 年代中国的主导性制造业有三大件：自行车、手表、缝纫机。产能上得非常快，无论生产多少都有人要。到了 20 世纪 90 年代，又出来新的三大件：彩色电视机、冰箱、洗衣机。老百姓排浪似的购买，把国外几十年才普及的三大件只用十几年就普及了。而到 21 世纪新兴三大件：住房、汽车、IT（信息技术）产品，都是一样的故事。21 世纪中国的钢铁产能从 1 亿多吨上升到十几亿吨，完成了十几倍的增长，这是我们全要素生产率快速增长最重要的一个背景。

现在我们还有哪些行业可以成为主导性制造行业？现在很难看得到。在缺乏主导性制造行业的情况下，我们的 TFP 增速要想恢复到 20世纪 90 年代那个水平很难。有人说今后芯片有没有可能成为新的主导性制造行业？看起来它的确是一个很大的行业，中国每年进口芯片超过 2 000 亿美元，芯片是最大的进口品。第二才是石油、天然气，大概 1 000 亿美元。虽然芯片缺口高达 2 000 多亿美元，折合成人民币 10 000多亿元，发展起来可以成为新的主导性制造行业，但是我觉得它很难成为未来中国的主导性制造行业。

我们的钢铁业、汽车业，虽然有些核心技术、核心零部件掌握在外国企业手里，特别是汽车，但其实组装技术并不复杂。汽车行业严格来讲并不是技术密集型行业，而是资金密集型的行业。但芯片跟汽车、彩色电视机、冰箱、洗衣机不一样，它不是组装的行业。中国很多成为主导性行业的制造业，都是组装型的，除了钢铁。但是钢铁在欧美国家是夕阳行业，对中国不但不搞封锁，反而鼓励你购买它的技术和设备，帮助你去建设。芯片恰恰不是，它涉及敏感技术和国防工业，那就不一样。更重要的一点，芯片也不是直接出售给老百姓的大众消费品。除了芯片之外，别的我还看不出，有哪个行业能够成为未来的主导性制造行业，而且可以进行"压缩式"的发展，别人用几十年我们只用十几年就可以完成，至少压缩率达到 1/2 或 1/3。因为只有通过这个方法，我们才能在别人 TFP 增速的基础上，实现两三倍的增速。

如果没有主导性制造行业，那么怎样才能重振全要素生产率？我们的思路一定要改变。一方面，不能指望通过识别和扶持主导行业，来促进 GDP 增速提高和 TFP 增速提高，这个已经不太可能了，不用再进行那么多产业政策和产业规划了。另一方面，不能出现政策失误，这个可能的失误就是盲目追逐高端服务业，如金融业、大数据云计算行业、文化创意行业等，而把制造业腾笼换鸟给了别人，最后结果是去制造业化。我担心现在走两个极端，一个是走老路，政府还要选定一些制造行业作为自己的主导行业，希望这些行业能成为本地的支柱产业。另一个是认为现在是服务业时代，把重点全放到大力发展服务业上。腾笼换鸟没错，但是不要把制造业全都换成服务业，那样就会出现去制造业化，走向另一个极端。我看到好多地方搞发展规划，要么发展高端的金融服务业、软件行业、大数据云计算行业，要么是文化创意产业和文旅产业，好像再搞制造业就落伍了，制造业好像突然不再讨人喜欢了。

过去几年，中国的制造业占 GDP 比重已经下滑了三四个百分点，现在已经低于 30% 了。而金融业增加了三四个百分点，占 GDP 的比重大概是 8.5%。美国才 7.5%，我们的金融业比美国还高一个百分点。我并不是说金融业不重要，这个行业的确很重要，还需要大发展，但你能说我们的金融服务业比美国还发达吗？这肯定不可能。除了微信支付，我看我们的金融服务的可及性或者产品的丰富程度都远远不如美国，但我国金融业占 GDP 比重明显高于美国，这里面就有很多虚火。在这把虚火下，去制造业化就比较危险。尽管中国的服务业 TFP 与美国服务业 TFP 的差距，比中国制造业 TFP 与美国制造业 TFP 的差距更大，但从很多国家的经验教训来看，如果制造业得不到相应的重视，去制造业化会使重振全要素生产率化为泡影，高质量发展成为空中楼阁。中央提出要重视实体经济，我的理解主要是要重视制造业，我们一定要避免这方面的政策失误。

在避免失误的同时，我们需要从过去用产业政策来促进要素在行业间的流动，转向通过竞争政策来促进要素在企业间的流动。过去我们是通过产业政策来扶持一些主导性制造行业，给它资金、土地等各项支持，给它各种各样的税收优惠，于是资源就流向那里去了，GDP和 TFP 增速就上来了。现在需要通过竞争政策，促进资源在企业间的流动。我们发现，同一个行业内部，不同的企业之间，生产率差异非常大，这也是企业异质性理论研究最热门的一个领域。如果是低生产率的企业，不但不退出市场，还能继续得到很多要素支持，它肯定就把整体生产率拉下来了。如果让那些低生产率企业关闭退出，那么要素就会流向生产率高的企业，整体生产率就会上来，这是以后工作的重点。

政策上的困难在于，政府在识别和扶持主导性行业方面，可以参照先进国家的一些经验，但在识别和扶持高生产率制造企业方面，并没有什么优势，政府不知道该做些什么。政府以前知道钢铁、汽车行业，以及现在的芯片行业，都很有前途，就可以提供支持。但是高生产率的企业就未必能够识别出来。我们的研究表明，有些在外面名气很大或者看起来体量很大的企业，其实生产率未必高。在这种情况下，政府就应该让市场机制充分发挥优胜劣汰的作用。政府也可以发挥它加速淘汰劣势企业的作用，因为低效率的企业、僵尸企业占有并消耗了大量的要素，政府不应该再继续维持和救助这些企业。如果政府花很多精力，投入很多资源去扶持它们，就是在阻止生产率提升。如果说政府可以做点什么，那就是要帮助这些企业减少关闭破产的障碍，促使它们尽快退出经济活动，有力地促进生产率重振。以后如果政府还要搞一些补贴，最好是补贴退出，而不要补贴进入，也不要补贴运营。这样做不但更符合多边贸易规则，也可以促进我们国家生产率的重振，促进现代化的早日实现。

转向高质量发展的中国经济[①]

王一鸣[②]

中国经济在经历了三十多年的高速增长后，正在发生阶段性转换。党的十九大报告明确指出，中国经济已由高速增长阶段转向高质量发展阶段。高质量发展阶段与高速增长阶段有什么不同的特征？转向高质量发展阶段需要具备哪些条件？会带来哪些新的挑战？如何通过改革来实现高质量发展的目标？这就是我们今天要讨论的话题。

关于经济发展质量，迄今仍没有一个标准的学术定义。传统的经济增长理论，并不涵盖发展质量的内容。那么如何理解发展的高质量？在经济学意义上，可以从不同的视角去讨论发展质量。在微观层面，主要是指产品和服务的质量，在这方面，我国与国际先进水平仍有较大差距。在中观层面，主要是指产业和区域发展的质量，总体上说，我国产业价值链偏低，仍主要集中在加工组装区段，区域空间资源配置效率还不高。在宏观层面，主要是指经济的整体质量和效率，通常可以用全要素生产率去表达。

---

① 本文根据长安讲坛第 337 期内容整理而成。
② 王一鸣，中国经济 50 人论坛成员、国务院发展研究中心副主任。

从投入产出关系看，高质量发展的状态应该是生产要素投入少、产出多、效益好，还可以从供给、需求、收入分配、资源配置、经济循环等视角去讨论，高质量发展意味着高质量供给、高质量需求、高质量收入分配、高质量资源配置、高质量经济循环等。从相对概念看，如果一个经济体国际竞争力强，竞争优势明显，发展质量相对就高。总之，现在还难以找到一个标准的学术定义。

高质量发展要适合中国的国情和发展阶段。中国的基本国情就是发展不平衡、不充分。从发展阶段看，中国正处在结构快速变动期，评判高质量发展不能简单以成熟经济体"标准结构"为依据，比如用钱纳里的标准结构作为参照。中国还是一个大规模经济体，高质量发展需要有相对完善的衡量标准。研究高质量发展还要坚持问题导向，突出影响高质量发展最重要的因素。从根本上说，要推动中国经济高质量发展，关键还在于深化改革，通过深化改革增强经济活力、创新力和竞争力。

一、转向高质量发展阶段的新特征

从高速增长阶段转向高质量发展阶段，将会呈现出一系列新的特征，大致可以从三个方面进行观察。

（一）从高速增长阶段"数量追赶"转向高质量发展阶段"质量追赶"

改革开放初期，从短缺经济起步，老百姓买东西都要凭票证，供给严重不足，几乎所有的领域都有"数量缺口"。经过四十年的发展，"数量缺口"基本填满了，现在几乎所有的领域都是供给过剩。但是，

"质量缺口"依然很大。从微观层面看，产品和服务质量与国际先进水平差距还很大。从中观层面看，产业价值链主要在加工组装环节，而研发、设计、标准、供应链管理、品牌在价值链中占比较低。从宏观层面看，全要素生产率与发达国家仍然有很大的差距，这也是我们未来发展的潜力所在。我们填补"数量缺口"用了三十多年时间，填补"质量缺口"大致也要用三十多年，这就是到 2050 年的目标，在时间上与建成社会主义现代化强国大体是一致的。

从高速增长阶段转向高质量发展阶段，经济增速发生了明显变化。这个变化可以说是增速换挡。21 世纪经济增速的最高点是在金融危机前的 2007 年，年度增长率达到 14.2%，到 2017 年下降到 6.9%，增速回落 7.3 个百分点。再看季度增长率，2007 年第三季度是 14.8%，2018 年第一季度是 6.8%，下降了 8 个百分点，回落幅度应该说是很大的（见图 1.10）。引发经济增速换挡的外部因素是国际金融危机，但最根本的还是内生的结构性变化。

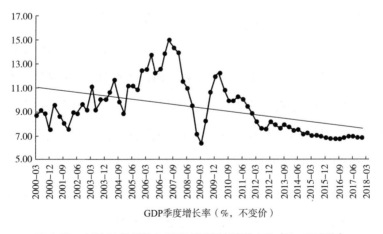

GDP季度增长率（%，不变价）

图 1.10　中国 21 世纪以来 GDP 季度增长率的变化（%，不变价）

从供给端看，主要是生产要素的供给结构深刻变化。以劳动力为例，2012 年以来，16 岁至 59 岁劳动年龄人口绝对量逐年减少，每年要减少三四百万人，2017 年减少 548 万人。放开"二孩"后，新增人口远没有达到预期，这也引起了学术界的一些讨论。现在看来光"放"还是不行的，还需要研究激励性政策。

从需求端看，就是"住和行"主导的需求结构也在发生变化。2013 年以后，城镇常住人口住房户均达到了一套房，房地产市场供需进入总量基本平衡、结构性区域性矛盾依然突出的阶段。2014 年每千人拥有汽车超过 100 辆，2017 年汽车保有量超过 2.1 亿辆，城市居民为 8.13 亿人，假设汽车都集中在城市，差不多每四个人就有一辆车。这两年汽车的销售增速明显回调，这也反映了市场供需的变化。

经济的阶段性变化，表面上看是增速换挡，实际是结构性变化。主要是需求结构正向高端化、个性化、服务化方向转换，从解决"有没有"转向追求"好不好"。服务消费比重已经大幅提高，但是无论是供给端还是庞大的制造业，供需显然有错配。从理论上讲，供给应该随着需求变化进行相应的调整，厂房、设备、土地、劳动力应该从过剩的领域退出来，进入有需求的领域。但在现实中，退出来是一个很困难的事。为什么呢？有人会说是不是劳动力安置有困难？过去这往往是一个共性问题。但现在这可能不是主要问题，因为劳动力供需形势已经发生变化，只要你有技能，安置应该是不成问题的。新的问题是，企业的负债谁来买单？让银行买单吗？现在许多银行都是上市公司，不像 20 世纪 90 年代后期，当时银行的坏账都切到四大资产管理公司去处置，等于从这个口袋到那个口袋。当时叫政策性破产，现在要按照市场化、法治化原则处置，这就会遇到以前没有遇到的问题。

（二）从高速增长阶段"规模扩张"转向高质量阶段"结构升级"

为什么规模扩张走不下去了？因为传统产业的市场需求陆续达到峰值。国际经验也是这样，比如日本和韩国在高速增长结束以后，传统产业都陆续达到市场需求峰值。日本从高速增长转向中速，拐点发生在 1969 年，1973 年石油危机后日本的高速增长就结束了。韩国大致是在 1998 年亚洲金融危机以后，也结束了高速增长。中国在 2007 年应该是增速换挡的拐点，2011 年以后中国就结束了两位数增长，也就是结束了高速增长阶段。

从日本和韩国的经验来看，拐点以后，人均钢材消费量增速基本在零增长附近波动，也就是说市场需求饱和了。日本钢铁生产峰值是 1.3 亿吨，那么中国的钢铁产能有多大规模呢？根据官方数据，产能为 11.3 亿吨，产量接近 8 亿吨。中国历史上"大跃进"时期是全国动员搞钢铁生产，实行"以钢为纲"的工业化路线。"文革"结束后，钢产量大约是 3 800 万吨，1982 年宝钢建成后达到 4 000 万吨，现在产能超过 10 亿吨，产能扩张速度实在是难以想象。现在问题反过来了，钢铁产能过剩了。

从日、韩的经验看，重化工业规模收缩以后，用电量的需求也迅速回落。中国现在也面临这个问题，发电装机超过 17 亿千瓦，过去几年每年几乎新增一个亿的装机，这也是一般人很难想象的数字。现在发电装机也多了。2017 年的政府工作报告提出，"要淘汰、停建、缓建煤电产能 5 000 万千瓦以上"，2018 年的政府工作报告又强调，要

"淘汰关停不达标的 30 万千瓦以下煤电机组"。

同样，根据日、韩的经验，拐点以后汽车保有量的增速也在大幅度回落。中国汽车保有量的增速也已经下降，拐点发生在 2010 年。如果逐步逼近零增长，汽车保有量就饱和了，以后的需求主要是更新换代，保有量不会再扩张了。现在有超过 2 亿辆的保有量，峰值出现在什么时候呢？这可以测算，但是保有量的增速已经开始下降了。

我们说"结构调整阵痛期"，痛在什么地方？传统产业扩张已经没有空间了。以钢铁为例，已经去产能 1.7 亿吨，出口又很难出得去，现在主要经济体都对钢铁反倾销，美国也是首先拿钢铁开刀。我们再靠铺摊子、搞扩张的模式走不下去了，这就逼着你转向"上台阶"的发展模式，也就是要提升产业价值链，提升高附加值价值链区段的比重。以后的结构调整，重要的是调整不同价值链区段的比例关系，这与高速增长阶段是完全不同的。

（三）从高速增长阶段"要素驱动"转向高质量发展阶段"创新驱动"

为什么要素驱动不行了？因为要素的供需发生了变化。以前劳动力无限供给，现在劳动力越来越稀缺了。土地供需日趋紧张，矿产资源对外依存度越来越高，原油对外依存度已经达到 67%。美国退出"伊核协议"，原油价格开始回升，现在已突破每桶 80 美元，机构预测很可能要超过每桶 100 美元，进口原油成本会大幅提高。不仅生产要素的供需发生变化，而且近几年要素生产率增速总体上呈现放缓的趋势，无论是劳动生产率、资本的回报率还是全要素生产率，增速都在放缓。而且，要素生产率与发达国家差距还很大（见图 1.11、图 1.12）。所以，转向创新驱动最根本是要提高要素生产率。

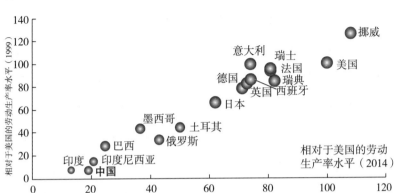

图 1.11　劳动生产率国际比较与中国差距

资料来源：世界大型企业联合会数据库。

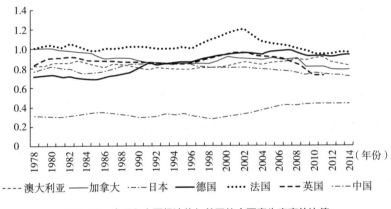

图 1.12　中国和主要经济体与美国的全要素生产率的比值

二、转向高质量发展的条件和挑战

中国经济转向高质量发展阶段，已开始积累了一些条件，当然也面临很多挑战。

（一）转向高质量发展阶段的条件

1. 经济结构重大变革为高质量发展创造了基础条件

过去几年，最终消费贡献率逐年上升，2013—2017 年最终消费对经济增长的贡献率年均为 56.2%，高于资本形成 12.4 个百分点，2017 年最终消费的贡献率达到 58.8%，消费成为经济增长主要驱动力。投资驱动的增长模式正在向消费驱动转换。2018 年中国的商品零售市场可能会超过美国，这是重要的结构性变化。与需求结构变化相适应，2017 年服务业占国内生产总值的比重比 2012 年提高 6.3 个百分点。消费贡献率上升，服务业占比提高，增强了经济运行的稳定性。从过去几年的增长曲线看，尽管增速在缓慢下降，但是增长曲线非常平缓，不像过去投资驱动的增长模式，经济增速的波动非常大。这是转向高质量发展的重要基础条件。

2. 中等收入群体扩大为高质量发展提供了强大的市场驱动力

随着居民收入水平提高，中国已形成了世界上人口规模最大的中等收入群体，现在一般认为已经超过 4 亿人口。这也是国际社会关注的一个话题。中国市场之所以有很强的吸引力，就是因为这个群体的存在，而且它的成长性很强。当然，中等收入的标准是什么？是用相对标准还是绝对标准，这在学术上有很多研究，不同的标准得出的规模也不一样。中等收入群体对商品的品质、质量、品牌有更多的偏好。这是一股巨大的市场力量，逼着企业去提高产品质量和服务质量，如果它们不提高质量，消费者就会用脚投票。这个力量比政府推动要强大得多。

3. 供给侧结构性改革为高质量发展开辟了有效途径

供给侧结构性改革对提高资源配置效率起到了重要作用。近两年，钢铁、煤炭去产能超额完成年度目标任务，房地产库存明显减少，企业杠杆率稳中有降。供给侧结构性改革，不仅有效扭转了供需形势，改善了工业企业利润和市场预期，而且有效增强了市场功能，优化了存量资源配置。过去几年，全要素生产率增速开始回升，扭转了金融危机后的下行态势，这反映了供给侧结构性改革对提高资源配置效率的重要作用。

4. 科技创新进入活跃期为高质量发展提供了技术支撑

2017 年中国的 R&D（研究与开发）强度已经超过 2.12%，比欧盟国家的平均水平还高，其中 78% 来自企业的投入。根据世界知识产权组织发布的《2017 年全球创新指数》报告，中国创新指数世界排名升至第 22 位，比 2013 年提升了 13 位，成为前 25 名中唯一的非高收入经济体。这些年，中国的独角兽企业的数量逼近美国，而且差距很小。在移动支付、电子商务、平台经济等一些新兴领域，正在进入国际前沿地带。特别是移动支付领域发展尤其快，得到国际上很高的评价。这在以前是很难想象的，同时也反映了技术变化带来的巨大影响。

5. 全面深化改革持续推进为高质量发展提供了制度保障

高速增长阶段中国经济发生翻天覆地的变化，最根本的就是靠改革开放。过去四十年在历史长河中只是弹指一挥间，但是中国老百姓的生活水平和收入水平提高了多少倍？不可想象。这个魔法的背后就是改革开放。因此，要推动经济高质量发展，最根本的法宝还在于改革开放。2018 年是改革开放四十周年，对改革开放最好的纪念就是将改革开放推向深入，推进重大领域和关键环节改革，特别是完善产权制度和要素市场化配置，扩大服务业特别是金融业对外开放，这将有效改善高质量发展的制度环境。

（二）转向高质量发展面临的挑战

转向高质量发展阶段，也将面临许多这个阶段特有的挑战。

1. 高速增长时期形成的发展方式惯性大

首先面临的挑战就是，高速增长时期形成的发展模式具有巨大的惯性，很难在短期内换轨。过去发展模式的基本特点就是投资和出口拉动，根本原因就是资源和要素过度向投资倾斜的体制机制。比如工业用地变相搞零地价，劳动工资偏低，贷款利率也偏低，加上普遍搞税收优惠。这种发展方式持续到今天，矛盾越来越突出，最典型的就是投资效率下降。从增量资本产出率（ICOR）看，每新增一元GDP所需要的投资过去几年在逐年上升，这反映了投资效率的下降。从其他指标看也一样，比如每新增一元GDP所需的贷款额也在上升，这也是效率的下降。在投资效率下降的情况下，要保持产出的稳定增长，就需要更多的投入，这就会增加负债。所以，近年来宏观杠杆率迅速攀升。从国际清算银行数据来看，中国是国际清算银行报告所列43个经济体中宏观杠杆率上升最快的，甚至比希腊还快。这是金融风险不断积累的根源。"树不能长到天上去"，负债能无限上升吗？

2. 结构性矛盾依然突出

从实体经济领域看，主要表现为供需结构错配。受到体制和机制约束，供给结构调整跟不上需求结构升级，形成了无效的供给和资源沉淀。由于实体经济的供需错配，导致实体经济效率下降。从上市公司净资本回报率来看，过去几年增速都在放缓，这就导致金融资源不愿意向实体经济流动，造成实体经济和金融的失衡。而房地产投资回报率比实体经济高，金融资源过度向房地产聚集，进一步造成房地产和实体经济的失衡。2016 年居民住房按揭贷款占新增贷款的比重接近40%，如果加上开发性贷款差不多是 50%（见图 1.13）。2017 年，尽管采取了一些措施，但是按揭贷款还是占到新增贷款的 30%。更重要的是在银行信贷中，有 70% 的贷款是以房地产和住房作为抵押的，一旦市场预期发生变化，对金融系统将会形成很大的冲击。

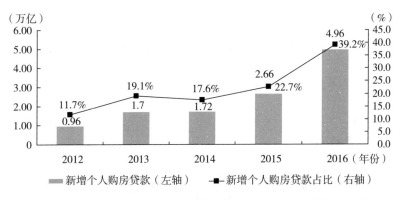

图 1.13　个人购房贷款增量及其占比（2012—2016 年）

3. 发展不平衡不充分

发展不平衡，既表现在社会生产力发展不平衡，有非常先进的生产力，比如智能制造，也有很原始的作坊，产业链条很长，也表现为经济与社会发展不平衡、城乡区域发展不平衡、经济和生态不平衡。从区域发展看，从黑龙江的瑷珲（现黑河市）到云南的腾冲画一条线，这叫胡焕庸线，这条线以东南的国土面积占 43%，却拥有 94% 的人口，而这条线以西北的国土面积占 57%，仅有 6% 的人口，这体现了地理环境对经济活动的影响。人均 GDP 省际差距还非常大，这就是区域差异性。过去一段时期，区域差异总体上符合"库兹涅茨倒 U 曲线"，先扩大后缩小，但近年来又有所扩大（见图 1.14），会不会出现双倒 U 曲线呢？这是值得观察的。以前区域差距主要表现为东中西差异，现在南北差异也在扩大。南方经济相对活跃，而东北、华北、西北的省区多为资源性省份，重化工业比重比较高，市场化程度低，结构调整迟缓。现在北方一些省份人才等优质要素的流失比较严重，有人说兰州大学流失的人才可以再办一所兰州大学。而南方一些省份经济循环比较良性，财政收入状况较好，就想办法吸引人才。这种差距一旦形成，我觉得很难扭转。还有发展不充分的问题，主要是市场竞争不充分、效率提升不充分、动力转换不充分、制度创新不充分，等等。

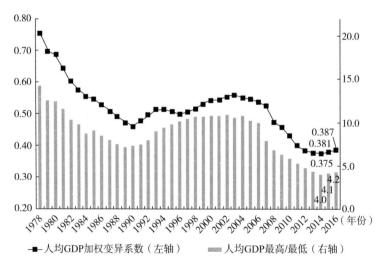

图 1.14　中国区域差距的变化（1978—2016 年）

4. 体制机制制约依然比较严重

政府与市场的界限还不清晰，政府哪些不能为，哪些必须为，边界不清。传统体制下政府无所不包，现在要尽可能将资源交给市场配置，可能会遇到或明或暗的阻力。财税、金融和土地制度改革还没有完全到位，资源要素价格扭曲，资源环境压力没有通过价格信号传递给市场主体。国有经济布局战略性调整和国有企业改革还不到位，非公经济缺乏平等的市场竞争环境，等等。

5. 政府管理方式还不适应高质量发展要求

在"数量追赶"阶段形成的一套特有的管理方式，比如圈地搞园区、大规模搞绿地投资、招商引资层层下指标，地方干部驾轻就熟。现在要转向高质量发展，往往无从下手，如何对标国际标杆提升质量标准，政府绩效如何考核，政绩如何考核等，还缺乏一套行之有效的管理方式。

三、推动高质量发展的思路和对策

（一）推动高质量发展的思路

推动高质量发展，要坚持问题导向，突出重点方向，增进市场功能，提高治理水平。

坚持问题导向，就是不能仅仅从概念出发，经典经济学对高质量发展并没有明确的定义。如果只从概念出发，就会脱离实际。要把影响高质量发展的问题梳理清楚，然后再对症下药。比如，产品和服务质量不高，主要是因为市场竞争不充分，企业创新能力还不强，体制因素又使要素的市场化改革滞后。

突出重点方向，就是要抓住体制机制以及由此形成的利益格局这个关键。比如说打破垄断，就是要突破既有利益格局，要着眼于突破深层次体制障碍，对已形成的利益格局进行调整，这必将是更艰巨、更复杂的深层次攻坚。

增进市场功能，就是要继续从广度和深度上推进市场化改革，强化市场竞争，让市场在资源配置中起决定性作用。高质量发展本质上就是要提高资源配置效率，资源配置效率提高了，经济发展质量自然就提高了。

提高治理水平，就是要深入推进重点领域改革，在金融监管、多规合一、商事制度、市场监管、生态保护等领域，加快内部职责、业务整合和流程再造，减少微观管理事务和具体审批事项，停止对市场的不当干预。同时，还要形成与高质量发展相适应的指标、政策、标准、统计、绩效、政绩考核体系。

（二）推动高质量发展的主要对策

1.确立竞争政策的基础性地位

竞争是市场经济的本质特征。过去一段时期，作为追赶型经济体，我国借鉴日本、韩国等国家经验，政府主导制定产业政策，对推动产业扩张和缩小与工业化国家差距发挥过重要作用。但产业政策效果并不完全如意，政府选产业、定项目，往往"有心栽花花不开，无心插柳柳成荫"。比如，百度、阿里巴巴、腾讯、华为这些企业是产业政策培育出来的吗？产业政策还带来诸如行业壁垒、企业垄断、市场分割、地方保护、不公平竞争、所有制歧视等问题，妨碍了统一开放、竞争有序的市场体系形成。有竞争，才有创新；有竞争，才有效率；有竞争，才有质量。高质量发展必定是竞争的结果。

确立竞争政策的基础性地位，最重要的是建立公平竞争审查制度，对政府制定的市场准入、产业发展、招商引资、招标投标、政府采购等政策进行审查，确保这些政策符合公平竞争的要求。加强对新制定的法律法规和政策的公平竞争审查，并逐步修订妨碍公平竞争的已有法律法规和政策。

2. 完善产权制度

产权和所有权有什么区别？所有权是绝对或普遍的权利，产权则是相对的权利。产权比所有权有更广的外延。产权既包括物权，还包括股权、债权、专利权、商标权、名誉权等其他权利形式。产权界定是市场交易的先决条件。没有清晰的产权就没有交易，更谈不上搞市场经济。只要产权界定清楚了，无论谁拥有所有权，资源配置效率都会提高。与此同时，无论所有权怎样得以清楚的界定，产权不清晰，资源也难以得到有效配置。

产权激励是最有效的激励。比如农村家庭联产承包责任制，土地的集体所有权没有变，但是经营权、使用权、交易权分离出来了，这就极大地激发了亿万农民的生产积极性。月亮还是那个月亮，篱笆还是那个篱笆，以前是吃不饱，而现在粮食库存超过一年的产量，根本上就是产权激励起作用了。

既然产权如此重要，搞市场经济一定要严格保护产权。2016 年，中共中央、国务院出台了《关于完善产权保护制度依法保护产权的意见》，明确要"坚持有错必纠，抓紧甄别纠正一批社会反映强烈的产权纠纷申诉案件，剖析一批侵害产权的案例"。这件事如果做实了，就会起到强大的市场预期引导作用。

3. 深化要素市场化配置改革

经过四十年的改革开放，商品基本都市场化了，目前社会消费品零售总额、农副产品收购总额和生产资料销售总额中，市场调节的比重均在 98% 以上，但生产要素还远没有市场化。比如土地，城乡土地还是双轨制，农村土地要进入市场，要先征收为国有土地，城市土地的一级市场由政府垄断，二级市场才可以交易。劳动力城乡分割，农业人口要在城里落户很难，劳动力市场也没有完全统一。利率也没有完全市场化，现在大客户可以跟银行议价，但利率还不是有风险溢价的利率。技术市场的价格形成机制还不健全。新的生产要素，比如信息数据、公共信息资源还是部门分割，没有实现互联互通和共享。

生产要素要实现市场化，就要打破行政性垄断，实现要素自由流动和优化配置。加快户籍制度改革，除极少数超大城市和中心城区以外，逐步放开城市的户籍。推进利率和汇率市场化改革，使资金配置到最有效率的领域。生产要素市场化最难的是土地制度改革。土地是最基本的生产要素。现在最重要的是推进"三块地"改革。要改革土地征用制度，严格界定公益性和经营性建设用地，缩小征地范围，公平补偿被征地农民。探索宅基地所有权、资格权、使用权"三权分置"制度，保障宅基地农户资格权和农民房屋财产权，适度放活宅基地和农民房屋使用权，明确资格权权能，允许流转、抵押、长租。推动农村集体建设用地在符合规划和用途管制的前提下进入市场，以公开、规范的方式转让使用权，与国有建设用地享有平等权益。

4. 完善科技创新体制

高质量发展必须进一步完善科技创新体制，关键是要落实科技成果的产权激励。人的脑力劳动、知识的投入算不算投入？如果算投入，那么无形投入和有形投入（单位的科研设备、场地等）结合起来形成的成果，能不能分享部分产权？2018 年政府工作报告明确指出，要"探索赋予科研人员科技成果所有权和长期使用权"，这是一个重大突破。近年来，虽然我国科技创新取得重大进展，但关键核心技术仍然受制于人，科技成果转化能力仍然不强，科技人员的创新潜力尚未得到充分释放。问题的实质在于科技人员的激励机制不健全，最根本的是产权激励机制不到位。现在有些地方正在探索按照"确权在先"的原则，事先确定职务科技成果的权益分配。这项改革有利于解放科研生产力，有利于建立有效的激励机制，也有利于促进科技成果转化。

支持创新的方式也要调整。以前处于追赶阶段，追赶是有目标的，技术路线也是明确的。现在有些领域已经接近国际前沿，就像任正非说的已经到了"无人区"，这个时候创新主要靠试错。谁去试错呢？企业去试错。政府对科研的支持方式，也要从事前投入逐步转到事后奖励。对创新活动的支持也可以从供给端转向消费端，通过促进消费激励技术创新，使企业形成良性循环。

5. 深化教育体制改革

基础教育最重要的是创造公平受教育的机会，促进教育资源分布更加均衡。高等教育主要是转向创新型教育和能力素质型教育，过去主要是知识传输型教育，转向创新型教育对体制的要求与过去也是不一样的。教育改革还要有利于促进社会纵向流动，如果没有纵向流动，这个社会就很难有活力。

6. 提高空间资源的配置效率

空间上如何提高资源配置效率？就是要加强网络化建设，建设城市群和大都市圈，然后与轨道系统、高速交通系统连接起来，空间资源配置效率就会明显提高。国际上有活力、竞争力强的区域，大都是城市群和大都市圈，比如纽约湾城市群、日本京滨城市群、英国伦敦大都市圈，这些区域都是经济活力最强的，也是空间效率最高的。要有效推动城市群发展，需要大规模投入，也需要创新城市建设的投融资机制。

7. 有效应对污染物排放峰值期的挑战

我国现在正进入"环境库兹涅茨曲线"的拐点期，能源资源消费陆续达到顶峰，这个时期的环境压力特别大。生态环境过去是外部因素，没有引起重视，高质量发展要将外部因素内部化，需要强化对生态环境体制改革。比如，自然资源资产的产权制度。要让人去植树造林，能不能允许自然人或者法人承包生态用地，所有权是集体或者国家的，但是赋予他们更长期的使用权。塞罕坝经过几代人的植树才形成了森林，这表明必须赋予更长期的使用权的必要性。还要健全环保信用评价、信息强制性披露、严惩重罚等制度，建立市场化、多元化的生态补偿机制，比如排污权有偿使用和交易制度，还要改革生态环境监管体制。

8. 进一步扩大开放特别是服务业开放

中国营商环境排名比较靠后，跟服务业的效率低有直接和间接关系。服务业效率低，是因为开放度不高，当然也有政府审批流程过长的因素。要改善营商环境，就要扩大服务业开放。服务业开放，金融是首要的，目前已经宣布了一系列开放举措。比如，银行和资管公司外资股比限制取消，内外资同等待遇；证券、基金、期货、人寿保险的股比可以到 51%，三年后不再设限。下一步医疗、养老、幼育行业还要扩大开放，这对改善营商环境会起到积极作用。

9. 健全风险管理体制

我国已进入风险易发高发期。过去一个时期，资金成本低，信用迅速扩张，企业、政府和居民部门都在加杠杆。杠杆率过高就会向金融部门传递，再遇到外部冲击，就会形成叠加效应，然后外溢到社会部门，进而影响到社会稳定。杠杆率高，比较突出的是企业部门，企业杠杆率在全球位居前列。政府部门显性债务并不高，但有大量的隐性债务。居民部门的债务近年来上升也很快。健全风险管理体制要强化监管机构职能，要长牙齿，铁嘴钢牙可以啃硬骨头。还要加强监管能力建设，包括金融基础设施建设，微观层面还要健全金融机构公司治理结构。总之，要让风险管理能力建设跑赢风险累积速度。

10. 完善政府激励机制

调整以 GDP 为导向的竞争激励机制，以"放管服"（简政放权、放管结合、优化服务）改革为抓手，理顺"政府、市场、社会"之间的关系，完善政府绩效评估制度，形成与高质量发展相适应的指标体系、政策体系、标准体系、统计体系、绩效评价、政绩考核体系。健全激励机制和容错纠错机制，调动和释放各方面改革创新的积极性。

更好地引导地方政府推动高质量发展[①]

白重恩[②]

党的"十九大"提出，要实现从高速度增长到高质量发展的转变。在过去四十年的发展中，地方政府在推动经济高速度增长方面起到了很大的作用，未来要实现高质量的发展，地方政府的作用不可缺少。

既然要从高速度增长转到高质量发展模式上来，地方政府的作用是否也要产生变化？地方政府都有一定的自主性，要让它发挥一定的作用，就要提供相应的激励，要让它有积极性。所以如何改变对地方政府的激励，让其在高质量发展中继续起到重要的作用，这是我今天想跟大家交流的主题。

我想分三个部分跟大家来讨论这个主题。第一，在过去的高速度增长中，我们的地方政府起到了什么样的作用，它的激励来自何方？第二，如果我们还坚持老的模式，如果地方政府的作用和激励不改变，在新常态下会产生什么样的问题？第三，经济高质量的发展中，地方政府新的作用和新的激励应该是什么？

---

① 本文根据长安讲坛第 332 期内容整理而成。
② 白重恩，中国经济 50 人论坛学术委员会成员，清华大学经济管理学院院长、教授。

第一个方面，我们来看高速度增长中地方政府的作用和激励。

首先跟大家分享一组数据，这是来自世界银行每年发布的一个研究报告，内容是对世界各经济体营商环境进行评价。这项研究采取各种方式从不同的经济体采集可比的数据，然后通过这些数据来构造一个指标体系，对不同经济体的营商环境从各个方面来进行排序。根据最新的数据和指标，排在第一位的是新西兰，新加坡也排名靠前，这表示它们的营商环境比较有利于企业发展。中国在190个经济体中排第78位，虽然在中间靠前一点的位置，但总体来说并不是那么理想。中国改革开放四十年，经济增长速度是前所未有的，这就给我们提出了一个问题：按照世界银行的指数，我们的营商环境似乎并不完美，但是我们为什么又能够实现如此高速的增长呢？在经济学研究中有一个领域叫制度经济学。制度经济学中有一个被广泛接受的结论，即制度环境尤其是营商环境对经济增长非常重要，如果没有一个良好的制度环境，经济就不可能获得快速的增长。但是按照世界银行的这些指标，中国的制度环境看起来并不理想，其中有一些指标看上去更让人觉得不可思议。如建筑许可这项指标，它显示在中国要获得建筑许可来盖房子非常困难，在全球190个经济体中排序，我们排在第172位，可以说是倒数第几名。然而这些年来，中国很多城市都像个大工地，到处都在盖房子，但是研究数据又显示我们要获得建筑许可很困难。我曾经看过一个报道，说在中国要完成整套建房手续，前前后后要找几十个部门盖190多个章，还要缴95种税费，按照流程规规矩矩走下来，需要大概三年半时间才能走完。这就跟我们的所见所闻很不一致，因为我们每天都能看到房子像雨后春笋般"长"起来，这到底是怎么回事呢？

2014 年我国的营商环境综合排名在第 96 位，其中的建筑许可这一项排在第 185 位，现在已经上升到 172 位了。近几年设立企业的便利度也大大提升了，2014 年排在第 158 位，现在上升到第 93 位。但是其他数据仍然不是特别好，我们的税费负担很重，企业使用电力也比较困难。

这些指标到底准不准？值不值得信任？世界银行营商环境报告团队的做法是，首先就营商环境的十个方面设计问卷，这份问卷力图反映企业在开展业务的过程中可能会遇到的主要障碍，然后请各国的专家，包括律师、咨询师、会计师等，根据一些在不同经济体都有一定代表性的企业，比如超市，在研究对象国的最大商业城市所面临的情况来提供数据。然后营商环境报告团队把每个国家的数据都拿来进行处理，包括与研究对象国的权威部门核对数据，最后进行排名比较。由此可见，世界银行的研究是比较科学的，得到的数据应该比较可信。但为什么根据这些数据，我们的营商环境不是很好，但是我们又获得了高速增长呢？我和我的合作者就这个问题提出了一个特惠模式理论。在这个特惠模式中，地方政府起到了关键的、必不可少的作用。

我们的解释是，尽管在中国每个企业做生意都面临着不少制度上的成本和障碍，但是如果你有幸能够得到地方政府的青睐，地方政府认为你是值得帮助的企业，它就会主动帮你克服注册、获得建筑许可、获得电力等各方面可能遇到的困难。比如富士康要在郑州建一家工厂，郑州市就专门为它建了一条专用公路，叫"富士康专线"，使富士康的物流变得更加有效率。只要地方政府下定决心帮你，你就很少有办不成的事，这就是我们的成功经验。

　　总结起来就是，尽管我们普惠的制度化的营商环境还不完善，企业规规矩矩地照章办事很难办得成，但是只要地方政府想要帮你，这些事都会很容易办成。地方有能力，但不代表它会主动愿意做，还需要有激励、有动力来帮你做。因为地方政府并不是万能的，它的能力、资源、精力、时间都有限，它不可能帮助所有的企业。地方政府为某些企业提供特殊的帮助和保护，帮助企业克服不良营商环境造成的障碍，我们把这种帮助叫作特惠，因为这不是每家企业都能得到的，所以它不是普惠的帮助，而是有选择性的帮助。

　　特惠模式跟中国经济的高速增长有什么关系呢？如果地方政府帮助的企业都很烂，而好的企业没有得到帮助，经济就不可能得到发展。我们的一个推断是，地方政府还是选对了一些企业，甚至可能选择了那些最好的企业。这里我们就要提出问题了，为什么地方政府有能力、有愿望去帮助这些好的企业呢？我们构造了一个经济学模型来分析这个问题。在这个模型中，每一个地方政府都面临很多潜在的需要帮助的企业，这些企业有的未来商业前景很好，也有的不是很好，地方政府要从中挑选一些企业来给予帮助。地方政府挑选企业的动力来自哪里呢？我们认为，主要来自如果它帮了这个企业以后，它一定能从这个企业中得到收益。这里的"收益"两个字，我要给它一个很广义的解释，因为不同的地方官员对收益的理解可能不一样。有些地方官员很有情怀，需要有成就感，他觉得帮助一个好的企业成功，就是他事业的重要成就，对得起地方上的老百姓。对他而言，事业的成就感就是动力。但即便如此，他也不会帮助所有企业。我曾经跟一个地方领导讨论过，他说人人都有好恶，我会愿意帮助我认为对地方经济发展更好的企业，而不愿意帮助对地方经济发展不一定那么好的企业。一个好的官员的认识更加符合当地的实际，但是仍然会有他自己的偏好，他愿意帮的，是能给他带来最大成就感的企业。

还有一种动力就是要获得财政收入，有了更多的财政收入，就有更多的资源来做自己觉得值得做的事情。

第三种动力就是晋升的资本。很多地方官员都想晋升，想晋升是一个官员自然的动力。他帮助一些企业成功了，上级领导来视察看到这些成功的案例以后会很高兴，就会对地方官员有很好的印象，这对他们今后的晋升有好处。

当然还可能有一些腐败现象，比如一些企业为了获得帮助，采取不正当的手段，从而也获得了地方官员的帮助。

很难说哪一种动力起到了最主要的作用。不同地区不一样，不同地方政府官员的考虑也不一样，总之他们会选择一些能给他们带来最大收益的企业，给这些企业提供帮助，帮他们克服制度的障碍，然后这些企业就更加可能成功。

这里有一个很关键的问题，地方政府官员愿意帮助的这些企业，是不是比较有效率的企业？我们倾向于认为确实是，因为只有当一个企业很有效率的时候，它才更有可能成功，更有可能给为它提供帮助的领导带来成就感，更有可能带来更多的税收，更有可能帮助地方官员获得晋升的资本。如果我们相信这样的一个假设：效率越高的企业，能给地方政府官员带来越大的收益，地方政府官员就越会选择那些效率较高的企业提供帮助。如果这个假设成立，那么经济就发展起来了，一些高效率的企业就能因此获得成功。

有人说特惠制度有各种弊病，这不可否认。但是我们也需要问问如果没有特惠会怎么样？没有特惠制度，谁都得不到帮助，所有的企业都很难成功。和普惠制度非常完善的经济体比，我们的制度环境不够完善，只有部分企业得到了帮助，但是和没有特惠也没有普惠的情况相比，至少还有一些企业得到了帮助。所以这是在营商环境不是很理想又很难在短期内达到理想状态的情况下，我们退而求其次，不得已而接受的一个次优安排。在这样的安排之下，我们有了过去四十年的高速增长。1978—2007 年，中国 GDP 的年平均增长率略高于 10%，从 2008 年到现在年平均增长率是 8% 左右，这些成就从哪儿来？我们觉得地方政府所起的作用是至关重要的。

总结一下以上说的内容。特惠制度有利于经济增长，前提条件一是地方政府有能力也有动力来帮助一些企业解决问题，否则谁都得不到帮助，谁都发展不了。二是地方政府选择的特惠对象是一些不错的企业，是一些有潜力的企业。三是地方政府提供的帮助主要是降低制度成本，而不是提供廉价的要素。因为要素供给是有限的，地方政府给某些企业提供了更多廉价要素，其他企业获得要素的成本就更高。当你在资源配置中向某些企业过度倾斜，另一些企业获得资源就很困难，那么这个地方的经济整体效率就会比较低。

第四个前提条件比较有技术性。特惠制度可能会带来准入障碍。比如，我帮助本地一家企业开拓了一项业务，我不希望有其他的竞争对手，因为一旦有了竞争对手，我帮助的这家企业就会面临竞争的压力，我获得的收益就会减少，所以地方政府不希望本地有太多的竞争，这对准入会产生一定的障碍，这是特惠模式造成的一个潜在问题。好在中国有很多不同的地区，如果我是一个好的企业，我有一个好的前景，我在这个地方得不到帮助，我可以跑到另一个地方，也许那边的政府因为当地没有既有的竞争对手，它就愿意帮助我了。所以特惠模式能够促进经济发展的第四个前提条件是企业可以在多个地区之间选择。上述四个条件是特惠模式能够促进经济增长的前提。

这种特惠模式有好处，也有潜在的问题，可能出现的腐败就是一个重要问题。因为大家都认识到它的重要性，我就不过多说了。其他可能的问题是什么呢？首先，地方政府花了这么多力气来帮助企业，所以它的注意力全在它帮助的企业这儿，可能会过度关注这一些企业的利益。最可能出现的问题就是，如果特惠对象在取得要素方面获得太大的优惠，其他企业要获得要素就更加困难，形成资源配置的扭曲，造成整体效率下降，不利于经济增长，这是一个风险。我们所说的成功，是不出现这种情况才叫成功，但是这种情况只要一出现就会有风险。

另外，既然地方政府可以通过帮助一些企业来发展当地的经济，它还有动力来改善普惠制度吗？可能它改善普惠制度的动力就减弱了。一是它不这样做当地经济也能发展。二是在特惠制度下，所有企业，包括地方政府不喜欢的企业，也一样活得很滋润。在特惠模式下，权力会起到更大的作用，而在普惠模式下权力起的作用就相对小一些，所以希望有更大权力的地方政府改善普惠环境的动力可能就不足。三是由于地方政府过度的关心，关注部分企业的利益，可能会对居民的利益关注不够。比如，地方政府帮助的这家企业造成了环境污染，它就不愿意对这家企业的治污下狠手，居民的利益就受到了损害。特惠制度在一定的历史背景下，在上面说的四个前提条件都满足的情况下，确实可以促进经济增长。但是也有可能，当这些条件不再满足的情况下，甚至在这些条件仍然还满足的情况下，它也会带来一些弊端。

尽管我们的制度环境不是很好，但是我们仍然实现了高速度的增长。背后的一个重要原因就是地方政府为部分企业提供了有力的帮助，使它们能够成功，而这些企业又是效率比较高的企业，于是当地的经济就发展起来了。地方政府提供的特惠，在过去高速度发展的过程中，起到了非常重要的作用。

第二部分，我想跟大家分享的是在新常态下这个老的模式会带来什么问题。刚才我们说了一些潜在的问题，在新的环境下，是不是这些潜在的问题都变成了实际的问题。

新常态下潜在的经济增长速度是什么？这和我们后面的分析有很大的关系。

从几年前开始，中国经济进入新常态。新常态的含义有几点，其中一个是增速要换挡，未来的增速会是什么样的，这是需要了解的问题。对这个问题包括对问题后面的机理的了解，可以帮助我们理解地方政府的作用到底发生了什么样的变化。

预测潜在的经济增长速度，要有一定的依据，依据一定要来自数据，如果没有数据支撑，预测是不可靠的。问题是用哪些数据呢？是看中国的过去发展历史，还是看其他一些经济体的发展历史？自然，信息越多越有帮助。不同经济体的发展经历之间总有一些共性的东西，如果完全没有任何共性，其他经济体的历史对我们就没有任何参考意义。

其他经济体跟我们有什么样的共性？或者进一步问，我们和什么样的经济体共性比较多？跟我们共性比较多的经济体，对我们参考价值更大，我们可以利用它们的数据，帮助我们更好地预测自己的未来。有些学者认为，日本和韩国这两个国家和我们有类似的背景，它们的发展水平和我们现在的发展水平类似时的情况，对我们有比较大的参考意义。判断什么时候它们的发展水平和我们现在的发展水平相似，需要一个标准，用什么标准呢？

首先，对不同国家的经济发展水平进行比较时，选择哪个汇率会有差别。一个选择是用官方汇率，但官方汇率会受到很多因素的影响，并不能真实反映购买力。所以我们经常在研究中不用官方汇率，而是用购买力平价的汇率。什么叫购买力平价的汇率？我们选择一个有代表性的消费者，他每年消费的产品都装到一个篮子里，这是他每年消费产品的集合。这个篮子里所有的产品在中国要花多少钱买到呢？假如我们花 2 万元人民币能买到这个篮子里所有的产品，也就是说一个有代表性的消费者一年的消费是 2 万元人民币，然后将同样一篮子的产品拿到美国去，看这样一篮子的产品需要花费多少美元，可能需要5 000 美元。在美国用 5 000 美元，能买到在中国用 2 万元人民币买到的同样的东西，这说明根据购买力，2 万元人民币等于 5 000 美元，即4 元人民币等于 1 美元，这就是购买力平价汇率。

按购买力平价，中国 2014 年人均 GDP 是 1.2 万美元左右，日本人均 GDP 是 1.2 万美元左右时是在 1971 年，所以如果用人均 GDP 作为判断相似经济发展水平的标准，我们应该用 1971 年的日本作为我们的参考对象。如果我们用与美国人均 GDP 的比值来作为判断相似经济发展水平的标准，那么用 1971 年的日本作为参考就不合适。2014 年中国的人均 GDP 大概是美国的 1/4，1971 年美国的人均 GDP 大概是 2.4 万美元。所以那个时候的日本尽管人均 GDP 和我们现在一样，但是它的人均 GDP 是美国的一半。日本人均 GDP 占美国人均 GDP 1/4 的年份大致是 1958 年。如果我们用与美国人均 GDP 的比值来作为判断相似经济发展水平的标准，那么应该用 1958 年的日本作为参考。

像中国这样的发展中国家，可以叫"追赶型经济"，所谓"追赶型经济"，就是我们前面还有很多比我们更加发达的经济体，它们处于经济增长的前沿。我们在发展过程中，可以借鉴它们过去的经验和教训，尽量学习它们成功的地方，避免它们走过的弯路。当然不是简单的模仿，还要考虑自己的环境，至少可以有所借鉴，帮助我们的经济增长，这叫"追赶型经济"。因为有借鉴的机会，有借鉴的可能性，所以"追赶型经济"的增长潜力比发达经济体的要高，这就是追赶型经济享受的后发优势。

如果我们跟发达国家的差距比较大，比如说差距有 40 年，那么它们过去 40 年的经验就可以作为我们发展经济的参考，我们借鉴的空间和学习的空间就很大，可以避免很多错误并把事情做得更好，这个时候我们的增长速度就会比较快。如果我们跟发达国家之间的差距只有 10 年，我只能借鉴它们过去 10 年的经验，40 年的经验跟 10 年的经验相比，40 年的经验显然更丰富。所以，我们就有这样一个理论，后发国家和前沿国家之间的相对距离对后发国家的增长潜力非常重要。我们现在人均 GDP 是美国的 1/4，相对距离就用 1/4 这个数字来表达。这个数字在一定程度上告诉我们，中美两个经济体之间的发展还差多少，也决定了我们学习空间的大小，因而对中国的增长速度有很大的影响。用美国作为一个参照，看跟它的差距是多大，我们的近邻比如日本、韩国，它们的人均 GDP 是美国的 1/4 的时候，和我们与美国今天的差距是类似的，因而就以日本和韩国的人均 GDP 达到美国的 1/4 时的经历作为我们的参考，这是很多学者都采用的一个办法。

在 2008 年国际金融危机发生之前，根据购买力平价汇率，中国的人均 GDP 是美国的 1/5。我们再来看日本、新加坡、中国台湾和韩国在什么时候人均 GDP 是美国的 1/5，历史数据显示，日本是 1951 年，新加坡是 1967 年，中国台湾是 1975 年，韩国是 1977 年。这四个经济体分别在这四个年份，人均 GDP 和我们现在的人均 GDP 与美国的比是一样的。

日本 1951 年后的二十年平均增长速度是 9.2%，新加坡 1967 年后的二十年平均增长速度是 8.6%，增长率都不低。很多学者根据这些数据得出结论，中国在 2008 年以后的 20 年内，有平均每年增长 8% 的潜力，而且说 8% 还比较谦虚，因为日本达到了 9.2%。但是现在我们达不到这样的增长速度，也许我们不吃不喝，拼命工作可以达到，但是对我们的损害就太大了，我们不愿意那么做。尽管中国 2008 年和日本 1951 年有共性，我们相信这样的共性对于增长率有一定的含义，但是中国的 2008 年跟日本的 1951 年也有很大的差异，我们希望找到最关键的差异，这就需要做研究。

我们最后找到的关键差异是人口结构不同，劳动参与率也不同。中国和日本的人口结构有什么差异呢？如图 1.15 所示，通常我们把 15~65 岁的人叫作适龄劳动人口，每 100 个适龄劳动人口要负担多少个 15 岁以下的孩子和 65 岁以上的老人，就叫作总抚养负担。从图中我们可以看到，2010 年中国总抚养负担是这四个国家中最轻的，是 38，也就是每 100 个 15~65 岁的潜在的劳动力，要负担的 15 岁以下的孩子和 65 岁以上的老人是 38 人。2010 年之后，中国的总抚养负担就越来越重，说明能参与劳动的人口所占比例越来越低。从 20 世纪 70 年代中期到 2010 年，我们的总抚养负担在下降，这段时间我们在享受人口红利，能参加生产的人越来越多，经济增长率就会比较高。但是过了这个人口红利阶段，能参加生产的人口越来越少，增长的速度就会减缓。我们再看看日本，日本 1951 年后的二十年是充分享受人口红利的二十年，那一段时间它的经济增长就很快。同样的，新加坡、韩国在跟我们相似的那二十年里，都是享受人口红利的二十年，它们当时的高速增长是和人口红利高度相关的。不仅如此，它们的劳

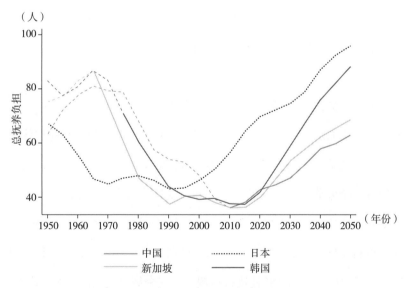

图 1.15　总抚养负担的国际比较（1950—2050）

动参与率也在增加。人口红利是指人口中有多大比例是适龄劳动人口，但是并不是每一个适龄劳动人口都在参与生产。15~18岁的很多人都在上学，60~65岁的很多人都退休了，尽管他们属于适龄劳动人口，但是他们不参与生产。我们还要把就业参与率考虑进来，如果就业参与率在增加，就说明越来越多的人参与生产，经济增长速度就会比较快。如果就业参与率在下降，经济增长速度就会下降。

日本、韩国和新加坡，在相应的历史阶段，不仅仅是享受人口红利，而且就业参与率还在增加，这对增长是有利的。而中国的人口红利已经消失，就业参与率也到了顶点，很多研究者认为我们的就业参与率从现在开始要下降，这对增长是不利的。不管是人口红利还是就业参与率，影响的都是参与生产的劳动力人数，现在的中国和1951年的日本是有很大差异的。

如果我们把这个差异剔除掉，剩下的差异是不是还重要？非常神奇的是，除了人口红利这个差异，剩下来的差异就不那么重要了。为了说明这一点，我们来做一些计算。

刚才我们说，中国和日本的一个重要差异是劳动力增长速度的差异。在考虑GDP的时候，为了看清劳动力的影响，把GDP的整体看成两部分的乘积，一个是劳动力的总量，即有多少人参与就业，另一个是每一个劳动力所生产出来的GDP，我们称之为劳动生产率。显然劳动力的增长速度有差异，那么劳动生产率的增长速度有没有差异呢？如果也有差异，我们就要再找新的办法剔除这个差异的影响。我想说的是，劳动生产率的增长速度很有规律。这个规律让我们有理由认为，1951年之后日本劳动生产率的变化，对我们认识2008年之后劳动生产率在中国的变化趋势是一个重要参照。

GDP=劳动生产率 × 劳动力总量，那么GDP增长速度＝劳动生产率增长速度＋劳动力增长速度。劳动力增长速度可以通过研究来获得。假如我们能利用劳动生产率增长速度的规律，来预测中国未来的劳动生产率的增长潜力，再去进一步研究劳动力的增长速度，就可以预测未来的GDP潜在增长速度。

图1.16的左边显示的是劳动生产率的增长速度，右边显示的是劳动力的增长速度。每一个图中有三种颜色深浅不同的点，颜色最深的点代表日本、韩国、中国台湾和新加坡四个经济体，颜色次深的点是我们挑出来的西欧14个增长特别快的经济体，空心的点是一些不成功的经济体。纵轴是劳动生产率的增长速度，上边的边缘代表增长的潜力。

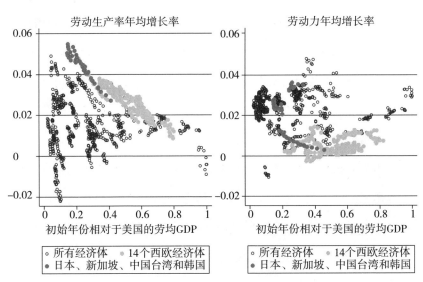

图1.16 经济增长 "收敛" 分解：劳动生产率与劳动力

每一个点对应的横坐标是这个经济体在那一年的劳均 GDP 和美国劳均 GDP 的比值，度量这个经济体和最发达的经济体之间的距离。越靠右经济发展水平离美国越接近，越靠左经济发展水平离美国越远。

颜色最深和次深的点是劳动生产率增长速度比较快的经济体，我们希望跟成功的经济体比，所以要研究这些颜色最深和次深的点。颜色最深和次深的点形成的图形很有规律，可以用一条曲线比较精确地代表。劳动生产率增长最快的这些经济体，它们的劳动生产率增长速度基本上由其经济发展水平来决定。右边的图显示的是劳动力增长速度，在这个图中我们看不到任何规律。如果我们来做一个假设，中国从现在开始到未来的若干年，劳动生产率的增长会遵循左边的图中所显示的规律，我们就可以预测未来一段时间中国劳动生产率的增长。当然谁都不能保证这个假设一定成立，因为未来会不断有新的技术涌现，国内外的形势也会变化，这些都可能影响劳动生产率的增长速度。我们只是基于现有的数据，来尽量科学和精确地预测中国未来劳动生产率的增长潜力。

给大家报告一下，我们就是用这样一个听上去很简单的方法，对未来做了一些预测，预测的结果如下表（见表 1.2）。当然这些预测是有前提的，假设中国会像颜色最深和次深的点那样遵循同样的规律，这并不是一个悲观的假设，因为那些点都是非常成功的经济体，我们没跟那些空心的点比。

表 1.2　对中国潜在经济增速的预测（%）

2016—2020	6.36
2021—2025	5.57
2026—2030	4.86
2031—2035	3.97
2036—2040	3.28
2041—2045	3.29
2046—2050	2.85

当时我们做了这样一个项目，就是研究"十三五"期间的经济增长潜力。我们提交了这个研究结果，很难说它产生了什么样的影响，我只能告诉大家，最后"十三五"规划制定的增长目标是 6.5%，这是我们能接受的最低的增长目标，因为如果定在 6.5% 以下，我们就不能实现 2010—2020 年翻番的目标，所以底线是 6.5%。这个研究告诉我们，选择底线增长速度是最合适的做法。

未来两年我们要实现全面小康，2020—2035 年要基本实现现代化，到 2050 年要成为现代化强国。我们的预测正好到 2050 年。如果我们的预测是准的，到 2050 年我们的经济总量会是美国的 1.8 倍，人均GDP 会是美国的 53%。不同的人对这个结果会有不同的反应，也许有人认为我们的预测太悲观，但需要注意的是，同期美国的经济仍然在增长，我们假定美国每年的增长速度是 2.56%。我们 2008 年人均 GDP是美国的 21%，这个预测表明，我们将用四十年左右的时间，在美国经济还继续健康增长的同时，我们的人均 GDP 和美国人均 GDP 的比值从 20% 上升到 50%。

我们对经济增长潜力的研究结果与理解地方政府的作用是相关的。根据我们的预测，"十三五"期间的经济增长潜在速度大概在 6.36% 左右，实际获得的增长会比这个快，因为我们有 2010—2020 年收入翻番的目标，所以"十三五"期间我们必须要增长 6.5% 才能实现这一目标。也就是说我们定的增长目标会高于我们预测的潜在速度。

现在的情况是，我们还没有完全适应潜在的经济增长速度下降，我们不能允许增长率过低。这有一部分是跟我们之前的承诺有关，此外还有种种的因素。前面讲到的地方政府的特惠模式仍然存在，地方政府仍然在起重要的作用，它的激励有了一些改变，但是可能还不是根本性的改变。激励的机制是类似的，具体的体现有不同。和 2008 年之前相比，地方政府可以动用的资源更多了。尤其是 2009 年和 2010 年这两年，有 4 万亿的投资，其中只有 1/4 来自财政预算，另外 3/4 来自借债。当时的预算法不允许地方政府借债，但又制定了一个经济计划需要借债才能完成，那怎么办？只能变相做。所以从 2009 年开始，中央对地方政府融资平台的管控大大放松了，地方政府融资平台迅速发展起来。地方政府借了很多钱，可以投入各种各样的项目中，尤其是基础设施项目。适度的基础设施投资有它的道理，因为如果基础设施投资缺乏，经济的增长就没有很好的基础，所以地方政府适度借钱去搞基础设施投资也是对的，但是随着基础设施积累越来越多，再继续快速地投入新建设是不是还有效就要打一个问号了。

有一个研究是把投资分成两类。一类投资类似于基础设施投资，叫做公共资本，就是有一定公益性的投资，形成了公共资本。我们所有的基础设施投资都属于公共资本。另一类叫民间资本，民间资本不是特别精确的叫法，因为它也包含竞争性国有企业所做的商业性的投资。也许称为商业性资本会更加准确。中国人均公共资本占有量现在处于什么水平呢？跟经济合作与发展组织（OECD）这个发达国家俱乐部中的成员比，我们的人均公共资本的占有量和OECD国家人均公共资本的占有量持平。虽然从人均收入来说，我们和OECD国家还有比较大的差距，但是我们的人均公共资本占有量跟他们已经差不多了，但民间资本的占有量要比他们少很多。

我们的投资跟发达国家俱乐部的平均水平相比差不多，甚至在某些方面已经超过了它们，但在另一方面还差得比较远。一个推断就是，我们的基础设施投资是不是太快了，当然这是一个有争议的问题。

2008年之后地方政府有钱了，可以直接影响当地的投资，地方政府对特惠企业的帮助，就不只是降低制度成本，而是给它们提供大量的资源。特惠模式还存在，但是地方政府可以配套更多的资源，这有可能会带来扭曲。另外，当你和发达国家差距还很大的时候，可以借鉴的空间很大。当你和发达国家已经比较接近了，可以借鉴的东西相对之前就少了。可借鉴的东西比较多，找到下一个好的投资项目就比较容易，因为别人的经验在那里。随着经济的发展，再找到好的投资项目越来越难，地方政府真不知道下一个投资热点是什么，于是这种特惠模式又遇到了新的困难，要挑选高效率的特惠对象不像以前那么容易了。在这种新的情况下，地方政府的作用还能像以前一样吗？

首先，我们潜在的增长速度已经掉下来了，但是我们还没有完全接受，所以还会定比较高的增长目标。公平地说，过去几年我们一直在慢慢下调增长目标，2015年的增长目标是7%左右，2016年定的增长目标是 6.5%~7%，2017 年定的增长目标是 6.5% 以上，后面还加了一句，"要在实际工作中争取获得更好的结果"，最后我们达到了 6.9%。2018 年定的目标是 6.5% 左右。我觉得这个方向是对的，就是要适应经济发展的新常态，适应增长潜力在下降的趋势。这个适应过程是一个缓慢的过程，如果你突然调整一定会有困难，所以我们还是定了比较高的增长目标。要实现这个目标怎么办？你就要采取一些手段，这些手段就是各级政府去做刺激性的投资来拉动增长，如果不拉动就得不到这样的增长。

显然，2009 年、2010 年的拉动是必需的，因为国际金融危机对我们造成了巨大的外部冲击。拉动的量是不是过大暂且不论，但拉动本身是必需的。随着刺激产生作用，我们基本上实现了充分就业，是不是还要持续拉动？持续拉动是不是还需要这么大的力度？这是可以讨论的地方。在基本上实现了充分就业之后再拉动，它产生的后果就是，资源基本上得到了充分的使用。

所以我们发现，要素的价格持续高涨，资金成本变高，劳动力成本变高，企业说我们的所有成本都高，投资无利可图，民间投资受到负面的影响，被挤出了市场主导的投资。和政府驱动的投资相比，市场主导的投资效率更高，如果效率更高的投资所占的比重在降低，总体效率就会下降。增长目标过高的意思就是增长目标和效率不相适应。当总体效率下降的时候，我们的增长目标就更难实现了，需要进一步地刺激才能实现增长，这就形成了一个循环。在这个循环过程中，因为地方政府是靠借债来投资，债务不断积累，一些国有企业债务也在增加，这就是旧的模式带来的困境。

2017 年我们的基础设施的投资增速很快，固定资产投资完成额增长了 7.2%，基础设施投资增长了 19%，民间固定投资增长速度却只有 6%。地方政府能借债，所以手上有很多钱，就去投资这些项目。看地方政府的债务，一个办法是看所有发行债券的企业，有了它们的资产负债表就可以计算它们的资产总额和负债总额。我们发现那些发行城投债的企业占所有发债企业资产的比例仍然在上升。

政府主导的投资占用了资源，会带来成本上升，使其他企业经营成本变高。中国跟美国相比，单位 GDP 的劳动力成本过去这些年一直在上升，这对我们的国际竞争力产生了一定的影响。我们的投资效率怎么样呢？我们计算了一下，发行城投债的企业的资产回报率和没发城投债的企业的资产回报率之间有显著差异。2015 年之后，发行城投债的企业投资回报率仍然在下降，而其他企业的资产回报率已经开始上升。从整体来看，用核算数据来算的投资回报率，尽管有波动，但 2008 年之前基本上是平的。2008 年之后资产回报率在显著下降。

我们再看全要素生产率。1978—2007 年，全要素生产率对 GDP 增长的贡献非常大，在 10.03% 的平均增长中，有 6.68% 是全要素生产率增长贡献的，其中包括直接影响和间接影响。给定要素的投入，全要素生产率增长了，产出就会增长，这是直接影响。同时，全要素生产率的增长还会增加要素的投入，因为效率的改善，企业就有更高的积极性来投资，所以资本的积累也会增加，我们把这个也归结于全要素生产率增长的贡献，这是间接影响。但是 2008 年之后，全要素生产率的增长大幅下降，对 GDP 的贡献从大约 2/3 降到了比 1/4 多一点的程度。总体效率堪忧，地方债和企业的债也在增长。

增长目标定得过高还有一个潜在的风险，那就是如果我们持续这样做，就给市场传递了一个信号，感觉市场对原材料的需求还会不断增加，最后形成新一轮的产能过剩。还好，从 2018 年第一季度的数据看，这个问题有所缓解，GDP 增长 6.8%，固定资产投资增长 7.5%。2017年民间投资的增长速度比固定资产投资增长速度要低，但是 2018 年第一季度的增长速度快于平均增长速度。第一季度基础设施投资同比增长 3%，不再是去年的 19%。尽管基础设施投资增长速度下降得可能太快，但方向是正确的。

我们经济增长的潜在速度下降了，地方政府的动力从根本上讲没有变化，它还是想支持自己喜欢的项目，还在扶持这些项目，但是扶持的手段不同了。现在地方政府不仅帮助这些企业解决制度上的障碍，还会给它们提供资金和其他要素，这就造成了扭曲，这种扭曲带来了效率的下降，这就是我想讲的第二部分。

第三部分要讲的是为了实现经济高质量发展，地方政府的作用和激励应该产生什么样的变化？

这里谈高质量发展，前面要加一个定语，就是"经济"高质量发展。高质量发展的内容非常丰富，涉及各个方面，我们在此只看经济高质量发展应该是什么样的。我想强调其中的三个方面。

第一，居民从经济增长中获得更多。如果有了高速的发展，但是并没有给居民带来获得感，这就不能叫高质量发展。什么叫居民有更强的获得感呢？一是居民本身的消费占 GDP 的比例应该更高一点，消费的质量也应该更高一点。二是要改善政府提供的公共服务和公共福利，包括精准脱贫和污染防治等。

第二，生产方面有更加快速的全要素生产率增长，能带来经济可持续的高质量的发展。经济增长除了效率的影响以外，人力资本的改善也对经济增长起到了很重要的作用。为了实现高效率的增长，希望有更加高效的投资，包括投资资源的配置，也包括创新以及更加高效的人力资源的发展和人力资源的配置。

第三，要防范化解重大风险。

下面我想用一些数据来说明一下。为什么要提倡更高的居民消费率，我们来进行一下国际比较。

图 1.17 显示的是部分 G20 国家居民最终消费占 GDP 的比重，其中只有一个国家的居民消费率比中国低。2014 年，中国的居民消费率大概是 37%，巴西和日本是 60%，美国是 70% 以上。我们的消费占 GDP 的比重水平比较低，而且从 2000 年到 2010 年一直都是呈下降的趋势，2010 年之后稍有上升。沙特阿拉伯比我们低，但是它有它的特殊性，沙特阿拉伯是一个高度依赖非可再生资源的经济体，所以它现在一定要有高储蓄，为未来资源用尽的时候做准备，因此它的消费率比较低。而我们不应该这样，我们的居民消费确实是相对比较少的。

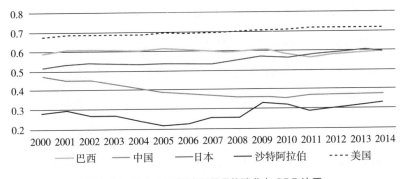

图 1.17 部分 G20 国家居民最终消费占 GDP 比重

我们拉动经济有三驾马车：消费、投资和净出口，其中净出口占GDP的比重已经很小了，主要是消费和投资。和其他国家相比，绝大部分国家的投资率都比我们低，比我们高的除了沙特阿拉伯外，很多是在地图上很难找到的小国。一个高投资率、低消费率的经济增长模式，对于自己的居民来说不是特别好。我们的发展是为了满足人民的美好生活需求，那就应该让居民有更多的消费。

当我们考虑为什么2008年之后全要素生产率对经济增长的贡献变小了这个问题时，我们有一个比较重要的发现，即投资率高和全要素生产率增长慢是有强相关性的。我们做了进一步的分析后发现，2008年之后我们的投资率很高，尽管对保持经济增长有作用，但是对消费的增长起到了负面的作用，一定程度上影响了消费增长的速度。高质量发展要求给居民带来更强烈的获得感，也能以更有效率的方式来进行生产，这就要求适当降低投资率。随着特惠模式的潜在问题变成实际问题，地方政府的特惠造成了大量的低效投资，投资结构不合理，投资过多过快，既降低了生产率，又对居民的消费率产生了负面影响，对高质量发展形成了障碍。

那么在新的形势下，如何发挥地方政府的作用？

在新形势下，高质量发展对地方政府的要求是改善普惠的制度环境，这是一个非常困难的、漫长的、艰巨的过程。在这个过程未完成之前，可能还要有特惠，不然很多事情很难办。我们希望地方政府在提供特惠的时候，更加重视居民的利益。比如，我们有一些产业政策并没有把居民的需求放在很重要的位置，其实地方政府应该在制定产业政策的时候更加倾向于居民消费，特别是服务的消费。我们需要研究一下不同的消费领域，看看它们的制度障碍是什么，地方政府要以特惠的方式，有针对性地解决服务领域的制度障碍和降低制度成本。我们应该适当地限制地方政府为特惠对象在要素取得方面提供过多优惠的权力，要让它不能随心所欲地去为它想支持的项目提供过多资源，因为这样做往往会带来一些效率的损失。这并不是发个文件就能做得到的，一定要提供相应的激励机制。

我的建议有以下几点。

一是对地方政府的考核要更加重视居民消费增长速度在考核中的权重，更加重视居民可支配收入增长速度在考核中的权重。对更加高效的可持续的公共服务的提供提出更高的要求，更加重视广大企业和居民的主观感受。

二是控制地方政府提供过多特惠的权力。要加强对地方政府资产和负债的考核，我们不仅仅要管理负债，还要管理资产。

三是要鼓励地方政府的创新。地方政府的积极性很大程度上来自成就感和晋升的资本。生产发展了才能实现居民消费的增长，只要考核了居民消费的增长和居民可支配收入的增长，地方政府就有积极性、有动力来支持生产发展。

问题是如果只考核居民的消费，地方政府可能搞短期行为，给居民发很多福利，因此欠下很多债，这种问题也是可能出现的。因此，我们还要考核地方政府的资产和负债，如此一来地方政府就没有办法用赤字去支持居民的消费，它只能靠发展生产，用更有效率的生产和更合理的分配来支持居民的消费。把考核居民消费的增长与考核债务和资产结合起来，可以有效地解决动力不足以及短期行为的风险。

还有一个问题，考核居民消费的数据里，并不包括一些很重要的公共服务指标，比如，空气质量比过去好了，在居民消费中反映不出来怎么办？我们要对少数关键的公共服务的高效和可持续提供有直接的要求，比如对环保要有直接的要求，同时要重视广大居民对公共服务质量的主观感受，要在考核中体现出来。

这里我们只提了很少的指标，为什么不多提一些考核指标？其中有很多原因。一是考核指标太多，指标之间可能有冲突。当你激励一个代理人同时去做很多事的时候，你的激励机制非常难设计。因为你要考虑到平衡，而这个平衡是非常难以实现的。所以如果考核指标太多，指标之间会产生冲突，容易造成地方政府感觉负担太重，无所适从。二是还会带来数据可靠性方面的问题，因为考核太多指标，地方政府整天都在搞数字，它的质量就不那么可靠了。

强调对居民消费和居民可支配收入增长的考核，以及重视居民的公共服务的主观感受，会不会影响对生产者的支持，甚至造成对生产者的剥夺，比如向企业收税来让居民消费？我认为，剥夺企业来支持居民是短期行为，要想得到居民消费的可持续增长，必须有生产的增长才能保障。另外，要强调居民的主观感受，也不能完全忽视企业的感受。再就是地区之间有竞争，如果你不善待企业，企业会用脚投票，我们可以用这些机制来保障企业得到充分的支持。

四是要鼓励地方创新。建设中国特色社会主义，就是一个创新的过程，在这个创新过程中需要有更多的参与者。不仅是中央政府的政策制定者来决定怎么做，地方的实践和经验也是我们找到创新途径的最好方法。要实现高质量的发展，我们需要地方政府做不同的事，需要提供适当的激励体系。我提出了应该重视的一些指标，但不希望包含太多的考核指标，同时也分析了不同的担忧，在这些指标中都可以得到一定的反映。

中国经济 50 人论坛丛书
Chinese Economists 50 Forum

第二章　中国发展新阶段的国际局势

Chinese Economists 50 Forum

Chinese Economists 50 Forum

全球贸易新环境与中国发展新阶段 [1]

樊纲 [2]

全球贸易环境的新变化是近年来国际政治经济领域的热点话题了，相关讨论很多，但是我今天还是想系统讲一讲。着重讲它可能的趋势以及对中国经济下一阶段发展的影响。2018 年是中国改革开放四十周年，全球贸易环境又有了新变化，也许这是一个历史巧合吧。

20 世纪 80 年代我到美国留学，当时中国的改革开放刚刚开始。中国出口到美国的商品非常少，我只在离自己所在的研究院不远的家居商店墙角的地上，找到一个藤编的筐，上面有熟悉的 "Made in China"（中国制造）标签。当时正是 "日本第一" 的年代，哈佛大学的傅高义教授出版了一本书就叫《日本第一》，当时日本正在赶超美国，美国和日本之间贸易摩擦不断，但我定义它们之间不叫贸易战，只是贸易争端、贸易纠纷。

当时我所在的美国国民经济研究局是一家美国宏观经济研究很著

---

① 本文根据长安讲坛第 342 期内容整理而成。

② 樊纲，中国经济 50 人论坛学术委员会成员，中国经济体制改革研究会副会长，国民经济研究所所长。

名的机构。他们研究日本，研究拉美，研究韩国，就是没有人研究中国，也没有人研究中国的项目。研究局的局长是哈佛大学的教授，也是前里根总统经济顾问会的主席，我问他会不会研究中国的项目，他说他们也许会吧。我说什么时候会呢？他给了我一个非常精确的数量化的回答，他说当中国的进口超过美国全部进口3%的时候，他们就会研究中国。而当时中国对美国的出口很少，转眼之间几十年过去，我们变成了美国一年3 000多亿美元贸易赤字的竞争对手。这件事本身就标志着中国经济的增长和中国的发展壮大。

从一定意义上讲，全球贸易中有摩擦、纠纷，这不一定是件坏事。这表明我们可能有做错的地方，我们的贸易和各种对外经济体系还要进一步改革，但是这体现了中国的进步。我们要从历史发展的角度来看这件事，需要认真对待，认真分析。不仅仅是贸易和经济，还包括超越经济、超越地缘，甚至超越地缘政治等各种因素，这些都需要我们深入分析。

一、国际贸易不平衡的原因

国际贸易不平衡是一种长期的现象，其形成有一定的历史原因，首先我们以美国为例，看看美国形成贸易逆差的原因。

一是美国的储蓄率低。我们学习宏观经济的国民收支基本平衡表，最后会落到一个短短的公式上，外贸逆差等于投资大于储蓄的部分。反过来储蓄大于投资，你就会有贸易顺差。美国就是储蓄率太低，储蓄低又要消费，又要投资，又要打仗，又要财政赤字，那肯定要有贸易赤字了。这就是内部平衡决定着外部平衡，内部不平衡决定着外部不平衡的问题。中国刚好相反，那么多贸易顺差，就是因为我们的储蓄率太高。

二是美元自身的问题。美元是国际货币，这意味着美国每年必须得有点赤字。为什么呢？也许大家钱包里有一两张美元，美元是美国财政部部长签字发行的一种债券。美国买了你的东西，付给你这几张美元，但是没有再卖给你东西，也就是没有再把这些美元收回去，于是它就留在了你的钱包里。大家想想是不是这个道理？现在人民币出不去，原因就是我们买了人家的东西，人家又回过头来买了我们的东西，于是钱又回过来了。美元要想成为国际上的储备货币和交易货币，就得每年有点赤字，它得只买不卖，才能够有一些新的美元沉淀在国外，沉淀在贸易伙伴手里。这在经济学上叫"特里芬悖论"，你是国际货币的输出者，国际货币的印钞者，你不可避免地每年得有点赤字。因为每年各国的经济都在增长，交易手段要提高，储蓄货币的比例相对也需要扩大，所以大家对货币的需求每年就会多一点。打个比方，2018 年中国人的钱包里有两张美元，2019 年巴基斯坦人的钱包里也要有两张，2018 年只有一部分人有两张，2019 年全球经济增长了，更多的人也要有两张，于是美元就会越来越多，每年都会有一个增量。每年的增量都要用来自美国的赤字，也就是用贸易逆差来支付国际的货币。

奇特的是，有人觉得好像美国人吃了亏，总是美国人有贸易逆差，但是在逆差上它占了多大便宜？你印了钞票就能买别人的东西，这叫铸币税。钞票在别人手里拿着还不跟你要东西，这样钞票会有一定的存量存在于经济中，没有人跟你要东西你就可以花这笔钱。任何一种货币都是这样，人民币也不例外，只不过我们的货币不是财政部发的，我们有点特殊。举个例子，我们出门买一张公交卡得交20元，交了这20元之后，我就可以一直使用这张公交卡，也许这辈子我也不会再要回那20元了。虽然可能有人会去要，但是绝大多数人只是拿着卡一直使用。那么公交公司卖卡得到的这几亿甚至几十亿元的钱，就可以拿去放贷了，这在一定意义上就叫铸币税。所以美国人是占了大便宜的，但是他们心里觉得逆差就是吃亏。

客观上说，有美元作为国际货币也有很多便利。一个穷国，人家不相信你的货币，所以跟别人做交易的时候，手里要拿点硬通货人家才信任你，这就像是一个信用的抵押物。你给一个出口信贷指标，别人才能相信你，才能先发货再收钱。没有美元在手，还做不了贸易。美元客观上提供了公共服务，我们付美国点铸币税也就付了，没有什么吃亏不吃亏的问题。涉及金融风险问题，美国作为国际货币的发行者，一旦世界上有风吹草动，美元就是避风港，因为美元总能印出来，不是特别大的风险时它还能升值。这也是它占的很大的便宜。最近土耳其、阿根廷等国家都在闹货币危机，美国作为货币发行者是得到了好处的。

因此，这两个因素就已经决定了美国跟谁都有贸易赤字。而且这两个因素跟中国也没有什么特殊关系。以前美国是跟日本、德国和欧洲其他国家有贸易纷争。1971年对美元来说是具有标志性意义的一年，美国总统尼克松在电视上向全世界宣布美元和黄金脱钩，美元和黄金挂钩本来是在布雷顿森林体系中确定下来的，美国单方面撕毁了协议。以前大家拿美元换黄金，现在美元跟黄金脱钩，因为全世界都要用美元，总跟黄金挂钩，美国没办法提供那么多美元，就总存在赤字。这件从经济学上看起来很简单的事情，背后都有相连的很多复杂关系。

三是对中国高新科技产品出口的限制。这是一个特殊原因，不是经济原因了，从一定意义上讲这是由国际政治、地缘政治等非经济因素引起的。美国有东西不卖给我们，用美国自己的话说叫出口管制。

按照贸易的比较优势理论，如果各自发挥自己的比较优势，两个国家之间的贸易总是能够平衡的。我们是发展中国家，我们能做的是中低端产品，曾有个例子说我们生产 2 000 万件衬衫，可以换美国一架波音飞机。我们是在努力发展，但是在一定阶段我们主要还是生产中低端产品，然后我们去跟别国换我们没有的东西，交换就是互通有无。我们没有什么呢？没有高新科技产品，所以我们就要买它的高新科技产品，但是它不卖。凡是可能跟军工有关系的，甚至没有关系的，只要是它比你先进的高新科技产品，为了防止你追赶，它都不卖。

这是什么意思呢？我们发挥了自己的比较优势，卖给美国很多东西，但是美国却不发挥自己的比较优势，不卖给我们需要的它具有优势的高新科技产品。那这样的贸易就没有办法平衡了。这种情况不只现在，以前就有。发达国家联合起来对中国实行了很长时间的禁运，就是不卖给我们高新科技产品。这样贸易就更不平衡了。逆差会更加严重。这是美国跟中国出现贸易逆差的特殊问题，再加上前两个一般性的问题，美国的赤字就越来越严重了。

如图 2.1 所示，2000 年以后，美国的贸易逆差就越来越大。中国对它的贸易顺差越来越大，一个很重要的原因是随着中国的发展，原先我们不能生产的东西现在能自主生产了，甚至可以出口了，特别是一些机械设备，包括一些电子设备等。这叫进口替代，由于进口替代，我们要买的东西就会越来越少。这是我们出口多、进口少，特别是对美国进口少的一个重要原因。甚至我们前一段时间对全世界的进口都在减少，而出口在不断增加，这表明我们发展进步了。最近我看到了一个新的数字，中国的投资品出口占整个出口的比重已经将近40%，投资品包括电子设备，还包括一些重型机械，中国制造的含金量越来越高，而且涵盖面越来越广。这种情况下自然对我们的贸易顺差有一定的贡献。

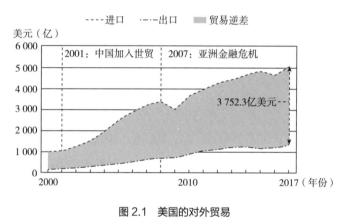

图2.1　美国的对外贸易

我们的储蓄率是世界上最高的，现在还有40%多，而且长期居高不下。我们这么多的储蓄不可能都留在国内，所以要对外投资，要么用于"一带一路"沿线国家，要么去买美国的债券，贸易顺差就是这样出来的。贸易顺差就是一个国家的净储蓄，一个国家的外汇储备在经常账户的意义上讲，很大程度上就是由净储蓄构成的。我们个人花不完的钱，都拿去储蓄或者买基金等理财产品，或者买了债券。作为官方的外汇储备，也得用来买点东西，买什么？买其他国家的债券，虽然国家债券收益低，但是比较保险，因此我们买了很多美国的债券，也包括其他国家的债券。自然我们就有了这么多的储蓄。

我们确实有重商主义的倾向。客观地说，我们的整个制度都在鼓励出口，我们的出口增长历来快于整个经济的增长。我们的 GDP 总量是美国的 60% 多，但是我们已经是世界第一大出口国、第一贸易大国，超过了美国和欧洲。最近大家都在议论中国企业税收负担问题，我们也计算过，中国企业的税收负担加上社保基金，加上"五险一金"算在一起，税负比美国的企业高出十几个百分点。但是美国不是增值税制度，因此它没有出口退税的问题。我们的整个税负比率比美国的公司高十几个百分点，但是我们可以出口退税，这一退税就跟美国公司的税负差不多了，甚至比它还低，所以大家都愿意出口，而不去努力做好国内市场。这样的制度导致我们的出口动力非常足。最早的时候是鼓励换汇，只要换汇，就给你各种奖励，那时候是因为缺硬通货，到后来是可以减税，可以减少企业成本。

客观地说，我们加入 WTO 十几年，经济有了很大的增长，中国已经是中等收入国家，现在叫高中等收入国家水平，但是还享受着一些低收入国家享受的特殊待遇，也就是 WTO 规定的一些行业或产业的保护政策，理由是我们有"幼稚工业"需要保护，就需要有关税壁垒、非关税壁垒。关税比人家高，技术转让、投资等会有些限制。WTO 最初是一些发达国家组成的贸易体系，后来为了促进发展，也鼓励吸收发展中国家加入。但是发展中国家进入的时候，要和发达国家一个一个谈判，发达国家会提出各种各样的要求。当时我们加入的时候，WTO 给了我们十五年的过渡期，要求我们十五年以后是市场经济国家。市场经济国家并不是说要方方面面都是市场经济，但是在贸易保护、关税壁垒、投资保护等方面，要达到WTO所要求的水平。

十几年来，我们方方面面有了很大进步，很多企业和产业都发展起来了，我们的生产能力也提高了，技术也进步了。但是我们有些制度确实没有变，没有取消一些保护政策。现在的发达国家，欧盟也好，日本也好，它们在这个问题上联合起来，站在一个立场上，认为中国没有做到WTO规定的要求。

从原则上说，中国总的来讲做得还是不错的，确实没有违背WTO的那些规则，而是按照WTO规则在方方面面都努力了，但是可能做得确实还不够。WTO当时允许发展中国家加入，是想给发展中国家创造一个国际化的全球贸易的平台，这是对的。但是不能忘了还有一个问题，就是落后国家如何增长的问题，即全球不平衡、全球贫富差距的问题。WTO过去有这些条款是件好事，我们不能因为中国有了一定的发展，从此就把发展中国家的帽子给去掉了，把支持发展中国家发展这件事给忘了。但是确实我们也承认，这个过程也需要一些外界的帮助、监督或者加进一些惩罚条款，比如十年后需要我们达到什么程度，如果没有达到会有一些什么样的惩罚措施。我最近提的方案是，WTO可以增加一些防范措施以及惩罚性条款，但是十几年可能不太够，中国十几年的发展算是比较快的，很多发展中国家可能都达不到这种发展速度。发展中国家的发展是非常艰难、非常漫长、非常痛苦的过程，当然这是下一步WTO改革的问题。

WTO前总干事拉米说过一句话，她说WTO原来是一个富国俱乐部，后来加入了一些穷国。现在搞不清楚的是，中国究竟是一个有一些穷人的富国，还是有一些富人的穷国？它究竟适用于哪个条款？中国的人均 GDP 才 8 000 美元，中西部地区还很落后，农村也比较落后，中国还是一个穷国，但是中国又有了高新科技企业，有了各种各样规模庞大的产业，国际竞争力越来越强。

所以不管国际上怎么说，不管 WTO 改革怎么做，从我们自己的角度讲，我们既然已经有了能力，为什么不积极地往前走？国际市场的竞争对手可能会对你的态度有所反弹，美国商会每年出一个报告，说中国的营商环境如何不符合 WTO 标准，欧盟商会也年年出报告表达同样的观点。我觉得别人怎么看我们无所谓。但我们为什么不能主动进一步开放市场，在开放中来提升自己的竞争力呢？既然在同一个竞争的市场上，我们就要尊重一些规则，我们应该吸取这样的教训。所以下一步的问题就是扩大开放，政府也承诺了进一步开放，进一步符合 WTO 的规则，包括推进投资、保护知识产权等一系列举措。

从这个角度来讲，客观形势需要我们进一步改革开放，在一个更加开放的市场中提高我们的竞争力。老想着在受保护的状态下，我们的竞争力是要打折扣的。现在需要我们思考的是，如何为自己争取一个更好的发展环境，让自己的竞争能力提升得更快？我们有很多需要改革的地方没有做好，减点关税、去掉点保护没有什么不行的，我们的成本可以更低，我们的竞争力可以更高。这些属于我们内部的问题，此外还包括外贸、吸引投资、技术转移等方面的问题，客观上我们有许多事情需要做。

二、全球贸易不平衡的影响与对策

1929年，美国股市崩盘，全国特别是国会一片保护主义呼声，世界经济都不好，要把别人对美国的出口挡回去，不能让别人来占领美国的市场。于是在1930年初，美国国会通过了一个法案，把平均关税一下提高到57.6%左右。美国把所有的产品平均关税都大幅度提高，不是针对某一国，而是针对所有国家，当时主要是针对欧洲各国。欧洲各国回过头来也反制美国，你给我加关税，我也给你加关税，你不让我的东西卖到你那儿去，我也不让你的东西卖到我这儿来，一轮一轮加上去，大家互相"tit for tat"（以牙还牙）。1929年，全世界贸易总额有3 000亿美元，到1933年只有900多亿美元，整个世界贸易萎缩了2/3，这是导致十年大萧条的一个重要原因。十年大萧条先是出现金融危机，企业倒闭、破产、产能过剩，然后全球贸易下滑，全世界GDP缩减50%。再然后老百姓失业、贫困、饥饿，各种极端主义思潮、德国纳粹主义泛滥，最后爆发了第二次世界大战，几千万人丧生。

1945年第二次世界大战结束，经济开始恢复。到1954年，时隔二十五年，世界经济才恢复到1929年的水平。我并不是说十年大萧条和第二次世界大战都是贸易战所致，但是贸易战起到了重要的作用。什么叫贸易战没有赢家？什么叫两败俱伤？这就是两败俱伤。它的后果、恶果确实不可忽视。

谈最近的全球贸易纷争具体的负面影响，特别是对贸易和产业的负面影响现在还为时过早，因为现在的世界太复杂了，世界产业链太复杂了。你中有我，我中有你，影响不太容易评估。比如一个

iPhone（苹果手机），中国生产商占它的增加值大概只有10%，其他还有在美国加利福尼亚的设计，在日本、韩国、马来西亚生产的零部件，贸易纷争对谁的影响最大？有人说这可能会使我们的GDP产生0.02个百分点的下降，这也不可信。我觉得宁可估计得严重一点。

第一轮的影响已经产生了，这个影响不是直接对贸易的影响，而是对心理的影响，对投资的影响。最近的一个调查表明，全世界都认为2011年以来，是世界宏观经济展望最坏的时候，重要的因素就是全球贸易领域的摩擦。2018年四五月中国的投资特别是民间投资已经开始恢复，突然又掉下去了，原因就是现在大家不知道钱该往哪里投。在美国投还是在中国投？还是该在越南投？图2.2表示的是2015—2018年中国对美国出口增速、进口增速、顺差变化。

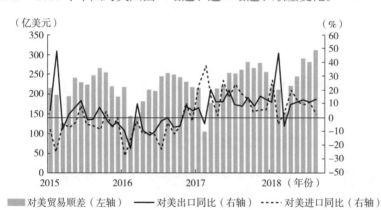

图2.2　中国对美国出口增速、进口增速、顺差变化

很多人现在想到不受美国关税影响的国家和地区去投资。我最近刚去过一次关岛，因为那里可以不受美国关税和配额的约束，属于美国自己的市场，结果发现有不少中国的公司和大量的华工在那儿做纺织品贸易或者成衣加工。但是最近的全球贸易形势对我们国内的企业

就有很大的负面影响，主要是大家心理上有不确定性，这是可以理解的。经济活动活跃度下降，投资就下降，这个影响我们已经看到了，不仅在中国看到，在世界也看到了。有数据表明，2018 年中国上半年吸收的外资比 2017 年增长了 6%，中国已经成了最大的外资流入国，特斯拉在上海已经把地找好了，准备建工厂，这些都是好消息。但是综合各种因素在一起，负面影响依然存在。下一步这些负面影响还会增加，值得我们高度重视。

当年美国和欧洲打贸易战，全世界贸易下降了 60%，美国的贸易下降 30%，从这一点看当时美国确实赢了。美国赢在什么地方？赢在它自己的市场大，同时它的产业部类、门类很齐全，可以靠自己的国内市场实现良性循环，实现增长。虽然十年下来它的出口也下降了，但是它恢复得比别人快，它的经济增长比别人快。

现在的中国很像美国当年所处的地位，我讲的是相对地位。一是当时美国和欧洲比较，它的市场很大，但是今天中国国内市场的增长速度比它还快，包括消费增长也比较快。中国有 14 亿人口，市场增长潜力巨大。二是我们的产业门类现在是全世界也是历史上最齐全的国家。联合国对产业的 268 个分类，我们全都有，虽然在每一个分类里我们所处的位置可能不是很高端，多数处于中端或低端，但是我们在国内市场的良性循环中可以不断提升，我们的基础设施又非常好。

美国对我们将近 3 000 亿美元的贸易顺差增税，从这个角度来讲，它对我们造成的损失可能比我们对它造成的损失更大。但是，我们还是要算长期的增长，从另一个角度来看问题。下一步是我们要如何做好自己市场的文章，如何做好我们体制改革的文章，特别是如何充分利用好自己的大市场。

当年美国和日本的所谓贸易战，总的来讲还是贸易摩擦。贸易战就是不管三七二十一，对所有的产品或者一大类产品增加关税或者增加关税壁垒。1929 年美国对欧洲是贸易战，因为它一次性把所有产品关税都提高了。当年美国对日本的 20 多项产品逐个儿进行调查，再一项一项地拿到 WTO 去审核，去辩论，然后一个一个提出条件，提出日本要自我约束，少出口，要降低关税，等等。这就叫贸易摩擦。贸易摩擦和贸易战本质上都差不多，都是为了减少对方对本国的顺差，要搞贸易平衡。最关键的一点是，美国在跟欧洲、日本的贸易争端中提高了非关税壁垒，要求对方降低赤字，逼着对方的企业到它那儿去生产。所以丰田、大众、宝马等汽车厂商都到美国生产，然后从美国再出口，在美国当地生产，而它的市场本身也很大。

现在一些想继续出口美国的企业，有很多肯定是想出去的。但目标是把产品卖到中国的企业，也许更多地想要到中国来生产。特斯拉到中国来建厂，它看到了税收的作用。如果我们的制度成本更低，我们的市场环境更好，能把更多的企业吸引到中国市场来投资、生产，我们的市场优势就更明显了。

所以，在讲到负面影响的时候，我们还要想到如何尽可能地发挥正面的因素。我们也应该往好的方面想一想，这也许给我们在国际上扩大话语权提供了一定的空间。我们在改革国际贸易体系的问题上，如果更加积极一点，在世界上总还是有共同战线的。

更重要的是，这促进我们思考自己的问题，促进我们的改革。2018 年是改革开放四十年，我们确实取得了伟大的成就，但是我们还有很多需要改革的地方，比如国有企业怎么办，民营企业怎么办，外资企业怎么办，这些讨论都非常有意义。

有很多负面影响现在还没有看到，需要我们认真对待，但是也不要夸大其词。2018年8—9月的贸易数据出来了，美国的赤字在进一步扩大，中国的顺差在进一步扩大。中国的出口按照人民币计算，可能是9%的出口增长率。按美元计算，9月份出口增长14%，表明我们的竞争力在进一步提升，而且现在我们不光有美国这一个市场，还有世界各国的市场。

当年美国对欧洲打贸易战，欧洲市场就是美国出口的100%，而现在我们对美国的出口只占全部出口的17%。欧盟占我们总出口的14%。中国除了对美国出口之外，还有80%多是对世界各国的出口，特别是对亚洲，包括日本、韩国、东盟和南亚，它们占中国出口的50%以上。美国对我们的出口是不多，但是我们对它的出口也不多，数额很大但是比重并不高。所以如果我们把其他市场做好，应该可以弥补对美出口的下降。

关于金融风险问题。美国股市跌了有一段时间了，市场上说法很多，最近又有所反弹。2008年金融危机以后，全球金融资产反倒膨胀了50%，以前是200万亿美元，现在变成300万亿美元。会不会因为贸易摩擦导致企业利润下降，导致PE（市价盈利比率）值的掉头？现在PE值一直比较稳定，PE值如果突然上升，变得过大、过高，它可能会捅破金融泡沫，这是上一轮金融危机国际上最担心发生的事情。泡沫一旦破灭，是不是会出现新一轮的危机？是大的危机，还是小的危机？我们要一起来关注。一切跟产业相关的事情，最后还是和金融相关，产业出了问题，金融可能也要跟着出问题。

最重要的对策，是把自己的事情做好。没有人能够真正阻止我们的发展，除非我们自己没做好，这确实是最根本的。我们要进一步开放市场，进一步融入世界，进一步推动多边体系的发展。

三、中国发展的新阶段

2018 年是中国改革开放四十周年，贸易摩擦确实是一个标志性的事件，标志着中国发展进入了一个新的阶段。

一个落后的国家要发展经济，是一件非常困难的事情。1978 年的时候，中国人均 GDP 只有 157 美元，而美国已经是人均 30 000 美元左右，在相差 200 倍的情况下，我们要想发展确实非常艰难。这是一个漫长的过程，其中经历了几个阶段。

在发展的第一阶段，我们什么都没有，只有廉价劳动力是我们的比较优势，除了利用这一点优势赶紧赚钱，别的什么都没有。但是如果十几二十年后，我们还是只讲比较优势，是走不远的。现在，我们就要去利用另一种相对优势，也是因为落后才有的所谓后发优势。

经济学家杨小凯生前在澳大利亚教书。他写文章认为"后发是劣势，不是优势"，我不太同意他的看法。后发本来是劣势，就跟你穷是劣势的道理一样。廉价劳动力是劣势，因为没有更高级的劳动力，是我们把劣势变成一种相对低成本，它才成了所谓的后发优势。没有人说后发本来是优势，落后怎么会是优势呢？但是后发怎么变成优势呢？比较优势节省了劳动成本，同时因为你是后来者，别人在前面走，替你去试错，去付研发费用，替你承担了研发成本，你在后面跟着学就可以走捷径，可以减少错误，可以减少研发和学习成本，这就把劣势转化为优势了。

这次我们创新了一回，搞了个共享单车项目。我们看到的堆积如山的自行车，都是试错成本。别人如果再搞共享单车就会吸取我们的教训。世界其他各国现在也在发展共享单车，但是没有这样堆积如山的规模，这就是后发优势。这就是说你没有知识，你就要开放，让别人的知识外溢到你这儿来。通过留学，通过引进外资，通过技术交流，到外资企业学习，真正发展起来的日本、韩国和中国台湾，当初不都是这么过来的吗？

熊彼特在定义创新的时候，说创新的第二阶段就是模仿，技术要为全人类服务就需要模仿，模仿使垄断利益逐步减少，最终企业家还得再追求创新，他把企业家定义为不断地创新者。所以发展的第二阶段，就是要通过学习、引进、消化、吸收、交流等一切办法，直接获得别人已经积累多年的知识和技术。中国人善于学习，我们用了不长时间就学会了很多东西。我们现在开始学习如何保护知识产权了，通过第二阶段的学习、引进、消化、吸收、交流等，我们就可以持续发展，因为发展最根本的还是知识的问题，包括制度的知识、技术的知识。

学习和模仿并不丢人。发展中国家都得有一个学习和模仿的阶段，我们必须经历这个阶段，才能走到创新的阶段。知识的积累必须走到前沿，你才知道什么是创新，否则你不可能走到这个高度。

但是，总在模仿就容易忽视创新，忽视自我创新机制的形成和建立。

自我创新机制包括产权保护、知识产权的资本化等。只有变成科研人员的资本化收益，才能产生长期的激励，有了保护产权和知识产权的资本化，才可能吸引风投、PE 等到自主创新的过程中来。多年来我们忽视了这样的创新机制，始终没有很好地保护知识产权，这次要把这个问题重视起来。

我们已经开始进入下一个阶段的发展。在下一个阶段中，我们的比较优势几乎没有多少了，当然我们还要继续学习、继续模仿，但是要逐步开始进入自主创新的阶段，所以第三个阶段就是学习模仿加自主创新。更高阶段当然就是以自主创新为主了，但也不是事事都自主创新。我们加入了世界创新体系，你中有我，我中有你，最后形成你离不开我，我也离不开你的局面。

总之，我们必须进入自主创新阶段，而且客观上讲我们也到了这个阶段了。改革开放四十年，中国发展进入了新阶段。需要思考怎样进一步改革我们自己的体制，怎样进一步融入国际市场，怎样进一步增强我们在国际市场上的竞争力。美国人现在不提自由竞争了，而是提公平竞争。就是说我们既然要在市场上竞争，就有了竞争者，这个竞争者会用各种手段保护他的利益。如果我们不能跟他公平竞争、对等竞争，当我们用一些非经济手段保护我们的企业的时候，他就可能用其他各种手段给我们找麻烦，就会给我们制造各种新的障碍。这个问题还是很严峻的。我们的民粹往往体现在这一方面，只要一提让步就是卖国。双方在市场上竞争，我们要卖东西人家也要卖东西，我们有利益人家也有利益，这就叫市场经济。我们得承认对方也是竞争者，也是要利益的。我们过去很弱小的产业需要有一些保护，当我们逐步成长起来以后，这个保护至少要逐步缩小，保持一种合理的程度，这也是对市场关系的一种承认。代价不在这儿付，就要到别的地方付。所以改革开放也要进入新阶段，党的十八届三中全会提出的许多项改革措施都还没有开始，这就需要我们好好思考，如何把改革开放进一步向前推进。

国内市场发展进入新阶段，重要的就是发展消费市场。这不光是一种愿望，不光是一种战略政策方针，客观上我们也到了储蓄率开始真正下降，消费率要进一步扩大提高的阶段，这点非常重要。美国当年之所以打赢了20世纪30年代那场贸易战，就是因为它的市场大，它把自己的市场做起来了，整个经济就搞活了。

如今我们的国内消费市场，有多种因素已经到了该增长的阶段。多年来储蓄率居高不下，从2000年开始几乎一直在40%以上，这在全世界也是少见的。日本、韩国和中国台湾当年储蓄率也很高，但是最高只到38%左右，有一两年超过40%。我们十几年来一直在40%以上，这个储蓄率确实太高，我们的消费比率比巴西、印度、俄罗斯都低很多，潜力巨大。

可以看到，我们的消费和储蓄正在发生变化。第一，我们的人均收入增长将要到8 000~10 000美元的水平。第二，我们已经进入劳动力成本提高的阶段，最近几年低收入阶层的收入增长相对比较快，保持了五六年18%左右的增长速度。低收入阶层收入增长快，消费就多了，低收入阶层消费的意愿比高收入阶层要高。社保确实也在起作用，特别是农村地区，虽然水平还很低，但是新农合（新型农村合作医疗）、新农保（新型农村社会养老保险）还是起到了一定的作用。

消费信贷、互联网金融、电商等都大大促进了消费。现在的年轻人跟以前的年轻人不一样，他们可以接受分期付款买东西。现在的条件变了，于是各种消费都增加了。

四十年，正好是人一生工作的时间，涉及宏观经济学讲的生命周期理论。中国人的储蓄率为什么这么高呢？一个重要的原因是工作的人收入不断增长，特别是后二十年增长很快，平均收入从 1 000 元左右一下子到了 10 000 元左右了。同样是 30% 的储蓄率，当然储蓄量就会迅速增长。但是对于已经退休的那些老人，他们就业的时候没有挣着大钱，也没有储蓄，因此等到退休的时候，他们的花费就很少，在经济学上叫负储蓄。储蓄增长很快，负储蓄增长很慢、很少，这就导致宏观储蓄率大幅度提高，居高不下。所以有些经济学家天天讲提高消费，那只能是美好的愿望，我们还没有到这个阶段，有钱人还没退休呢。

现在正好到了有钱人开始要退休的阶段。以前他们一直在储蓄，现在他们负储蓄，还要维持过去的消费水平。外国人老问我，中国的老龄化将会是什么结果，我说将来会跟你们一样，当然大概得有一两代人的差距。国外的老人退休后，想的是周游世界，到处吃喝玩乐。而我们的老年人退休后就是跳跳广场舞、抱抱孙子。因为他们过去没有积蓄，有些人过去连社保都没有交过，虽然现在有了社保，但是水平很低。这一代有钱人以前是有钱没闲，现在开始退休，有钱又有闲了，他们要追求健康、旅游和各种服务，要开始消费了。两代人之间的交替正在进行，这也是四十年的标志性变化。在代际交替过程中，储蓄率会逐步下降，消费率会逐步提升，也就是说负储蓄比以前要高，宏观储蓄率就会下降。

大国博弈与海外投资 [1]

祁斌 [2]

今天我想讲三个方面的内容。第一个方面，在大国博弈的背景下，谈一谈中美贸易纷争。第二个方面，在这种情况下我们对外投资的路径、思路和解决方法。第三个方面，市场经济的基本理念以及中国经济未来发展的趋势和方向。

第一，我先说宏观背景、国际形势和大国博弈。

我们今天思考所有的世界问题和中国面临的挑战，都离不开这样一个背景：中国经过了改革开放四十年，经历了高速的增长和发展。这是今天我们思考中美关系，思考中国与世界的关系，思考中国下一步发展路径无法回避的背景。

改革开放四十年，很多故事、很多发展变化数不胜数。图 2.3 比较简洁清晰，从中可以明显看到中国的变化。细虚线表示的是中国的制造业增长。1978 年改革开放之初，中国制造业在全球占的比重非常低。1997 年占 5% 多一点，2009 年占比超过美国，2011 年超过欧盟，

---

① 本文根据长安讲坛第 346 期内容整理而成。
② 祁斌，中国经济 50 人论坛特邀专家，中国投资有限责任公司副总经理。

而今天中国的制造业已经占到全球的 25%。最近有一篇文章叫《伟大的中国工业革命》，它回顾了中国四十年的改革开放历程。中国在1978 年人均收入相当于南撒哈拉沙漠国家的 1/3，南撒哈拉沙漠国家是非洲最穷的区域，当时中国比非洲最穷的区域还要穷。今天中国生产了全球一半的钢铁、超过一半的水泥和 1/4 的汽车，事实上德国大众有 70% 的车是在中国生产和销售的，德国 2017 年在中国的汽车销售额已经超过了美国。中国的传统制造业在过去四十年实现了不可思议的发展。这其中也有部分发达国家从制造业领域退出的原因，现在特朗普提出美国要回归制造业，这个回归也不是简单的回归，而是希望能够螺旋式上升。

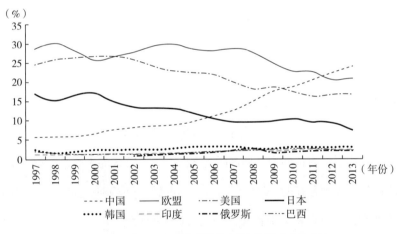

图 2.3　1997—2013 年各经济体在世界制造业中的占比

虽然我们的高端制造业还比较落后，但我们在过去四十年取得了非凡的进步，中国的传统产业得到了全面的提升，新兴产业也在快速发展，中国已经成为全球最大的专利申请国，现在我们每年申请的专利数量是美国的 150%~200%。当然我们有些专利质量并不是很高，但是优秀的专利还是有很多的。比如，清华大学2016年在美国申请和获批的专利数量在美国排名第二，第一名是美国加州大学，加州大学有好几个分校，清华大学的专利数仅次于加州大学好几个分校的总和，这确实是非常优异的成绩，值得祝贺。

最近我在党校学习了两个月，有机会回顾了马列主义的基本原理，重新思考了中国自1949年以来的经济发展路径。20世纪50年代，中国搞了一个大炼钢铁运动。当时我们在抗美援朝，坦克数量非常少，所以老一辈革命家非常着急，都说需要大炼钢铁。尽管当时全国人民都非常努力，但后来发现小高炉根本达不到应有的温度，效果非常差。改革开放以来，通过市场经济，经过四十年的努力奋斗，今天我们的钢铁产量已经是美国的8倍了。

我们走市场经济道路，不是简单复制西方经济的模式，而是要走社会主义市场经济道路。为什么在资本主义早期会出现《共产党宣言》《资本论》这些著作和相应的思想理论？因为在资本主义早期，资本和劳动力虽然都是经济发展不可或缺的生产要素，但是资本的稀缺和劳动力相对没有谈判力，使这两者之间产生了巨大的失衡，客观来说，的确是有剥削存在的。《共产党宣言》和《资本论》不光是经济学分析的著作，还有很多人类正义感和社会道德判断的内容。在其中，马克思指明了社会发展的方向，希望人类社会找到一个比较均衡、可持续的发展道路。

改革开放四十年来，我们走上了社会主义市场经济道路，希望既能够利用好市场这只无形的手，利用好民众对财富的追求和相应的激励机制，创造社会的繁荣，同时也不希望过度自由的市场带来社会的高度分化、分裂或不稳定，我们要走一条相对平衡的道路。总体来说，过去四十年中国发生的最大变化，就是选择了市场经济道路。在党校我重新学习了邓小平理论，发现他在1975年"复出"和1978年第二次"复出"的时候，在讲话中并没有提到市场经济，可以看出他作为国家领导人的思考轨迹也是在不断变化的。1975年他第一次"复出"只是提出要全面整顿，要加快经济建设，但是经济建设究竟怎么搞，党和国家当时并没有找到完全有效的方法。经过改革开放四十年的探索，我们进行了经济体制改革，终于找到了正确的发展道路，市场经济手段调动了成千上万人的积极性，我们把原来想做的事、不可思议的事，超出原来想象很多倍地做成了。

2000年我回国后，当时清华大学的顾秉林校长和我聊天，他说："我现在做了校长，有一个重要任务就是建设'中国的硅谷'。你学经济学，请你给我提点建议。"我说，硅谷的本质就是资本加科技。顾校长当时没有说话，我想他肯定觉得我过度强调了金融或者经济体制的作用。我在清华学的是物理，也留校教过一年计算机，后来去美国申请生命科学专业的研究生。因为当时我们相信21世纪是生物学的世纪，虽然今天好像还没有来临，但是我相信它早晚会来临。我在美国读的是生物物理，在这期间为了搞好生物研究还学了有机化学。我发现了一个规律，只要班上有一个中国人，只要这门课沾点数理化的边，那么中国人很可能是第一名。如果班上没有中国人，那么印度人是第一名。如果班上有两个中国人就麻烦了，这两人就会竞争，如果这个考99分，那么那个考98分的就会很生气，但后来一看美国人平均才刚及格。我在美国待了一两年以后，感到很疑惑：中国人的成绩都这么好，为什么我们得诺贝尔奖的却寥寥无几？为什么我们没有很多高科技产业？1992年，也就是二十多年前，美国人的数学那么差，为什么却有一个硅谷？过去一百年人类社会的高科技发明，基本上都是美国人或者是别国人在美国发明的。日本人获得了十几个诺贝尔奖，但是日本人没有发明出苹果手机，德国人也没创造出互联网。这些都发生在美国。为什么？就是因为创新是由市场驱动的，美国有一个强大的市场经济体制，有一个强大的以市场为主导的金融体制。在美国，每个人都希望变成下一个比尔·盖茨，他们怀揣抱负和梦想，这驱动鼓舞着无数的人。

从1978年改革开放到2001年前后，清华大学经历了二十多年的探索，清华的科研产品最终转化率是20%，而这些产品走向市场的比例又是20%，但这两个20%不是相加，而是相乘，结果只有4%。像清华大学这样在中国工科大学中的地位，它的科技成果转化效率如此之低，为什么？就是因为缺乏一个合理的传导机制。

改革开放四十年，中国走上社会主义市场经济道路，至少解决了两个问题。第一个是科研经费问题。原来中国太穷了，要科研经费没有，要科学仪器也没有。而在今天，国家有很多科研经费下拨给清华，还有很多杰出校友捐助资金给清华，清华大学的科研经费对科研活动起着有力的支撑作用。第二个是科研成果转化的传导机制问题。现在通过市场经济体制的建立，部分解决了这个问题。我们的研究成果能够比较迅速地走向市场，转化成现实的生产力。

今天中国的消费能力有了巨大的提高，中国即将成为全球第一大消费市场。当然，社会零售总额是指实物消费，而消费统计中的另一部分是服务消费。服务消费不太好度量，其购买力平价调整后的实际价值也不好横向对比。以前所有的创意类消费品，都要经过美国市场的检验站住脚后才算成功，因为美国是世界上竞争最激烈的消费市场。今后可能某一个产品一定要在中国市场站住脚，然后才能在全世界横扫。中国成为全球第一大消费市场之后，还会进一步以比世界第二大消费市场美国高出 2~3 倍的速度继续增长。因此有可能在 10 年、15 年之后，中国会再造一个美国市场，中国的市场规模会变成美国市场的两倍。中国的消费市场对全世界任何一个企业、任何一个产业、任何一个经济体、任何一个国家、任何一个资本家来说，都是不可抗拒的诱惑，这是无法阻挡的。现在西方有一些极右的势力说要把中国隔绝开，说句玩笑话，他们不是资本主义社会吗？资本主义社会的人会跟钱过不去，会跟市场过不去吗？因此，只要我们走市场化道路，他们就不可能不跟我们合作，这里面的核心问题还是我们自己能够持续发展。

20 世纪 90 年代，美国企业界有一个梦想，他们觉得假如 8 亿中国人每天早上醒来都喝一杯可口可乐，这将会是一个多么令人兴奋的市场。当时没有人认为这种事情会真的发生。但是今天，13 亿中国人早上醒来，虽然要喝一杯可口可乐的人不多，但是我们每天早餐的消费早就远远超过了一杯可口可乐的价格，西方人以为不可能的事情其实已经发生了。

最近中投公司（中国投资有限责任公司，以下简称中投）在跟日本金融界谈中日产业合作基金的设立。美国金融界有高盛这样的企业，高盛在美国金融界是当之无愧的"老大"，在总体实力上把别的机构甩出好几条街。日本金融界缺一个像高盛这样的领军企业，所以日本的五大金融机构联合起来跟我们合作。在这五大金融机构中，我们没办法判断谁的实力更强，虽然综合实力上，野村证券比大和证券强一点，但是差距并没有那么大。野村和大和是日本投行企业里的两个"大佬"，但是跟中国的金融企业比较起来，又是两个小萝卜头。其他的三家商行体量倒是比较大，基本上都是相当于中国工商银行的规模。我们向日方表示，最好是他们联合在一起跟我们合作，但是他们说不可能，因为这五家日本领军金融企业有互相竞争关系。我们表示，如果不能联合的话，那就没有办法合作了，结果最后还是五家机构联合起来跟我们合作。五大金融机构的合作，在日本历史上几乎没有过，他们自己都觉得不可想象。可以看出这件事情的背后，起决定性作用的还是中国市场带来的强大谈判力，他们不光是看上中投的2 000亿美元资金，更是看好中国13亿人口的市场消费能力。

最近有个日本金融机构的高管跟我说，他去商店的时候，发现日本售货员对中国顾客比对日本顾客还要热情，因为中国人在日本扫货很大方。听了他的这番话，我真是感慨万千，如果没有改革开放，没有今天的发展成果，这种情形简直不可想象。

如图2.4所示，这两张照片，上面是美国纽约曼哈顿的全景图，下面是中国上海陆家嘴的全景图。我向大家展示这两张图主要是基于两个原因：一是这两张图比较好看，二是它们"长"得特别像。世界上没有另外哪个国家能和中国、美国这样如此之像了。中美两国的纬度差不多，面积也差不多，人口虽然相差了4倍，但美国有3亿人，也是人口大国。论经济规模，中国是美国的61%。中美两国的金融中心，也就是上海和纽约，这两个城市的面貌都非常像。当然，中美两国如此相像还有一个原因，就是我们有很多东西是跟美国学的。发展资本市场、现代金融、现代经营体系，这些我们都是跟美国人学的，我们能够善于学习是件好事。我觉得，今天的美国也需要好好研究市场经济体制，可能有好多东西也要跟中国学习，中美两国要相互学习。中美关系将来的最高境界是一个竞争关系，但是最好的状态应该是良性竞争，是建设性的竞争，而不是恶性竞争，更不是破坏性的竞争。

图2.4　纽约曼哈顿和上海陆家嘴全景图

在过去一百年里，除了中国之外还没有任何一个国家走得与美国如此相近，而且是在全方位追赶和接近。"冷战"时期俄罗斯的核弹头比美国多一点，但是在别的方面都不行。20世纪80年代，日本经济体量曾逼近美国，但是日本的发展不是用市场经济的模式，而是打鸡血的模式，就是政府重点扶持一些企业，稍有风吹草动这些企业就跑了。很多人总把今天的中国跟过去的日本比，我觉得根本不可比。日本人搞赶超，追得离美国人很近了，美国人察觉了以后，一抬头，一睁眼，搞了一个"广场协议"，就把日本经济折腾垮了。日本经济垮掉了肯定是日本自己的问题。今天的中国跟当初的日本是不一样的。

前一段时间我请高盛的一些合伙人来中国参观，让他们去看了长三角、珠三角地区，又看了京津冀地区。看完了这三大经济区域以后，他们说印象太深刻了，我说没错，中国从省委书记、省长到市委书记、市长，从国有企业的领导到民营企业的老板，甚至到街上的快递小哥，每个人都在忙，每个人都不闲着，所以中国增长是"有机增长"。它是从每个角落里生长出来的，因此也是不可阻挡的。如果中美合作，我们会共赢。如果中美不好好地合作，中国照样能够发展，但这样一来美国付出的成本还不低。高盛的合伙人们说他们完全听懂了。

在今天的中美关系上，我们可能没有那么多主动权，但是我们至少在认识上要比他们更清醒一点，在站位上要比他们更高远一点，因为我们要赢得发展崛起的时间和空间。

中美贸易纷争有一些偶然因素，这些偶然因素里有美国的因素也有我们的因素，但更多的是必然因素。历史上这种事情发生过。今天的贸易纷争背后的原因和一百年以前的贸易纷争几乎一模一样。2018年7月，我们对中美贸易纷争进行了研究，把中美贸易分成了三个层面和三个维度。

在短期、中期、长期三个维度上，中美贸易纷争的三个层面分别是贸易纷争、技术竞争、大国博弈。

在第一个层面上，中美贸易纷争里大概有五六个误区，我在这里讲两个。

第一个误区，有人说美国与中国的贸易不够对等，或者说美国跟世界其他国家的贸易都不对等。这说得对不对呢？是对的。德国车卖到美国，美国收它 2.5% 的关税。美国车卖到德国，德国人收它 10% 的关税。美国车卖到中国，我们收 25% 的关税。更有甚者，美国有一种皮卡车卖到中国，我们要收 90% 的关税。即使在收 90% 的关税的情况下，这种皮卡车在中国竟然还脱销，甚至供不应求。

世界对美国产品收的关税远远超过美国对世界产品收的关税，所以美国和其他国家在关税上的确不对等。但是关税的不对等是不是就是贸易的不公平呢？不是。为什么？关税的设置是各国自愿的，是各国政府自己的选择。为什么美国要选择低关税呢？因为羊毛出在羊身上，高额的关税其实是收了本国消费者的关税。所以从关税征收的角度来看，美国的低关税能够让美国消费者的福利最大化。

美国是一个贸易逆差国家，而贸易逆差约等于效用顺差。所以美国人可以用很便宜的价格，买到全世界最好的、最多的产品。反之，中国是一个贸易顺差的国家，有可能就是效用逆差，为什么？因为污染透支了我们的环境资源，因为工人的低工资透支了工人的福利，实际上是积累了一定的社会矛盾。从某种意义上讲，这些都是牺牲了我们自己的效用，反过来补贴了美国人。今天被补贴的人竟然还在抱怨，这其实就是一个误区。

为什么突然之间美国提出要加关税呢？因为美国人突然发现有一部分美国的产业工人失去了竞争力。过去一百年来美国一直在不断降低关税，以提高美国消费者的效用，现在突然变成了既要照顾消费者效用，又要保护某一部分产业工人。所以美国要提高一点关税，牺牲一点消费者的福利，换取对某些产业的保护，这是一个妥协和折中的办法。在各国的关税政策上起码有两个变量要考虑，而不是单个变量。原来美国只考虑一个变量的最大化，那就是公用事业最大化，现在还要考虑创造就业机会最大化。

第二个很大的误区就是中国对美国的出口价值的计算方面。比如因为中国卖给美国的苹果手机是在中国最后组装的，所以价值600美元的苹果手机都被算成是中国对美国的贸易。实际上，中国在每部手机里只得到了5美元的附加值，连整部手机的1%都不到。把这600美元都算成是中国对美国的贸易顺差是非常不合理的，在计算中美贸易差额时应该把这种情况剔除掉。在没有剔除之前，美国对中国的贸易逆差，是美国对世界贸易逆差的将近50%，看起来非常吓人。在剔除掉这些之后，这个比例就只有16%。这两个数据存在着巨大的差距。但即使是16%，美国对华的贸易逆差占比也比日本和德国高，所以任何一个美国政治家都没法对老百姓交代，不管这个问题是美国自己引起的还是别人引起的。

美国的关税税率其实也有一个演进的过程，一百年前美国的关税高达25%。当时美国遭遇股灾，时任美国总统胡佛不太懂经济学，他为了保护本国产业，想了一个办法就是加关税。但是他忘了物理学还有一个基本定律，那就是有作用力一定会有反作用力。当他对欧洲产品加关税时，欧洲也对美国产品加关税，两边的税率都是25%，个别产品甚至高达500%。这一下使欧洲和美国两大经济体双双进入了冰冻期，美国进入大萧条，欧洲同样陷入经济衰退。苦难的德国人最终把希特勒送进了总理府，结果就带来了第二次世界大战这样的灾难。从那以后，人们就认识到了高关税的危险，从此走向战后几十年的降低关税的缓慢征程。

此后七十多年，美国的关税从 25% 降到 2.5%。伴随这个过程有三件事情发生。第一，美国消费者的效用不断增高。第二，美国产业竞争力不断提高。美国的产品越有竞争力，美国就越敢降关税。第三，全球自由贸易体系初步形成。

这是过去一百年发生的事情。我们相信大的趋势不可阻挡，中间可能会有一些浪花，但是大方向是无法改变的。

第二个层面是技术竞争。在这方面，有些人认为中国很强大，很厉害，也有些人觉得中国人很不行，那么在技术竞争层面中国人究竟行不行？还是数字说话比较准。图 2.5 表示的是全球 IP（知识产权）市场中各国所占的份额。份额最高的是美国，二十年前是 60%，2015年掉到 40%；其次是欧洲，现在是 40%；第三是日本，占不到 10%；可以看到我们在全球 IP 市场，也就是知识产权市场只占有非常可怜的市场份额。

图 2.6 表示的是全球技术产品和高科技产品的销售各国所占的份额。这个市场 2015 年美国占 50%，高居榜首；欧洲占 10%；日本占15% 左右；中国只占 3%。这里面有个小插曲，美国是从 40% 的 IP 市场份额中创造出了 50% 的高科技产品销售份额，欧洲 40% 的 IP 市场份额却只有不到 10% 的高科技产品销售份额，这个差距有点大，为什么？答案很简单，欧洲是以商业银行为主导的金融体系，不鼓励创新，而美国是以资本市场为主导的金融体系，鼓励创新。基于这样的事实，中国要发展什么样的金融体系，可以说是一目了然的。

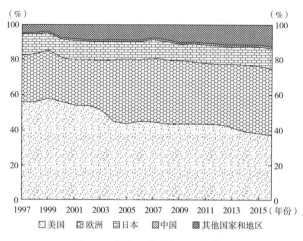

图 2.5　全球 IP 市场各国所占比重

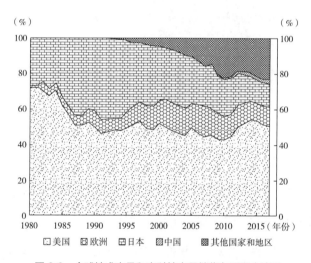

图 2.6　全球技术产品和高科技产品销售各国所占比重

　　中国无论是 IP 市场还是高科技产品市场，在全球都占非常低的份额。图 2.7 表示的是全球各国研发的投入比较，中国在最短时间迅速追上了美国。在 2015 年的全球研发占比中，美国是 30%，中国是将近30%，欧洲是 25%，日本只有不到 10%。虽然在创新方面我们仍然很落后，但是我们很努力。这让很多西方人吓了一跳，中国人在创新方面的追赶速度太快了。

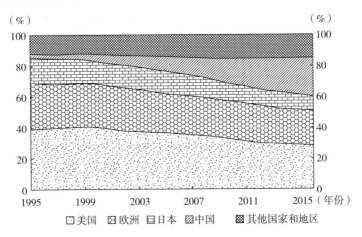

图2.7 全球各国研发投入所占比重

第三个层面讲大国博弈。其实西方在 1999 年以前就已经有"中国威胁论"了，但后来发生了"9·11"事件，客观上影响了美国社会主流人士的一些想法，把美国的注意力转移到了中东。为什么中国今天重新成为他们注意的目标？至少有一个主要的原因，对比一百年以前的世界，当时正好是"美国威胁论"，因为那时美国经济正要从总量上超过英国，所以欧洲当时最流行的观点叫美国威胁论。世界历史是如此相似。我翻译过一本书叫《伟大的博弈》，讲美国历史的演进。二三百年以来，它是怎么一步一步从一个荒凉之国走向现在最发达的国家的，在这个过程中，它经历了一些苦难，最终决定它能够崛起的根本因素还是体制机制。

华尔街早期的乱象和中国资本市场早期的乱象是一模一样的，我当时推荐这本书给很多中国政商界同人看。不管怎么说，华尔街这个市场化的金融体系还是推动了美国的崛起的。它在美国历史上每个重要的事件中，无论是南北战争、第一次世界大战、第二次世界大战，还是重工业化和高科技崛起进程中，都起到了巨大的推动作用。大家一定要多了解历史。

记得有一次我去印度开会，我的印象特别深刻，当时印度人讨论中国问题，他们对中国的一些数字比我们还清楚。但是当讨论印度问题时，我们面面相觑，几乎什么也不知道，因为我们从来就没有关心过印度这个国家。当时我觉得特别感慨，中国人是真不关心印度，印度人是真关心中国，而中国人关心的却是美国。印度人天天盯着中国，中国人天天盯着美国，都是在一个劲地追赶。只有了解历史和别国的情况，才能够知道应该怎样更好地走自己的路。

资本市场博弈牵动了大国博弈和兴衰。有一个研究汇总了此前五十年将近80多个OECD国家的发展历史，这个研究主要是看在经历了多次经济危机之后，哪个国家复苏得最快，哪个国家复苏得最慢。结果无一例外，每次复苏最快的是四个国家：美国、英国、加拿大和澳大利亚，每次最慢的是四个国家：西班牙、比利时、奥地利和卢森堡。前四个国家正好组成了资本市场主导的金融体系，后四个国家正好属于商业银行主导的金融体系。换句话说，从历史事实可以推断，市场化主导的金融体系更有弹性，碰到经济危机之后复苏得更快。反之，市场化程度比较低的银行主导金融体系，碰到经济危机之后复苏得比别人慢，或者可能就复苏不了了。在经济发展的过程中不可能不遇到危机或者是挫折，如果每次都能稳步复苏，甚至复苏得比别人快，那久而久之这个国家就崛起了。如果每次都复苏得比别人慢或者不能复苏，那久而久之这个国家肯定就衰落了。所以大国崛起的成功与否最终还是取决于体制机制。体制机制有一个重要的部分，那就是这个国家的社会资源配置的市场化程度，这可能正是决定性因素之一。

1735 年，乾隆皇帝刚登基，那时候他非常年轻。当时中国的 GDP 占全球的 1/3，是世界上最文明开化的礼仪之邦。年轻的皇帝志得意满，说"愿共天下臣民永享升平，所愿必遂，所求必成，吉祥如意"，这句话的意思是中国的老百姓想要什么都有。实际上这个时候离第一次鸦片战争只有一百多年的时间。当时的中国看上去很好，非常强大，但是与崩溃其实就是一墙之隔（见图 2.8）。很多封闭的文明看上去很美，但其实是一触即溃的。因为西方的工业革命兴起了市场经济文明，带来了新的生产和经济组织方式。这种新的生产和经济组织方式比中国古代的生产方式强大了不知道多少倍。当这两种文明交汇碰撞的时候，传统方式必然一触即溃。

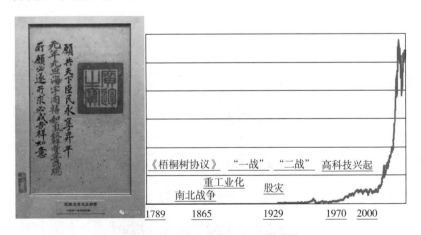

图 2.8　乾隆皇帝手书以及之后的世界

我在党校学习的时候，故宫博物院单霁翔院长来给我们讲课。他说，最近故宫整理文物的时候又有了新的发现。他们在一个角落里发现了一堆纸，打开一看，那里面是乾隆的诗。乾隆是中国古代最高产的诗人皇帝，据说一辈子写了 10 000 多首诗。这次又在这堆纸里面发现了 20 000 多首诗，加起来有 30 000 多首。乾隆在位 63 年，竟然写了 30 000 多首诗，他哪有时间研究市场经济，哪有时间研究西方文明，更没有时间去了解世界其他国家都在干什么。当时西方世界多次派使臣来访，想跟中国打交道，做生意，我们的皇帝根本不予理睬。当然，历史无法追溯。我想说的是，无论过去、今天还是未来，如果不能抱着开放的心态，如果不能消化吸收最先进的生产力，我们就无法立于不败之地。

应对中美贸易纷争，具体来说我们应该有四个方向的看法。

第一，我们要深挖本国的消费市场，这是由于现在中美贸易遇到了一些挫折。

第二，我们要努力跟欧洲和日本搞好关系，今天欧盟的 GDP 还大于美国。

第三，我们要有效推进"一带一路"倡议，努力发展与一些新兴市场的关系。这个过程一定要循序渐进，要实事求是，不能胡子、眉毛一把抓。

第四，我们要逐步改善中美经贸关系。在一些产业和一些领域，我们可以开放购买美国的一些产品。这个过程可能会给本国产业带来一些压力，但是这些压力也会变成动力，让本国企业迅速去提升自己的竞争力。我们相信在开放过程中，我国的产业最后一定能够胜出。

因为在中国开放的过程中，中国人学习外国人的思路比外国人学习中国人思路快得多，所以我们要有足够的自信。

技术竞争方面我想也是三个方面。

第一，我们要跟美国开展七分位的技术合作。因为八分位的技术美国不给我们，防着我们，而中国五分位以下的技术已经比美国强了，而且还比美国有价格优势。世界上现在只有两种产品，一种是中国人会做的，另一种是中国人不会做的。某种产品的做法一旦被中国人掌握了，产品的价格一下能直接下降80%。所以美国人没办法在这个方面与中国人竞争，中国人一旦学会了，他们就没法留在这个市场里了，所以他们要严防死守。我们虽然在技术上落后，但是我们也有努力学习和追赶的权利，当然同一时间我们确实要保护好知识产权，加快这方面的进步。

中投公司在芝加哥举办中美产业峰会的时候，中国驻美大使崔天凯先生对美国的听众说，美国人不是最欢迎竞争吗？中国现在对美国形成了竞争，美国应该欢迎、应该高兴才对。在场的美国人没有回应，因为虽然竞争会给每个人都带来好处，但是一旦竞争来的时候，人们的心态也会发生变化，我们应该理解和原谅一部分美国人的想法。

我们跟美国人在技术上五分位和七分位之间的空间可以合作，但是对日本和欧洲就不用"客气"了，就是要与对方九分位最好的技术合作共赢。这些国家没有足够大的市场，必须要跟中国市场结合才行。其实美国最好的技术也应该跟中国市场结合，因为给3亿美国人用和给14亿中国人用哪个利润更大，这个选择题的答案是显然的。因此我们既可以跟美国合作，也可以跟欧洲合作，还可以跟日本合作。

还有一个就是自我创新。我们要完善体制机制创新，鼓励我们的人才出去发展，同时也要多吸引优秀人才回来。20 世纪 80 年代，我们八五级清华大学物理系三个班 108 个同学，出国留学 60 多人，只回来了"三个半"，这"三个半"中一个是我，还有一位同学回国搞了一个网站叫豆瓣网，另一位同学回来在清华控股有限公司工作，还有"半个"同学回国的意思是这位同学回来在昆山开了一家工厂，但是他的家人还留在美国，所以我说是"三个半"。剩下 50 多个人都留在了美国。对比之下，印度人是真的"不爱国"。印度人离开了印度就不会再回去了，有的顶多回去一次，回去的目的是娶一个老婆，再把老爸老妈接到美国，从此就不回国了。不过最近印度人倒是愿意回国了，因为印度在班加罗尔搞了一个印度版的"硅谷"，对人才有很大的吸引力。从印度人的转变来看，如果有好的机制、好的发展前景，在海外的优秀人才一定会愿意回来。如果我国的这些海外人才都能够回国，或者大部分能回国，搭配上我们的市场经济体制和 13 亿消费者的大市场，我相信我们的自主创新一定能取得更快的进步。

第三个层面从大国博弈角度来说，就是三个坚持：坚持改革开放，坚持社会主义市场经济道路，坚持与世界共赢。尤其第三个坚持非常重要。中国的崛起和发展，如果不能让世界受益，那一定是不可持续的。如果周边的国家都是我们的敌人，以邻为壑，我们也是发展不起来的。我们跟其他国家的合作，是一个经济合作，而不是零和游戏，合作过程中就会有增量，这一点非常重要。对于中美关系，要避免陷入"修昔底德陷阱"。我举一个例子，美国每年有一个州长协会的峰会，许多州长在一起讨论各州的发展问题以及其他各种问题，这个峰会相当于中国的几十个省委书记和省长在一起开会。有一次，他们想找一个中国人讲讲中国经济，中国驻美大使馆推荐了我去。我在峰会上讲了中国经济的现状和发展，讲了中美合作的前景。一位我认识的州长很激动，他走上台即兴发表了十分钟的演讲，他说中美两国之间没有什么不合作的理由，随后全场掌声雷动。

无论是美国的州长、美国的企业家还是美国的老百姓，其实都是希望和中国合作的。美国每一个州长脑门上都刻着四个字：招商引资。要不是特朗普和美国联邦政府管着，他们早就跑到中国来招商引资了。2018年在上海举办的中国国际进口博览会来了一个美国的州长，他和青岛海尔签了一个协议，希望能在肯塔基州扩建海尔的工厂，解决他们的就业问题。后来我们在中投公司又组织了100多个企业家跟这位州长座谈。

哈佛大学的一位教授2017年写了一篇文章叫《全球格局的演变》，他说17—19世纪是欧洲的世纪，20世纪是美国的世纪，21世纪是中国的世纪。但是在大国权力转移和全球格局演变的过程中会出现很多摩擦，甚至会出现战争。唯一的解决方法就是让21世纪不仅是中国的世纪，还是世界的世纪、全球的世纪。如果世界各国相互缠绕，相互融合，分不出彼此，就没有那么多摩擦，也没有那么多胜负了。当然他的这个想法有点理想主义，但是人类不可能没有理想，我也认为他说的方向是对的。

目前，中美之间一天61趟航班，现在来看已经远远不够了。有一次我在美国开会，我对全场几百名来自世界各国投资机构的首席投资官说，中美之间应该一天有100~200趟航班。这一天的到来，对中美经济，对世界和平，对我们的子孙后代都是一个福音。因为交流的增多让中国和美国能够形成一个良性竞争、互利共赢的状态。中美两国的良性关系对于世界来说是一个最稳定的因素。在这样的背景下，世界会持续和平。虽然这中间一定还会有很多摩擦或者一些冲突发生，但是总体来说我们应该往持续和平的方向努力。

接下来简单说一下对外投资。中国对外投资需求的产生和增加，还是因为改革开放四十年来的发展。从 1979 年到 2009 年，中国的人均 GDP 增长了 178 倍，这是个不可思议的数字。但是，这个数字跟中国人均储蓄增长的倍数相比却是小巫见大巫。

1992 年中国人均月工资只有 10 美元。前不久有一位美国记者采访我，在电话里聊了一个多小时，后来他写了一篇文章发过来请我校稿。我发现稿子里有一个明显的笔误，这位美国记者写到，1992 年中国的人均年收入只有 1 000 美元。这是一个明显的笔误，其实当时我们的人均年收入只有 100 美元左右。美国记者说他想了半天，没忍心把这个数字改掉。因为在美国人心里，人均年收入 1 000 美元已经是最穷的了，不能再穷了。实际上我们当年的情况比他想象的糟糕多了。

我们今天已经有了这么庞大的社会财富积累，但是还是缺乏一个市场化资源配置体系。我们一会儿闹股灾，一会儿债券市场面临风险，一会儿期货市场又出了问题，而房地产市场泡沫居高不下。这些乱象出现的共同原因就是缺乏一个配置资源的市场化体系。同时我们还有大概 20% 的钱要走向全球去投资，这是历史的必然。过去十年中，中国对外投资额翻了 100 倍，比较客气的估计是其中 40%"打了水漂"。这里面有很多原因，有的人是为了转移资产、居心不良，有的人是对外投资不得章法。跨境投资是一个非常难的活动，因为一旦涉及跨境，就会发现有好多境外的事情是我们完全搞不明白的。

解决跨境投资中的问题的唯一办法就是有人来搭建一个公共平台。这正是中投公司的定位，中投作为国家主权基金在这一方面也责无旁贷。我们在过去两年中尝试搭建这样一个平台，这个搭建的过程还在推进之中。尽管目前还很不完善，但这样的尝试在国内也是首次，甚至在全球来看也是首次，因为别的国家没有一个机构想去做这件事情。中投有 2 000 亿美元可以对外投资，中投这么大的金融机构，理应对中国的经济增长做出较大的贡献。国家提倡创新对外投资方式，中投应该努力去探索，探索的第一目标就是中美之间的投资。现在中国的经济总量是美国的 61%，2015 年中国的劳动生产率是美国的 1/14，我们跟美国的差距是巨大的。美国人觉得一般或者只能算还可以的东西，搬到我们这儿基本上就是好东西。在美国所谓被抛弃的一些产品，比如摩托罗拉、约翰迪尔农业机械设备和一些工业机械设备、生物制药的产品，包括中国中西部引进的很多产业，也就是美国七分位的技术，但对我们来说仍然是领先的技术。如果这些七分位的技术与中国相结合，它们就能够延续繁荣，就能够创造就业机会，而我们也能够满足消费者的需求，推动我们的第二、第三产业升级。基于这样的一个理念，我们设计了中美制造业合作基金。美国的威斯康星州有一个城市叫密尔沃基，这个城市有一个本地人很少听说过的乡镇企业叫 A. O. 史密斯，这家美国企业到中国来发展了 20 年，过去 16 年每年增长 22%，企业产值翻了几十倍，从一个乡镇企业，变成标普 500 强。这家企业有一个邻居，听说之后也跑到中国来了，今天满大街都是它的卫浴产品的广告，这家公司叫科勒，中国人还以为是德国的品牌，其实是威斯康星州的一个乡镇企业。

在中美贸易纷争这么激烈的时候，我们中美制造业合作基金还是成功完成了首轮募资，融到了 15.2 亿美元。因为我们用资金搭了一个平台，中美两国有几十个、数百个产业在这儿对接，产生了巨大的放大效应。

为了搭建中国和世界投资对接的桥梁，2017 年我们召开了首届中投论坛，有 1 200 位中外 CEO（首席执行官）参加论坛。2018 年的第二届中投论坛，又有 3 340 位 CEO 报名参加。同时我们还举办了"美国州长走入中投"活动。现在美国州长到中国出差，几乎都要到中投来，每次我们会帮他们联系 100~200 个中国企业家对接，还可以宣传他们州。有一位第一次来中国的美国州长，先到浙江见了 2 位企业家，再到上海见了 7 位企业家，后来到了北京，我们帮他联系了 200 位企业家面谈，他感到非常兴奋，说以后要经常与中投公司合作，要给美国工人找工作。

我曾经说过一个理念，中国企业走出去要组成一个航母战斗群。有人说你这么说，容易引起敌意。我说航母战斗群不一定非要打仗，它也可以维和。这个航母战斗群里也可以有混合舰队，今天我们这里已经有了高盛，其实就是协同作战的策略。我们很多实体企业走出去经营没有金融的支持，金融走出去投资没有实体企业的支持，最后都是两眼一抹黑，盲人摸象。所以大家要协同作战。2017 年底我们与高盛签了中美制造业合作基金协议之后，2017 年 4 月召开了中美产业芝加哥峰会。当时我们准备带 100 位企业家到美国去，跟美国企业家对接。

在准备的时候，哪知道风云突变，中美贸易纷争升级了，很多人问这会还能开吗？结果最后来了384位中美企业家，会场上其乐融融。在会上，我问了一个问题，我说搞中美制造业合作基金，跟美国中西部合作，既能够帮助美国创造就业机会，也能够让中国消费者满足需求和帮助中国的产业升级，对于这样的基金美国有什么样的疑虑吗？美国官员说，对这样的基金他只有支持，没有其他。当时全场一片掌声。我们确实希望多做一点事情，能够引导双方走向更多的合作。

我们做双边基金，一个原则是选择对方国最强大的金融机构作为合作伙伴。最强大的金融机构要有三大指标。第一，优秀的直投团队。第二，强大的投行团队。第三，一定的政治影响力。按这个标准比较下来，美国是高盛，英国是汇丰，日本是野村、大和、东京三菱、瑞穗和三井住友联合在一起的联合体。我们现在正在跟法国、德国、意大利、以色列的相关机构谈合作。

中投公司将来要创造一个中国与世界结合的"非诚勿扰"，实现全球技术对接中国市场。我国的对外投资有两个特点，一是需求无限，二是毫无章法。我们要做的事情就是把它带到一个有序的状态。美国还是世界范围内政治经济影响力的老大。如果我们能跟美国搞好一项合作，全世界都会力争来和我们合作。真正能够产生最大协同效益的应该是中日两国。中日两国的距离很近，相关产业已经有很多的合作。我去日本东芝公司访问的时候，就直接跟他们讲，如果他们不肯把好东西卖给中国，只会有两种可能，第一就是破产，第二是等印度人来收购他们，而后者发生还要等三十年。2018年中日关系转型了，因为日本人是真明白过来了。今天在经济体量上，美国是第一，中国是第二，日本是第三。2009 年中国经济总量超过日本，现在是日本的两倍，未来还可能变成日本的三倍，所以日本拼命想上我们的船。中日之间将来完全可以变成一个非常自由的贸易区。2018 年我在日本访问时见了一个和服厂的老板，她想做和服卖到中国。我告诉她和服在中国恐怕卖不出去，但是日本的服饰艺术在中国的销量还是有希望的，和服上的图案与苏绣和湘绣相似，绚丽至极，可以做成衍生品，绣在沙发套、枕套上，还可以制作成日式风格的屏风摆在家里，这位企业家很激动，说咱们就这么干。日本首相安倍晋三访华时，中投公司和日本金融机构签了一个中日产业合作基金项目，中日双方一定要继续创造共赢空间。

从传统产业的飞机发动机到新兴高科技产业，比如牛津的纳米基因检测技术，中国和英国的合作空间非常广泛。中投公司和汇丰集团初步签署了一个中英产业合作基金，除了财务投资，还要把两国产业成建制地连在一起。

我们已经探讨出了新的对外投资模式，全世界分为四个方向：中美、中日、中英（包括欧洲和以色列）和"一带一路"沿线国家。四个行业：生物医疗、先进制造、大消费和 TMT（科技、媒体和通信），这也是中国经济社会最活跃的四个领域，我们做的这一切会帮助这四个行业加速现代化的进程。

2017—2019 年之间的全球经济增长，中国贡献了 35%，美国贡献了 17.9%，中国是美国的两倍。因为你有增长，所以大家来跟你合作，如果你没有增长，肯定就没有人理你了。所以我们自己一定要发展好，这样对外合作才会更加顺利，同时对外合作本身又能够帮助我们更好地发展，这些都是良性互动。

经过探索，我们建立了有中国特色的主权财富基金管理模式（见图 2.9）。全球主权财富基金无非就是两个策略，一部分公开市场投资，一部分另类市场投资或者非公开市场投资。我们探索出双边基金加上直投，加上平台和生态系统的模式。我们对国外先进的东西，首先要谦虚地好好学习，可以结合中国国情把它转化成我们自己的经验，只有这么做我们才能走出来，靠简单的复制是不行的。

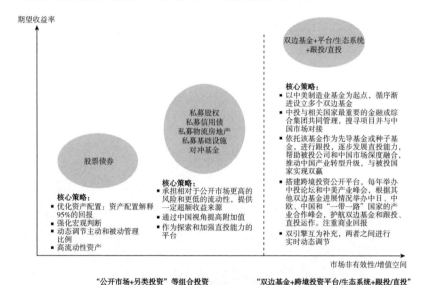

图 2.9　建设有中国特色的主权财富基金模式

最后我想说一下中国经济的未来。如图 2.10 所示，上下两张图分别是 2015 年雾霾中的北京和 1965 年雾霾中的纽约。其实纽约在 1965 年的时候并不比我们好，甚至更糟。八十多年前的伦敦、五十多年前的纽约、三十多年前的东京和二十多年前的汉城（现名首尔）都是一样的，各国遇到的经济问题、环境问题、社会问题以及其他各种问题都和自己所处的发展阶段密切相关。

图 2.10 2015 年雾霾中的北京（上）和 1965 年雾霾中的纽约（下）

中国也发生了深刻的变化。以马拉松为例，中国的城市马拉松是从 2011 年开始的。当年中国有 9 个马拉松赛事。到 2016 年中国有 360 个城市举办马拉松比赛，几乎一天一个。2017 年 4 月 15 日当天就有 43 个马拉松比赛开赛，这是爆炸式的增长。中国人从努力吃饱到拼命减肥好像发生在一夜之间。1996 年我刚到纽约工作的时候，最惊讶的就是看到很多人大白天在跑步。我想这不是吃饱了撑的吗？今天我们已经理解了，中国社会也到了这个阶段，发生了很多变化。亚瑟士是一家日本的跑鞋公司，中国人开始跑步让这家公司重新焕发了活力。中国社会的需求开始与国际接轨。我们的劳动生产率是美国的1/14，是世界平均水平的40%。我们现在就是要提高供给水平，提高产业水平，具体的做法第一是实现自我升级，第二是拿来主义。

我想向大家推荐一部纪录片叫《谁建造了美国》（*The Men Who Built America*），它讲了美国1865—1914年这五十年间的发展，这五十年是典型的赤裸裸的资本主义或者叫狂野的、原始的资本主义发展时期。这个时期最大的特点就是丛林法则，强者越强，弱者越弱，好处是社会效率极高，变化一日千里，坏处是社会贫富分化，最后社会接近崩溃。这个片子里讲了几个强人，一位是美国的航运和铁路大亨范德比尔特，他70岁的时候进军铁路行业，六年之后控制美国铁路业接近50%。没有最强，只有更强。还有一位是卡耐基，他曾控制美国钢铁业的80%。第三位是洛克菲勒，他33岁时控制美国石油原油行业的98%，是人类历史上个人在主要经济体、主要产业垄断比例最高的，他获取了相当于今天的7 000亿美元的财富。第四位是摩根，虽然他没有那么多钱，但是他比前面几位影响更长远，因为他从事的行业叫投资银行业，他可以进入任何一个行业，用别人的钱进行重组。1901年他买下了卡耐基钢铁公司，当时的交易规模相当于今天的4 000亿美元，相当于重组了整个美国钢铁业。

为什么美国没有产生巴黎公社？没有发生十月革命？美国有一个自我的修正能力。美国不断在市场和公平之间，或者是效益和公平之间寻找平衡点。给大家举一个简单的例子，人类研究光的本质是从牛顿开始的。牛顿说光是粒子，但当时也没有实验仪器可以证明。过了几十年之后，惠更斯发现通过光的衍射现象可以证明光是波。物质存在只有两种形式，不是波就是粒子，既然是波，那肯定不是粒子。又过几十年之后，爱因斯坦说光既是波又是粒子，他说如果光的波长跟周围环境差不多匹配的时候，会表现出波的特性，而在其他情况下则会表现出粒子的特性。这特别类似于人类社会过去二百年的一个巨大争论，市场和政府、社会主义和资本主义之间的关系。这些理念上的争论非常尖锐，异常激烈，几乎是水火不容、相互对立的。邓小平同志曾说，社会主义也要搞市场，资本主义也需要有计划。所以我建议所有学经济学的人要先学好一门课，叫普通物理学，否则你容易因为误解而危害到社会。因为如果只有错误的理念，没有辩证的思维，那将是贻害无穷的。

我在芝加哥大学读书的时候，有一个教授叫罗默。他原来在芝加哥大学是读自然科学的，后来想转学法学，但又转到了经济学，最终获得了诺贝尔经济学奖。他跟我们说，应该怎么理解市场经济？他说等我们毕业以后，一定要去荷兰看一个全球最大的鲜花市场。这个市场足足有200个足球场那么大，而且全在室内。1997年，我专门在一个周末到那里去考察。每天早上欧洲各地的鲜花源源不断地运过来，早晨9点钟开始荷兰式拍卖，10元起拍一簇郁金香，然后经过几轮竞价，最后成交。等到郁金香的价格全部确定，全球所有的鲜花品种价格也就全部确定，都是依托郁金香的价格为基准。然后这些鲜花开始分装至拍卖现场，再打包、运输，运往世界各地。是谁把这些鲜花准确无误地送到全球各地？就是鲜花市场中那只无形的手。每个人在追求自己利益的同时，把这些鲜花送到了该去的地方和需要它的地方，而且一定准确无误。请问全世界哪个国家的政府能够做到这点？他说答案是没有。他说的当然是对的。但是你也可以跟他争论，说政府也有它的用处。如果没有政府，谁能够保证飞机准点起飞？他的回答是飞机准点起飞也是靠航空公司无形的手。那么如果没有政府，谁能保证鲜花在运送过程中不被抢劫？不错，政府是社会的守护者，是市场规则的维护者。这个故事非常清晰地讲述了市场经济本质中的两个重要主体，一个是市场，一个是政府。市场的无形之手配置资源，把鲜花送到需要鲜花的地方去。政府做好社会的守护者，维持市场公正公平。作为新兴国家，我们的政府要多干一点活儿，帮助建设市场，帮助降低市场交易成本，帮助提高市场投资效率。无形之手配置资源，有形之手维持市场秩序，同时改进市场规则、秩序以及效率。让市场在资源配置中发挥决定性作用和更好地发挥政府作用，两只手都要硬。很多人认为这两件事情会打架，如果真正做到市场来配置资源，政府来帮助市场更好地配置资源，而不是替代市场配置资源，这两者是不会打架的。

我在党校学习的时候，希望能把马克思主义政治经济学和西方经济学这两者相互打通去理解彼此。经过尝试，我发现其实很多问题的道理是完全相通的。我们要用西方能够听懂的语言讲中国故事。资本主义相对于封建社会是一种巨大的进步，但是我们过去总觉得它是一个非常负面的东西，所以大家要好好思考问题，怎么做到求同存异。

我在美国读书时，看到老子的一段话，大概意思是说凡是离皇帝比较远的生意人都会比较快乐、比较富足。我拿这段文字去给芝加哥大学的米勒教授看，他也是位诺贝尔奖得主。米勒教授很激动，他说中国多么伟大，几千年以前就知道要小政府、大市场，他说中国是有市场经济的基因的。我听了也很激动。后来我从芝加哥大学毕业后去了华尔街，看到眼前屏幕滚动的数据，明白全球所有生产要素，正在华尔街这个平台上交换资本优势。市场经济有两个核心，第一个是市场，无形的手加上有形的手。第二个是交换比较优势，有人打铁，有人种地，两人彼此交换，一个有饭吃了，一个有自行车骑了。企业家每天的主要工作是什么？他们既不种地，也不打铁。他们交换的是管理经验和资源。正是因为有分工、交换比较优势，才有市场经济。老子只说对了一半，就是政府不能乱干预。但是他又说"鸡犬之声相闻，民至老死不相往来"，我们不能还停留在一个与世隔绝的小农经济的时代。

今天中国知道了市场经济，找出了一条社会主义市场经济道路。相对来说既能够发挥社会的效率，同时也能够避免社会成本，当然这个平衡点要把握准确。我们要根据不同阶段、不同国情、不同时间点不断地去找寻这个平衡点，总体来说我们是希望走一条比较好的平衡道路的。

我们考虑中国经济的未来，其实微观上有很多发现。十几年前我在北京郊区看到一个广告牌，上面有 27 个互相竞争的农家乐土菜广告。你到全世界去找，一个广告牌上有 27 个广告在竞争同一件事情的，只有中国才有。在中国的几乎每一个角落都能看到某家快递公司的广告，它于 2016 年 10 月上市，随后几年内又有三家快递公司上市，这本来没有什么可奇怪的。令人惊奇的是这四家快递公司来自中国浙江桐庐的同一个村。中国人勤劳致富、不怕竞争和"往死里"竞争的精神，是中国经济生生不息的动力。

　　硅谷的企业家们来了北京，看到中国的创业公司感到很震惊。美国人创业，到下午五六点就下班，中国人创业能坚持到早上五六点，到了七八点钟又回来继续干。美国人说这确实太可怕了。我们观察中国经济的未来，一个是要有良好的历史方位，另一个是要有正确的历史方向感。

　　从美国一百年产业演变来看，从以农业为主发展到以工业为主，再发展到以服务业为主。改革开放以来我们也重复了几乎同样的历程。我们也是从以农业为主，发展到以工业为主，再向以服务业为主发展的。现在服务业占比刚刚超过50%，达到了53%，而美国是85%。这并不是说我们一定要追上美国，达到85%，但一定是一个追赶的过程。我们要在把握正确方向的前提下，加速中国经济社会的现代化。怎么才能够加速呢？有两个有效的手段。一个是推动金融改革，另外一个是加快优化对外投资。

　　最后给大家看一张照片（见图2.11）。这是一位清华校友拍摄的，是"和谐号"列车行驶在居庸关。居庸关春天有花海，我也带了一些年轻人去看，拿手机拍了几张照片。下山的时候看到两个年轻人手机里的照片，真是不看不知道，一看吓一跳。我问他们这是怎么拍出来的，他们说是用无人机拍的。中国创造出了一个无人机产业，而且这个产业已经超过了美国。大疆无人机占据了全球无人机市场70%的份额。原因非常简单：一是中国有巨大的消费者市场，二是中国有相对低廉的制造业成本。在中国买一台无人机大约要2 000元人民币，在美国买一台功能相似的无人机要3 000美元。一个人骑的电动独轮车，在中国已经便宜到700元人民币，只要100美元左右。所以依托中国巨大的市场和相对低廉的制造业成本，我们继续加快改革、扩大开放，不断优化中国资源配置体系，中国完全有可能加快经济转型的步伐。为了表示我们对中国经济未来的期许和信心，我们给这幅照片起了一个比较文艺范儿的名字，叫"开往春天的列车"。

图 2.11 开往春天的列车

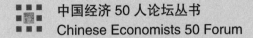
第三章　金融风险防范与良性循环

Chinese　Economists 50 Forum

Chinese　Economists 50 Forum

如何认识和化解系统性金融风险[①]

夏斌[②]

今天很高兴就宏观经济形势中的一个视角——系统性金融风险问题，和大家交流自己的一些研究心得。

关于系统性金融风险问题的研究，早在 2013 年我曾讲过，在杠杆率不断提高、经济增速放慢的过程中，"国民经济的资金运用效益在明显下降"，"当前中国已经存在事实上的金融危机现象……泡沫为什么没破，危机为什么没爆发？靠的是多发货币来掩盖。目前整个中国社会存在相当程度上的道德风险，包括地方政府、银行、企业、个人投资者……大家心照不宣，靠着这个可怕的预期……流动性最终是一种信任，是一种预期……预期一变，传统的流动性即刻烟消云散，危机马上爆发"。[③]

什么是道德风险？比如新官不理旧账，地方政府为了项目不断筹钱，有的官员借钱时就没打算还钱。银行正规渠道搞不到钱，就通过

---

① 本文根据作者 2018 年 1 月 23 日在 CCTV2《中国经济大讲堂》录播录音稿和长安讲坛第 329 期内容整理而成。
② 夏斌，中国经济 50 人论坛成员，国务院参事，当代经济学基金会理事长、研究员。
③ 夏斌. 中国经济：观察与谏言 [M]. 北京：中信出版社. 以下引言均出自这本书。

信托公司发理财产品，信托公司为了赚 1.5%～2% 的管理费，帮你设计产品销售。信托没有柜台就借银行柜台销售。银行代理销售，从中拿一点"销售渠道费"。至于到时候政府能否还钱，信托公司、银行认为跟我没关系，政府是债务人，信托与银行是纯中介。这种信托产品最后卖给老百姓，他们搞不懂，也不想去搞懂，反正是政府借的钱，国家的信托机构、银行又帮着推销，你敢卖，我就敢买。你们又要"维稳"。这就是我说的，由于整个社会存在道德风险，必然会产生很大的金融风险。

2014 年 2 月，我在北京大学国家发展研究院的一次论坛上又提出，"当前中国经济的困境是什么？问题集中在三个方面，即产能过剩、房地产泡沫投资、地方基建的债务风险。从金融层面讲，这三个问题集中表现为金融业的风险……僵尸企业问题不解决……既影响了经济结构和发展方式的转变，客观上又加剧了全社会的资金紧张局面"。在市场出清问题上，"要有底线思维，要守住不发生系统性风险的底线……目前又不敢完全市场出清，因为要防止震动过大，防止自动引起不可驾驭的系统性风险的爆发"。

2014 年前 5 个月，面对房市开始出现一些转折苗头，住建部有些人发出了"房市下跌是正常调整"的论调，言外之意，下跌是临时的，房价还要涨。而地方政府仍在一味扩大投资，追求 GDP 增长，正是在这样的背景下，当年 6 月，本人直截了当以"当前的经济困局和应急对策"为题写文章，开宗名义，向国务院大胆建言：对经济形势不能持"一片大好"的看法。相反，要看到当前经济事实上已处于"困局"。全文按照"当前经济走势关键看房市""房市下跌已成必然定势""系统性风险的引发、传导及其后果""非常时期需要非常政策"四个方面，提出了我国系统性风险可能会如何被触发、传导及其带来的后果是什么，我们如何做好预案，防止经济崩盘（猝死），或者防止不崩盘而转为另一种形式的长期低迷（僵死）等 15 条对策建议。这篇文章后来被自媒体标题党以"国务院参事夏斌：2015 年中国经济将面临严重衰退"为名，分别在 2014 年第三季度、2015 年 2 月的微信朋友圈疯转。

到了 2014 年 11 月底，在中央提出"新常态""三期叠加"的重大判断的基础上，我写文章批驳了对经济形势"盲目乐观"和"过度悲观"的两种倾向，并直截了当地提出，"防止一系列债权债务链断裂现象的蔓延，这是当务之急，这是大局。"要有防范系统性风险的底线思维。要允许一些企业破产出清，但是绝对不能爆发系统性风险。

2015 年，我在《"十三五"时期防范系统性风险的认识和思路》一文中，明确提出了"当前我国未爆发系统性风险，是因为已采取了一些国家危机后采取的救助与化解政策"，"在化解风险方面，中国当前的国情有特殊的优势"，"由于相关的市场约束仍然'不硬'或尚不明确，因此各种债权债务纠纷和拖欠行为尚存在大量'可协商''需改善'的空间……为我国政府利用当前的条件……可以做到一边埋单整顿、一边制定规矩，为防范更大的风险积聚和系统性风险的爆发赢得时间"。在这篇文章中，我特别提出了化解存量风险的"四个原则"和防范增量风险的"三个原则"。

2016 年，社会上对系统性风险问题的议论开始多起来了。我在很多场合经常讲三句话。第一句话，中国绝对不会爆发美国式的金融危机。美国金融危机时有大批银行倒闭，中国不会出现这种现象。因为我们早就明白而且已经采取了措施。只要把银行特别是把五大国有银行稳住，给予充足的流动性，中国的银行体系和经济就能稳住。第二句话，从实际债务链角度看风险，中国已经存在系统性风险的隐患（有专家劝我不要用"危机"两字，用"隐患"较妥），之所以没有爆发，是因为有些地方政府对该破产企业不让破产，想办法"资产重组"（其实不是真正意义上的重组）。在去产能的过程中，没有表现出大量的失业是因为对工人做了安置，中央财政又给了贴补资金，同时，中国人民银行的银根基本也是松的。说穿了，是用银行的货币托着。第三句话，如果再不抓紧"真改革"，还是"温水煮青蛙"，那么改革开放以来国家和老百姓积累的财富会被不知不觉侵蚀掉。

今天，党的十九大把防控金融风险问题作为全党决胜小康社会"三大攻坚战"之一又一次提出来，为什么会如此重视？下面我讲三个问题。第一，当前中央为什么特别重视系统性金融风险问题。第二，系统性风险隐患到底表现在哪里。第三，怎样坚决守住不爆发系统性风险的底线。

一、当前中央为什么特别重视系统性金融风险问题

为什么特别重视？就是因为风险隐患太大了。党中央就金融风险问题曾多次专门开会研究。

早在 1997 年 11 月 17—19 日召开的第一次全国金融工作会议上，讨论重点就是整顿金融秩序，防范系统性金融风险。亚洲金融危机始于 1997 年 7 月 1 日的泰铢贬值，而之前的 1997 年 4 月，中央政治局

就布置了要在 11 月底开会，研究布局解决中国金融的系统性风险问题。当时突出的风险，一是国有银行不良资产比例高。二是非银行金融机构的不良资产比例更高，少数非金融机构已经濒临破产倒闭。今天中国有 60 家左右的信托机构，而当时却有 239 家。在整顿中有些公司被关闭、破产、被转制，有些管理层人员还进了监狱，共处理了 180 多家公司。三是一些地方和部门增设大量的非法金融机构，非法集资严重，挤兑风潮时有发生。四是股票、期货市场违法违规行为大量存在，一些地方擅自设立股票交易场所。五是不少金融机构和人员违规经营、账外活动、诈骗犯罪、大案要案越来越多。这是 20 世纪 90 年代末中央召开第一次全国金融工作会议时对当时中国金融风险的概括描述。

当时中央还提出了"三大目标"和"十五条措施"，要求力争用三年左右时间（到 2000 年），大体建立与社会主义市场经济发展相适应的金融机构体系、金融市场体系和金融调控监管体系。保监会（中国保险监督管理委员会）就是根据"十五条措施"的要求成立的。

二十多年过去了，"三大体系"建成了吗？

二十多年过去了，中央为什么又一次高度重视金融风险？我的看法如下。

（一）经济下行转型期是金融风险的高发期

如图 3.1 和图 3.2 所示，把中国 1992—1999 年的 GDP 增长曲线，和 2007—2016 年的增长曲线比较看，两条曲线都是从高处到低处，基本都跌掉了一半的增长速度。1992 年春，邓小平南方谈话之后，当年中国 GDP 增长达到 14.2%，同时伴随海南的泡沫经济，全国开发区热、房地产热、非法集资热。1992年、1993年和1994年，M2（广义货币）分别增长了31.3%、33.3%和34.5%，其后时滞一年的CPI（居民消费价格指数），分别猛涨到14.7%、24.1%、17.1%。全国形成了很大的系统性风险。在这个背景下，1993年中央决定由时任国务院副总理、中央政治局常委朱镕基同志兼任中国人民银行行长，大刀阔斧整顿金融，经济好不容易逐年慢慢"软着陆"。但到1997年召开全国金融工作会议前夕，风险也开始集中暴露了。

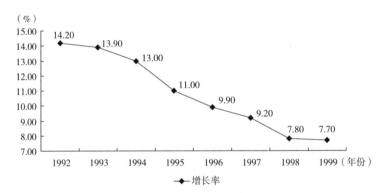

图 3.1　1992—1999 年 GDP 增长率

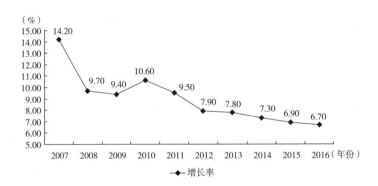

图 3.2　2007—2016 年 GDP 增长率

中国经济增长的第三个大周期，最高点是 2007 年的 GDP 增长率达 14.2% 左右，2008 年开始往下走。2009 年初，针对中国经济快速下行的压力，国际上美国等国采取了货币宽松政策，当时温家宝总理提出了"出手要快、要狠、要准"，随即采取了以四万亿为核心的一揽子货币财政刺激计划。对此，后来不少专家"马后炮"，说这个不对那个不对。实事求是地说，我认为这叫"不生孩子不知道肚子痛""不当家不知道柴米贵"。2007 年中国经济增长达到 14.2%，2008 年全球遭遇美国百年一遇大危机的冲击，2009 年第一季度经济增长一下子跌到了 6% 左右。从珠三角、长三角纷纷传到北京的消息是，一大批中小企业、民营企业的订单突然中断，一大批企业要停产停工，2 000 万农民工过完年又要返城上班，怎么办？因此迅速采取宽松政策的刺激是正常的，无论是从经济还是从社会、政治稳定的角度考量都是必需的。问题是后来宽松政策持续的时间太长，改革和结构的调整又迟迟没跟上。在 2009 年 7 月 7 日国务院召集的专家座谈会上，我看了当时上半年的数据，感觉有点紧张，因为到 2009 年 5 月，银行超额储备从 5.1% 下降到 1.5% 左右，M2 增长上升到 25.7%，6 月底 M2 增速 28.5%，比 2017 年同期高 11.2 个百分点。接近 1992 年海南泡沫时 32% 的增速。在这个背景下，我建议，2009 年下半年，为了稳定信心，国务院对外宽松政策的口号可以保持不变，实质上应"及时发出稳住货币的信号"。具体什么叫宽松，什么叫适度，"由央行进行适当的解释。"[1] 遗憾的是，经济增长曲线低处与高处相比，跌去了一半，但是货币供应速度却仍

---

[1]　夏斌. 危机中的中国思考（上）[M]. 北京：东方出版社，2012.

快速增长。经济往下走，货币增量即使不变也是容易发生金融风险的。当然，货币发行多并不意味着风险必然大。进一步分析，为什么经济下行时是风险高发期？还需一层一层来"剥皮"、推理分析。

2009 年开始货币到底增发了多少？如图 3.3 所示，中华人民共和国从 1949 年到 2008 年这六十年间，M2 累计增长 47.5 万亿元，2009—2012 年这四年间，实行宽松政策，四年发行了 50.0 万亿元，也就是说从 1949 年到 2012 年一共累计发行了 97.5 万亿元，其中一半是这四年投放的。2013—2017 年五年时间，又投放了 70.2 万亿元，到 2017 年底，整个市场上货币总共是 167.7 万亿元，其中，有 120 多万亿元是近九年投放的。

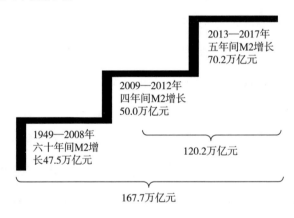

图 3.3　1949 年以来 M2 累积增长数

如此快速的货币投放，是多了还是少？还需从另一个相对指标看，即看 M2/GDP 的比值（见图 3.4）。我国该比值从 2008 年的 1.49 上升到 2016 年的 2.08，远远高于美国、日本。从 2008 年到 2009 年一年内突然上了一个大台阶，之后从 2011 年后逐年快速提高。有专家说这个指标不一定能说明问题。中国这个比例高，有其客观原因。比如，中国的 M2 口径和国外口径不一样，中国又是一个高储蓄率国家，而且资本市场不发达，融资方式以间接融资为主，等等。但是我们知道，发货币的目的是促进经济增长，要有新的产出，那么从产出、效益角度分析，可以进一步分析货币是否发多了。

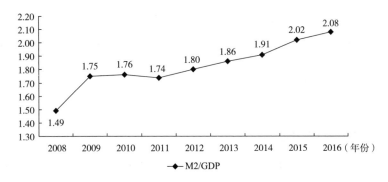

图 3.4　2008 年以来中国 M2 与 GDP 的比值

市场经济是一种信用经济。那么多的钱被谁持有，以什么方式持有，持有状况又发生了什么变化呢？全社会杠杆率从 2009 年开始发生了重大变化。2008 年杠杆率为 139.1%，2016 年为 257%，上升了约 118%，2017 年增长势头有所减缓，但是仍很高。非金融企业负债总规模，2010—2015 年平均增长 16.6%，比同期名义 GDP 增长高 6%。

债务经济是信用经济的一种表现形式，可以说借钱多并不能简单判断是好还是坏。关键要看借了那么多钱有没有产出？能不能还钱？这可以分析增量资本产出比等指标。每增加 1 元 GDP 所需的投资，从 2010 年的 4.2 元增加到 2015 年的 6.7 元，说明产出效益在明显下降。因此可以下结论：面对经济增速持续的下行，持续过多的货币投放，必然表现为企业亏损或者破产增加，失业压力加大。因为经济增速下来后，相对于过去的销售收入就会下降。销售收入下降，意味着利润就下降。利润下降，意味着按原来与银行签的合同要还的利息甚至本金就还不上了。再加上中国大型"僵尸"国企问题没解决，基本垄断了资金配置，中小企业、小微企业的融资压力就更大，马上就会暴露问题。因此既然要搞市场经济就应明白，当经济增速下行时，如果货币增速不相应下降，创新和技术进步的效应又顶不住经济下行压力，金融风险的产生是必然的。这就是为什么经济速度下行时是金融风险高发期的简单道理。

（二）系统性风险的特征

风险，有个体风险与系统性风险。个体风险可以从一个企业的财务报表分析，好识别些，而系统性风险不好识别。就像当前中国有没有房地产泡沫、资产泡沫？公说公有理，婆说婆有理。原因是这和系统性风险本身的特征有关。

系统性风险的第一个特征是，隐蔽性。有没有风险，不爆发前是不容易被识别的。只要货币政策持续地松下去，在一定时期内，支付链不断，风险不会马上爆发。因此隐蔽性是与货币供应在边际上的松与紧相关的。美国自2000年纳斯达克泡沫破了后，经济增长速度从4%左右一路下跌，2001年开始降息，连续降了13次，从6%左右降到2004年底的不到1%。之后，因为担忧通货膨胀，开始逐步加息，边际上看似加息不多，但累积到一定程度，金融衍生产品支付链断了，一系列连锁反应就爆发了金融危机。但在爆发前夕美联储和很多经济学家不认为美国会发生金融危机。总认为与1929—1933年相比，"这次不一样"。①

系统性风险的第二个特征是，传染快。1997年的亚洲金融危机从7月初的泰铢贬值开始，一个国家一个国家传染，迅速传染到亚洲多国，进而影响全球经济。中国在2013年出现"钱荒"，银行同业利率一天之内飙升到30%，天下奇观，整个市场都恐慌了，四大银行都不往外借钱了。2015年的"股灾""熔断"政策一出，好多人几天内就输掉了半辈子积累的财富甚至更多，惨不忍睹。

因此，鉴于系统性风险的隐蔽性、传染快的特征，基于一些人迟迟对这个问题的轻视、麻木，中央是居安思危的。早在2017年初提出"稳中求进"工作总基调时，中央就非常明确地提出"要处理一批金融风险"，即对一些"僵尸"企业不该救的就不救了。

到了2017年4月25日，中央政治局在集体学习时又指出"金融稳、经济稳"，也就是说金融不稳，经济是稳不下来的。明确指出了中国当前金融问题的严重性，提出了要"切实把维护金融安全作为治国理政的一件大事"，要坚决"守住不发生系统性风险底线"。

时隔半年时间，党的十九大报告在布局2018—2020年三年全面建成小康社会决胜期的重大任务时进一步指出："要坚决打好防范化解重大风险、精准脱贫、污染防治的攻坚战，使全面建成小康社会得到人民认可、经得起历史检验。"当时我认为，媒体与舆论对"三大攻坚战"的认识与宣传是远远不够的。党的十九大在布局决胜小康社会提出的

---

① 《这次不一样：八百年金融危机史》是美国哈佛大学教授肯尼斯·罗格夫等两位教授共同撰写的一本书。尽管备受争议，但他们从金融危机史的角度分析、揭示了2008年美国金融危机的原因与教训。美国有些学者认为21世纪最初几年的美国与1929—1933年时的美国相比，"这次不一样"，货币多些不会爆发危机。

"三大攻坚战"中，污染问题是处理人与自然的关系，涉及环境问题，脱贫问题是处理好分配问题，更多意义上涉及社会公平这一社会学问题。而在经济领域中，改革、开放、稳定各个方面，国企改革、"一带一路"、"三块地"改革、结构调整、金融改革、新旧动能转换等，工作千头万绪，任务繁重复杂，党中央没提任何其他方面，却唯独突出了防范化解重大风险问题，可见这个问题的严重性和紧迫性。并严肃地指出，能否打好这三大攻坚战，直接关系到能否得到人民认可、是否经得起历史检验这一历史高度。

时隔两个月，中央在当年的中央经济工作会议上又进一步明确指出，"防范化解重大风险，重点是防控金融风险"。

这句话如何理解？讲风险不是指其他风险，就是系统性金融风险、经济危机的风险。其中，当前我最看重的、最关注的金融风险问题是房市问题。房市泡沫如果一破，意味着什么？我开玩笑地说，意味着如果你在北京北四环内有一套两室一厅的房子，原以为能卖800万~1 000万元，泡沫一破，短时间内只值三四百万元。房价一崩，由此还会引起一连串的支付问题，会爆发系统性的问题。这个现象在日本、中国香港都已出现过。我们如果守不住底线，爆发了系统性风险，这一切对中产阶层是一个重大的打击。所以我认为，中央对这一问题看得很清楚，也很准，问题提得很尖锐，把要害问题都指了出来。并且态度坚决，一定要守住系统性风险的底线。

二、当前的金融风险隐患表现在哪里

中国如果爆发金融危机，实际损失会是多少？对中国社会的经济、政治、历史进程又会发生什么样的重大影响？这能用现在时点上的资产评估做静态推算吗？我前面提过，系统性风险的爆发是突发性的，传递非常快，临时变卖资产是来不及的。2015 年"股灾"恐怕大家都有记忆。当然，我希望中国不出问题，不会爆发危机，坚持发展的势头、发展的逻辑不变，那么到 2030 年前后，中国 GDP 总量绝对是"老大"。但是，眼前这一关怎么过？不是难过的"关口"，中央绝不会用决胜时期"攻坚战"之类的词，绝不会提高到"人民认可""历史检验"这一历史高度。对风险问题认识上不去，就容易出事。如果能看到风险，并采取有力的防范和化解措施，就不会爆发危机。只有看不到危机险象才会有真实危机的爆发。当然，除了认识外，操作层面还有很多事要做。

我认为，系统性风险的爆发，是由个别的、分散的、局部的风险，在一定条件的催化下，在某个时点，经过一系列环节的风险传递和连锁反应，才会呈现出全局性、系统性特征。但是在风险没有爆发前，不会马上形成对全社会资产负债表的"缩表"效应。不会对宏观经济总量，如 GDP、总需求、总投资、破产、失业等宏观指标的直线下降形成巨大的冲击。然而，危机一旦爆发，像 1929—1933 年美国大危机，后果是失业率一下子上升到 25%，1932 年工业生产总值比 1929 年下降了 46.2%，农民总收入下降了 57%。中国如果处理不好当前的风险隐患，风险一爆发，照样会有一大批企业要破产，要退出市场，工人失业会大量增加，银行不良资产会直线增加，全社会的资产负债表就会严重"缩表"。

当前，风险的隐患具体在哪里？根据经济学的理论和各国危机的教训，我们可以从两个角度来思考。第一个角度，从宏观数据动态变化中寻找蛛丝马迹，第二个角度，从最终影响货币支付链中断时链条上的相关产业、局部数据中寻找线索，顺藤摸瓜，从而把握大局。从宏观数据看，就是从前面提到的 M2/GDP、全社会杠杆率、增量资本产出率等债务、效益指标看，可以得出中国确实存在系统性风险隐患的结论。从支付链和行业角度，我们来进一步分析。

（一）房地产泡沫风险

对房地产的泡沫社会上一直持有不同意见，有人说有泡沫，有人说没有，意见非常不统一。我不从大家经常用的指标，如居民房屋拥有率、房屋供给需求指标、房价收入比指标等进行分析，我仅从两个视角进行补充性分析。

一是中国涉及房产、土地的贷款和融资到底有多少？从银行授信的品种分析,涉及房子贷款的有房地产开发贷款和按揭贷款。官方统计，2016 年底，这两项贷款共有余额 26.7 万亿元，占全部银行贷款余额的 25%。2016 年新增贷款 5.7 万亿元，占全部新增数量的约 45%。从2016 年底的存量来看（甚至从 2017 年的存量来看），我认为不高。监管界曾说，银行做过压力测试，能经受住房价下降 40%，我认为这不太可信。理由是以上所说涉房两项贷款合计占 25%，是按银行的授信品种统计的。在实际操作中,银行大量的贷款是以担保保证方式发放的。

其中，用房产、厂房、土地做抵押贷款，要占整个贷款的 30%~40%，用担保、互保形式做的贷款占 30%~40%，质押贷款仅占约 10%。这些通过担保保证方式发放的贷款，其资金来源又通过同业市场、大资管业务、P2P（互联网金融点对点借贷平台）、互联网金融等一道又一道复杂的环节进入了房地产投资。具体有多少？没人能统计清楚。而真正的信用贷款（不用任何抵押担保的），只占到 20%~30%。从这个角度说，现在的银行能接受的抵押、质押和担保品主要是土地、商铺、厂房、楼房等，机器设备基本派不上用场。因此真正和房价、地价相关的贷款共占多少？我估计有 70% 左右甚至更高。而且，越是中小银行，信用放款的比率越低。中小银行资本实力较弱，没有抵押、质押物，基本不给贷款。在房子属于资产被看中的状态下，如果资产价格下跌 20% 或者 30%，意味着有多少银行的贷款贬值，有多少不良贷款将产生？

二是"房子是用来住的，不是用来炒的"，我认为这是中央针对过去近十年房地产政策"碎片化"教训提出的一个重大纠错决策。我在 2009 年曾呼吁，中国的房地产市场健康发展方向应以消费品为导向。应鼓励买房是为了住，是为了买"使用价值"，而不是像买股票一样，是为了卖股票而买股票，是买资产来赚价格差。但是，现实是中国经济已被房地产市场绑架了，2010 年我说过，中国房地产市场如果不整治，中国早晚要出大事。2015 年我又说，如果现在整狠了，马上就出事。就是这么棘手。我相信中央对房地产市场的方向是坚定不移的，对建立长效机制的态度也是坚定不移的。因为不扭转这个方向，对中国经济长期发展不利。

那么什么叫长效机制？具体有哪些内容？官方并没有统一的说法。我理解，起码有以下几点内容。

对买不起房的，就不应该鼓励他去借钱买房，而是鼓励他去租房。在此方面我们要学习德国的经验，要鼓励多推出一些租赁房，要出一系列政策，让租房者能安安心心去长期租房。

房屋商品化、市场化是方向。有点钱的人就按市场化去买房。暂有困难不能付全款的，首付比例怎么定？我认为不应该把首付政策用现在宏观调控的手段来经常浮动。可以按一对大学毕业生夫妻，结婚二十年的收入积累总额，倒过来计算他们二十年前房贷首付的比例。因为他们是中国长期增长中中产阶层的主体，有就业的基本保障。如果这个阶层群体长期有还款风险，就不正常了。首付比例一定，应以国务院条例的方式公布，不应该让商业银行按市场竞争方式自定，这会助长房价波动。这也是真正保护弱势、中产的群体利益。

税收手段。对于第一第二套首付房、改善房，税收应是象征性的。对持有更多房产的就上重税，打击那些多持空房不住的行为。至于是从第三套还是第四套房上重税可以进一步研究。因为在现实生活中，有时持第四套房未必是在炒房。比如，一个广东老板很有钱，在广州有了第二套改善房，但是他的分公司在上海浦东，长期在上海有业务，为了工作想在上海再买一套小房子常住，这绝不是炒房。等子女考上北京的大学，当妈妈的又想到北京陪读，想在北京买一套70平方米的房子，起码住上四年。这些都是正常的住房需求，不是为了炒房，可以给予支持。这类买房客观上都是推动投资与就业，有利于经济增长。其后更多的买房，属于炒资产的，就一律上重税。

　　土地供应政策的调整。在城镇化过程中各城市人口的流动不一样，土地供应政策是否应"人地挂钩"？怎么"人地挂钩"？

　　地方债务风险与地方长期的"土地财政"收入相关。如果土地供应政策和房市其他长效机制逐步出台，地方政府债务风险问题是否会凸显？怎么解决？这涉及中央与地方财政关系怎么调整，这是长效机制建设中最后又必然遇到的大问题。

　　教育资源政策的配合。比如北京优质学校要凭户口就近入学。家长为了孩子不输在"起跑线"上不惜成本购买学区房，因此好学校的学区房价格越涨越高，有的一平方米卖到 35 万元，这种状况不是其他房价政策调控所能解决的，怎么办？解决教育资源公平分配问题的政策要跟上。

　　以上所说涉及长效机制的内容，什么时候出台？是一齐出台还是逐步出台？如何相互配合？至今没有一个统一的部门在研究。所以我呼吁，应尽快建立一个房地产调控长效机制的统筹研究小组，应由国务院领导挂帅，由住房建设部、中国人民银行、银保监会、发改委、财政部甚至包括教育部等几个部门共同组成，目标就是建立长效机制。眼下有的政策措施是解决短期问题，是非市场的行政措施，长期下去怎么收场？每一项措施是否违背长效机制方向？我们再也不能做一天和尚撞一天钟，再也不能让头痛医头、脚痛医脚的现象继续下去了。

　　如果我们是从以上两个视角去认真解决问题，倒过来看，现在的房市有否泡沫风险，我想自然就容易想明白了。

（二）地方政府债务风险

关于地方政务债务，官方数据 2016 年是 27 万亿元，这个风险是可控的。但是近几年地方债实际上一直在猛增。通过明股实债、表外举债、购买服务等方式，借地方平台、PPP（政府和社会资本合作）、产业基金等各种形式举债，有的是在套银行贷款。因此地方政府到底欠了多少债？国务院不停地对此组织展开调查，而且中央最近又严肃表态，对地方债务要施行"终身问责制"。这也说明中央认识到问题的严重性。

（三）关于产能过剩的风险

企业杠杆率 2016 年是 166%，负债是 123.5 万亿元，如果按照一年期基准利率 4.75% 算，每年利息要 6 万亿元。如果按照有专家统计的社会平均融资成本 7.6% 计算，利息却高达 9.4 万亿元。从宏观上看，仅企业借债付息就接近或者超过全国当年新增 GDP 的 6.8 万亿元了，这样的经济能维持下去吗？企业要维持下去就要不停地借钱，那么总有一天要出事。为此，从 2016 年开始，中央下决心去产能，去库存，并下达了硬性的指标。

（四）金融机构隐藏的风险

从企业、地方风险到金融机构风险，这是一个问题的两个方面。实体经济表现的是地方政府项目问题、房地产泡沫、产能过剩问题，最终反映的都是银行资产风险的问题。

一是不良贷款率。按照政府部门公布的不良贷款率是约 2%，看起来不高，而且大银行资本充足率在全球银行中是高的，银行的不良贷款拨备覆盖率也达到了150%多，看起来都不错，但是，这是静态的分析。随着去杠杆、去产能、去库存的进程加快，针对前一阵子部分无序创新的金融整顿工作到位，这意味着要释放、暴露一些风险。其结果就是，有些企业必然要破产，有些非法集资案要暴露，过去银行表外业务形成的银行账会增加。因此，从动态角度说，不良贷款到底有多少，现在都不好说，起码比统计公布的要高。

二是债券违约。2015年有25家大型企业违约，2016年违约企业数翻倍。如东北特钢、大连机床、中铁物资等，有几百亿元债券到期还不上，但是最后企业也没有破产。如果是"重组"，怎么重组？债权人、股东、地方政府几方被迫坐下来谈。如果要破产，地方政府资本金输了，机构债权人向市场筹集的钱没法交代了，银行几十亿上百亿元的贷款就没了，而且工人失业了，社会不稳定，怎么交代？重组肯定是作为资本方的政府部门请大家帮忙，债转股、拖延还款，或者银行再增加贷款。这样问题真的解决了吗？有的"僵尸"企业产品仍没有市场，没有竞争力，隐患实际上并没有解决。

此外，还有不少看不清的风险难以统计。我们的银行、证券、保险、基金、直投、私募等机构，前几年都在搞大资产管理业务，涉及上百万亿元资金，业务方式不规范，风险很大，现在都在进行整顿。而且整顿文件规定的整顿期限一拖再拖。中央深改委已经通过了整顿文件，但征求了几次意见的资管规范文件仍未公布，说明这个问题相当复杂，一时难以解决。还有校园贷、P2P、非法集资、庞氏骗局、暴力催收等，前几年忽视监管，部分无序创新产生的金融乱象，积累了一大批风险隐患。现在要整顿，什么叫整顿？就是要输掉一部分机构和人的钱。到底输掉多少钱？输掉个人的钱，对社会稳定意味着什么？输掉机构的钱，资产负债表要"缩水"，对经济增长意味着什么？现在还很难说清楚。

三、如何坚决守住不爆发系统性风险的底线

2015 年，在"十三五"规划之前，我写过一篇文章，是根据自己在中国人民银行的工作经验提出的一些政策建议。对存量风险怎么办？我提出了四个原则。

一是止血原则。对法规不健全而产生的风险，应尽快完善法规进行整顿，尽快堵漏洞。边立规矩，边化风险，坚决做到存量风险只减不增。比如说 P2P，马上停下整顿，不能让它再毫无规矩地发展了。再比如，对地方债、网络贷、大资管，应尽快出台监管规定加以改善或制止，这叫止血原则。

二是共担原则。谁欠债谁还，中央财政坚决不兜底。从 1997 年开始，中央处理金融风险是很有经验的。一旦中央政府给钱了，那就会没完没了，整个社会已经存在的巨大道德风险就会进一步蔓延。在这个问题上，一定要让市场、老百姓、地方政府、金融机构知道，谁欠钱谁还，中央绝不能拿纳税人的钱帮着还钱。共担原则就是个人、地方政府、金融机构、企业，按规定该谁承担就谁承担，只有这样，才能彻底打破道德风险，打破市场上不该有的幻想。规范未来，约束未来。在这方面，电视媒体应大力宣传，这是今后防风险的一道极其重要的屏障。

三是成本原则。针对地方巨额债务的还本付息压力，为了降低利息成本，怎么办？项目有未来收益的可设法债转股，或者债券置换，把长期债券变成短期债券，把地方债券变成中央债券。中央债利率成本低，可省不少利息。

四是时间原则。尽管 2007 年以来中国的经济增长速度跌去了一半左右，但是我们和日本、美国、德国相比，这些国家的增长高的也都不到 3%，我们是大国经济体中绝对的高增长。如果能够持续保持 6% 的增长水平，甚至是 5.5% 的增长，就意味着国家财政、企业有收入。因此从全局看，只要把新的债务成本压在一定的低水平下，从长期看，就可以慢慢化解存量风险。

那么如何从根本上防范增量风险？我认为当前的金融风险不仅仅是金融圈的事，而是整个经济的事，是金融与经济的关系问题。具体措施有哪些呢？

第一，要想办法把 M2 增速降下来，降到个位数。2017 年最后一两个月的货币供应量已降到了 9% 左右，个别月份更低。过去长期是两位数的增长。现在经济增长速度已经到了 6% 左右的水平，不能再靠货币两位数的高增长来维持经济增长了。当然，在实际专业操作上，不仅要讲 M2，还要讲社会融资总量指标。货币一紧或回归常态，风险问题就会慢慢暴露出来，那就坚持暴露什么问题就解决什么问题的原则，这是解决增量风险所必须坚持的原则。不能再用多发货币来掩盖稳增长和防风险之间的矛盾了，也不能再去积累新的风险隐患。

第二，要尽快建立稳住房价、形成长效机制的工作协调小组。房市泡沫问题是当今中国经济最大的问题，也是最难解决的问题。建立房市长效机制，又涉及方方面面的内容，有租房政策、首付政策、利率政策、税收政策、土地供应政策、中央和地方财政关系政策等。长期以来在"土地财政"中，地方政府拿收益大头，农民拿小头，现在在"三块地"改革中，要慢慢改过来，有些土地收益要归还给农民，让农民富起来。因此，地方政府的土地收入要减少，最后财政的窟窿必然会暴露，所以讲长效机制，不仅仅是住建部的事，一定还涉及中国人民银行、银保会、发改委、国土部、财政部等部门的方方面面的政策。因此我建议国务院应尽快成立协调小组，统筹考虑房地产市场长效机制建立，让中国的房地产泡沫慢慢破。

当然，这是我的一个非常良好的愿望。因为在2011年，我曾跟索罗斯和"金砖四国"概念提出者吉姆·奥尼尔分别交谈过。针对当时的中国房地产状况，在国内很多人不承认房市有泡沫的情况下，我说我认为有泡沫。但是物理学上说的泡沫一刺就破，我们房市的泡沫能不能慢慢泄气、慢慢破？他俩给我的回答都是，历史上从来没有过，除非你们中国政府厉害。所以，我非常希望长效机制能尽快推出，推出要有策略，要想方设法使中国经济在稳定增长中渡过这个难关。因为这直接关系到中国发展的历史进程。

所以各部门出台部门政策要非常谨慎。目前北上广深大部分买房人，都是偏重于房子的资产属性，对资产属性变动非常敏感。某个政府官员文章稍微提到房产税，社会上就会捕风捉影，放大讨论，以致引起房价波动。可见当前的房价涨跌与人们的预期已紧紧相连了。我曾说，预期影响力已远远大于货币供应量的影响力。因此，如何坚定不移地、逐步有策略、有序地推出长效机制的各项政策，是直接涉及当前中国能不能守住系统性风险底线的核心内容，是一场博弈。手持多余货币的老百姓怎么想？政策怎么发挥作用？既要改制度，又不能出事，谈何容易。由于长效机制的政策涉及多个部门，每项政策都可能影响预期，因此每一项政策都需要多方认证，小心推出，以防主动引爆系统性风险。

第三，金融监管机制要加强协调。前两年监管不力，协调机制出了问题，各部门拼命鼓励搞理财创新，现在又拼命抓紧监管。针对这个情况，需强调当前抓紧速度修复完善体制，进行监管纠错，亡羊补牢，方向是对的，但一定要小心谨慎，要知道各部门监管政策同时出台，其效应不是一加一等于二，而是大于二。多项监管政策措施的同时出台，其效应肯定是有叠加的。不要因为政策措施过度或配合不当而引发不应该产生的突发事件。

第四，要真正加快改革与创新，推进结构性改革。现在很多风险往往是经济结构失衡和资源错配的外在表现，要改善经济失衡必须优化结构。优化结构要靠改革、靠创新。因此，金融的问题说到底是实体经济结构、发展动力不合理的反映。

以上关于存量风险和增量风险防控的思想是基于2015年前的情况提出的。当前，根据新的情况可以有所调整补充。

综上，我的总结有六句话。

第一句话，风险已经存在。决策层对此要有高度认识，要承认，要面对，这是现实。经济增速下来以后，问题是必然要暴露的。

第二句话，风险必须释放。风险不释放，资产负债表"不缩表"，经济结构转型这道坎就过不去。

第三句话,风险释放是要付出代价的。输掉的钱由谁来付? 是企业、金融机构、个人、地方政府还是中央政府? 是按市场法规办,即经济主体破产倒闭时清算,还是政府主导下商量、协商解决,决策层事先心中要有底。

第四句话,化解风险要有信心。我国经过几十年长期发展积累的财富雄厚,未来增长潜力又不低,因此有能力也应有信心化解风险。

第五句话,有信心并不意味着可轻视大意。如果释放风险措施不当,底线没有守住,泡沫一破,资产价格大跌,人民和国家几十年积累的财富一下子大幅度缩水了,那我们的执政,就对不起人民,就经不起历史检验。

第六句话,化解风险的关键是决策者的认知和执政水平。当前的重点是房地产长效机制和加强金融监管这两个方面。措施要细,要接地气,要统筹兼顾,不能让监管调控措施反而成为风险爆发导火索。从这个意义上讲,调控不是纯书本理论,而是一门艺术,是基于对中国国情真正了解基础上的决策。决策层既要敢担当,又要有很高的决策能力和执行能力。

国际金融危机十年后的反思 [①]

曹远征 [②]

2018 年是国际金融危机十周年，所以我们来讨论一下国际金融危机十年后的反思。

金融危机已经过去了十年，但是世界经济还处在金融危机的阴影之中。金融危机给我们带来了很多的反思，人们对金融的管理思路和哲学都在发生变化。今天我们主要从宏观角度来看，金融危机到底是什么，它带来了哪些挑战，今后的宏观经济管理应该是什么样子的。

最近，我翻到了 2009 年 1 月出版的一本书，叫《谁葬送了华尔街》。这本书由《财经》杂志主编，中信出版社出版，书中收录了金融危机过程中人们所思所想的部分文章，其中最后一篇是我在 2008 年 11 月写的，题为"关于金融危机的思考"。这是金融危机爆发以后，学者们对这次危机的总结。这本书提出了很多问题，至今看来还是很深刻的。但是我想说的是，就在这本书出版的一年前，我还写过一篇文章，发表在《国际金融研究》杂志上，内容就是讨论次贷危机。当时我得出

① 本文根据长安讲坛第 339 期内容整理而成。
② 曹远征，中国经济 50 人论坛成员，中银国际研究有限公司董事长。

的结论是，次贷危机是个金融产品危机，仅仅是局部的金融风险。它不会演变成现在看来如此剧烈、如此惨烈的一个全局性的、系统性的金融危机。但是一年以后，情况发生了如此巨大的变化，这就提出了一个很深刻的问题，为什么2008年金融危机几乎谁都没有预测到？在2007年次贷危机发生以后，作为最权威的国际机构IMF（国际货币基金组织）还说金融风险在减少之中，但是话音刚落，金融危机就爆发了。从这个意义上说，金融危机就像恐怖主义、气候变暖等问题一样，是对全人类的挑战，也是整个世界要面对的挑战，它不是哪一个国家的问题。

一、金融危机是资产负债表衰退危机

第一个问题，什么叫金融危机？金融危机就是资产负债表衰退危机。传统意义上的经济危机是生产过剩的危机，由于市场经济条件下需求增长赶不上生产的扩张，于是出现了生产过剩。生产过剩的背后是产能过剩，这是一种过剩危机。这种危机可能是局部的，或者是在某个国家的，它跟我们刚才说的金融危机不一样。金融危机是资产负债表衰退危机，在现代经济条件下，任何一个经济体都有资产负债表。详细分析来看，它是由四张资产负债表构成的：一是政府的资产负债表，二是企业的资产负债表，三是居民家庭的资产负债表，四是金融机构的资产负债表。在这四张表的基础之上，还能加第五张表，那就是国际收支的资产负债表。金融危机是资产负债表的衰退危机。由于某种原因，资产负债表中的某一张表出现了衰退，因为资产负债表具有关联性，一张表的衰退会导致其他表的衰退，其他表的衰退最终会导致全面的衰退，全面的衰退会导致经济的严重困难。所以金融危机是资产负债表的衰退危机。

2008年的国际金融危机，是由不同的负债表衰退构成的。危机是在美国爆发的，表现为家庭资产负债表的衰退。所谓次贷危机，说穿了就是家庭按揭贷款还不起了。由于按揭贷款还不起，银行产生大量坏账，金融机构资产负债也开始衰退。由于金融机构在经济社会当中是系统性重要机构，它的衰退会导致其他方面的严重衰退，因此政府必须加以救助。在挽救金融机构的过程中，政府的资产负债表就会逐渐加大，就会导致美国国债的上限不断提高，也产生了我们现在所说的缩表和去杠杆的问题。

再看看欧债危机。比如希腊，是政府的资产负债表衰退危机。希腊是一个福利国家，但是经济状况不好，政府要发福利只能通过借钱。有一天政府借不到钱了，政府的资产负债表就开始衰退。原来持有政府债权的都是金融机构，金融机构资产负债表就跟着衰退。企业也就得不到资金，需要减少工人，企业的资产负债表也开始衰退。工人失业下岗，家庭的资产负债表也开始衰退。欧洲的失业率曾经一度高达25%。资产负债表的衰退危机在过去是很少见的。在全球化的世界中，各国的资产负债表都相互关联，一国的衰退会导致另一国衰退，于是一国的金融危机就演变成了国际金融危机。从这个意义上来说，金融危机是一种新型危机，相对于传统的生产过剩危机，它是综合性的、全面性的、世界性的，因此破坏力度很大，成为人类面临的共同挑战。

2008年的美国金融危机是由次贷引发的。当时美国的制造业只占国内的 12% 左右，美国是一个负债消费型国家，在全球化过程中，美国从全球进口商品，同时向全球出口服务业和金融。美国居民的工资大概从 20 世纪 90 年代以来基本就没有涨过。美国居民的收入基本靠资产性收入，也就是靠金融投资获利。美国人最重要的资产跟中国人一样也是房子。由于美国金融市场如此发达，美国人的房子可以加大按揭，就是把房子抵押出去，靠房子的增值部分来获得新增贷款支持自己的消费。但是有一天房价突然大幅下跌，不仅是住房市场有了问题，居民的未来消费都开始有困难。它是由次贷危机引发的，然后经过这样一个过程演变成金融危机。

至少在 2007 年以前，全球都认为这仅仅是一个次贷危机，仅仅是按揭贷款出现的问题，解决的措施是中央银行向市场注入流动性来加以缓解。但是很快故事就变了。2007 年次贷爆发，一年以后的 2008 年 8 月，次贷危机就延伸到正贷市场。金融市场尤其是资本市场开始出事，随后金融机构开始大范围倒闭。这些金融机构不仅是美国的系统重要性金融机构，也是全球的系统重要性金融机构，于是风险向全球扩散，次贷危机转变成金融危机。

这个过程大家都清楚，但什么是问题的本质？我们看到的只是一个流程，有些问题似乎是不言自明的。为什么叫次贷危机，它跟正贷有什么区别？假如各位买房子，你要到银行去申请贷款，银行就会告诉你需要办什么手续。第一，你肯定不会全额贷款，你必须要有首付。第二，你要有收入证明。第三，你的房本要抵押放在银行。这些看起来是程序问题，但实质上它是风险防范问题。

在中国购买首套房子首付 30%，首付就是用来防止自愿性违约的。

换言之，如果你的房价不跌破30%，你还会向银行去还款，这是防范风险的一个手段。收入证明是防范被动性违约的，是要看你有没有收入来源支付银行的利息和本金。最后一道防线是要把你的资产质押在银行，一旦前两个防线出现问题，银行可以把房子卖掉，来负担银行的风险。这是一个资产平衡的过程。所谓次贷，就是前两项都没有，既没有防范自愿性违约的手段，也没有防范被动性违约的手段。房价一旦变动，你突然发现最好的策略就是不再向银行还款，更何况银行也没有你的收入证明。你发现房子不值钱了，你顶多多付几个月房租，就把房子断供交给银行，于是违约就大规模产生了。这件事不言自明，但是为什么聪明的美国人居然连这件事都没想到？当然想到了，这就是我们看到的后面一种安排，如果是银行贷款，三十年才能还完款，换言之银行放款三十年后才能全部收回，这样的话银行就没法干活了，银行缺钱就没有流动性。

第二次世界大战结束以后最重要的一个创造，就是把按揭贷款证券化，把贷款再打包卖出去，使银行可以拿到现金。银行拿到现金以后继续发放按揭贷款，卖出去的贷款就变成了债券，这就是今天美国市场上的"两房债"，即房利美和房地美。两房债被称为仅次于美国国债的金边债券，是各国外汇储备竞相投资的标的。因为房贷的利息收入是稳定的，这个过程就叫资产证券化过程，它需要有一个特别目的公司来安排。次贷同样如此，它也有一个特别目的公司，把这样一个次级按揭贷款证券化，卖到市场上，变成一个次级债券。但是在这个流程中间，既然说次贷风险如此之高，这样一个产品加工出去以后有人买吗？金融技术的下一步发展，就是我们现在在中国市场看到的优先和劣后的分层安排。它可以把这样一个债券根据优先劣后重新安排一下。具体是怎么进行的？打个比方，次贷是有毒资产，是烂菜叶。用烂菜叶做成一锅汤，把稠的按照一个价格卖出去，把半稀不稠的按照一个价格卖出去，再把最稀的按照一个价格卖出去。那么最稀的就有很高的溢价风险，可能会优先偿还，风险较低，但是收益也比较低。把次贷证券化资产分层之后再推到市场上去卖，这就变成 CDO 了，即担保债务凭证。CDO 再按照同样的原理加工，形成优先劣后，于是它会一级一级衍生下去。你会突然发现，一个小小的次贷产品会衍生出无限多的衍生工具，形成倒金字塔。金融危机就是倒金字塔崩溃。它的崩溃过程就是一个去杠杆的过程。由于违约率上升，次贷证券的价格开始下跌。价格下跌按照会计制度就用账面减计，账面减计就是你的资产减值了。同时，在金融机构内部有一个风险权重变化，要求在资产减计的过程中，增加资本减少债务，那么又要抛出债券，债券价格就继续下跌。这样你会发现，分子和分母两端同时都在收缩，这个收缩的过程就叫去杠杆。金融危机就是快速去杠杆的过程，这就是资产负债表衰退。当前国内在讨论会不会在严监管过程中，由于监管过严导致踩踏事件，就是讨论这个问题。由于某种事件触发去杠杆以后，会不会形成一个加速循环的过程，损失越快就导致金融越困难。从这个意义上来说，金融危机就是资产负债表衰退中间的快速去杠杆。

资本市场开始出现去杠杆，就迅速向信贷市场传递，不仅导致了对冲性的金融机构困难，也导致了资产负债类的金融机构困难。于是危机由资本市场传到信贷市场，再加上衍生工具的放大作用，危机倒金字塔就开始崩溃。这个崩溃再加上征信机构的失职和评级体系混乱，衰退迅速产生，危机就由美国开始蔓延到世界。

21世纪第一场金融危机是什么呢？哈佛大学教授罗格夫总结说："费解的金融产品、迟钝的监管者、神经质的投资者，这就是21世纪第一场金融危机所包含的全部内容。"他说了三件事，一是非常难理解的金融产品，二是很差的金融监管体制，三是羊群效应的投资者，三者共同构成了金融危机。

二、深刻理解金融的本质

金融危机过去十年了，人们在反思金融危机的核心是什么？核心是系统性的金融风险。要重新反思在现代经济中金融是做什么的，什么是金融？要深刻理解金融的本质。我不知道在你们的第一印象中金融是干什么的？金融就是搞钱的，就是融资安排，这是中国人的第一印象。但是我想说，金融的核心和本质是风险的配置问题，而不是资金的融通问题。资金融通是在投资者和被投资者中间架起一座桥梁，但是为什么投资者会请你架一座桥梁呢？你依靠什么让人家愿意把钱委托给你呢？大家都知道阿罗·德布鲁一般均衡定理，如果市场是无摩擦的，市场是无限的，市场是可以出清的，那么在市场出清的情况下是不存在中介的。这就是我们刚刚说的，为什么需要金融中介，人家为什么会把钱委托给中介。在一个自动出清的市场，投资者可以找到被投资者，被投资者可以找到投资者，它不需要任何中介。

但是现实市场中都有中介，金融市场也有中介。这是因为金融市场存在的不完善性。这个不完善性表现在两个方面，一是市场是有摩擦的，这个摩擦叫信息的不对称性。二是市场不是无限的，它不是由无限多的市场组成的，因此不可能通过无限多的市场来出清。这就会出现在跨期中间，信息的不对称性和未来的不确定性共同构成的风险。金融机构的中介作用，就是在投资者面对不确定的未来时，给出一个相对确定的前景，它是在配置风险、处置风险。金融机构的核心功能是风险的配置和风险的处置。任何一个金融产品实际上就是一个风险合约。

比如你到银行去买理财产品，银行一定有一份承诺书需要你签字，声明本人已经详细阅读了产品说明书，愿意承担这个风险，所以银行可以卖给你这款理财产品。这份说明书就是一个风险合约，是你在知晓的情况下，根据自己的风险偏好，你愿意购买这个产品，而银行则是在你的意愿下加工了这个产品。在这样的风险情况下，你的回报率是多少，换言之，在这个回报之下你的风险是多大。因此，金融是通过合约进行风险配置和风险处置的安排。如果说金融市场是丰富的，实际上是说从一天到三十年的，从货币市场、信贷市场到资本市场，无数个首尾相接的产品连在一起，构成了一个丰富多样的金融市场。因此，金融市场体系就是一个利率体系，这个利率体系就是风险的价格。这对我们当今中国来说非常重要，你们看到近期颁布的资管新规条例，就是朝这个方向走。

如果你们做金融中介，我建议大家理解两个英文单词，一是interest（利息），二是premium（溢价）。一个讲的是时间价值，未来现金流的贴现，然后它形成一个时间价值就是利息。另一个讲的是风险溢价，是对风险的定价，因为配置风险是金融机构的本质属性。怎么配置风险有两种途径，所有的风险、未来的不确定性，是发生在未来的时空之中的，由于人类的局限，我们不可能同时把握时空。我们只能沿着一个方向走，要么按照时间轴走，要么按照空间轴走，这两种不同的配置就出现了两种不同的金融机构。一种是跨时配置，就是商业银行资产负债类经营，它的核心是期限。它是借短贷长，会出现期限错配的风险。缓解这个风险的第一大手段就是流动性管理，换言之，这种处置风险的方式，就是通过积累良好的流动性资产，把风险推向未来或者是把风险化解掉。

举例来说，银行最担心的就是挤兑，一旦出现挤兑，再好的银行都会垮掉。那么银行怎么来应对挤兑呢？是用张三的钱还李四，用王五的钱还张三，只要转得开，这个风险就会推向未来。这类金融机构管理的第一要义就是有流动性。

流动性是怎么获得的呢？一个最简单的获得方式就是存款，存款既是未来可贷资金的来源，同时也是流动性的提供者。所以商业银行经营有一个核心概念叫作存贷利差，只要有充足的存款，银行是不用担心短期的风险的。

2004 年之前中国银行业在技术上已经全部破产，因为当时中国银行业的资本充足率是 4%，而银行的坏账率超过 20%，理论上已经资不抵债五遍了。但是中国的银行全都没有破产，就是因为中国老百姓相信银行，存款不断进入银行，流动性充沛，银行可以用张三的钱还李四，用王五的钱还张三，这么转过来就把风险推向了未来。从这个角度上可以理解，2004 年开始的中国银行业改革，把中国银行业从技术破产的边缘拯救出来，于是中国银行业顶住了 2008 年的金融危机。否则，2008 年金融危机对中国的破坏能有多大是不可想象的。我们把这叫作资产负债表健康化。从另一个角度讲，只要流动性良好，不出差错，这种跨时的配置机构的风险就可以无限推向未来，这是它的风险管理要义。

还有一类机构，就是我们看到的资本市场。资本市场处置风险跟商业银行不一样，资本市场最核心的是对冲，是靠买卖产品，不断在买卖中间把风险分散在不同市场参与者中间，这是风险分散的办法。进行对冲，要求这个市场一定要有足够的深度，有重组的流动性，什么产品都可以买卖，都可以交易。做资本市场最担心的是对手丧失，这叫交易对手丧失风险，也就是说，想卖的东西突然卖不掉了，你再降价也卖不掉了，降成地板价还卖不掉，地板以下也卖不掉，这就是市场崩溃，就叫金融危机。美国的金融危机就是这样，突然交易对手全部没有了，市场上只有卖的，没有买的，价格就会不断往下跌，越跌越快。最后，要止住这样一个过程，不得不把会计制度全部停用，不能再按市场价计价，改用成本计价。

资本市场是靠对冲的，对冲的全部核心是你能设计出满足投资者风险偏好的产品，然后在投资者之间和被投资者之间不断地买卖交易。通常的哲学是，基础产品是覆盖大概率事件的风险，股票债券是大概率事件风险，小概率风险出现靠衍生工具去覆盖，衍生工具后面还有更小的概率出现，需要衍生加衍生，金融市场就是这么发展的，万变不离其宗，衍生工具是用来控制风险的。如果基础产品 100% 地反向复制，那么它的风险对冲结果是零。但是如果你不是 100% 复制，那一定有头寸产生，一定有杠杆产生。但有时有许多投资者持有衍生产品，是把它作为投资工具使用，而不是作为风险对冲工具。这次金融危机导致很多实业机构破产就是这个原因。这种衍生工具我们叫作歧义衍生工具，就是上下不对称的衍生工具。在 2008 年金融危机中，部分中国企业也是因此被拖累了，比如中信泰富，就是投资了歧义衍生工具。

跨时风险配置和时点风险对冲这两类不同的风险配置方式形成了我们通常见到的金融机构，一类就是大家看到负债类金融机构，即商业银行和保险公司。一类是不负债的金融机构，投资银行，也就是国内说的证券公司，也包括基金公司，它是做对冲的。

由此你可以理解 2018 年中国金融监管机构的调整，为什么保监会跟银监会合并呢？因为它们都是负债类机构监管。证监会为什么保留呢？因为证监会是监管对冲性业务的。负债类金融机构的监管原则是资本充足率。对于银行是资本充足率，对于保险公司就是偿付率。证券公司监管的是透明化、信息披露，证券最大的风险就是虚假陈述，就是欺诈，金融机构是这么配置风险的。在配置风险过程中，作为一个发展中国家的金融机构，特别是中国，要走向市场经济，在微观方面就是自负盈亏的企业自主定价，在金融企业中间就是金融机构自主决定利率，这就是利率市场化。在宏观方面，就是竞争性金融市场形成，反映在金融市场上就是各类风格不同的金融企业竞争性提供金融产品，这就形成了丰富的金融市场。各类不同风格的金融企业竞争性提供产品，如果一国提供不了，那么就要国际提供，这就是金融服务业的对外开放。通过对外开放，外资在中国境内竞争性地提供风格不同的金融产品，才能真正丰富中国的金融市场。这是 2018 年 4 月博鳌论坛的一个重要成果。

由此可见，利率就是对风险的定价，不仅仅是时间的价值。换言之，现在我们看到的资管新规条例，改为净值化管理，就是释放风险。打破刚兑实际上是风险的释放。你愿意承担更高的风险，你有可能获得更高的回报。反过来，你若想获得更高的回报，就需要承担更高的风险。风险跟回报相对应，这就叫大资管，就叫净值化管理。过渡期两年，到 2020 年，银行的所有理财产品要变成净值化管理，这时候的利率就是对风险的定价，是含有风险的。而刚兑是没有风险的。

我们说金融机构是对风险进行配置，那么金融机构为什么需要监管？因为对金融机构来说，它有侥幸心理，因为未来的不确定性是概率分布，概率分布就决定损失并不一定发生。在市场竞争中，人们往往会忽略损失发生的可能性，而更想追逐利润，这就形成了所谓监管第一要义，就是监管贪婪的问题。在竞争的环境下，侥幸心理变成现实的压力，就会缩小甚至漠视金融风险的存在，这就是构成监管的全部原因。超越利益的第三方监管就成为必要。监管的要义就是督促金融机构防范风险。金融监管体制是 1933 年大萧条以后在美国首先出现的。它发现资本市场的波动会引起信贷市场波动，构成系统性风险，发现金融机构不能自己控制风险，而需要外部帮助，因此监管的核心就是监管风险。这个理论基础其实就是外部性。什么叫外部性，我给大家讲个小故事，是我在国外卫生间看到的小提示，上面写的是"小偷和银行家都需要监管，因为他们都在用别人的钱"。用别人的钱就有了外部性，如果你经营不当就会造成第三者的损失，造成存款者的损失。为了保护存款者，保护消费者的利益，如果风险链条过长，监管机构不容易搞清楚，那么最好的办法就是断开传递的环节，让它不传递，这叫分业经营、分业监管。中国在 2018 年以前采取的就是分业经营、分业监管。这种监管尽管会损失效率，但是它会防范风险的传递，这构成了我们过去理解监管的全部概念。这里我想要给大家强调一点，这些都是微观审慎监管。

针对两类不同金融机构进行监管的手段有两种，其中一种是资产负债比监管，它的理论要义是，资本是承担风险的最后载体，因此保持资本充足最重要。换言之，对负债类的金融机构，资本充足率就是它的核心指标，一定要看它有没有足够的资本。银行是看资本充足率，保险公司就是看偿付率。资本充足率有核心资本，有附属资本，还有各种各样的资本划分，但核心是资本充足率。

金融危机发生以后，对各类不同的金融机构有不同资本充足率的要求。比如对于系统重要性机构，其中的负债类金融机构，它的资本充足率要求比一般性机构的更高。对于对冲性金融机构的监管，就是信息披露。信息披露的核心要义，是你要让市场知晓风险在哪儿，因此监管要求强制披露。你要把坏事丑事都说出来，然后市场给你评价，愿不愿意买、什么价格买，风险就会分散在市场上。它的核心要义就是消除信息的不对称性，让投资者知情，中国的监管原则就是信息披露，这叫透明化。如果是分业情况下，监管的主要对象就是机构监管，针对各类机构的从业性质重点实施，从而我们说它是微观审慎的，特别是在分业条件下更为明显。

不同金融监管体制的形成是有原因的。我们现在有两种：一种是分业经营、分业监管；另一种是混业经营、综合监管。中国正处于从分业经营、分业监管向混业经营、综合监管的过渡阶段，它的逻辑其实很简单，当风险自己控制不住的时候，就需要外部监管。外部监管能力不够强的时候，最好的办法是断开，让风险不传递。当这个金融机构内部有风险管控能力时，外部监管就有放松的必要，这是为了提高经营效率。交叉经营有利于提高效率，监管的方向就变成了综合监管，金融业就变成混业经营。全球金融体制都是这么演变的。

我们注意到，第二次世界大战后，各国的金融风险管理能力和管理技术大幅进步。由于计算机在战后大规模使用，对风险可以进行实时监控，这使风险变得可以被识别，同时金融工程技术可以把风险进行各种各样的技术安排，于是金融机构的内部风险管理能力大大提高。在这个过程中间，监管体制从原先分业的割裂的监管变成柔性的向混业和综合方向发展。在金融危机前，全球都是这个趋势。

问题是，既然金融机构的风险管控能力在提升，金融监管的能力也在提升，为什么还会发生金融危机？国外金融机构人才济济，在中国更是如此，都是高端人才聚集，但是中国的金融风险还是在加大。每天在加强监管，各种规章制度层出不穷，监管能力不可谓不强，但是金融风险仍然在暴露。这到底是为什么？

三、高杠杆是系统性金融风险的基础

高杠杆是我们今天讨论的重要命题，这是金融危机后宏观经济管理风险的核心问题。它的核心在哪儿？1＋1＞2，每一个微观机构的管理更加精细，更加科学，但它们加在一起总体大于局部之和，总体大于局部之和的那一点就是金融风险。金融危机的核心是什么？是高杠杆，是系统性金融风险。

什么是杠杆？杠杆就是资本与负债的比率。比如，你要买 300 万元的房子，首付只有 100 万元，你要借 200 万元的银行贷款。你的资本是 100 万元，你的负债是 200 万元，总资产是 300 万元。总资产除以资本，你发现杠杆率是三倍。金融危机是资产负债表的衰退，当你有了 200 万元的贷款，你如果不能还本付息，你突然发现你的房子没有了，你的家庭资产负债表在严重衰退，杠杆越长这种衰退可能性越大。为什么把这类危机称为金融危机，因为金融是杠杆经营。在金融机构中，按照现在巴塞尔协议的要求，金融机构的资本充足率是 8%，换言之金融机构是在用 8 元做 100 元的生意。而你的家庭是用 30 元做 100 元的生意，它的杠杆率是你的 3.75 倍。由于金融机构的杠杆率长于工商企业，最容易衰退，这类衰退就被称为金融危机。

金融危机并不是金融机构特有的危机，它是资产负债表衰退危机，任何一张资产负债表都有衰退的可能性，只不过杠杆越长衰退的可能性越大，衰退得越快。如果杠杆率高，意味着负债水平高，一旦还本甚至付息有困难，债务链条就难以维持，企业和居民就会竞相抛售资产，还本付息，导致去杠杆。如果变现速度赶不上还本付息的速度，去杠杆就会加速进行，导致整个经济快速去杠杆，产生系统性风险。杠杆率越高，这种系统性风险就越大，高杠杆就变成了所有的系统性金融风险的基础，如果处理不及时，就会演变成金融危机。

为什么会出现这种高杠杆？既然人们都认识到有风险，为什么杠杆会一而再再而三地往上加呢？如果我们从实体角度来观察，当人类进入社会化、工业化大生产以后，比如生产汽车，通常年产30万辆以上才有规模效益，才能保本。这是由这种规模经济所致，初始投资就要非常大，仅靠自身的积累难以满足投资者需要，这时就得借入资本，进行负债。投资者先形成这30万辆汽车规模，才有可能赚钱。居民同样也不例外，现在买房子要靠自己的日积月累，猴年马月才能买一套房子，如果你先付首付同时借款，现在就可以住上房子。我们经常讲一个故事，就是美国老太太和中国老太太的区别。中国老太太省吃俭用一辈子，到临死那天终于买了一套房子。可是美国老太太呢，年轻的时候借了一大笔钱买了一套房子，到死那一天贷款终于还清了。这说明，如果你现在就想有一套很好的房子，那就得负债。通过借入资本可以提高资本回报率，对于高成长的中小企业尤为明显。总资产规模扩大，就有加速负债的倾向，负债自然升高，杠杆持续加大。如果要了解这一点，建议大家看一本书，英国阿代尔·特纳勋爵的《债务和魔鬼》，书中说随着债务的累积，资产规模越大，债务上升速度越快，会导致各种债务问题。

我们从金融角度来观察，金融怎么支持实体经济呢？金融的核心是提供流动性，通过流动性配置风险。流动性是指一种资产转化成交易媒介的交易快慢和损益程度，一旦资产具有了流动性，便具有了金融特点。比如说企业是用机器设备组成的，这个变现很困难，但是企业是一个股份公司，是上市公司，用股票来操作的话就相对很容易，那么股票就是在提供流动性，从而使企业的资产容易变现。反过来说，由于企业资产容易变现，所以财务投资者也愿意投资这类企业。

这样的话我们会发现，金融的服务也在深化之中，这个服务不仅仅是提供一个新增企业的贷款，而它的存量也可以被金融化。由于存量容易变现，这也就加速了负债提高的倾向，这是微观原因，经济越发展负债越会持续升高。当然还有宏观原因，一开始我们提到，进入工业化历史阶段以后，市场的扩张赶不上生产的扩张，就出现了所谓生产过剩，这叫有效需求不足。为了克服这种生产过剩，现在就要进行宏观调控，宏观调控就是总需求管理，通过财政政策、货币政策来扩大总需求，然后对付生产过剩。由于生产过剩是周期性的，于是这种刺激政策就变成常规性的反周期，而不是反危机，在这样一种刺激政策的安排下，一定会出现债务提升的现象。我们说货币政策，货币政策怎么来刺激有效需求，货币政策只有在负债条件下才能刺激有效需求。换言之，居民家庭都是负债的，你突然发现这时候财务成本很重要，包括你们买了房子，变成"房奴"，发现每个月还贷利息很重要。那么货币政策如何发挥作用呢？货币政策是通过增加货币供应量从而降低利息成本，鼓励企业和居民提前负债或者扩大负债，这就叫提高总需求的政策。反过来，如果经济过热，就收缩银根，减少货币供应量，利息就会上升，从而这个企业就会减少投资，居民也会减少负债，经济就开始冷却。当前中国就是在这个过程中。

当经济增长成为主要目标，那么刺激政策就变成主要倾向，变成更大规模、更常态的一件事时，负债率会持续增高，杠杆就高了。但杠杆高了以后，并不一定会出现去杠杆，因为杠杆在增高，只要中间不出现任何差错，杠杆率会持续升高，尽管风险在加大，但至少不会立马出现资产负债表衰退，出现去杠杆。

金融危机在中国产生的条件，第一个是脱实向虚。布雷顿森林体系崩溃后，美元与黄金脱钩，黄金非货币化。此前以美元为中心的布雷顿森林体系有两个特点，一是美元跟黄金挂钩，一盎司黄金等于35美元。二是各国货币跟美元挂钩，通过美元间接跟黄金挂钩。因为这两个挂钩形成了一个稳定的固定汇率制，而固定汇率制是方便贸易的，贸易按统一价格进行结算，不必考虑风险问题。但是后来这个制度崩溃了，美元没法维持和黄金的关系，黄金非货币化。现在美元的发行不考虑黄金走势，黄金仅仅是一个大宗商品。在人们心中黄金很值钱，其实这是一种黄金货币幻觉。在金融市场，我们最怕的一个交易对手实际上是"中国大妈"。"中国大妈"就有这种货币幻觉，认为黄金在涨她一定要买入，黄金跌的时候她一定不卖出，她说我要留着压箱底，大不了给我姑娘打个首饰做嫁妆用，于是没法做对冲。国际交易机构一旦遇到"中国大妈"和"日本太太"，几乎是一筹莫展束手无策纷纷告退，这就是黄金产生货币幻觉的影响。黄金不再作为货币，美元的发行就是信誉。美元作为国际货币，它的发行是依据宏观经济政策，能不能受到约束就变成很大的问题。1973年一盎司黄金等于35美元，现在一盎司黄金值1 000~2 000美元，40多年间贬值到原来的1/50～1/40，这意味着全球美元泛滥。当美元泛滥以后，美元又跟黄金脱钩，美元的价值跟各国货币价值之间就变成浮动的关系。汇率由固定变为浮动，浮动以后一定会加大国际经贸往来的风险。好比你做生意，突然秤不准了，这个账就算不过来了，做投资同样如此。

这时候怎么办呢？就得求助金融机构。再做货币调期，货币互换，做各种安排。如果我不是100%反向复制，有头寸产生，我还可以赚一把，于是就开始进行财务操作。现在所有的公司都有财务总监，他们就是管这件事的。各种MBA（工商管理硕士）课程也都教这些技术。与此相关，金融机构也发生了变化。做市场对冲的金融机构自20世纪70年代开始，出现了投资银行的大规模发展。看到投资银行赚了不少钱，原有负债的金融机构也受到诱惑，认为我有这么庞大的资产负债表，为什么不可以经营一下？这种经营在中国就变成了表外理财，在市场借钱然后向市场投资，在中间赚一个差价，这种叫批发银行。于是，金融的发展速度远远快于贸易的发展速度，贸易的发展速度远远快于经济的发展速度，这个过程就变成2008年之前的全球化现象。全球化表现为经济发展很快，贸易增长更快，金融发展速度快于贸易经济，于是全球化首先表现为金融市场一体化，这构成了后来爆发金融危机的一个充分条件。

为什么说金融不能脱实向虚，2017年的第五次中央金融工作会议强调要回归本源，核心含义讲实体经济是一个客观概率，假如风险是服从概率分布的话，回归本源会找到客观概率。如果金融体系内空转，这是个主观概率，很容易出现羊群效应。就是说如果人的行为突然发生改变，市场马上就崩溃了，这就叫泡沫。泡沫实际上就是羊群效应，就是由于行为的改变，导致整个市场的改变。从利率上来说，泡沫的过程就叫预言的自我实现。你认为它好，它一定好，你认为它差，它立马就差了，这就叫资产泡沫。只有金融回归本源以后，服从客观概率，泡沫化的程度才能得到某种程度的遏制，否则就变成了一个羊群效应的泡沫化，这完全取决于主观行为、主观概率和主观偏好。

金融本身的充分条件就是顺周期。当杠杆加到一定程度以后，杠杆就开始出现顺周期，也就是经济上行时候，意味着资产价格在上升，抵押物充足，金融机构愿意融资，让你杠杆再加长。反之，当经济下行时，资产价格下跌，抵押物贬值，为了防范风险，金融就会加速收贷，杠杆就会快速收缩，一旦收缩资产价格就下跌，越下跌越贬值，越贬值越要收贷，然后就开始恶性循环。金融顺周期最典型的行业就是房地产，房地产是最大的顺周期行业。经济好转时，房价上升，抵押物充沛，这时金融机构愿意给你放款。但是如果房价跌了，过程就倒过来了。如果你也是购房者，我想提醒一点，回去检查一下你的房屋贷款合同，上面有没有说如果房价下跌，你要承担什么责任。因为如果房价下跌，你还贷要还得更多，因为抵押物不值钱了，银行会要你加速填补上这个风险。换言之，扩大总需求的宏观经济的长期化，与防止杠杆收缩带来的风险导致的债务积累，加剧了未来金融的脆弱性，一旦出现问题，就会是大问题。中国的房地产，我们说成也萧何，败也萧何，不能涨太快，但是也不敢跌太快。

高杠杆使四类金融风险更加突出。一是期限错配，这是危机的根源。二是货币错配，这是危机向国际扩散的条件。当年的亚洲金融危机，它是美元短缺危机。大家用更多的本国货币追逐更少的美元，使本国货币对美元大幅贬值，导致了整个经济困难，这是货币错配危机。三是结构错配，这决定微观经济主体应对危机的行为方式。日本在20世纪80年代是高负债的，金融危机打击之后，日本企业突然明白了，经济扩张固然很重要，但不是最重要的，企业活命才是最重要的。日本企业很少投资，老百姓很少消费，所有的收入都拿去还债，人的行为就变了，就是不敢花钱，而且要努力还钱以降低负债率。不再是利润最大化行为，而是负债最小化行为，这构成了日本从 20 世纪 90 年代以来到现在始终走不出危机的原因。所以日本企业的现金流都很好，收入都很不错，但是投资很少。四是清偿力缺失，也就是流动性。市场苛求流动性来偿还债务，但是市场没有流动性，于是危机就在深化之中构成了所有反金融危机关键性措施，向市场补充流动性。

2008 年金融危机爆发后，各国的办法几乎都是这样，尽管高杠杆是金融危机的必要条件，但并不是充分条件，只要债权债务链条的流动性存在，金融危机就不会爆发。而流动性的来源，在微观上表现为企业和居民的现金收入，只要内部现金收入足以覆盖利息，杠杆就可以维持。在宏观上表现为全社会的现金流，如果全社会现金短缺，也就是流动性短缺，作为最后贷款人的中央银行就要补充流动性，现金流因此成为维持杠杆的先决条件。反之，向市场提供无限流动性成为应对危机的首要条件。在此基础上，用政府加杠杆的办法来对付其他部门的快速去杠杆，这就是金融危机以来各国常用的宏观经济政策，加大货币供应量，利率降到零，甚至在欧洲降到零以下，无限地提供流动性，维持债权债务链条调整等，然后用这个加杠杆对付快速去杠杆。于是中央银行的资产负债表都在急速膨胀，政府的负债率都在急速提高之中。有人说这是用政府的加杠杆来对付其他部门的去杠杆，但是核心要义是清偿性的提供流动性的补充。

为什么说到这一点？请大家观察一下现在的金融形势。由于当前宏观经济稳定，中国的货币政策应该转成中性，但是由于金融去杠杆，流动性短缺，一定要在市场上补充流动性。这两点是矛盾的，但它又是统一的。统一在哪儿？中央银行不仅仅是货币政策总需求的政策制定者，同时也是金融稳定责任的承担者和最后流动性的补充者。因此，向市场补充流动性不能视为是货币政策的放松，而是金融稳定的需要。尽管操作的手段是同一个，但是目标动机是不一样的。那么反映在市场上，如果说是货币政策，它的利率应该是连续的，在长端应该也有所表现。但是你看每天的市场，只有短端利率在升高，长端只是比2017年平稳一点，但是还是没有上升。这个政策说明，流动性是它最重要的特点。流动性的补充，今天补明天补后天补好像是连续的，但是它是有断点的，不会向远端传导。这是应对去杠杆的一个惯常做法，于是我们就要谈到本文的主题之一，对这类经济现象怎么管理？高杠杆怎么管理？这些构成宏观调控新方向。

四、宏观经济调控的新框架

我们先来看看金融危机对宏观政策的影响。1929—1933 年的经济危机，催生了宏观经济学。宏观经济是通过控制总需求，特别是在扩张性的货币政策、财政政策作为常态的安排下提高有效需求，来对付这种生产过剩危机。只有经济的快速增长才能反周期，但是这种宏观经济政策长期使用，一定会导致杠杆的加速扩张，导致债务的积累。现代经济现象有两类周期，一类是我们经常看到的经济周期，是由生产过剩构成的周期。这个周期通常是一到八年，一年是资金周期，八年是标准马克思周期，固定资产更新周期。另外一类就是杠杆的扩张收缩周期。这个周期通常十到二十年。大概从 20 世纪开始，有人做过统计，这种杠杆的扩张收缩周期发生过九次。这两个周期叠加在一块就会出现新的问题，就是顺周期问题。扩张性货币政策加大了这个周期，使金融波动性大于经济周期，从而对社会经济的影响更大。这是宏观经济需要对付的另外一个周期，除了传统的生产过剩周期以外，还有一个杠杆的扩张收缩形成的金融周期。

什么是明斯基时刻？就是突然在一个时点上资产价格开始崩溃，这个周期突然快速收缩。通常会有两种时刻，一是灰犀牛式的，一是黑天鹅式的。黑天鹅是个小概率明斯基时刻，灰犀牛是大概率的明斯基时刻，所以大概率就是在经济上行和杠杆加长情况下，人们往往容易忽略这种大概率风险。我们说全球就处在这个状态。经济在好转，杠杆开始稳定，开始去杠杆的过程会不会出现新的问题？阿根廷、土耳其以及以前的中东欧是这样一个反映。黑天鹅事件是小概率事件，是发生在经济周期与金融周期错位的时期，中国就处在这个时刻。经济在上行，去杠杆开始进行，这时会不会有去杠杆的不慎，导致杠杆的快速衰退，这是市场担心的所谓踩踏事件问题。

那么要管理这两类周期，就有一个新概念，就是宏观审慎政策，也有人说叫宏观审慎管理。2008 年金融危机以后人们发现，还存在金融周期，还有杠杆的扩张收缩，杠杆的扩张收缩是微观审慎管理所不能控制的，因为一加一大于二，那么需要对这个"二"进行管理，这就叫宏观审慎。宏观审慎的核心就是要控制杠杆率，然后熨平经济周期。它的框架包含一个时间维度，这就是逆周期调节，也包括机构维度的，也就是金融机构的微观审慎监管，所以它的核心是建立逆周期的调节杠杆能力的手段，它是一个宏观管理周期和微观审慎监管相结合的管理方式。那么要义就是在宏观审慎政策下的微观审慎监管。中国现在尝试的金融监管体制改革正是朝这个方向努力的，就是宏观审慎下的微观审慎监管。

什么叫宏观审慎监管？它是怎么操作的？第一个就是逆周期，为克服金融活动的顺周期性，宏观审慎需要逆周期操作，在经济高涨时，提高资本充足率相关指标的监管要求。反之，在经济低迷时，不仅需要放松对监管的要求，还要配合注入缓释资本等办法进行操作。换言之，中国宏观经济开始稳定，就需要去杠杆，这就是逆周期操作。如果在经济下行中，按照新的巴塞尔协议要求，它是有缓释资本的。也就是经济下行期，债务资本要作为资本使用，不会给你还本付息，你要承担风险，这就叫逆周期操作。它控制杠杆过快增长，从而防止杠杆未来过快的收缩。

第二个就是流动性。在逆周期操作中间，特别是金融周期的下降阶段，市场流动性短缺，很容易发生危机，踩踏事件指的就是对流动性的相互竞争。这时候中央银行就要发挥责任和作用，不断向市场补充流动性，这就是2018年以来央行MLF（中期借贷便利）、SLF（常备借贷便利）、PSL（抵押补充贷款）的作用。即使降低存款准备金率，也不是货币政策的放松，也是置换到期的MLF、SLF、PSL，这还是流动性的补充问题。流动性是金融稳定的责任，它的核心要义是控制杠杆率水平。杠杆的扩张性收缩是金融周期的一个代表性标志，控制杠杆水平就是宏观审慎管理政策核心。其操作要领，一是鼓励工商企业和金融机构增加资本，降低负债率。二是鼓励债务长期化，以缓解长期投资期间出现错配。中国要去杠杆，重中之重是国有企业去杠杆，也就是说国有企业需要减少债务，增加资本。三是去杠杆不再是一味减少债务水平，而是如何获得资本，从而降低杠杆率。资本市场在中国经济发展中具有战略意义，直接融资就成了最核心的问题，包括PE、VC（风险投资），乃至创业板等。增加资本是降低杠杆最好的办法，这在中国仍然是一个需要重视并加以解决的问题。

比如，我们说中小企业融资难、融资贵，在某种意义上是客观存在的。但是在某种意义上它又是一个伪命题，因为所谓融资难、融资贵都是企业想要去借钱却不符合相关条件，实际上中小企业本身不适于负债。比如，你要买房子，但自己连30%的首付都凑不出来，银行凭什么给你贷款？中小企业没有资本，没有钱，连30%的首付都拿不出来，还想让银行贷款，当然就是融资难、融资贵了。中小企业能不能得到股本和权益的融资，首先要凑出30%的首付，然后才可以去负债。中国资本市场的发展依然任重道远。

当前，宏观问题变成了如何面对经济周期和金融周期。金融周期和经济周期共处一元，但性质又不同，这构成了现代宏观经济调控的新挑战。面对这些挑战，各国政府都在探索，逐渐形成了宏观调控的新框架。请大家记住两个原则，第一个原则是经济周期是客观规律，既不能一味用货币政策来刺激经济，也不能指望经济的一味增长才能熨平周期，总需求的管理要有足够的弹性。对中国来说也是如此，我们要理解为什么不能大水漫灌，为什么不能在经济下行中一味鼓励经济增长，因为它只会鼓励杠杆提升，杠杆提升就是向未来借钱。这时候可能允许经济的某种波动、某种下降，这反而是有助于杠杆率不至于升得过快、升得过高。第二个原则是要加强对金融周期的管理，尤其重视金融顺周期特征。金融政策一定是逆周期的，经济好的时候，金融不应该是扩张性的，应该稍微收缩一点。经济差的时候，金融应该是扩张性的。这样说起来好像很符合逻辑、很容易理解，但实践起来很困难。我们不知道什么叫经济好，什么叫经济不好，都是在探索中，但是逻辑上、框架上是这样的。这个框架如果形成新的宏观调控的政策和安排，在中国就是货币政策与宏观审慎管理相结合的制度调控，这构成了这一轮金融体制改革的核心，而调控的核心就是加强中央银行的作用。中国人民银行的人事安排也很有意思，易纲是行长，党委书记是郭树清，郭树清又是中国银保监会的主席。这种安排是富有深意的，即中央银行要承担双重责任，即货币政策和宏观审慎管理。

1929—1933 年经济危机以后，宏观经济政策才有货币政策，而中央银行在 1929 年经济危机前就已经存在，那么此前的中央银行是干什么的，我不知道诸位想过这个问题吗？其实很简单，我们在学货币银行学的时候，人家不讲货币政策，讲的是银行的银行，讲的是最后贷款人。我们知道银行最怕挤兑，挤兑就是所有的客户张三、李四、王五同时找银行提款，银行马上就得倒闭。银行必须找到钱才能缓解挤兑，这就是同业拆借。在金融市场上一定有同业业务，同业是提供流动性的安排，银行可以从同业借钱。但是如果同业大家都没有钱了，这个时候金融危机就一定会发生。

人们在经过很多实践以后突然发现，如果此时后面还有一个人能借钱来补充这个市场的流动性，金融危机就不会这么快发生，至少不会这么大规模地发生。这时候这家机构就出现了，它就变成了最后的贷款人，这家银行就是中央银行。最早的一家中央银行就是英格兰银行。有了中央银行，就有人提供流动性，于是金融历史上发生金融危机的频率大大下降，金融稳定性大大提高，然后这种体制就被扩散到整个世界。1984 年中国正式开始采取这个体制，形成中国人民银行作为中央银行和其他商业性金融机构的双层的银行体制。所以，中央银行天然的一项责任就是负责金融稳定。金融稳定和货币政策动机不同，但手段一致。这个操作放在中央银行也是最容易的，这就构成全球新的趋势，也就是加强发挥中央银行的作用。各国的中央银行都在加强它们肩负的金融稳定责任，这种经验最早是在英国出现的，现在全球都开始在效仿，这就是大家常说的英国的双峰监管模式。

本轮中国金融改革，借鉴了这种模式，不过中国又有所创新，我们在中国人民银行微观审慎监管上，增加了一个金融稳定发展委员会。金融稳定发展委员会的办公室设在中国人民银行，于是中国人民银行又有了新的定位。党的十九大报告写到，它是货币政策与宏观审慎调控的双支柱调控框架，这是中国在这个意义上领先全球的金融监管事件。国务院金融稳定发展委员会成立于 2017 年，主任是国务院副总理，我们期待这种新的体制能运行良好，能对中国的金融风险和去杠杆进程发挥一个很好的调控作用。

五、国际金融危机是人类面临的共同挑战

最后我们讨论一些开放性的问题。金融危机十年了，但金融危机的阴影并没有远去，金融危机依然是人类面临的共同挑战。第二次世界大战结束以后，尽管建立了一个多边治理的世界体系，但是随着投资贸易自由化的发展，生产要素日益流动，构成经济全球化的趋势，

从而金融具有了外溢性，金融危机也因此变成全球性的危机。换言之，在这个经济全球化趋势面前，无人能独善其身。你要享受它的好处，同时也要承担它的风险，由此金融危机就变成了全球性的问题。

什么是全球性的问题？首先我们要看全球化是怎么形成的。经济学家理解全球化是两个含义，一是第二次世界大战结束以后，特别是冷战结束以后，全球经济无一例外采取市场经济体制。因为采取市场经济体制，交易成本极大降低，全球可贸易程度大大提高，全球展现出了经济增长速度快，贸易增长速度更快，金融发展速度更快于贸易的这样一个局面，这就是全球化。二是全球化是生产力布局的全球化。一个产业不再拘泥于一国之内，而是在世界各国之间。例如某个企业的某个生产环节在本国，另一个生产环节却放在了另一个国家，第三个生产环节可能放在第三个国家，这就构成了全球的产业链。中国改革开放以后，经济发展如此之快，就是因为我们加入了这个过程，使全球加工的产业链进入中国。从产业来看，我们的原料和市场都在国外，即所谓"两头在外"，只不过加工环节在内，这是中国的廉价劳动力和全球资本结合起来形成的沿海发展战略，中国因此成为世界的工厂和世界第一大贸易体。从这个角度来理解中美贸易顺差问题，两国平衡不了，因为这是全球化的一个结果。

在全球化进程中，形成了相互依赖却又完全不同的三个板块，一是欧美发达国家，它负债消费，构成亚洲发展中国家的出口市场。二是亚洲国家制成品的出口。三是亚洲国家缺能源、缺资源，需要从资源富集的国家进口能源、资源，于是带动了资源出口国的出口增长。这些出口增长都形成了巨大的贸易顺差，这个贸易顺差流回美国，变成对美国资本市场的投资，形成美国资本项下的顺差。全球化就是这么连在一起的。

金融危机就是全球化在这个链条上断掉了，原因是经济发展的不平衡性。表现为在经常项下，发展中国家的顺差很大，发达国家的逆差很大。背后是发展中国家特别是以中国为代表的投资出口产业，用投资出口产业获得顺差，形成了投资驱动经济增长。反过来，以美国为代表的西方发达国家是负债消费，通过不断地负债、不断地扩大消费，然后成为中国的出口市场。同时由于它的服务业发展，把全球的资金吸附在那儿，从而降低了它的利率。也就是说，美国老百姓不但享受中国生产的物美价廉的产品，同时享受了全球资本流入美国的低利率，因此他们更容易负债消费。解决这个不平衡的办法，就是美国应该多投资少消费，中国应该多消费少投资，这就是全球经济再平衡的问题。

中美贸易的核心问题就是再平衡。中国走得很快，美国似乎没有发生什么变化。举例来说，2014 年中国的消费第一次超过投资，2017 年中国消费大概占整个 GDP 比重 58%，投资占 32%，消费是投资的近两倍。我们再平衡进展很快，而且在进出口贸易中反映出来，中国在 2007 年经常项下顺差占 GDP 比重差不多达到 10%，到 2017 年只有 1.4%，我们已经实现再平衡了。但是这似乎并没有缓解金融危机发生的可能性，也没有减少相关贸易摩擦。关键就在过去治理体系中出现的一些问题上。

远的不说，就看 IMF 的国际货币基金体系。国际货币基金组织为什么要改革，而且改革成了其首要任务。当一个主权货币国际化以后，国际货币跟本国货币有什么差异？我刚才说货币错配，出现错配的问题，这是国际收支的货币错配出现的国际收支危机。美元是国际货币，出现了国际收支危机，一定是你收受的美元太少，不足以偿付。要调节国际收支危机，要么扩大出口，要么缩小进口，扩大出口和缩小进口都是很漫长又很痛苦的事，一旦出现问题，一定会出现本币和外币大幅贬值导致宏观经济困难。要对付这件事，通常要进行国际货币抢救，抢救就是注入新的国际流动性，帮你偿付对外的债务，从而赢得时间来调整本国经济。这是国际货币基金组织的责任，也就是调节国际收支的顺逆差。但是在原有体系中，这个调节的义务只存在于流动性的收受国，而不是补充国。换言之，你这里出现美元的短缺，不是我的问题，一定是你自己的问题，因此应该你调整。

但是这次金融危机发生在美国，是流动性的补充国出了问题。国际货币基金组织本身没有这个责任，它也调节不了美国的国际收支，因此它无能无力。在这种情况下，改革国际货币基金体系就成了应对金融危机的第一要义。于是，增加发展中国家的发言权，改变它的代表性，改变它的机制，就成了一个很关键的问题，国际货币基金组织改革就提上日程了。推而广之，第二次世界大战后所有的国际治理体系都存在这个问题，也就是我们说的单向性。

第二次世界大战前国际体系是建立在民族国家竞争基础上的。这个时期国与国之间钩心斗角，合纵连横，为了瓜分市场不断发动战争。市场瓜分完毕又开始重新瓜分市场，最后导致世界大战爆发。第一次世界大战结束之后短短 20 年又有了第二次世界大战的爆发。第二次世界大战结束以后，人们开始反思，这个国际体系的设计是不对的，应该从单边体系变成一个多边体系，这就形成了战后的多边体系安排，因为是多边的，它一定要按规则进行治理，于是很多新的国际规则出现了。这个多边治理体系中有三个支柱，第一个是联合国，这是政治制度安排。第二个是投资贸易自由化，即关税贸易总协定，一直到现在的 WTO 体制。第三个是以布雷顿森林体系为代表的以美元为中心的国际货币体系安排。这三个安排全部基础建立在南北差距之上。这个体系有它的优越性，相对于战前来说，人们认为工业化是走向现代化的必由之路，于是发展中国家开始学习发达国家的工业化的经验，发展中国家快速发展，人均收入大幅提高，居民生活水平有了大幅改善，经济发展的同时社会也在发展。我们观察一下，战后没有再出现大规模的全球性饥荒，没有出现全球性传染病，没有出现全球性的战争，婴儿死亡率大幅下降，这个过程是第三世界人口膨胀的重要原因。人们的受教育水平大幅度提升，成人识字率提高，文盲率下降。这就构成了支持全球化的理由。

但是全球化也有它的局限性。由于它的单向性，像国际货币基金组织一样，它只是对流动性的收受国有调节义务，但是对它的发生国没有调节义务，这是单向性最典型的一个表现，这个体系是非此即彼的一个不包容的体系。于是，如果要防范金融危机，那么这个体系也必须改变。加强南北宏观政策协调，改善国际治理体系及机制，成为防范金融危机重演的重要任务。金融危机发生以后，20 国集团召开峰会首先是应对金融危机，在伦敦峰会上就开始改变这种机制，相应的国际标准也在发生变化。巴塞尔协议Ⅲ，理论上 2019 年在全球所有的金融机构都适用，都是同一个标准，这就要求全球协调。但是金融危机刚刚开始的时候，我们注意到一个问题，过去的宏观经济政策，比如说总需求政策是一味要求扩大总需求，是财政政策放松和货币政策放松常态化的趋势政策导致的杠杆加深。金融危机以后，当利率都变成零甚至变成负时，经济并没有明显的起色。换言之，这个政策仅仅是满足了经济不会出现更大规模的衰退，但是它并不能提供经济增长。也就是说，总需求管理政策在学理上已经走到头了，已经用到极致了。这就告诉我们，经济政策不是在需求侧，而是在供给侧，于是供给侧的结构性改革、供给侧管理就提出来了，这是对经济学的极大挑战。

原先经济学是不研究供给侧问题的，因为经济学假定，供给侧的问题是技术进步的问题。技术进步是增长的源泉，而技术进步是随机出现的，你根本不知道它为什么是这样的，为什么这会儿出现，为什么会变成这个样子，所以它是随机现象，是不能进行研究的。更重要的是，如果你把随机现象变成固化的东西，一定会导致重大失误，这就是我们经常讨论的产业政策问题。在落后国家，当你想追上发达国家时，你可以按照这个产业政策缩短进程。但是你如果已经进入发达程度，你在创新的时候产业政策一点效果都没有，而且会有很多的副作用。举个例子，20世纪90年代，日本电子工业在全球领先，日本的通信产业很可能是全球领先的产业。但是日本人错误地认为，电子工业未来的核心技术是模拟信号技术，因此日本产业政策是投入巨资去培养模拟信号技术的发展，但是后来很不幸，一个家具工厂爱立信研发出来的数字技术很快统治了全球。日本电子工业的产业巨头NEC（日本电气股份有限公司）从此衰落，在通信标准上从此落伍，最后沦落成提供芯片、提供硬件的企业，而不再是通信标准的引领企业。这就是供给侧讨论的问题，这是对经济学的一个很大的挑战。

那么如何理解供给侧结构性改革呢？改革就是创造合适的环境，要适宜种子发芽。你撒一把种子，肯定会长出作物来，没准哪个作物就是好东西。改革就是创造环境，不能人为去干预。G20杭州峰会时，把结构性改革政策纳入全球宏观政策的协调领域，与财政政策和货币政策一起形成了G20宏观经济政策的协调机制。新形势要求旨在适应和推动技术进步，持续提高全要素生产率，总供给管理新的开放的宏观经济政策框架。坦率地说，经济学正面临深刻的挑战。第二次世界大战以来形成的所有政策正遇到挑战，我们需要新的理论和新的政策。

在国际治理体系中，中国也在提出自己的主张，这就是共商、共建、共享。2018年上合组织（上海合作组织）开会也在讨论这个问题，讲上海精神就是共赢，这已经成了一个国际的治理理念，2017年还被联合国列入全球国际治理的一个经济治理决议。其实这个理念也是对经济学界的极大挑战。第一，它是东方智慧。什么叫共商，共商就是有事好好说，坐下来说比站起来打强，这是中国人的哲学。中国人看待世界跟西方人看待世界不一样，西方人更强调的是国家、民族等，而中国人比较淡化这些概念，中国人讲的是天下。所谓天下是没有领土疆界、没有文化疆界、没有民族疆界的一个概念。这个天下讲的是和合，上合组织是和合精神，以和为贵，和谐共处，和谐共生。有了分歧不怕，咱们求同存异，咱们天下大同，这是中国人的理念。这个理念在现实中就是中庸之道，谈判妥协。"一带一路"中的丝绸之路概念不是中国人提出的，而是德国人提出来的，因为他发现这条商路绵延2 000多年没有中断过，而其他的国际商道都因战乱或其他原因中断过。为什么没有中断呢，这就是中国人的理论和智慧。有事咱们好好谈，以合为贵，大家一起发财，你赚我也赚。

为什么广东经济发展得快？广东人的理念就是大家一起发财，我不计较你赚多少，只要我赚了就行了。而有些地方，可能是受西方文化影响，喜欢斤斤计较，天天说你为什么赚那么多，我为什么赚那么少。"一带一路"倡议实际上就是共商共建的概念，它符合市场经济最基本的原则，交易为上，有钱更好，没钱拿东西换也行，现在没东西将来有东西再换也行。但是这个说起来很简单，操作起来很难。当年咱们跟泰国曾经用高铁换大米，换大米对银行来讲很难操作，我的还款来源不是钱而是大米，我得考虑如何把大米卖掉变成钱，能不能防范风险非常重要。但是这开辟了一个新的空间，我想可能从某种意义上说它就是现代金融服务吧。在中国改革开放四十年间，这种案例比比皆是。当年还出现过用服装换飞机的案例，四川航空公司用几车厢的衣服去俄罗斯换了几架飞机。东北过去有一个词叫拼缝，只要遵守市场原则，看你能不能把这个缝拼上，这就是交易为上。包括金融创新，看你能不能把这缝对好，它不是我们传统意义上的一手交钱一手交货。当然，共商也是为了共建，这是中国的经验。尽管做大蛋糕不能解决所有的问题，但是解决所有问题的基础还是要做大蛋糕。四十年前中国非常落后，买什么都要凭票证，吃饭要粮票，吃肉要肉票，穿衣要布票。中国改革开放四十年最大的变化就是消灭了短缺，不再凭票供应，所以发展就是硬道理。

"一带一路"如果能发展起来，尽管不能解决所有问题，但至少为解决其他问题提供了基础。发展要为所有人共享，做出的蛋糕要为所有人共享，所以应该建设人类命运共同体。这个框架被提出来，这个理念也正在改变世界，但现在它依然还是个理念，还需要我们把它体系化、政策化、操作化。要把这个体系建立起来，成为现实的国际治理，而不是一个理念上的口号。

最后讲一个开放性问题，还会出现金融危机吗？答案是肯定的。这次应对金融危机，是政府用加杠杆的办法抵消快速去杠杆。尽管阻止了资产负债表更大规模的衰退，但是在很大程度上仅仅是杠杆的转换。就政府债务危机与基金的比率关系而言，美国已经高达100%，日本已高达250%，这构成了当前经济情况好转下加速缩表的原因。但是在全球全要素生产率没有明显改善的情况下，这一货币政策正常化意味着什么？当前的宏观经济都要讨论这个问题，美元什么时候加息，什么时候缩表，因为加息缩表美元利率变高，美元会升值，全球资金会流向那个方向。搞得不好就会出现类似二十年前的亚洲金融危机的情况。由于资金的流动，本币跟外币大幅贬值，阿根廷和土耳其的现在就是20多年前亚洲金融危机的再现。这种危机会不会变得更严重？我们现在关注的就是中东欧对欧元的影响。

为什么有这种判断，因为全球全要素生产率都没有提升，我们的技术结构并没有重大进展，而技术是推动经济增长的源泉，它表现为全要素提升。自从21世纪以来，特别是金融危机以来，无论是发达国家还是发展中国家，劳动生产率都没有得到提升。美国现在经济好转，从这个意义上来说只是杠杆的修复，并不是技术进步所致，经济好转充其量只是在复苏，这个复苏能持续多长时间？通常认为，正常情况下2020年会有一个衰退，如果全球是在当下贸易摩擦的环境下，你争我夺，以邻为壑，那没准时间表还会提前，2019年会不会发生？这是一个疑问，也是一个开放的问题。所以，金融危机的阴影实际上并没有远去，十年以后再讨论这个问题还是很有意义的。它的意义就是请你记住一句话，"不确定就是不确定"。

不确定性就是风险。风险尽管可以被推迟，可以被分散，但是风险不会消失，它仍会在系统内累积。经验表明，各种监管手段和金融技术安排即使覆盖了所有的风险，但不确定性仍在 N+1 处，即使你覆盖了 N 次的可能性，但还有一种可能性出现。2008 年的这次金融危机从概率算是三十五亿分之一，比人类历史都长，但这个小概率事件就是出现了，而且一旦出现就是一个全球性的灾难。所以，我们得敬畏自然，遵循规律。

这次全球金融危机之后，大家有一个基本的认识，就是由于不确定性是普遍存在的，因此所有人要远离高压线的政策，不要触碰 N+1 的风险。你离它远点，你的风险就会小点。你不要试图天天逼近，那个地方大概就是上帝的地方，人不是上帝，你不要离它太近。所有监管构成了宏观审慎管理的全部理由，控制杠杆率，不要期望杠杆的持续加长，用衍生工具来对冲风险。衍生加衍生，杠杆持续加长，总有一天会出现系统性金融风险。控制杠杆率变成了应对不确定性最合理的一种安排，这构成了新的监管理念。于是在所有的金融安排中，在宏观审慎管理下都是控制杠杆率，中国正在进行这样的实践，这就是我们现在的去杠杆的控制。

以上就是我想和大家讨论的金融危机十年后的反思。金融危机给大家提供了很多可供思考的空间，今天我讲的仅仅是宏观政策安排之间的挑战，有什么问题请大家指正。

中国的货币政策框架：
支持实体经济，处理好内部均衡和外部均衡的平衡[1]

易纲[2]

货币政策的主要任务是支持实体经济，同时中国还是一个开放的经济体，因此我们的货币政策既要考虑到内部均衡，也要考虑到外部均衡。当协调内部均衡和外部均衡存在矛盾时，我们要注意把握好平衡。

我想分四部分来讲：第一部分介绍中国的货币政策框架，第二部分主要讲货币政策对实体经济的支持，第三部分主要讲防范和化解金融风险，第四部分聚焦于把握好内外部均衡的平衡。大家知道，《中华人民共和国中国人民银行法》明确规定,中国货币政策的最终目标,是保持币值的稳定,并以此促进经济增长。保持币值稳定有两层含义：对内而言须保持物价稳定；对外而言则须保持人民币汇率在合理均衡水平上的基本稳定。

现在我讲第一部分，中国的货币政策框架。大家可以看到, 在《中

① 本文根据长安讲坛第 349 期内容整理而成。

② 易纲，中国经济 50 人论坛学术委员会成员，中国人民银行行长。

华人民共和国中国人民银行法》颁布以来的二十多年中，货币政策总体上很好地保持了币值稳定。改革开放以来的四十年里，我们只有少数几年通货膨胀率比较高，而大多数年份通货膨胀率都是比较低的。近些年来通货膨胀率基本都在 3% 左右。1988 年、1994 年通货膨胀率比较高，但已经过去很长时间了。当然 1998 年后也曾出现通货紧缩的风险。保持币值稳定不仅仅是防通胀，也要防范通货紧缩对经济造成危害。保持物价稳定并不是说物价越低就越好，关键是要强调稳定这一概念。

保持币值稳定还涉及汇率问题。汇率是人民币对其他货币的比价，可以反映中国的经济实力，反映人民币在全世界的购买力。

我们在保持汇率在合理均衡水平上的基本稳定方面做得挺好。中国汇率的并轨是在 20 世纪 90 年代中期。当时我们有一个市场汇率，还有一个官方汇率。我们在 1994 年实现了汇率并轨。并轨后 8.7 元人民币可兑换 1 美元。在过去的几十年里，人民币无论是兑美元还是兑一篮子货币，实际有效汇率和名义有效汇率都是升值的，兑美元也升值了约 20%。汇率在合理均衡水平上保持基本稳定，中国的老百姓因此得到了实惠。保持人民币币值的基本稳定，就可以促进经济的增长，这也就实现了《中华人民共和国中国人民银行法》所规定的货币政策的最终目标。

保持币值稳定是货币政策的最终目标，但是怎么保持币值稳定呢？这就要有货币政策的中间目标。M2 是中国货币政策的中间目标，M2 是可测的也是可控的。但是各国的经验表明，随着经济越来越发达，越来越市场化，M2 与实体经济的相关性会出现下降。因此，我们在

2012 年引入了社会融资规模作为参考指标，这一指标可以衡量金融部门向实体部门提供的融资，包括贷款、债券、股票、信托、委托等。

由于数量指标和经济的相关性逐步下降，因此主要发达国家和市场经济体的货币政策基本都是以调控价格指标为主，我们在过去的改革过程中也一直注重培育市场利率体系，强化价格型的调控和传导机制。利率是什么呢？利率就是资金的价格，我们说要让市场在资源配置中起决定性作用，那么市场是如何配置资源的呢？就是通过由供给和需求所决定的价格来配置资源。

资金也是一种资源，而且是一种稀缺资源。因此利率的市场化就非常重要，主要由市场供求决定的人民币利率也不能失真，这样才有利于通过市场化的方式来配置资源。供给和需求形成的利率还应反映风险溢价。如果你的风险比较高，市场就会要求你以比较高的利率借钱。如果你的风险比较低，你的风险溢价也就比较低，就可以以比较低的利率借到钱。市场配置资金的学问是很深的。

要实现货币政策目标，就需要货币政策的调控工具。我们货币政策的工具体系也是比较简单的。一是通过公开市场操作（OMO）来吞吐流动性，二是中国人民银行可以用再贷款、再贴现来调节货币供给，还可以要求存款类金融机构在中国人民银行有存款准备金，我们还以中期借贷便利、常备借贷便利等向市场提供流动性。

我刚才说到了利率市场化，大家可能听过一个词叫"利率走廊"。中央银行可以把利率调控在一定的上限和下限之间，这个就是利率走廊。过去计划经济时规定贷款额度，以行政方式配置资源。后来我们有了商业银行，有了市场经济，有了市场供求决定的利率。那么非常重要的一个问题是，利率多高是合适的？大家可以看到各国的中央银行都以利率调控为核心。美联储主要调控的是联邦基金利率，把联邦基金利率调控到其认为合适的水平，由此对存款利率、贷款利率、国债利率等产生影响，从而形成各种各样的市场利率。

当前我国的货币政策正在逐步从以数量调控为主向以价格调控为主转变。如果你们问我现在中国人民银行到底是以数量调控为主还是价格调控为主，我的回答是，我们正处在从以数量调控为主向以价格调控为主的转变过程中，在此过程中数量调控也用，价格调控也用。相对于过去，价格调控越来越重要了，但受到我们的基础和整个体制机制以及人们思维习惯的影响，数量调控目前也没有放弃，也很重要，数量调控和价格调控都在发挥作用。

图3.5向大家展示的就是利率走廊。利率走廊当中比较重要的利率就是DR007，也就是银行间市场七天回购利率。回购是有一个抵押的借款，是在机构之间的一个交易。为什么它重要呢？因为其交易量非常大，可以对整个的市场利率产生影响。

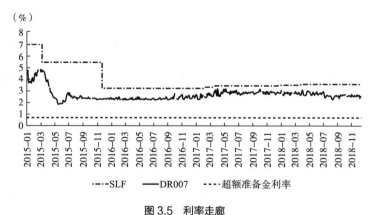

图3.5 利率走廊

　　大家看 DR007 这条实线是在上下两条线之间的，上面这条线就是中国人民银行常备借贷便利的利率，下面这条线是中国人民银行的超额准备金利率。超额准备金利率现在是 0.72%，也就是说市场的利率肯定会高于这个水平。为什么呢？因为最差也可以把钱存到中国人民银行拿到 0.72% 的收益，而且存在中国人民银行也是最安全的，这构成利率的下限。上限就是常备借贷便利，有人把它叫"酸辣粉"，金融机构没钱了可以通过 SLF 向中国人民银行借钱，当然借钱的利率要适当高于 DR007 的利率。为什么呢？因为如果低于 DR007 的利率，激励机制就不对了。大家可以看到市场利率是在上限和下限之间波动的。实际上，要在市场上建立起这样一个机制并不容易，要把 DR007 调控在上下限之间也是不容易的。

　　最近有一个词叫作"宏观审慎"，大家也知道党的十九大报告提出建立货币政策和宏观审慎政策"双支柱"调控框架的要求。宏观审慎政策主要是针对金融稳定和防范系统性风险，并有逆周期调节的特点。货币政策可以进行数量调控和价格调控。数量调控也有弊端，它虽然简单，数量可以说得很清楚，但是它最大的问题是你规定的数量可能不符合市场规律，你分配的数量有可能不对。而且在北京进行的分配，到各省再到地市和县，有可能就不对了。这里面也可能有寻租空间、利益输送和腐败问题。价格调控听起来很好，但是价格调控有的时候效率也不是那么高，有时候用价格调控也达不到调控目的。所以各国在实践中，尤其是在国际金融危机之后，大家越来越认识到宏观审慎政策的重要性，这也是我们要建立货币政策和宏观审慎政策"双支柱"调控框架的考虑。

下面四点可以让我们从直观上感觉一下宏观审慎政策是什么。第一，中国人民银行建立了宏观审慎评估体系（MPA），通过这个体系来评估金融机构是否达到了宏观审慎的要求。宏观审慎评估体系有很多指标，如资本充足率、流动性指标等。大家都知道有一个巴塞尔协议，现在到了巴塞尔协议 III，这里面就有以资本充足率为核心的很多要求，商业银行是否达到这个要求，宏观审慎框架对此要有一个评估。

第二，针对跨境资本流动要有宏观审慎的考虑。资金的流入、流出有的时候会产生"羊群行为"，有的时候产生非理性的恐慌，这时候我们就要考虑实施宏观审慎政策。

第三，住房金融的宏观审慎政策。我们都知道房贷有首付比，这个首付比就可以进行逆周期的调节。各国的首付比都不同，有的国家高一点，有的国家低一点，在经济周期的不同阶段首付比例也不同。针对首次购房还是第二次购房等也可以有差异化的措施。这些都是宏观审慎政策在各国行之有效的一些实践，核心就是怎么从保护老百姓和保护金融资产安全的角度进行逆周期的调节。

第四，探索对金融基础设施实施宏观审慎管理。金融基础设施主要包括清算、支付、托管等，对这些基础设施也要有宏观审慎的考虑。

货币政策包括数量调控和价格调控，在调控的过程中还要与宏观审慎政策相互配合。只有货币政策工具和框架，有的时候还不足以保持稳定，因此就需要加上宏观审慎政策，来保持金融稳定和防范系统性金融风险。在货币政策和宏观审慎政策双支柱调控框架下，中国人民银行考虑和应对全局问题中就又多了一层保险。全国金融工作会议已经提出，设立国务院金融稳定发展委员会，强化中国人民银行宏观审慎管理和系统性风险防范的职责。

现在，我讲第二部分，货币政策对实体经济的支持。我来谈一谈宏观经济形势和货币政策的应对。我们要有一些最基本的判断，比如要深刻认识经济发展的新常态。我国的劳动年龄人口正在下降（见图3.6），一些行业的用工开始短缺。经济中服务业占比越来越高，已经超过 50%。在这种情况下中国的经济要从一个高速增长阶段转向高质量发展阶段，我们的增长率不会像过去那样保持两位数的增长，这和我们的人口结构相关。中国经济正在迈向高质量发展新阶段，我们的经济总量位居世界第二，GDP 达到 12 万亿美元以上，基数非常大。经济运行以消费拉动为主，环保上要坚持"绿水青山就是金山银山"的理念，现在对很多行业环保的要求都越来越严。这些都意味着要追求高质量的发展。经济增长速度可能要比过去低一些，但只要发展的质量是高的，只要我们的就业是充足的，只要我们能够保持"绿水青山"，那么我们的发展就是可持续的。我们在考虑货币政策的时候要考虑到我们的经济正在迈向高质量发展新阶段这一根本特征。

图 3.6　中国 2003—2016 年劳动年龄人口数和占总人口比重变化

我国的经济增长在潜在产出附近，也就是说现在的经济增长实际上已经接近潜在产出水平。因此我们现在资源动员和经济动员的效率都是比较高的。我国经济增长也保持着韧性。产能过剩问题明显缓解，供需基本平衡。

如图3.7所示，大家看这个图上有一条实线和一条虚线。虚线是制造业投资的同比增长率，实线是GDP同比增长率。如果制造业投资增长率高于GDP增长率的话，生产能力就是越来越强的。大家看有一段时间内的虚线在实线之下，这意味着在相对较低的制造业投资增长下，产能过剩问题会得到缓解。这从企业利润回升也能够看出来，有的阶段企业利润好一些，投资就会多一些，有的时候企业利润比较差，投资就会慢一些，特别是民间投资。

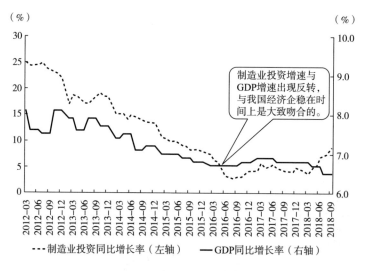

图3.7　GDP和制造业投资

中国经济增长总体是强劲的、平稳的、有韧性的。最近经济的下行压力有所加大，表外融资增长明显放缓。图3.8中的灰色柱子表示委托贷款，黑色柱子表示信托贷款。

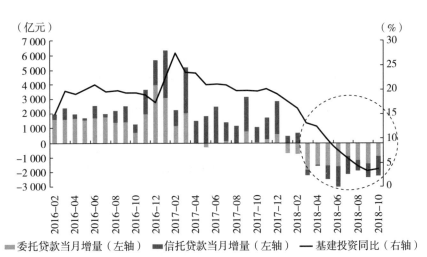

委托贷款当月增量（左轴）　信托贷款当月增量（左轴）　基建投资同比（右轴）

图 3.8　基建投资增速和委托、信托贷款增量

大家可以看到 2016 年和 2017 年委托贷款和信托贷款都是增加比较多的，但 2018 年以来灰色和黑色的柱状图都显示为负增长的，委托贷款和信托贷款增量都在下降。黑色实线表示基本建设投资同比增速，可以看到表外融资增长率的下降和基建投资增长下降是高度相关的。一些基建投资可能要靠委托贷款和信托贷款来进行部分融资，如果融资减少，那么这些工程、项目建设就会慢一些。

针对经济运行中出现的变化，2018 年以来货币政策进行了前瞻性的预调微调。中国人民银行四次降低法定存款准备金，释放资金合计 3.65 万亿元，同时还运用 MLF 提供流动性新增 1.76 万亿元，这些都是为了更好地支持实体经济，使经济周期性所产生的一些收缩效应得到缓解。监管政策和其他的一些管理要求，比如说对地方债的清理等，也会产生一些收缩效应。我们通过降低存款准备金率和 MLF 等提供流动性，可以对冲周期性的收缩效应，保持经济平稳运行。

最近民营企业融资难的问题比较突出。这里我列一下信贷、债券、股票的数据。在信贷渠道上，2018年民营企业的贷款同比增长了5%左右，这是比较低的。在债券上，民营企业的债券融资也有所减少，这反映出企业债券融资的困难，股票融资也有所减少。同时民企债券有一些违约，2018年前八个月我们有22家债券违约的企业，其中有18家是民营企业，涉及的金额有500多亿元。这些都反映出民营企业融资难这一问题。

针对民营企业融资难的问题，中国人民银行设计了"三支箭"来支持，分别针对我上面说的那三个主要的融资渠道。第一支箭是增加民营企业的信贷，我们通过增加再贷款和再贴现额度、调整宏观审慎评估的参数来支持商业银行对小微企业和民营企业的贷款。

针对民营企业债券不好发，我们设计了第二支箭。这个工具相当于对民营企业发债是一个保险，使民营企业的债可以发出去。这三个渠道，信贷、债券、股票的负面影响是互相加强的。为什么商业银行不愿意购买民营企业发的债呢？主要是怕违约。商业银行买了民营企业的债要是违约了就要追究责任，所以商业银行相关人员就怕民营企业出问题。但如果民营企业的债发不出去，那么资金链就会出问题。资金链出了问题信贷就会出问题，商业银行就更不愿意给它贷款了。为什么呢？因为你没钱了，我知道你还钱有问题，我就不敢给你贷款了。所以如果债发不出去，贷款也就得不到了。不但贷款得不到，已经贷款的银行发现这个民营企业有问题了还要催收贷款。大家知道债发不出去是一个公开的消息，假如说是一个上市公司的话，发债失败肯定会影响这个民营企业的股票价格。由于很多民营企业是用股票做质押向银行贷款的，股价只要一跌，贷款就更加困难，商业银行就会要求它补充抵押品，拿更多的抵押品来。这三个困难是互相加强、互相影响的。

这三个渠道中最透明的就是债券和股票，商业银行的贷款要商业银行和民营企业一对一签合同，但是民营企业的发债和股票信息是整个市场都知道的。所以我们要解决这个问题，选择的突破口就是债券。我们给债券提供一个保险，让民营企业发债能够顺利，发出去就是一个好消息。商业银行看到债发出去，知道企业有钱了，就不催贷款了。股市一看能发出债了，股价也就可能好转了。这就是我们以发债作为突破口来缓解民营企业融资难问题的考虑。

第二支箭就是民营企业债券融资支持工具，这相当于一个信用缓释工具。学金融的人都知道有一个词叫CDS（贷款违约保险，这是目前全球交易最为广泛的场外信用衍生品），这是给信用上的一个保险，是信用保险的互换。在2008年的雷曼危机中，美国的AIG（美亚保险）公司就是因为写了太多的CDS，发生了问题，美国财政部和美联储为此进行了救助。因此现在金融市场上对CDS有一点谈虎色变的意思，写太多的CDS会不会又导致新的危机呢？就这个工具而言，首先写这个CDS的公司是非常可靠的，同时整个支持工具的设计是完全市场化的，而且是跟商业银行、券商等主承销商一起来写这个保险，一起来创造这个工具。债券的购买者可以选择买这个保险，也可以选择不买，但买了这个保险后这个债就是没信用风险的，这就有利于债的顺利发行。

最近我们已经成功发行了几十只民营企业债券，金额达到几百亿元。2018年11月以来民营企业的发债恢复了正常。债务融资工具提高了民营企业的信用，缓解了市场对民营企业违约的焦虑。一些国有商业银行不愿意买民营企业债，因为怕它违约。现在有了保险就可以买了。比如说民营企业债的收益率是7%，其中有1%是保费。那么对于买这个债的投资人来说他可以得到6%的收益，交1%的保费。如果说购买者胆子大，不需要保险，那也可以，这7%的收益率就全归你。所以我们设定的工具是有选择性的，你可以买也可以不买。你的债是以6%的收益率发出去还是以7%的收益率发出去，全是根据路演投标和簿记建档出来的，是由市场决定的。就我所观察到的，最低的保费只有40个基点，也就是0.4%。说明这个企业信用比较高，所以保费就比较低。有的企业的保费是200个基点，说明这个企业风险比较高。但是这个企业它也愿意发，为什么愿意发呢？比如说以7.5%的利率发出去，2%是保费。实际上买这个保险的人付2%的保费后还能拿5.5%的收益。对商业银行来说拿5.5%的收益就很好了。

所以说这个工具的设计是市场化的。政策的设计一定要考虑到市场配置资源的决定性作用，尤其是要控制权力。权力最容易发生问题的地方在哪儿呢？第一是你指定谁能发债，谁不能发债。实际上我们不能指定谁能发债，谁不能发债。因为谁能发债，谁不能发债，谁发得出去，谁发不出去应该是由市场来决定的。我们在设计这个工具时坚持了市场化这个原则，管理部门一定不参与企业名单的选择，这就限制了权力。没有审批的过程，没有管理部门说谁能发债，谁不能发债。

第二个可能出现问题的地方，是发债和信用缓释工具的定价。利率应定在多少合适？是 6%？7%？还是 8%？从发债企业角度看，利率越低越好，因为企业是要付利息的。从买债的投资者角度看，利率越高越好，因为收益比较高。但利率较高的时候风险也较高，不能只看利率，一旦违约了，本金都拿不回来了，这是投资者应该考虑的。

究竟发债利率和保费应该多高呢？由谁决定呢？应该由市场决定，因此有关部门不应该人为确定利率和保费。大家知道，发债要有主承销商，这个主承销商可以是商业银行，也可以是证券公司。主承销商把发债公司的财务弄清楚，然后通过路演向投资者解释，最后招标、簿记建档，进而决定发债的利率和保费。

第三支箭就是要研究设立民营企业股权融资支持工具，缓解民营企业股权质押风险，稳定和促进民营企业股权融资。

关于如何支持小微企业和民营企业，这里也有很多例子。这些例子都是关于如何使小微企业、民营企业能够得到贷款的。我给大家讲一下宏观数量上的概念。我们现在有一个普惠金融口径的小微企业贷款统计，2018 年 10 月末授信户数是 1 600 多万户，这个数量是比较大的。大家在媒体上可以看到，中国经济很活跃，大众创业，万众创新。中国有将近 14 亿人，但是真正在工商局注册的企业有多少？中国的企业（包括部分事业单位）大数是 1 亿户，尤其是过去这几年增长很快，现在可能已经突破 1 亿户了。

注册一个企业很简单，现在成本很低，但是企业要融到资是比较难的。初创企业主要依靠向亲戚借钱，而要向银行、资本市场借钱是很难的，银行贷款是要经过严格筛选的。目前中国有贷款的小微企业一共是 135 万户，有经营性贷款的个体工商户是 1 103 万户，有经营性贷款的小微企业主是 411 万户，这些都包括在刚刚讲的 1 亿户企业里。有贷款的企业可以在中国人民银行征信系统中查到信用记录。小微企业和个体工商户是相对弱势的，从它们得到贷款的基本情况看，应当说金融支持力度还是很大的。

我国小微企业的平均寿命是 3 年，有的企业成功了，就变成大企业了，有的企业则很快消失了。美国中小企业的平均寿命是 8 年，日本中小企业的平均寿命是 12 年。中国的小微企业在什么时候才能够第一次拿到银行贷款呢？平均来说是成立 4 年零 4 个月以后，也就是说小微企业必须熬过平均死亡期才能够获得贷款。如果能得到第一次贷款，再得到第二次贷款的概率是 75% 以上，这就是金融的规律。金融就是要防范风险，要甄别你有没有抵押品，看我给你贷款的风险有多大。

现在再回到上面我说的三个数据，为什么个体工商户和小微企业主的贷款多，小微企业贷款相对少，这也是由风险决定的。现在注册企业都是有限公司，是可以破产的，小微企业向银行贷款时，银行要看企业有没有抵押品，否则一旦企业破产了，银行的贷款就收不回来了。这就是为什么我国有这么多小微企业，但是能够以小企业法人获得银行贷款的只有 135 万户。那么为什么个体工商户经营性贷款这么多呢？这是因为个体工商户虽然也是企业，但是它是以个人名义向银行贷款的。如果个体工商户不还钱，他的房产、家产都是要负连带责任的，这实际上就是无限责任了。小微企业主也是类似，他们以个人的身份向银行贷款，可能也要把房子抵押出去。从这里也可以理解金融防范风险的含义。从宏观经济的角度看，无论白猫黑猫，能抓住老鼠就是好猫，新成立一家企业能够创造就业、生产产品，对社会就有好处。无论是用小微企业贷款，还是用个体工商户贷款、小微企业主贷款，只要能贷到款，就能创造就业，支持经济增长。因此，关心这1 600多万户的贷款，从这个意义上是关注普惠金融这个口径。

从外部环境的变化看，2018年实体经济遇到了一些外部冲击，这些外部冲击可能是贸易摩擦，也可能是其他市场的变化，确实对我们产生了一些影响。在这个过程中我们应该加强预期引导，特别需要注意风险在不同市场之间可能会传染，如债市、汇市、股市之间的传染，同时要用货币政策和宏观审慎政策维持市场的稳定。

货币政策特别关注市场的流动性，其中一个指标就是DR007的利率。2018年以来DR007利率中枢从上半年的2.8%下降到2.6%（见图3.9），

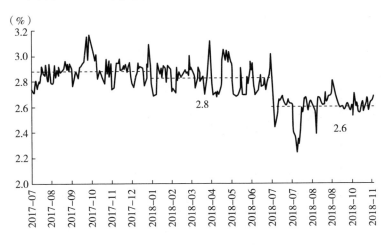

图3.9 存款类机构7天期质押式回购加全利率（DR007）

我国十年期国债的收益率也从年初的 4% 左右下降到目前的 3.3% 左右，这是稳健中性的货币政策取得的效果，反映了它对实体经济的支持，应当说下半年的融资条件、利率条件更宽松一些，可以部分缓解企业融资难、融资贵的问题。

从总量指标上看，我们最近公布了广义货币 M2 和社会融资规模的增长速度。如图 3.10 所示，2018 年 11 月广义 M2 的增长速度为 8%，社会融资规模的增长速度为 10% 左右，这个速度是和实体经济增长是相匹配的。当前宏观杠杆率也是比较稳定的。过去十几年，特别是在雷曼危机以后，也就是 2008 年以后，中国的宏观杠杆率增长比较快。图 3.11 中的浅灰色柱子代表非金融企业，黑色柱子代表居民，深灰色代表政府，债务占 GDP 比率是衡量杠杆率的一种方式。可以看到从 2009—2015 年杠杆率增长是比较快的，大概增长了 100 个百分点。2008 年杠杆率是 150% 差一点，到了 2016 年杠杆率增加到了 250% 左右。这就意味着各经济主体借钱借得比较多，这一点也引起了监管部门和宏观调控部门的注意。近年来中央提出"去杠杆"，从 2017 年开始杠杆率基本上稳定在 250% 左右，近八个月以来保持稳定，没有继续上升。

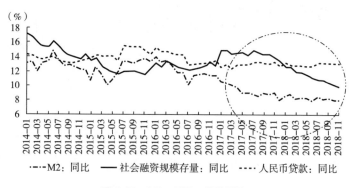

图 3.10　M2、社融、贷款增速

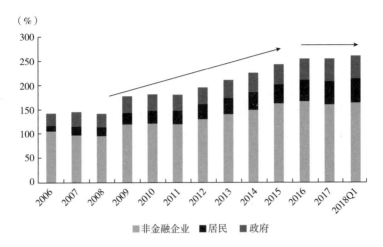

（％）

图 3.11　非金融部门负债占 GDP 的比率

货币政策要根据经济形势变化灵活调整，特别是要加强逆周期调控。如果杠杆率比较高，或者资产价格出现泡沫，最好的策略是"慢撒气""软着陆"，实现经济平稳调整。当市场或者经济遇到外部冲击时，应当及时出手，稳定金融市场，特别是稳定公众的信心，这是一个比较好的调控策略。下一阶段货币政策要继续支持实体经济。

现在讲第三部分，在考虑货币政策的过程中怎样防范金融风险。这就要把货币政策和宏观审慎政策一并考虑进来，所以要健全"双支柱"调控的框架，使货币政策、宏观审慎政策互动、相互补充。

要防范什么样的金融风险，给大家举几个例子。风险的表现之一是市场的异常波动和外部冲击风险。比如说股票市场的大起大落，或者债券市场的大起大落，或者部分企业违约造成的恐慌。违约的意思是，到了还本付息的时候企业没钱了，这就会产生恐慌。外部冲击可能导致货币市场预期不稳。当前货币市场利率的中枢是 2.6%，下限是 0.72% 的超额准备金利率，上线是 SLF 的利率，SLF 的利率是 3.55%，这个走廊的区间是比较窄的，要保持在这个区间内很不容易。为什么说把利率控制在比较窄的区间内不容易？举例来说，在1998年亚洲金融危机冲击香港的时候，香港的利率可以达到300%多。刚才说货币市场利率是2.6%左右，上限是3%多一点，下限是0.72%。外部冲击可能导致利率达到百分之十几二十几甚至百分之几百。所以货币市场如果受到预期或者外部冲击，波动可能很大，政策要防止这些风险在市场之间的传染。

风险的表现之二是信用风险。什么是信用风险呢？对商业银行来说，贷款收不回来就变成了不良资产，这就是商业银行的信用风险。对于企业来说，发债违约了，那就是信用风险。在考虑货币政策和金融稳定的时候，要考虑信用风险。现在商业银行整体不良贷款率是1.87%，不到2%。从债券市场上看，要考虑2018年有多少只债券违约了，涉及多少金额，这些违约的债券占总量的比例是多少，信用违约的整体风险对市场有多大影响。

风险的表现之三就是所谓的影子银行风险。影子银行是指银行和其他金融机构，比如信托公司、资产管理公司、保险公司等做的一些类银行业务，如资产管理业务、同业业务、资产证券化等。影子银行业务对资产进行信用转换或者期限转换，这些跟银行的业务性质差不多，但影子银行的资本充足率和其他指标没有受到与银行一样严格的监管，所以要多考虑影子银行的风险。举例来说，有些资产证券化机构以资产证券化的名义规避宏观政策和金融监管，但是并没有真正出售资产，也没有进行真正的破产隔离，这就是要考虑的风险。虽然听上去影子银行风险较高，但是规范的影子银行也是金融市场的一个必要补充，影子银行并不是完全负面的词，只要是依法合规经营，无论是表内还是表外业务、信托、公募基金、私募基金都能够成为金融市场必要的补充。

风险的表现之四是非法金融活动。部分没有金融牌照的机构和个人，利用互联网，以创新的名义进行非法集资，还有一些违法违规的交易所产品，都属于非法集资，这都在国家打击的范围之内。从民间的非法集资看，2017年全国新发生的非法集资案件超过5 000件，涉及的金额数很大，涉及的公众人数很多。对于非法金融活动，我们一定要加强消费者的保护，要提高警惕、强化维权，特别是防止老年人上当受骗。

风险的成因有国际的因素、国内的因素、市场的因素、体制的因素、道德的因素、监管不完善的因素等，所以要不断加强对风险的管理。在处理这些风险的时候要有一个统一的思路，这就是"谁的孩子谁抱"，所有者要承担风险。大家知道市场有风险，投资有风险，投资需谨慎。这是市场规律，我们都要牢记。

金融归根结底是要解决信用的问题。解决信用的问题有几种方法，一种是对借款人有了解，有的借款人如果做坏事，对自身的声誉影响很大，这样的人做坏事的成本太高了，所以你可以相信他。金融市场相信什么？相信钱，相信资本金。为什么所有者要承担风险呢？在你不了解、没办法判断这个人的信用情况的时候，你就看他下了多少赌注，出了多少钱。他如果把钱放在这儿或者他把房子抵押了，那你可以在他抵押的范围内相信他。这样你能够承担他抵押部分对应的风险，这就是金融的实质。我怎么能相信他？要不就是相信他这个人，要不就是相信他的记录，要不就是相信他的资本金。

比如说办一个企业，你怎么区分非法集资和正常的、正规的融资呢？前提是企业的所有者要承担风险。比如，一个企业入主一个农村信用社或一个农村商业银行，成为所有者。如果这个农村商业银行发生问题了，首先损失的应该是所有者的资本金。我们为什么要讲资本充足率呢？巴塞尔协议的核心是资本充足率，核心资本充足率要求是8%，如果银行要做很多其他的业务，资本充足率还要提高。如果是系统重要性金融机构，资本充足率还要更高。为什么我一定要强调资本充足率呢？就是说这个钱是你的真金白银，要损失的话先损失你的钱，所以在一定程度上我可以相信你，因为我相信先损失的是你的钱，一般情况下你不会轻易损失自己的钱。

那么我们对银行的监管也是同样的道理。看到某个农村信用社、某个金融机构有风险了，就要提示它。如果它开始消耗自己的资本金，就要注意它了。如果它把资本金消耗得差不多了，再损失就损失存款人的钱了，这时候就要高度关注它。到了一定的程度就不能让它经营了，要接管了。为什么呢？资本金已经损失完了，再损失就是客户的钱了，就是社会的钱了。开始为什么相信它呢？因为开始损失的是它自己的钱，我相信你押的这个资本金是你的信用，是你的风险的一个补偿。

那么对债券而言也是同样的道理，讲一个最基本的金融问题，就是你怎么相信一个人，怎么相信一个机构。要么就看他（它）的记录，看他（它）历史上有多少积累，要么就看他（它）放了多少资本金在这，这是一个简单的风险判断。

货币政策要防范和化解金融风险，一项重要的工作就是在资产管理产品上要有一些规范。比如大资管、净值化管理、盯市原则，比如其他的一些规定等。同时我们要加强对非金融企业投资金融机构的监管。金融机构一般来说是要经营存款人的钱、投资人的钱、投保人的保费。一个非金融企业破产了就只影响这个企业，损失和破产的影响范围是比较小的。但是金融机构牵扯到了存款人、投资者和投保人，所以如果一个非金融企业投资金融机构，就要特别注意了，要看它的资质和目的，为什么要投资金融机构。是不是把投资的金融机构当作一个提款机，为自己的企业服务？因此要加强对非金融企业投资金融机构的监管。

要加强对金融控股公司的监管。金融控股公司不仅仅有银行，还有证券、保险和信托。这些业务之间有怎样的防火墙？怎么进行风险隔离？怎么进行并账？这就需要加强对金融控股公司的监管。同时要加强对系统重要性金融机构的监管，这是最重要的金融监管。我国金融机构进入全球系统重要性金融机构名单的一共有五家，其中工、农、中、建四家大银行都是全球系统重要性银行。也就是说工、农、中、建要是发生了问题，那么它的影响是全球性的。全球有多少家系统重要性银行呢？一共也就是 30 家左右，而且这些系统重要性银行主要在发达国家。美国银行最多，英国有几家，欧洲像瑞士、德国有几家，法国也有几家，日本有几家。发展中国家也只有中国的四家银行在全球系统重要性金融机构里，平安集团也在全球系统重要性保险机构里。

我们要加强对国内系统重要性金融机构的监管。全球系统重要性金融机构叫 G-SIFIs，国内系统重要性金融机构叫 D-SIFIs。银行、证券、保险都有系统重要性金融机构，对这些系统重要性金融机构的监管特别重要。因为一旦它们出了问题，就会出现系统性风险，所以这方面的监管要加强。同时我们还要统筹监管金融基础设施，全面推进金融业综合统计。

最后，我讲讲内部平衡和外部平衡的关系。"不可能三角"大家在很多文献中都看到过，由于中国已经高度融入全球经济，所以我们考虑国内货币政策和其他政策时要考虑全球因素。

一个重要的视角就是汇率和利率，图3.12中的虚线表示我们十年期国债的利差，实线是美元兑人民币的汇率。在过去这些年，如以十年期国债为例，在前几年人民币十年期国债利率是4%，美元十年期国债利率是2%，那么这个利差有两个百分点，200个基点的利差算是比较大的。现在人民币十年期国债利率是3.3%左右，美元十年期国债利率是2.9%左右，利差还是正的，还是人民币的利率高一些，但是只比美元高一点。前几年是200个基点，现在只高40个基点。这个利差的多和少实际上有很重要的含义，它的含义在于人们在选择持有美元资产和持有人民币资产之间的利弊权衡。为什么利差在这个水

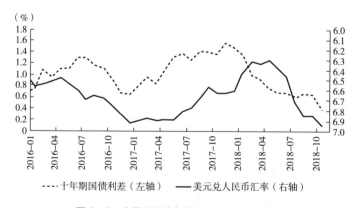

图3.12 人民币汇率与中美十年期国债利差

平下跨境资金还能够平衡呢？实际上利差反映了对本币升值或贬值的预期。当跨境资金达到均衡时，就说明利差和本币贬值或升值之间有一个均衡。这个均衡可以维持，就能够保持这个利差。如果这个均衡不能维持，那么这个利差会继续变化，它的变化就反映在汇率的变化上。

图 3.13 说明的是汇率和出口之间的关系。中国是一个大国，而且现在越来越以内需为主。我们的制造业的门类比较齐全，产业体系也比较完善。我国的货币政策应该坚持"以我为主"，保持货币政策的有效性，有效地支持实体经济。同时在考虑实体经济的时候要兼顾国际因素，争取有利的外部环境。在考虑汇率政策的时候我们要保持汇率的弹性，这样就使我们的均衡更加稳健、更加有韧性，遇到一定冲击时能够保持稳定。考虑好内部和外部的均衡就能够保持稳定，如果把握不好内部均衡和外部均衡问题，在冲击下就会更加脆弱。

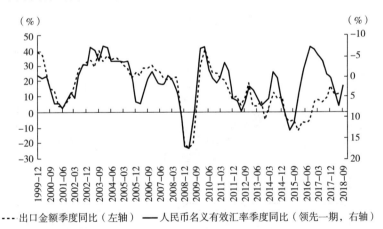

- - - 出口金额季度同比（左轴）　—— 人民币名义有效汇率季度同比（领先一期，右轴）

图 3.13　人民币名义有效汇率与出口之间的关系

汇率的弹性也就是由市场供求决定汇率的机制。汇率有一定的弹性后，反过来又可以调节宏观经济和国际收支，所以我们说一个有弹性的汇率是国际收支自动的稳定器。2007年中国的经常项目顺差占GDP的比重大概是10%，2017年经常项目顺差占GDP的比重是1.3%，2018年这个比重有0.1%~0.2%，大家可以从中看到国际收支的变化。我们不追求顺差，最好的经济政策是保持国际收支大体平衡。当然国际收支除了经常项目之外，还有资本项目。如果有一个好的货币政策和好的汇率机制，能够自动调节国际收支平衡，那么它就是一个稳定器，如果政策不对，会放大这种冲击使经济更加不稳定。这就是要考虑内部均衡和外部均衡的原因。

有人可能会说，2018年以来人民币是不是贬值了？大家看看人民币汇率走势（见图3.14），2018年以来人民币依然是比较稳定的。2018年以来英镑对美元贬值了5.6%，欧元对美元贬值了5.7%，到现在为止人民币对美元也只贬值了5.8%，相对于其他发展中国家的货币，如印度、南非、土耳其、巴西等，我们也是比较稳定的。2018年

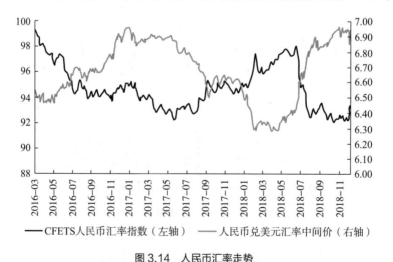

图3.14　人民币汇率走势

注：CFETS的全称是China Foreign Exchange Trade System，表示为中国外汇交易中心。

以来汇率变化主要是由于美元指数比较强，对人民币汇率有影响的另一个因素是中美贸易摩擦。但即使在这样的情况下，人民币还是相当稳定的，人民币 2018 年以来的变化跟英镑和欧元没有太大差别，英镑和欧元都是重要的可兑换货币。我们调控的时候会注意逆周期调节，注意防范"羊群效应"。在应对跨境资本流动中，必要时会运用宏观审慎政策，以此帮助稳定市场预期。总的来讲，我们有充分的经验、工具和充足的外汇储备，有基础、有信心、有能力保持人民币汇率在合理均衡水平上的基本稳定。

附　录①

主持人：刚才您说的三支箭中的第二支箭是对民营企业发债进行支持，我们有一个保险的机制，您也提到这个工具的定价是由市场来决定的。那么市场上发行信用缓释工具的是哪些机构？

易纲：这里有个很关键的问题，信用缓释工具能发出去，最重要的就是市场要相信这个写保险的机构。现在写保险的机构是交易商协会下属的中债信用增进公司，其背后有中国人民银行的支持。同时中债信用增进公司可以联合主承销商、商业银行和券商一起发起保险，此外还有地方政府，因为地方政府对本地的企业最了解，地方政府也积极参与了这个过程。

主持人：能不能详细说一下中国人民银行的支持作用？

易纲：由中国人民银行来支持，那么中债信用增进公司写的保险就不会像 AIG 似的遇到危机后兑付不了，因此这个保险是 100% 兑付的。但是整个过程都是市场化的，是联合主承销商一起发的。我举一个例子，假如发行一个 10 亿元规模的债，5 亿元是有保险的，5 亿元是没有保险的。那么在这 5 亿元保险中，中债信用增进公司可能保了 1 亿 ~2 亿元，主承销商保了 1 亿 ~2 亿元，当然还有其他的机构参与。也就是说中国人民银行创设的这个工具是起"药引子"的作用，引导市场机构也参加进来，市场机构参加进来以后，市场恢复了，中国人民银行就慢慢退出。如果大家都不发债，都不写保险，那就只有我们

---

① 此部分根据现场交流整理而成。

出来写。而且这个机制是有期限的，到期后我们会自动退出，不和市场竞争，只有在大家都不愿意去做这件事的时候我们才会去做这件事。

主持人：所以在定价中，其他参与者也起很大作用吗？

易纲：主要是由他们决定的，而且这个定价是完全由簿记建档和投标投出来的。

主持人：主承销商写保险的时候，我们对他们有没有监管？比如说它的实力是不是足够强？因为如果它发行了保险产品，万一出现了兑付问题，会不会还不上？

易纲：有资本金的要求。如果信用缓释工具违约的话，最后不能兑付，那和债券违约的性质是一样的，你要承担法律责任，并且在法庭上按照破产程序等依法来处置。这些主承销商要么是银行，要么是大的证券公司，它们都有充足的资本金。

主持人：还有另外两支箭，您刚才着重讲了第二支箭。其实发行债券特别重要，因为这是一个公开的信息，这些企业都能够顺利地发行债券，对市场来说是一个重要的信号，银行也会跟着提供贷款，这是我理解的第二支箭的重要性。第一支箭是用于鼓励银行给民营企业特别是中小民营企业贷款，我们已经看到在 2018 年 11 月民企债券发行创了年内新高，那么在给民营企业贷款方面，是怎样的情况呢？是不是也有所改善？

易纲：2018 年在调控过程中我们很注意鼓励人民币贷款。2018 年 11 月人民币贷款增加了 1.25 万亿元，1—11 月人民币新增贷款超过 15 万亿元，比 2017 年同期多了 2.14 万亿元。2018 年影子银行、表外融资有些收缩，特别是信托贷款和委托贷款，调控的重要目的就是使表内的人民币贷款多增加一些，以此来对冲影子银行和表外融资的收缩。2018年以来贷款增长是不慢的，当然比起表外收缩的量还略少一些，所以大家感觉到总体上还不是那么宽松。当然这里面也有市场需求的因素，主要还是由经济因素、经济周期所决定。我们在实施逆周期调节的时候，一是注重市场化，二是注意风险防控，以最优方式来弥补市场上减少的那一部分融资。

从结构上来看，2018年央行增加了再贷款和再贴现额度共计3 000亿元，主要是用于支持中小银行，而中小银行又主要是给小微企业和民营企业提供贷款的。数字上我就不一一说了，各省都报了很详细的数据。再贷款、再贴现是台账管理的，对再贷款、再贴现最后支持了哪些中小企业都是要有台账的。

主持人：中国人民银行对商业银行的支持和商业银行对中小企业贷款在一定程度上是挂钩的吗？

易纲：对，是台账管理的。也就是说拿了再贷款额度要报台账，要登记给小微企业、民营企业多少贷款，总共贷款的金额有多少，我们更重视500万元以下企业和1 000万元以下授信的企业，因为这些基本都是真正的小微企业贷款。

主持人：您刚才提到第三支箭是股权融资，这方面能再多给我们讲一些吗？

易纲：我们现在正在研究阶段，但实际上它已经产生作用了，以前我就说过，市场行为很多时候是被预期引导的。第三支箭主要解决的就是股权融资中的问题：民营企业用股票质押融资，如果股票下跌要补充抵押品，就可能会产生所有权的转移或者其他困难。所以我们要鼓励市场来优化资源配置，缓解由于股权质押补充抵押品所造成的困难。现在各地出现了很多有效的创新举措，来缓解这个问题。

缓解这个问题的要点是什么？一要坚持"两个毫不动摇"，也就是要毫不动摇地巩固和发展公有制经济，毫不动摇地鼓励、支持和引导非公有制经济发展。我们这里强调的是当前民营企业经营的困难，要毫不动摇地支持民营经济发展。二要防范道德风险。第二支箭虽然是中国人民银行设计的，但是从整个设计过程中可以看出完全是市场在配置资源，也就是要防止权力对配置资源的影响，防范道德风险。

主持人： 关于内外部的平衡，前面也讲到 2018 年对外经贸关系上面临较大的不确定性。在不确定性的情况下，把握内外平衡可能给我们带来更大的挑战。要防范风险在不同市场之间的传播。在这方面能不能再讲得详细一点？

易纲： 我指的内外均衡，就是在考虑货币政策有关问题的时候，要在内部均衡和外部均衡找到一个平衡点。比如，国内经济出现下行压力和信用收缩，就需要有略微宽松一些的货币条件，但如果太宽松、利率太低的话就会影响汇率，所以要考虑外部均衡，要在内部均衡和外部均衡之间找到一个平衡点。美联储现在正处在加息周期，在更接近中性利率后，目前加息的不确定性要比几个月之前大，而在两年之前美联储的加息步伐是很清晰的。但我国经济有一定的下行压力，需要一个相对宽松的货币条件，这就是一个典型的由内部均衡和外部均衡产生的矛盾。这时要以内部均衡为主兼顾外部均衡来找到平衡点，这实际上也是最优的平衡点。

中国的货币政策传导的最新证据[1]

李波[2]

今天我想和大家谈一下货币流通的传导问题。我在中国人民银行工作了 14 年，最近刚刚离开，调到中国侨联工作，所以目前我还可以就我的研究讲讲货币政策问题。

2018 年上半年我和几个同事合作写了一篇论文，讲的是中国货币政策传导的最新证据。一是从货币政策传导的角度，可以反映中国金融改革的一些进展，二是从这个角度也可以对整个货币政策体系做一个很好的介绍。

货币政策传导在中央银行工作人员的眼里可以分为两个阶段：第一个阶段是由短期利率向长期利率传导，第二个阶段是由长期利率向总需求的传导（见图 3.15）。

经典的货币政策是调整短期利率。中国、美国和日本等一些主要国家的货币政策调控，通常调的就是最短的利率，隔夜或者七天，而且通常是一个批发型的在银行间拆借或者回购的利率。中央银行只调这一个，

---

① 本文根据长安讲坛第 345 期内容整理而成。

② 李波，中国经济 50 人论坛成员，中华全国归国华侨联合会副主席。

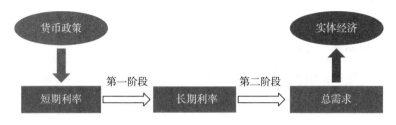

图 3.15　货币政策传导示意图

调完后其他利率也会跟着调整，这就是传导的过程。如果短期利率调整后，长期利率也调整，说明传导效果不错，最终会传导至经济的总需求，这也是凯恩斯经济学的核心。这篇论文重点研究的是第一个阶段，就是从短期利率向长期利率的传导。但是目前大量的研究集中在第二个阶段，因为大家觉得在发达国家第一个阶段不是问题，发达国家的金融市场很发达，只要短期利率一调整，长期利率就会跟着调整，传导非常有效。但是中国作为新兴市场国家，关注第一个阶段会更多一些，因为我国的金融市场还不够发达。我们比较关心的是第一个阶段的传导效率到底好不好。

如何定义利率传导效率呢？这个问题虽然有点技术性，但是基本的理念是比较简单的。传导效率有两种算法，一种是对利率的水平值做回归，将传导效率定义为长期利率对短期利率的回归系数。长期利率有两种，一种是债券利率，一种是贷款利率。这种定义考虑的是短期利率和长期利率水平值之间的关系。第二种算法是对利率的一阶差分做回归，将传导效率定义为长期利率变动对短期利率变动的回归系数。第一个回归是一个绝对值，不能反映我刚才讲的调整的概念。短期利率变化了1%，长期利率会变化多少？第二个定义更符合我们所理解的传导效率。为了更接近实际，我们采用第二种算法，即采用一阶差分。

同时我们还要考虑一个问题，传导效率会有迟滞。短期利率调整后，长期利率，即债券利率、贷款利率可能需要三个月、六个月甚至一年才能反映出来，所以是有迟滞的。要想定义传导效率，还要引入短期利率变动的滞后项。这个迟滞可以是三个月、六个月、十二个月，也可以是七个月、八个月、九个月。你需要尝试检验这个数据到底迟滞多久，可能在不同国家是不一样的。

我定义的传导效率考虑了迟滞之后总的影响。比如，这个月央行加息了，把短期利率提高了一个百分点，那么三个月和六个月之后，一年期债券利率会变多少？一年期贷款利率会变多少？传导效率就是各阶滞后项回归系数的和。可能第一个月后有影响，第二个月后也有影响，第三个月后还有影响，把它们加在一起，就是我想找的传导效率。经过检验，我们发现对债券市场而言，三个月的传导迟滞是合适的，贷款市场则需要六个月。

现有文献发现，中国市场传导效率比美国、英国、韩国、印度的平均水平低30%，这说明我们的传导效率不够高。2002—2015 年的数据显示，中国债券市场传导效率大概是美国的 42%，还不到一半。经济学家正在研究为什么中国的传导效率比较低。何东和王红林（2011）认为，我们有监管约束和预算软约束。什么叫预算软约束？就是企业尤其一些国有企业对利率不是很敏感，认为钱还不上了反正会有人来兜底，不会逼我破产，这叫预算软约束。所以它们对利润的敏感度，可能赶不上成熟的市场经济国家。马骏（2015）认为主要是监管约束。因为有利率管制、存贷比管制、比较高的准备金率，导致传导效率受限。

孙国峰（2016）认为，市场分割是传导不好的原因。什么叫市场分割？商业银行有两个部门，一个部门叫金融市场部，另一个部门叫资产负债部，这两个部门对应着两个不同的市场。金融市场部负责货币市场和债券市场，资产负债部负责信贷市场，这两个部门的资金来源和用途是不一样的。金融市场部的资金来源是金融市场的拆借、回购，是短期的批发性资金。这些资金会运用到短期的、流动性比较高的资产，主要是货币资产和短期债券。资产负债部的资金来源是什么？资产负债部负责贷款，它会不会从批发市场拆借一些钱用来放贷？肯定不会。资产负债部的资金来源，主要来自企业和居民的存款。它有了存款才能放贷。很多银行吸收存款的压力很大，因为没有存款就不让你放贷。我再重复一遍，金融市场部主要是从市场上拆借短期资金，它的资金主要用于投入流动性比较高的金融工具。资产负债部的资金来源主要来自企业、居民的存款。它的资金用于放贷，可以把钱放给流动资金贷款、固定资产贷款或者是给居民提供按揭贷款。这两个部门的资金来源不一样，资金运用方式也是不同的。因此，就会导致这两个部门有不同的定价曲线，有不同的定价逻辑。

　　货币市场的短期利率，能够传导到贷款利率上去吗？可能很难。金融市场包括货币市场和债券市场，而金融市场和信贷市场是相互分割的。金融市场部门对短期利率比较敏感，而资产负债部门对批发市场的短期利率不敏感，因为它的资金来源不是靠拆借，而是靠存款。我国银行怎么确定存款利率？主要看中国人民银行公布的存贷款基准利率。中国人民银行公布一年期存款的基准利率是 1.5%，这跟短期货币市场拆借利率有关系吗？没有必然关系。这是中国人民银行直接对外公布的一年期存款期利率。至于在货币市场拆借的利率是多少？隔夜的也好，七天也好，跟这个利率没有必然关系。

金融市场主要分三部分，对货币市场传导比较重要的市场有三个。

第一，货币市场。货币市场是银行间融通短期资金的批发市场。我刚才讲的拆借、回购、隔夜的、七天的，就是货币市场。

第二，债券市场。中国的债券市场有企业债、公司债、金融债、国债等。一般是政府和企业发行的一年期以上的固定收益的凭证。债券市场的期限要长一些，它对货币市场和货币政策的传导比较重要。

第三，信贷市场。这是银行和其他放贷机构对企业和居民发放贷款的市场。

这三个市场对货币政策传导很重要，因为这三个市场的价格是利率，利率高低会影响总需求。如果加息就会抑制总需求，降息则会刺激总需求。总需求包括消费、投资、净出口三部分。利率越高，投资和消费需求越低，因为老百姓可能更多地会去存钱。利率的提高和降低主要影响这三个市场。货币市场是短期市场，债券市场和信贷市场是中长期市场。这三个市场在我国是有一定分割的。在银行内部，货币市场和债券市场由金融市场部负责，而信贷市场则是由资产负债部负责。这两个部门定价逻辑不一样。它们有不同的定价曲线和收益率曲线。

短期利率指的是货币市场利率，中央银行调整的就是货币市场。在成熟的市场经济国家，中央银行只调整货币市场利率，它希望货币市场利率动了之后，债券市场利率和信贷市场也能跟着调整。它不能直接控制这两个市场利率，一般成熟市场经济国家只调整货币市场利率，而且它只调整隔夜的。它为什么敢这么做呢？因为它的金融市场很发达，它的利率传导比较好。它调整了隔夜利率之后，其他所有七天的、十四天的、一年的、十年的利率都会跟着调整，这就叫传导。

所以，我想研究中国市场有没有这种信息，中国人民银行如果调一下隔夜利率，其他利率会怎样变化。如果中国的传导效率也比较好的话，我们就可以放弃一些传统的调控方式，可以像成熟的市场经济国家一样，只调一个利率，比如隔夜的回购利率或者隔夜的拆借利率，让其他利率跟着调整，我不用控制其他利率，而是通过市场自然传导至其他利率。

但是，如果传导效率不好的话，我就没有信心说只调一个利率就够了。因为按照传统来讲，中国人民银行还没有采用成熟市场经济国家的调控方式，而是直接调整公布存贷款基准利率。这显然不是成熟市场经济国家的做法，成熟市场经济国家的中央银行，如美联储、欧央行、日本央行至少在过去二十年是不公布存贷款期的利率的，也不要求存贷款必须用这个利率。贷款由银行自己定价，美联储只调联邦基金隔夜利率，其他利率都不管，依靠市场形成，这叫利率市场化。

过去的十五年，我们经过了一个渐进的利率市场化改革的过程，到 2015 年 10 月基本放开了利率管制。也就是说，在 2015 年以前一直有利率管制。什么叫利率管制？就是各个银行不能随意调整存贷款利率，只能在中国人民银行限定的浮动区间范围内调整，没有完全的自由度。2015 年 10 月以后，中国人民银行说我不管了，虽然我还公布，你也可以参考这个基准利率定价，但我公布的基准利率没有法律意义上的约束力。有意思的是，大家可以观察一下，中国人民银行现在公布的基准利率还是有很大的引导力。比如公布的一年期基准存款利率是 1.5%，银行实际一年期存款利率是多少呢？有的银行是 1.5%，有的银行是 1.75%，还有的银行是 2%，但是基本没有银行比 1.5% 往上浮动超过 50% 的。所以这 1.5% 还是有引导作用的。虽然理论上没有上限，但实际上银行在给存款定价的时候，会参考中国人民银行公布的基准利率。

中国利率市场化，主要就是利率管制基本放开。但是我们的利率市场化的程度还赶不上发达国家，这是因为中国刚刚放开管制，我们的调控需要逐渐像发达国家一样集中在调控短期利率上。这需要我们的金融市场足够发达，足够连通，能够让短期利率变化传导至中长期利率，然后通过这种传导来影响总需求。这是我们的目标。因此，我们的研究是很有意义的。它告诉我们，在多大程度上可以依靠这种市场化的短期利率调整方式，而多大程度上还得依靠传统的存贷款利率的调控方式。这个研究可以帮助我们来解决这个问题。

从马骏等人的研究来看不太乐观，因为我们的传导效率还不行，至少在 2015 年以前是不行的。但是，到 2015 年之后有了很大变化。一是 2015 年 10 月中国人民银行基本解除了利率管制，银行有了完全的自由度来定价，它可以参考存贷款基准利率，但是它没有必要服从存贷款基准利率，它的上浮和下浮在基准利率的基础上，没有上限或下限。二是 2015 年 8 月 11 日发生了一件大事，这使我们的汇率变得更加市场化，市场俗称 "8·11" 汇改。这次汇改的核心是进一步完善了中间价的报价机制，这一点比较重要，因为它大幅度提高了汇率定价的市场化程度。

2015 年发生的这两件大事，让我觉得也许 2015 年之后我们的货币政策传导效率会有所变化，所以我想用最新的数据来进行研究。为什么叫最新证据呢？因为 2015 年之前的数据是不太乐观的。马骏等人的研究表明，2015 年我国货币政策的传导效率还不到美国的一半，所以我的研究想把这个数据更新到 2018 年 6 月底，看看过去 3 年有没有新的变化。而且我认为所用的方法更复杂一点，可能会得出新的结论。

图 3.16 使用了 2004—2018 年最新的月度数据。我研究了两条传导效率曲线，一个是一年期国债收益率，另一个是贷款加权利率。短期利率选的是 DR007，什么叫 DR007？就是银行间市场七天回购利率。为什么叫 DR 呢？就是存款类金融机构之间的。D（Depository）就是存款类金融机构，这是一个短期利率。虚线画的就是 DR007 短期利率如果变化 1%，一年期国债利率变化会是多少。我考虑了 3 个月的迟滞。实线表示 DR007 如果变化 1%，贷款加权利率，就是银行发的贷款加权利率会变化多少？我考虑了 6 个月的迟滞。我发现在过去的 15 年里，有三个传导效率比较好的时间段。

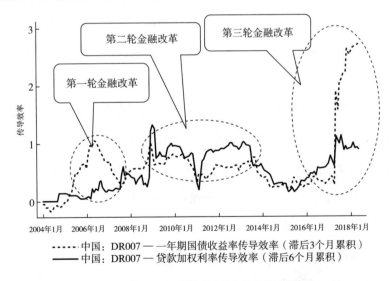

图 3.16　从 DR007 到债券市场和贷款的传导效率

第一个时间段大概是 2005—2007 年。在这段时间，债券市场的传导效率最高能够达到 1，达到第一个小峰值。因为 1 就是传导效率 100%，短期利率变成 1%，长期利率变化也是 1%，这是比较理想的。

第二个时间段是 2010—2012 年。两条线都比较接近 1，有的时候甚至超过了 1，比较接近我们的理想传导。这是第二个峰值。

第三个时间段是 2016—2018 年。很奇怪，虚线大幅度上扬，到了 2.5。这是什么意思呢？短期利率变化一个百分点，一年期国债收益率能够超过 2.5%，我们把它叫作超调。因为短期利率只上一个点，我希望债券利率也上一个点，但是它上了 2.5 个点，所以超调了。2016—2018 年，信贷市场的传导是比较好的，接近 1。债券市场有点超调，所谓超调就是传导过度。

大家看图 3.16 的三个圈，恰恰是三轮金融改革集中的高点。第一轮金融改革大概是 2005 年。2005 年 7 月 21 日傍晚，中国人民银行宣布人民币汇率开始浮动。在这之前人民币汇率基本上盯着美元，汇率为 1:8.27。1994 年之前人民币汇率有两个市场，一个是官方价格，一个是调剂价格，即双重汇率。当时黑市接近 1:10，官方价格人民币高估。1994 年 1 月 1 日，我们宣布汇率并轨，人民币兑美元一次性贬值到 8.7 元左右。那次改革之后人民币开始小幅度升值，大概从 8.6 元、8.7 元升到 8.27 元就停住了。1997 年发生了亚洲金融危机，周边国家的货币都在贬值，人民币停止升值，但是也没有贬值。时任总理朱镕基说，中国坚持人民币不贬值的政策将不会改变。因为人民币一旦贬值，周边国家的货币贬值会更严重。所以 1998—2005 年这七年时间，我们基本上就盯着美元没动。

但是，为什么 2005 年开始动了？是因为中国加入了 WTO。2001 年中国加入 WTO 以后，我国贸易出现了顺差，而且一年比一年大，就出现了升值压力。2005 年我们认识到了这个问题，不能老盯着美元了，我们得释放这种升值压力。2005 年 7 月 21 日，我们宣布建立一个以市场供求为基础，参考一篮子货币进行调节，有管理的浮动汇率制度，其实这也不是新的提法。1994 年 1 月 1 日汇率并轨的时候，说的是以市场供求为基础，单一的、有管理的浮动汇率制度。2005 年的三点与 1994 年提的有两点是一样的，只有第二点不一样。1994 年提的是单一的，因为当时汇率并轨了，所以 2005 年我们没有再提单一的这一点了。2005 年提的是参考一篮子货币进行调节。为什么我们要释放升值压力？可不可以不升值？升值不是对出口不利吗？换句话说，为什么中国不能搞固定汇率制？我们盯着美元会有什么问题？

按照蒙代尔的"不可能三角"理论，汇率稳定、货币政策独立性和资本自由流动这三个角，只能选择其中两个，所以叫"不可能三角"。如果盯着美元，就意味着放弃了货币政策独立性。要跟美元保持固定汇率，等于放弃了自己的货币政策，让美国人定我们的货币政策。中国香港货币局的制度就是这样，港币对美元盯住 1∶7.8，它就放弃了货币政策独立性。中国是一个大国，我们不可能让美联储来给我们定货币政策。中美两国经济结构不一样，货币周期也不一样。我们要考虑国内经济周期，经济过热得加息，经济下行压力太大得降息。尤其是中国加入 WTO 以后，成了世界工厂，贸易出口很多，有大量的顺差。如果想保持固定汇率，可能就要不停地买外汇。但是银行也用不了那么多外汇，因为国内是人民币的市场，所以银行拿到外汇以后，也要卖给别的银行。当所有的银行都愿意卖时，那就没有人买了。如果没人买外汇的话，人民币就有升值的压力。如果央行或者政府不让它升值，只能政府买外汇，因为别人买不了了。所以要阻止它升值只有一个办法，就是不停地买外汇。如果让中国人民银行买，中国人民银行又不做实业，哪来的钱？所以中国人民银行只会通过投放基础货币来买。如果中国人民银行不停地买外汇，就会在一定程度上失去货币政策的独立性。

没有货币政策的独立性，就无法在经济下行或者过热时，放松或收紧货币政策。但是如果有升值压力，又不想让它升值，就得投放基础货币，这两者不是矛盾吗？因此，我们在2005年7月21日宣布，恢复国内的浮动汇率制度。2005—2015年这十年间，人民币兑美元从1∶8.26最高升到1∶6.06。大家可以观察一下这个过程，我们并没有让它一次性升到位。2007年我们的贸易顺差超过了GDP的10%，这么大的顺差形成了很大的升值压力，中国人民银行如果完全不管，有可能会升值更快，这对我们的经济就会有很大影响，我们只能逐渐地释放升值压力。

2005—2015年，央行也在买一些外汇，而且买的量也不小。我们的外汇储备最高时接近40 000亿美元。为什么央行要买外汇？是因为我们要避免汇率的无序升值。我们不是不让它升，而是希望它升得有序一点、渐进一点，短时间内不要升得太快，更不希望出现超调。所以2005—2015年，人民币兑美元每年升几个百分点，属于比较有序的升值。有序升值对中国经济是好的，对世界也是好的。图3.17显示了2004—2018年间美元兑人民币汇率变化情况。

图 3.17　人民币汇率变化（2004—2018.07）

　　人民币有序升值的好处，一是我们没有让它僵化，没有搞固定汇率，我们得释放升值压力，二是有序渐进。有序渐进会有一点代价，要买点外汇，而且要买不少。外汇储备绝对不是越多越好。中国人民银行创造的基础货币越多，流动性就越多，可能导致通胀，货币政策就会面临更大的挑战。中国人民银行外汇储备最多的时候达到约 40 000 亿美元，大概吐出了 30 多万亿美元的流动性（见图 3.18）。为对冲这些流动性，有两种办法。

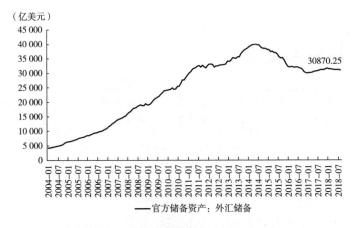

图 3.18　中国外汇储备（2004—2018.07）

第一种是发央票。央票就是中国人民银行发的债券。中国人民银行创造基础货币，从银行手里买外汇，再把人民币给它。但是同时又要把人民币收回来，因为怕流动性泛滥。怎么收回来？就通过发债券。比如发一个一年期的央票，说我欠你 100 亿元，利率 2.3%，意思就是我不想现在就把这个钱给你，因为现在流动性太多了。

第二种是提高存款准备金率。刚开始我们是发央票，后来发现央票成本越来越高，于是就想到另一个办法，提高存款准备金率。存款储备金就是银行每吸收 1 元的存款，它要向中国人民银行交一定比例的准备金。提高准备金就是要把流动性收回来。近十几年我们经常提高准备金率，就是要对冲购汇所导致的基础货币的投放。如果不对冲，流动性太多，会有通胀压力。最高的时候，准备金率达到了 20%，即银行每吸收 1 元存款，它得把 0.2 元交给中国人民银行（见图 3.19）。

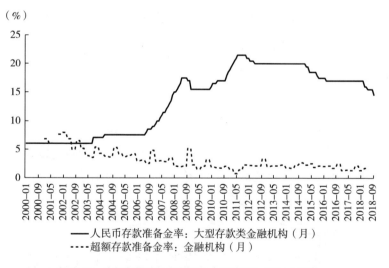

图 3.19　中国存款准备金率变化（2000.01—2018.09）

2005—2015 年这十年间，人民币经历了一个有序渐进的升值过程。

同时，这个过程也积累了一定量的外汇储备。我们一直对外表示，中国并不以追求顺差为目标，也不以积累大量外汇储备为目标，希望汇率逐渐走向均衡。所谓均衡就是进口和出口差不多，顺差不要太大。国际上较为公认的标准是经常项目顺差不要超过 GDP 的 4%，或者说贸易顺差不要超过 GDP 的 2%，这两个数据就意味着汇率基本上是均衡的。如果顺差太大或者逆差太大，汇率就不均衡。顺差太大需要升值，逆差太大需要贬值，这样逐渐让进口和出口达到大致相当的水平。

21 世纪以来的第一轮金融改革是 2004—2005 年。2004 年放开了贷款利率上限和存款利率下限，2005 年汇率开始浮动。2004 年 10 月的这个动作是实现一半的利率市场化，因为放开存款利率下限和贷款利率上限，但是中间利差没有放开。贷款利率可以上浮，存款利率可以下浮，中间不放开是想让银行有一个稳定的利差，这不是简单的保护主义的思想。因为我国银行业那时候还不具备足够的自我约束能力和定价能力来防止恶性竞争。恶性竞争就是高息揽存、低息贷款，彼此乱抢客户。2004 年银行改革正在准备启动，银行还不是公司，既没有董事会，也没有股东大会，不是一个市场化的主体。那时候的银行，还没有足够的自我约束能力去理性竞争。如果银行间发生恶性竞争，可能会导致银行的倒闭和金融不稳定。很多国家在利率市场化的初期都会有一批银行倒闭，因为凡是经营比较差的银行都靠高息揽储来维持自己。我们要防止出现因利率市场化步伐迈得太快导致的金融不稳定。所以我们采取了审慎的第一步，放开两头，只管中间。

第二轮改革是在 2010 年前后。2008 年发生全球金融危机之后，人民币对美元停止了升值，这种状况持续了大概有两年时间。人民币兑美元稳住在 6.84 元附近。因为 2008 年金融危机之后，中国推出了 40 000 亿元的刺激政策，如果汇率接着升值，会对我们的出口影响太大。所以，人民币兑美元稳定了两年。到 2010 年 6 月 19 日，金融危机最困难的时候过去了，我们又恢复了浮动。2010—2013 年，我们逐渐放开贷款利率下限，刚开始可以下浮 10%，后来可以下浮 20%，再后来可以下浮 30%。到 2013 年 7 月，贷款利率就完全放开了。

同时，在 2010—2013 年，我们还启动了人民币国际化。资本项目开放比这个更早了，从 2002 年开始，我们就在稳步扩大资本项目开放，比较集中的是 2009 年之后，开始了人民币的跨境使用。作为配合，我们进一步扩大资本项目开放，把债券市场对外开放。2010 年 8 月，债券市场对境外商业银行开放。第二轮改革，也可以说是以利率市场化和汇率市场化为核心的金融改革。

第三轮改革，标志是 2015 年以来发生的两件大事。一件大事是 2015 年 8 月 11 日，我们宣布大幅提高汇率市场化程度，要求 14 家报价行在每天早上报中间价的时候，要以头一天的收盘价为基础来报，而头一天收盘价是一个市场价，这大幅提高了汇率市场化程度。到 2016 年初我们公布了中间价公式，报价行按照这个公式来报价，中间价等于头一天收盘价加上一个篮子货币的变化，整个汇率定价机制大幅度透明化、大幅度市场化。

另一件大事是关于利率的。2015 年 10 月，中国人民银行宣布放开存款利率的上限，但也不是一步就放开了。2013 年以来逐渐扩大存款定价空间，2012 年刚开始存款利率可以上浮 10%，2014 年上限扩大基准利率 1.2 倍，2015 年扩大到了 1.3 倍甚至 1.5 倍。到 2015 年 10 月，存款利率上限也不管了，银行有完全的自由度来定价。中国人民银行虽然还公布基准利率，但基准利率没有约束力，银行可以在基准利率基础上自由上浮或者下浮。

这三个阶段介绍完以后，我们来看一下计量的结果会是什么样的。按照我们这个模型来计算，我国的货币政策传导效率比马骏测算的结果要好很多。2004—2008年，我们债券市场的利率传导效率是美国的58%。2009—2014年传导效率大幅度提高，是美国的80%。2015年以来是美国的70%，但是美国当时是有点超调了。2015年以来美国是1.35，超过了1，属于超调。2015—2018年，我们的传导效率是0.95，接近1，是比较理想的。2015年以前，我们的传导效率只有0.4~0.6，2015年以后，传导效率大幅度提高，达到0.95，接近理想状态。随着我们利率市场化程度和汇率市场化程度的提高，包括资本项目开放扩大，我们的货币政策传导效率大幅度提高。2015年前后的传导效率完全不一样。

信贷市场2015年前和2015年后看起来差别不是太大，实际上最高的那段时间是2009—2014年，如果把2004—2018年这15年加在一起来看，传导效率是0.53，而2015年以后是0.58。贷款市场传导效率没我们想象得那么好，其中一个原因就是这两个市场是分割的，债券市场和信贷市场没有充分打通，有两条定价曲线，效率要大幅度低于债券市场传导效率，到2015年之后也是如此。如果从2004—2018年这15年来看，贷款市场传导效率就是50%左右，而债券市场在60%以上。直到今天，我们这两个市场的分割问题还没有彻底解决。在成熟的市场经济国家的信贷市场和债券市场之间，要依靠一个很重要的市场来相互打通,这就是资产证券化市场。银行如果想把一部分信贷资产证券化,就把它打包设立一个SPV(Special Purpose Vehicle),即设立一个特殊目的载体。SPV的唯一目的就是用于证券化,然后把拟证券化的贷款资产注入SPV,再通过SPV发行资产支持证券(Asset-Backed Security,ABS)或者抵押支持债券(Mortgage-Backed Security,MBS)。

为什么叫ABS或者MBS?因为它是靠注进去的基础资产的现金流来支撑的。基础资产是贷款,贷款每个月都要收利息,是有现金流的,靠贷款的现金流来支撑ABS或者MBS。银行通过资产证券化能收回来一堆现金,因为它把贷款卖给了SPV。SPV用发ABS或者MBS的钱付给银行。

投资人愿意买MBS和ABS,是因为它有稳定的现金流,每个月能够收息,最后能够把本收回来。所以贷款是有稳定现金流的资产,可以支撑ABS或者MBS。银行通过证券化之后拿回现金,等于它又有钱可以贷款了。现金不占资本,也节省了资本。在成熟的市场经济国家,很多银行靠资产证券化来盘活资产,来节省资本。同时,通过这种方式又把信贷市场和债券市场打通了。SPV发的ABS和MBS是有固定收益的金融工具,实际上就是债券。由于成熟市场经济国家银行吸收不了多少存款,所以它就通过资产证券化拿到资金在市场上放贷。

美国的银行贷款怎么定价?它得看债券收益率来定价。因为它想把贷款证券化,贷款的利率必须对标ABS,并要有足够的吸引力,所以ABS利率要决定贷款利率。贷款利率不能低于ABS利率,太低了就没有人买 ABS,而 ABS 就是债券市场利率。所以美国银行贷款定价,不是看吸收存款的资本,而是看证券化的资本,证券化的资金成本就是 ABS 的利率。中国的银行贷款定价,要看它吸收存款的成本,因为它主要是靠吸收存款来放贷,所以存款利率会低于银行贷款利率。成熟市场经济国家看存款利率不多,主要是看 ABS 利率来决定贷款利率,这就使债券利率对贷款利率有了影响,两个市场实际上打通了。我国的两个市场还没有打通,资产证券化市场还太小。

我国的银行业主要靠吸存来放贷,而不是靠证券化来放贷,商业模式就不一样。我国这两个市场还没有完全打通,按照银行的说法叫双轨制,是两套运营体系。而在成熟市场经济国家,这两个市场通过资产证券化市场充分打通之后,就只有一个定价体系。这就是为什么从我的数据可以看出,我国贷款市场的传导效率大幅度低于债券市场。信贷市场和债券市场现在部分打通了,但是并不够,因为资产证券化市场太小了。

大家知道在"不可能三角"中,汇率稳定、货币政策独立性和资本流动,只能同时要两个。我在"不可能三角"的基础上又加了第四个角,叫"影子银行",我试图用这四个方面的变量,来解释过去十五年货币政策传导效率的变化。第一个假设,汇率市场化程度越高,货币政策传导效率越高。第二个假设,利率市场化水平越高,货币政策传导效率越高。第三个假设,随着资本项目的开放,传导效率可能会受到一些负面影响。第四个假设,"影子银行"的存在,可能会提高传导效率。我通过一个计量模型来检验这四个假设,结果证明我的假设都是成立的,从数据上来看都得到了检验。汇率市场化对传导效率有积极影响，利率市场化对传导效率也有积极影响。资本账户开放可能具有负影响，"影子银行"开放可能具有正影响。模型还进一步验证了由四个基本假设衍生出来的三个附属假设。

外汇政策反思与前瞻[①]

管涛[②]

什么叫外汇政策？我的理解是，外汇政策主要包括三大类：一是汇率政策；二是外汇市场干预政策；三是资本流动管理政策，既包括资本流入管理，也包括资本流出管理。这三大类构成了外汇政策。"8·11"汇改以来，大家对各个外汇政策工具的使用有很多议论，见仁见智。虽然我们经历了"8·11"汇改初期的资本集中流出、外汇储备下降、人民币汇率贬值，但从 2017 年开始人民币汇率止跌企稳，外汇储备也开始反弹，外汇形势趋稳。经历了这样一个形势的变化以后，我们有机会对近两三年大家对外汇政策的讨论进行反思和回顾，对未来进行展望。

我想从四个方面谈谈外汇政策。首先讲新的"不可能三角"，其次分别就汇率政策、储备干预政策和资本流动管理政策，结合理论和实践，特别是中国的实际，做一个反思和前瞻。

① 本文根据长安讲坛第 338 期内容整理而成。
② 管涛，中国经济 50 人论坛成员，中国金融四十人论坛高级研究员。

一、新的"不可能三角"

开放经济学的"不可能三角",又叫三元悖论,就是货币政策的独立性、资本自由流动和汇率的稳定,这三个目标不可能同时实现,而只能够三者取其二。我讲的新的"不可能三角"是指当资本流动出现失衡的时候,要么用价格工具出清市场,让人民币贬值,一直到市场上有的人不买外汇,有的人会出来卖外汇,这就是汇率出清,要么用数量工具,就是储备和资本流动管理。当外汇供不应求时,如果不想让汇率贬值,可以用外汇储备为市场提供流动性。如果既不想汇率贬值,又不想储备下降,那就要加强资本流动管理。但绝对不可能既不想汇率贬值,又不让储备下降,还想资本自由流动。表 3.1 总结了应对资本流动冲击的新的"不可能三角"及中国实践。

表 3.1　应对资本流动冲击的新的"不可能三角"及中国实践

时期 工具	亚洲金融危机期间	"8·11"汇改以后
汇率政策	无(人民币兑美元汇率中间价基本稳定在 8.28 元人民币 / 美元。直到 2005 年 7 月 21 日汇改,将人民币汇率一次性升值 2.1%,由 8.2765 升至 8.11 元人民币 / 美元)	有 [参考一篮子货币调节,将人民币兑美元市场汇率稳定在一个区间。到 2017 年底,人民币兑美元汇率中间价较 2015 年 8 月 10 日下跌 6.4%,在岸市场汇率和离岸市场汇率均下跌 4.6%;BIS(国际清算银行)口径的人民币汇率指数 NEER(名义有效汇率)和 REER(实际有效汇率)分别下跌 7.2% 和 7.6%]

续表

时期 工具	亚洲金融危机期间	"8·11"汇改以后
储备干预	无（除个别月外，基本没有动用外汇储备干预市场。到2000年底，外汇储备余额1 656亿美元，较1997年底增加了257亿美元）	有（动用外汇储备支持汇率稳定是重要措施。到2017年底，外汇储备余额3.14万亿美元，较2014年6月底的高点回落8 533亿美元，其中2015年8月以来累计减少4 899亿美元）
资本管制	有（1.加强经常账户对外支付的真实性审核；2.严格资本账户用汇管制；3.加大外汇执法力度，严厉打击逃汇和骗购外汇）	有（1.鼓励资本流入和结汇；2.引进宏观审慎措施；3.加强跨境资金流动的真实性审核）

资料来源：作者整理。

　　在亚洲金融危机期间，中国的做法是，政府对外承诺人民币不贬值，但是当时政府也没想用外汇储备来稳定汇率，当时就用了一个工具，就是加强和改进外汇管理。一方面打击出口逃汇，另一方面打击进口骗购外汇，主要靠外汇管理使中国免于亚洲金融危机的冲击。

　　"8·11"汇改以后，这个时期我们跟上一次做法不一样，三个工具结合起来一起用。实际上中国的外汇储备下降，资本流出从2014年第二季度就开始了。不过在"8·11"汇改之前，我们主要是用一个工具，就是用外汇储备给市场提供流动性。所以在"8·11"汇改之前，所有的外汇供求缺口都是由外汇储备提供的，那时既没有动汇率，也没有采取任何额外的资本流动措施。"8·11"汇改以后，我们坚持人民币汇率有管理浮动，但不是让人民币对美元保持稳定，而是对一篮子货币保持基本稳定。刚开始的时候，由于美元在国际市场上比较强，所以人民币参考一篮子货币对美元就出现了贬值。在这样的情况下，汇率的贬值发挥了促进市场出清的一部分作用，但同时我们也继续抛售外汇储备为市场提供流动性，来阻止汇率的过快贬值，当然也少量采取了一些资本流动管理的措施。到 2016 年底，人民币兑美元离"破 7"只有一步之遥，外汇储备离破 3 万亿元也是咫尺之遥。当时市场上讨论到底要保汇率还是保储备，所以 2016 年底主要措施就转向了加强跨境资本流动管理。

刚才我们提到了旧的"不可能三角"，也叫三元悖论，我这个新"不可能三角"和旧的"不可能三角"相比，不是简单的翻版。我这个新"不可能三角"采取的是穷举法。做金融交易的人都知道，市场出清要么是价格，要么是数量，至少用一个工具来出清这个市场。旧的"不可能三角"有很多三方的组合，不完全是非此即彼的关系，而我这个是用穷举法组成的新"不可能三角"，至少要用到一个工具。另外，我们刚才还提到了，2016 年底市场上讨论保汇率还是保储备，并不是因为大家担心外汇储备的下降会影响货币政策的独立性，而是担心如果外汇储备继续下降，有可能影响稳定汇率的能力，有可能会引发市场的信心危机。所以，保储备与货币政策独立性并不是一回事情。从这个意义上来讲，新的"不可能三角"和旧的"不可能三角"并不完全是一回事情。

下面我们就要按照刚才提到的汇率政策、储备干预政策、资本流动管理政策，一一做一个回顾和展望。

二、汇率政策问题

作为一个开放的经济体，汇率问题非常重要。很多国家由于汇率选择出现大的失误，发生了货币危机、金融危机甚至经济危机和政治危机。比如，亚洲地区曾经创造了亚洲经济奇迹，但是因为泰铢失守，爆发货币危机，最后演变成席卷全球新兴市场的亚洲金融危机，可见汇率选择问题非常重要。但是什么是最好的汇率政策，在理论上有很多争议。

一般来讲汇率可以划分为三大类，一个是固定汇率，一个是浮动汇率，还有一个是有管理的浮动，这三个汇率制度各有利弊。

固定汇率对进出口企业比较好，它没有汇率波动，企业比较容易安排生产经营，不用进行套保。但是固定汇率的坏处是，它会影响货币政策的独立性，会导致企业过度借贷，并且不对外债进行套保。固定汇率还有可能会招致货币攻击。

浮动汇率的好处是，中央银行货币政策独立了，汇率浮动以后可以抑制短期资本流动也就是投机资本流动。但是浮动汇率最大的问题是容易出现超调。由于资本流动是顺周期的，所以汇率容易出现超调，要么是过度升值，要么是过度贬值。20世纪80年代上半期最典型，当时保罗·沃尔克当美联储主席，他采取反通胀政策，所以出现了美元泡沫，这才有了1985年的广场协议，美国协调日本的日元和德国的马克对美元升值。因为浮动汇率不能解决国际收支的平衡问题，就要采取一些国际政策的协调。

有管理的浮动，理论上兼具了固定和浮动汇率的好处，但同时也兼具固定和浮动汇率的问题，所以这三种汇率选择都是有利有弊的。后来大家讨论的结论是，没有一种汇率制度适合所有国家，也没有一种汇率制度适合一个国家的所有时期。这是国际上对汇率问题达成的基本共识。

那么中国采取什么样的汇率制度呢？中国从1994年汇率并轨以后，采取的就是以市场供求为基础、有管理的浮动汇率制度。固定汇率和浮动汇率叫汇率选择的两极解，有管理的浮动就叫中间解。在"8·11"汇改以前，我们坚持汇率改革，主动、渐进、可控。遇到资本流出信心危机的时候，我们会主动地把人民币兑美元的汇率稳下来。亚洲金融危机时人民币兑美元不贬值，基本上稳定在8.28元左右。2008年全球金融海啸，我们强调信心比黄金重要，把人民币兑美元的浮动区间控制在6.80～6.84元，一直到2010年6月19日重启汇改。在过去形势不好的时候，我们通常会让人民币兑美元保持基本稳定。这次"8·11"汇改，我们仍然坚持人民币有管理的浮动，对一篮子货币保持基本稳定。

有管理的浮动有好处也有问题，它的好处在此不提。它的问题就是，在发生货币攻击的情况下会出现两个问题，第一个是透明度的问题，人家不知道在有管理浮动的情况下，人民币为什么贬值，就会有很多猜测。第二个是政策公信力的问题。你说保持人民币汇率稳定，如果市场看到人民币兑美元贬值了，人家就会质疑你的汇率稳定指的是什么，到底能不能解决市场切实的关切，这可能会对你的公信力产生疑虑。当外汇市场处于多重均衡的情况下，往往会出现坏的结果，也就是当市场看空的时候，大家会选择性地相信坏的消息，最终导致外汇储备大量消耗，货币崩盘，发生货币危机。

实际上汇率选择有三大类，在"8·11"汇改以后，大家都知道当时市场非常流行的一个观点，中国是一个大国，人民币汇率应该让它一浮到底，汇率不值得一保。按照刚才提出来的理论，不管什么汇率制度选择都有利有弊，所以我个人并不抗拒汇率可以浮动，包括在当时那种情况下。但是我们必须知道，在市场极度看空，资本集中流出的时候，如果让汇率浮动，大概率的事件是汇率过度贬值。我个人认为，如果在那个时候主张采取浮动汇率，可能要考虑以下四个方面的问题。

第一，当时中国经济面临的下行压力是由很多问题导致的，汇率只是一个影响因素，甚至不是主要的影响因素。在这样的情况下，选择汇率浮动，希望让它一贬到底来解决中国经济的问题，我觉得是缘木求鱼，根本解决不了问题。例如，2014 年俄罗斯卢布发生崩盘，有三个主要背景：经济衰退、油价下跌和西方制裁。2014 年初俄罗斯把克里米亚收回去，受到西方的制裁，汇率崩盘。2015 年这三个因素继续存在，所以卢布继续贬值，直到 2016 年经济企稳，油价反弹了，卢布汇率才企稳，并不是汇率稳了经济才稳。所以在前两年，如果让汇率浮动的话，我相信人民币是会贬值的，但是人民币贬值不能解决中国经济本身的问题。站在 2016 年底，我们并没有预见到 2017 年中国经济的超预期表现，甚至 2017 年初政府工作报告还在强调，综合分析国内外形势，我们要做好应对更加复杂严峻局面的充分准备。

第二，理论上来讲，人民币贬值有利于出口，但如果人民币贬值，当时国际上非常担心的是可能会引发新一轮的竞争性贬值。当时世界经济的复苏比较脆弱，这有可能扼杀了世界经济的复苏。而且人民币贬值可能会招致更多的针对中国的贸易保护主义，还不一定能够帮助中国改善出口，拯救经济。

第三，贬值可能存在一定的风险。在经济上的帮助不大，但是贬值有可能会引发金融上的恐慌，会导致恐慌性的购汇。有人说人民币贬值了，买外汇的人就会越来越少，其实并不一定是这样。我们从股市的表现可以看到，股市越涨大家越去买，股市跌了反而大家不买了。房子也是如此，房价越涨大家越要排队买，房价跌的时候大家就观望了。所以我们不能以常理说，汇率贬值了就没人买外汇了。当然也有人说，如果有人要去买，就采取资本管制。中国政府对处理关系到千家万户问题的时候一向是非常慎重的，1994年汇率并轨改革，当时的背景是人民币面临很大压力，我们的外汇是短缺的。在那种情况下，1994年的汇改也只是对中资企业实行强制结汇，仍然允许个人意愿保留外汇。2001年阿根廷货币危机，一个很重要的原因就是当时的总统宣布冻结个人的外汇存款，限制个人每天提钞，后来老百姓就上街闹事。因此不能简单地对老百姓采取管制的手段，这种行为一定要慎重。中国有个很重要的特点就是人多，什么数除以13亿都变得很小，但是什么数乘以13亿就会变得很大。老百姓恐慌了，问题就会很严重。

第四，当时认为中国的货币错配不严重，我们借的外币外债很少，人民币即使贬值也不会引发债务危机。但是大家要注意，有很多问题在没爆发之前是被掩盖的，统计数据看起来很漂亮，一旦危机爆发，很多问题就会暴露出来。2015年股市异动的时候需要清理场外配资，也许是在清理之前就做过分析判断，觉得场外配资不多，但是等清理的时候发现不得了，很多问题就暴露出来了。如果采取浮动汇率安排，肯定不能简单说利大于弊、风险可控，领导人也不会相信这种简单的说法。你一定要讲清楚如果出现了问题怎么办，预备方案能不能帮助应付可能出现的一些不测事件。

所以，我的观点是，我不排斥也不抗拒搞浮动汇率，但是一定要非常谨慎。在现实中，中国是坚持有管理的浮动，就是汇率选择的中间解。汇率选择的中间解，刚才提到两个问题，一是市场透明度问题，二是公信力问题。"8·11"汇改以后，有关部门在实践中干实践中学，创造性地分步骤来解决这两个问题。

首先是在 2016 年初，对外披露了一个人民币汇率中间价的定价公式，中间价等于上日的收盘价加上篮子货币汇率走势，这解决了人民币汇率形成的透明度问题。上半年美元下跌，人民币兑美元保持基本稳定，略有下跌，同时我们也看到，这个时期的资本流出压力缓解。下半年美元上涨是从当年的 6 月底开始，也就是英国脱欧公投通过，市场避险情绪上升，美元升值，后面又是美联储加息预期，然后特朗普上台，导致了特朗普效应等，然后美元一路走高。在这样的背景下，人民币汇率指数保持了基本稳定。但是到 2016 年下半年，人民币兑美元跌了 5% 以上。请看下面一组数据。

2016 年初至 6 月 23 日，美元汇率指数下跌了 5.1%，人民币汇率中间价下跌 1.1%，CFETS（人民币汇率指数）下跌 5.1%，但 2—6 月，月均即远期结售汇逆差较 2015 年 8 月至 2016 年 1 月的平均水平下降了 73%。

2016 年 6 月 24 日至年底，美元指数升值 9.2%，人民币汇率中间价较 6 月 23 日下跌了 5.4%，CFETS 较 6 月 17 日下跌 1.0%，7—12 月月均即远期结售汇逆差较 2—6 月的月均水平增加 65%。

　　我们可以从中看到两种情况。一种情况是，2016 年下半年人民币的下跌，没有像前两次也就是 2015 年八九月和 2015 年底 2016 年初那样，发生两波股汇双杀，即由于人民币贬值，股票市场出现剧烈下跌。但是这一波人民币下跌没有引发股汇双杀。市场理解这一次人民币的贬值，不是因为竞争性的贬值，不是政府有意贬值，而是因为国际市场上美元太强，按照定价公式，人民币兑美元贬值了，所以对股票市场没有产生溢出影响。所以，那个定价公式解决了第一个问题，透明度的问题。

　　但是有管理浮动还有一个公信力的问题。解决了对股票市场上的溢出效应问题，但是没有解决外汇市场上由于人民币的下跌，造成的信心恐慌问题。当时有两个词，一个叫"人无贬基"，一个叫"中或最赢"，就是由于人民币兑美元的下跌，当时市场出现了一定的恐慌，这跟我们的外汇市场结构有关系。我们外汇市场跨境收付的币种里，外币收付将近 90% 都是美元，2015 年的这个占比值是 86.8%，2016 年是 87.2%，2017 年是 87.5%，2018 年前四个月是 88.1%，比重不是在下降而是在上升（见图 3.20）。比如，中国企业和泰国企业做贸易，一定是通过美元套算过去的人民币对泰铢的汇率，这是影响两国贸易关系的重要原因，会影响竞争力。如果不用人民币计价，而用外币计价结算，中国向泰国出口后，90% 的概率收的是美元。企业出口以后收了美元，它就不再关心人民币兑泰铢的汇率了，它只关心人民币兑美元的汇率。

为什么稳定了多边汇率，稳定了出口竞争力，但是没有稳定市场预期?
因为市场上 80%~90% 的外币收付都是美元，大家关心的是人民币兑
美元的汇率变化对财务的影响。很明显，上半年人民币兑美元基本稳定，
汇率指数跌了，但是外汇市场没有恐慌，下半年汇率指数稳定了，人
民币兑美元跌了，结果市场的流出压力重新加大，就是这个原因。所
以这就导致了政策公信力的问题。

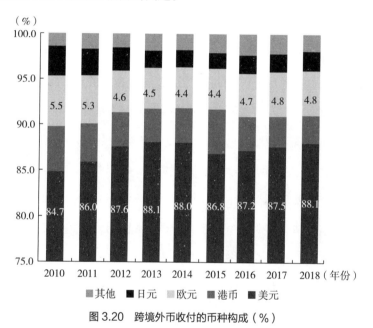

图 3.20　跨境外币收付的币种构成（%）

资料来源：国家外汇管理局，WIND。

注：2018 年为前四个月的数据。

2016 年底我接受媒体采访，他们让我解读中央经济工作会议提出
的要保持人民币汇率在合理均衡水平上的基本稳定。我当时就讲，现
在汇率中间解的核心问题就是政策可信度的问题。稳定市场信心不但
要靠市场沟通，还要靠市场操作。当时我有一个判断，2015 年中国金

融市场出现了一些波动，除了基本面的问题以外，很大程度上还是跟政府的市场信誉有关系，因此重塑政府的市场公信力尤为重要。

2017 年人民币兑美元汇率不但没有"破 7"，反而升值了 6%～7%。为什么人民币会升值？大家都知道的原因是美元走弱，这叫天时。还有一个原因是国内经济企稳，这叫地利。国内经济企稳后，货币政策就转向稳健中性，然后金融监管加强，市场利率走高，人民币和美元的利差过大，就抑制了资本外流。第三个原因就是人和。加强资本流动管理，特别是加强了对资本流出的控制，包括人民币出境的控制。这是大家都知道的天时、地利、人和，这些是属于宏观层面的原因。

这些都是人民币汇率稳定的必要条件，但不是充分条件，因为这三件事情 2016 年都发生过。2016 年上半年美元贬值，美元在国际市场下跌了 5%，人民币兑美元仍然是贬值的。所以美元弱不意味着人民币兑美元就可以升值。2016 年下半年，国内经济企稳，人民币兑美元照样贬值。2016 年我们加强了资本管理，人民币仍然是贬值。所以这是必要条件，但不是充分条件。充分条件是什么？是人民币升值解决了汇率政策的公信力问题。

什么叫公信力？政策公信力，特别是经济政策，一定要让信的人不亏钱，最好让它赚钱，不信的人不能让它赚钱，最好让它亏钱。人民币升值了，就让所有看空做空人民币的人亏损，而且很多企业把利润也亏掉了。它们看空人民币，保留了出口外汇收入，存了美元，它们已经放弃了人民币的利率高和收益高的机会。但是它们没有想到人民币会升值 6% 以上，它的出口利润也就 3% 左右，因此不但亏掉了利差，还亏掉了利润。

2017年人民币升值就是靠中间价定价公式。2017年5月底，外汇市场自律机制秘书处优化了人民币汇率中间价的形成机制，在人民币中间价形成机制里引进了一个逆周期因子。引进逆周期因子主要是为了对冲市场的顺周期行为，更好地反映国内经济基本面的变化。结果是什么呢？2017年人民币在市场仍然资本流出、外汇供不应求的情况下实现升值。银行即远期结售汇逆差893亿美元，较2016年减少84%。看空做空人民币，不在于你怎么看，而是在于汇价，它决定你是赚钱还是亏钱。就像炒股票，有人炒股票会做基本面分析，说某个股票市盈率低，成长性好，应该买这种股票。最后你买这只股票赚不赚钱，是股价决定的，而不是你的分析有没有道理。现在仍然有人坚定地看空人民币，现在至少他们处于浮亏状态。很多人在2016年底是6.9元左右买的，到现在亏了10%左右，所以，人民币的升值解决了公信力的问题。

我们做分析特别是做宏观经济分析的时候，不能只听故事，听人家给你讲市场上有什么现象。故事不论是否真实准确，也只是个案，最终判断的时候还是要看数据，这才能做出总量的判断。我们看到一个很有意思的现象，2017年以来人民币升值，个人反应比企业反应快，这就是对自己的钱负责任，调整非常快。2017年从年初开始，个人就开始减少外汇存款，企业直到7月才开始减少外汇存款。因为企业在2015年、2016年吃过亏，以为人民币已经贬值到头了，减持过外汇存款，但是后来人民币继续贬值。所以2017年企业觉得要观望一下，直到7月才开始减持外汇，因为7月人民币兑美元升破6.7元，比2017年初的6.9元，升了0.2元，0.2元比上6.9元就是将近三个百分点，这基本等同于企业的出口利润了。当人民币升破超过 0.2 元的时候，企业如果持有外汇，就把利润都给亏掉了，所以这个时候企业就开始减持美元多头了。个人从 2017 年 2 月起开始减持外汇存款，企业直到 7 月才开始减持，企业 2016 年 9 月—2017 年 6 月累计增加 824 亿美元，7—9 月人民币升值最快的时候减少外汇存款 253 亿美元（见图 3.21）。

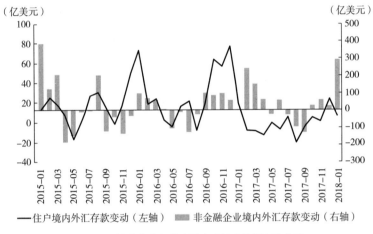

图 3.21　境内住户和非金融企业境内外汇存款变动

资料来源：中国人民银行，WIND。

2017 年底我参加了一个公开活动，我讲 2018 年人民币汇率会是三种情形，第一种情形是站在当时的起点上，基准情形就是汇率双向波动，市场预期分化。第二种情形是好的情形，2017 年经济超预期发展的势头继续巩固，然后美元继续走弱，人民币兑美元可以振荡升值。第三种情形是坏的情形，如果经济重新下行，美元由于各种原因再度走强，那人民币兑美元有可能会振荡贬值。所以总的结论是，2018 年人民币汇率走势是市场情绪驱动下的双向振荡走势，但是基本面的驱动，决定汇率是振荡升值还是振荡贬值。当时我就不认为人民币汇率波动是一个水平区间，说人民币 2018 年上有顶下有底，我认为是基本面决定了它是振荡升值还是振荡贬值。

什么叫基本面好，什么叫基本面坏？对这个问题每个人有不同的判断。2017 年中国经济增长 6.9%，2018 年第一季度的增长率是 6.8%，按照国际货币基金组织的预测 2018 年是 6.6%。如果真的是 6.6%，可能有人会认为，6.9% 到 6.6% 又下降 0.3 个百分点，中国经济仍然面临比较大的下行压力，觉得是坏事。但是另外也有人认为，经济增速放缓，但是各项指标特别是跟金融风险有关的指标在改善，认为中央提出来的由高速增长转向高质量发展是确确实实在推进中，经济的增长更加可持续，可能不一定是坏事。包括美元，谁知道美元到底会强还是会弱？2018 年初的时候主流观点是看空美元，4 月中下旬以后，可能看多美元的人越来越多，但是没人知道美元到底是继续走强还是转为下跌。

同时，我还认为，对政府来讲，实际上看空看多都不重要，政府也没有必要去统一大家的预期，关键是要避免出现一致性的预期。因为一致性的看空看多会导致单边的市场，这恰恰是政府要避免的。因此我以这点推理，认为实际上不可能有底有顶，关键要看市场怎么反应。在人民币升值或贬值的过程中，有没有出现单边的预期和单边的市场，这是问题的关键。

刚才我讲到，中间价定价公式里引入了一个逆周期因子，是为了对冲市场的顺周期性。然后我们可以看一看，2017 年发生的情况就是美元下跌，人民币兑美元升值。人民币中间价升了 0.4 元，其中收盘价相对于中间价总体是偏贬值的，负贡献了 0.43 元。有很多人对引入逆周期因子一直耿耿于怀，觉得它降低了汇率政策的透明度。但如果当时不是引入逆周期因子，我很怀疑 2017 年人民币兑美元能不能升值，很可能在美元贬值的情况下，人民币兑美元仍然有可能是贬值的。如果 2017 年人民币兑美元真的跌破了 7 元，我相信大概率事件是会发生预期自我强化自我实现的恶性循环，也就是大家都看空人民币，然后它被市场证实了，看空的人就会越来越多，会有越来越多的人去抢购外汇。这是简单的经济学道理。

2018 年是另外一种情况。2018 年初人民币逆周期因子被暂停了，改为回归汇率政策中性。2018 年美元是先跌后涨，到 5 月 25 日，人民币汇率中间价涨了 0.15 元，其中收盘价偏强贡献了 0.17 元。也就是说，2018 年实际上出现收盘价升值，这使人民币汇率中间价升值。所以也就不奇怪了，2017 年由于这种顺周期行为，在贬值情况下的顺周期行为导致人民币兑美元升了 6% 以上，但是人民币汇率指数保持基本稳定。2018 年升值情况下的顺周期导致不但人民币兑美元升了 2% 甚至 3%，人民币汇率指数也升了 2% 甚至 3%。BIS 口径的人民币汇率指数更是升了 5% 以上，因为收盘价偏强，带动它升值。升值以后，我们注意到市场上有很多议论，有人说升值影响企业的财务生产状况，它们出口利润很薄，人民币一个月就升了 3%，企业的利润只有 3% 左右，如果企业不做套保，那就意味着它一签完单就把出口利润都给亏掉了。可见企业需要对汇率波动给予高度的重视。

另外，人民币不但双边汇率升值了，多边汇率也升值了，确确实实给企业的出口竞争力带来了挑战。在升值的情况下，由于人民币是一个高收益资产，可能会刺激新的套利资本的流入。当然其中有很多批评的声音。但是，任何事情都要一分为二来看。我个人观点是，汇率不论升和贬，它都是有利有弊的，是一把双刃剑。究竟是利大于弊还是弊大于利，要进行综合的权衡判断。有人可能因为汇率升值蒙受了汇率损失，但是进口企业，还有借外债的企业，它们有可能由于人民币升值有了汇率的收益。另外，在汇率浮动的情况下，汇率不会只涨不跌或者只跌不涨，它是有涨有跌的。尽管现在人民币汇率变化不完全是市场驱动的，是我们参考篮子货币调节，通过美元在国际市场上的波动，引入了境内人民币兑美元汇率的波动。美元和人民币形成了一个跷跷板的效应，国际市场上美元强，人民币兑美元就跌；国际市场上美元弱，人民币兑美元就升。正因为国际市场上美元的指数涨涨跌跌，而且这种涨跌难以预测，它带来了境内人民币兑美元汇率的波动性，也造成了汇率的双向波动和市场预期的分化。对政府来说，相对于汇率贬值资本外流、汇率升值资本回流，总体上来讲政策空间更大。

市场是在发展的。很多人看人民币升值对企业影响很大，人民币贬值市场可能会出现恐慌，但我们看到的情况不是这样。我们看到2018年第一季度人民币对美元升了3.9%，人民币升值企业和个人没有出现恐慌性的抛售外汇，反而在增加外汇存款。2018年第一季度个人增加外汇存款40亿元，企业增加140亿元。而且，2018年第一季度，企业的结汇意愿环比下降0.4个百分点，购汇意愿环比上升2.0个百分点，这表明人民币越升买外汇的人越多，卖外汇的人越少。这恰恰意味着价格杠杆作用在正常发挥。当然人民币升值，有些人不相信，仍然怀有贬值预期，那是另外一种解读。但我认为，在正常的市场机制下，价格杠杆发挥作用，恰恰应该是这种表现（见图 3.22）。

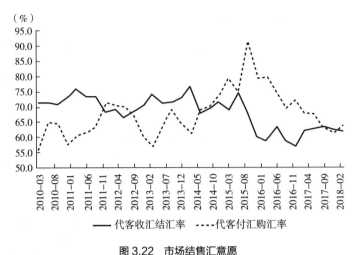

图 3.22 市场结售汇意愿

资料来源：国家外汇管理局；WIND。

2018 年，大家很关心中美贸易冲突对人民币汇率的影响。5 月 19 号中美发布联合声明以后，应该说中美贸易冲突暂告一段落，但是 5 月 29 日又出了新情况，美方单方面又发了一个声明，说 6 月 15 日还要启动对中国进口商品加征关税的制裁措施，出现了很多不确定性。在 5 月 19 日以前，我们可以看到的情况是，3 月初到 4 月末，当时市场认为中美双方这种隔空喊话都是相互要价，看谁的嗓门大，震慑都是在心理层面的冲击，没有什么实质性的影响，所有的这些措施并没有付诸实施。在这种情况下，美元指数略有上涨，但是人民币兑美元的中间价基本稳定，略有下跌，就是人民币虽然兑美元略有下跌，但是人民币兑主要贸易伙伴的货币总体上是升值的，仍然是个强势货币。

有意思的是，二三月人民币兑美元基本在 6.3 ~ 6.34 元振荡，在 3 月底，突然升破 6.3 元。当时市场有一种说法，说中国想用人民币升值，讨好美国来缓解中美贸易争端，这可能是对汇率变化的误读。为什么说是误读？有两个方面的理由。一是人民币汇率问题并不是中美贸易争端的焦点问题，所以用人民币升值来讨好美国，美国人也不一定买账，因为人家没有这样要价，你自己做，等于白做。二是如果你认为人民币升值可以讨好美国，一定要用它作为谈判的筹码，哪有什么都没有谈，就把这张牌打出去的，这根本不符合谈判的技巧。

所以，我个人认为，我们解读人民币汇率的变化，不应该妄自揣测政策意图，而是应该更多地从市场上找原因。后来人民币兑美元升破了 6.3 元，一个很重要的原因就是境内市场上收盘价相对于中间价持续偏升值方向，这段时间中间价升了 0.3 元，收盘价相对于中间价偏强贡献了升值 0.043 元，也就是收盘价偏强带动人民币的升值。为什么收盘价偏强？市场上有一个故事，说 3 月 26 日人民币计价的原油期货交易上线，据说有一些境外机构，在境外把外汇换成人民币到境内来炒原油期货，在这种情况下 CNH（离岸人民币）升值了。CNH升值拉动了 CNY（在岸人民币）的升值，CNY 的升值又接着带动了中间价的升值，CNY 就是收盘价，收盘价在定价公式里是一个影响因子。所以应该从市场找原因，而不是对政策妄自猜测。

有人让我分析中美贸易争端对人民币汇率的影响，我说现在大家在谈影响人民币汇率的因素，不是中美贸易争端，而是美元指数反弹。人民币汇率进入双向波动时代以后，咱们谈人民币升值还是贬值，一定要讲清楚是什么时候发生的事情。2018 年第一季度人民币升值美元贬值，到 4 月中下旬以后，美元在国际市场上大幅反弹，人民币兑美元快速回调。4 月 23 日到 5 月 25 日，美元指数上涨了 4.4%，人民币汇率中间价贬值了 6.5%，人民币汇率指数上涨了 0.6%。但是，这一波美元快速反弹带来的人民币的贬值，并没有像 2016 年底那样造成贬值的恐慌。2018 年 4 月的数据显示，4 月银行即远期结售汇出现了 200 多亿元的顺差。4 月银行的代客收汇结汇率比第一季度上升了 7.7 个百分点，付汇购汇率比第一季度下降了 0.7 个百分点。这说明在贬值的情况下，市场的价格调节作用仍然在正常发挥，也就是逢高卖出、逢低买入。逢高就是人民币贬值的时候，赶快卖外汇。年初的时候人民币升得太快了，出口企业没有机会把外汇卖掉，因为它卖掉就把出口利润亏掉了。现在一看美元升了，人民币兑美元回调了，给了出口企业机会把前期的外汇存款卖掉的机会。同样的情况，可能在不同的形势下、不同的情景下，市场的反应是不一样的。

2018 年 5 月 22 日我在清华大学给一个新加坡高管培训班讲课的时候，讲了成语"刻舟求剑"的故事。刻舟求剑是用一个静态的观点观察事物。实际上我们的市场随时都在发生变化。现在看来，政府和市场都在适应汇率的双向波动，增加对汇率波动的容忍度。但是，好像第三方很多观察人士非常紧张，升值的时候很多人批评不应该升那么快，贬值的时候很多人又说政府怎么还不出手。

有关汇率的问题，我的结论和建议有三点。第一，汇率选择没有一劳永逸的最优解，任何选择都是有利有弊的。对政府而言，选择就是取舍，你选择了有管理的浮动，就放弃了其他选择也就是固定和浮动带来的好处，那你就有可能被批评。所以，政府怎么做都有可能是错的，都有可能会被批评。但是，政策的对错不是理论上的对错，而要用成败来检验。成功了你就是对的，失败了你就是错的，没有绝对的对，也没有绝对的错，这些在事前很难判断。举一个简单的例子，亚洲金融危机时人民币不贬值，最后我们确确实实扛过了亚洲金融危机。由于人民币不贬值，危机以后人民币成了新兴的世界常持货币，所以当时的不贬值就是对的政策、成功的政策。当然如果当时人民币贬值了，也可能是另外一条路了。有很多人说不贬值的代价就是紧缩趋势延续了很长时间，经济复苏比那些贬值国家要慢，国内的调整很痛苦。我们不知道贬值后会是什么样一个情况，但是当时就是按照不贬值走下来的，结果是成功的。

我们的政府这次判断，人民币汇率在合理均衡水平附近，所以坚持有管理的浮动，然后采取一些措施，解决了透明度和公信力的问题。如果最后成功了，就说明政府的判断是对的，确实汇率就是在合理均衡水平附近。如果汇率严重高估，不管你有多少外汇储备，不管你经济体量有多大，你都扛不住。美国就是非常典型的例子。20世纪60年代，美国经济体量全球第一，黄金储备全球第一，照样发生美元危机。20世纪70年代布雷顿森林体系崩溃，这跟经济体量、有没有外汇储备是没有关系的，关键看汇率水平是不是可持续。

究竟什么是均衡汇率？这点见仁见智。它不是事前算出来的，往往是事后才能去检验。政府说现在是均衡的，市场上有人怀疑是不均衡的，是高估的，最后到底谁对谁错，就靠事实检验了。

第二，尽管我们采取了措施来稳定人民币汇率，但是汇率市场化仍然是既定的改革方向。现在大家都在讨论，应该抓紧时间尽快完成人民币汇率形成机制。我认为，现在汇率双向波动，市场预期分化，还有一些金融风险有所缓解，正是深化改革的重要时间窗口。但是，其一，改革就是改变，改变就是不确定，不确定就是风险。对政府来说，制定任何政策都应该做情景分析、压力测试、做好预案，一旦出现了坏的情况怎么办，要有备无患。其二，现在政府还不改，是不是又陷入了浮动恐惧？我不这么悲观，机会总是给有准备的人。即便由于各方面的考虑没有做，但是只要有相关的措施在推进，那么也可能会为未来的改革铺平道路。最典型的就是2005年的"7·21"汇改，实际上在2001年就准备对汇率政策进行改革，后来由于内部外部的各种不确定性，改革一再被延误。当时的中国人民银行行长周小川讲过，2003年底中国人民银行用储备向中行和建行注资，然后启动了国有独资商业银行的改革，对它们重新充实资本，然后让它们重组上市。这大大加强了中国金融体系的稳健性，为"7·21"汇改创造了条件。我认为现在也是一样，人民币汇改即便有一些方面风险可能比较大，现在举棋不定，但是有相关的措施在同步推进，也是为改革做准备。

第三，企业应该树立风险中性的意识，你不要去赌汇率，不要用市场判断去替代市场操作。有货币敞口应该把它管理好控制好，即便将来汇率市场化，汇率调控的可能有时候也是要保留的。但是汇率调控并不意味着政府会替市场选择汇率水平，调控的目的是防止汇率过度或者异常波动。什么叫过度或异常的波动呢？就是在汇率升值或贬值的过程中，有没有出现单边的预期、单边的市场，升值的过程中有没有对出口竞争力产生实质性的损害，如果没有，我觉得汇率都算是正常的波动，都是政府可以容忍的。

三、储备干预问题

刚才我们提到,在亚洲金融危机的时候,我们既没有让人民币贬值,也没有用外汇储备来稳定汇率,为什么当时没有用外汇储备来稳定汇率? 因为 1997 年底我国外汇储备有 1 400 亿美元。当时中国政府认为,这些外汇储备不但要维护内地金融安全,还要支持香港金融稳定。而且,世界风云多变,推进改革开放发展,保障国家金融安全,必须有相当规模的外汇储备应对各种不测之需。所以,一是要保内地和香港的金融安全和稳定,二是应付未来改革开放的不测之需,所以当时没有动用外汇储备。

这一次我们动用了外汇储备,为什么? 2006 年底中央经济工作会议就明确,中国的国际收支主要矛盾已经从外汇短缺转为贸易顺差过大、外汇储备增长过快。因此,必须把促进国际收支平衡作为保持宏观经济稳定的重要任务。所谓"国际收支平衡",就是储备既不增也不减。2006 年底中央已经作出了判断,不追求外汇储备越多越好。2006 年的外汇储备是 1.07 万亿美元,最高的时候 2014 年 6 月底外汇储备达到 3.99 万亿美元。政府说储备已经够用了,我们还额外增加了将近 3 万亿美元。针对这种情况,2010 年周小川行长曾经讲过一个"池子理论",他把外汇储备比作一个典型的池子,短期资本流入的时候,让它变成外汇储备,把流动性从市场上抽走,减少热钱流入对实体经济的冲击,当资本要流出的时候,从池子里放出去,减少外汇储备。在 2017 年初的"两会"记者招待会上,有说法是储备下降是正常现象,本来我们就不需要这么多。这不是无中生有,中央早就有判断,但由于各种原因外汇储备又额外增加了。

当时中国政府认为，我们要攒一些外汇储备来应付不测之需。"8·11"汇改前，从 2014 年下半年到 2017 年 1 月，外汇储备瞬间跌破 3 万亿美元，外汇储备最多的时候降了将近 1 万亿美元。早在二十年前中国政府就有一个判断，中国如果出了问题，西方不会救，也救不起。国际货币基金组织整个贷款规模只有 6 600 亿美元，我们这两年半时间就下降了将近 1 万亿美元，如果说没有三四万亿美元外汇储备，我们就少了一个工具。当然有很多人说，如果汇率早就浮动了，我们也不用这么多外汇储备来稳定汇率了。但世上没有后悔药，当年你没有机会让它浮动，后来碰到形势逆转，浮动又风险很大，任何事情都是有利有弊的。

最关键的是，保储备不是保规模，而是保信心。2016 年底大家讨论是保汇率还是保储备？好像是一个二选一的选择题，要保汇率就必须让储备下降，要保储备就会让汇率"跌破 7"。有意思的是，2017 年，不但人民币汇率稳住了，储备也保住了。2016 年外汇储备增加了 1 294 亿美元，剔除估值影响以后，实际增加 930 亿美元。2016 年外汇储备剔出估计影响以后，实际减少 4 500 亿美元。为什么结果不是二选一，而是两个都保住了？就是因为不论是保汇率还是保储备，都不是保水平、保规模，而是保信心。汇率稳住以后，解决了公信力问题，市场信心稳住了，自然而然汇率也保住了，储备也稳住了，就是这个道理。

亚洲金融危机时，中国政府就认清了这两个问题的实质。前中国人民银行行长戴相龙讲过，亚洲金融危机之后，外汇储备的增减规模更是成为国内外金融界审视中国经济稳定性以及衡量货币政策和汇率政策调控能力的主要信心指标。所以当时的中国政府就认清了，储备问题不是多和少的问题，而是一个信心问题。外汇储备不用的时候，谁都不关心储备够不够。在亚洲金融危机中，中国没有用外汇储备来稳定汇率，所以从来没人讨论过1 400亿美元够不够用。"8·11"汇改以后用了储备，结果2014年储备将近4万亿美元的时候，大家说外汇储备多了是个负担。后来外汇储备眼看跌破3万亿美元了，大家又担心外汇储备不够。实际上，即便是在外汇储备跌得最多的时候，不论是用传统指标，还是用国际货币基金组织的最新标准，我们的外汇储备理论上都是充裕的。

但是，储备不是一个绝对的客观指标，它是一个主观的跟市场信心关联的指标。市场把储备的下降看成是一件坏事。学过经济学都知道边际概念，边际成本是上升的，边际收益是递减的。储备下降持续的时间越长，下降的规模越大，对市场信心的冲击就越大。所以，到2016年底讨论储备要不要保3万亿美元，并不是绝对意义上的3万亿美元够不够用，而是说如果储备跌破3万亿美元，就会在市场上形成一个预期自我、强化自我实现的恶性循环。储备越降市场越恐慌，越恐慌就越去抢购外汇囤积外汇，越抢购和囤积外汇储备就越降，储备进一步下降以后市场就更加恐慌。所以政府必须得采取措施，中断这样一个恶性循环。

此外，关于保汇率保储备的讨论还忽略了外汇政策工具有第三个，除了汇率和储备外，还有资本流动管理。2016年底，在既要保汇率又要保储备的情况下，我们阶段性地加强了跨境资本流动管理。由于在市场恐慌的情况下，流入是有限的，所以主要是加强了对本外币资金的流出的调控。按照国际货币基金组织的标准，如果有资本管制的因素，2016 年底，我们的适度外汇储备规模可以减少 7 200 亿美元到 1.08 万亿美元。所以，它不是一个二选一的选择题，而是三个里选一个或者几个选择的组合。

反过来，当汇率企稳、储备反弹以后，外汇形势趋好，从 2017 年的下半年开始，中国人民银行外汇局就陆续地放松了对资本流动的管理。如果没有形势的好转，监管政策中性就不可能放松管理。2016 年市场预期不断恶化，所以越管越紧。2017 年人民币升值，市场情绪不断改善，汇率稳了，储备也稳了，管制不断地放松，甚至重启了 QDLP（合格境内有限合伙人）、QDIE（合格境内投资企业）这些对外投资渠道的投资额度申请。我觉得调控不是说证明政府比市场厉害，调控是要顺势而为，调控才有效果，把市场研究透了，有针对性发力，才能够事半功倍。

2017 年底，市场上有一个很热烈的讨论，讨论外汇储备到底应该谁持有。有人提出来外汇储备应该由财政部门持有，理论上说如果外汇储备不归财政部门管理，就会影响货币政策的独立性，我觉得这是一个很大的误解。全球由中央银行持有经营外汇储备的总规模，到 2016 年底占全球外汇总规模的 82%。即使剔除中国因素，比例也占到 75%。十大储备持有经济体持有的外汇储备占全球的 70%。除了中国香港和日本以外，其他都是由中央银行持有并经营外汇储备，所以在国际上一般是中央银行持有经营外汇储备，而不是财政部门。由于历史原因，有些经济体是财政部门持有外汇储备，委托中央银行经营。

重要的是，持不持有外汇储备和货币政策的独立性是没有关系的。典型的是欧央行持有经营外汇储备，但是它的货币政策目标是稳定物价，实行通胀目标制。欧元汇率是自由浮动的，所以欧央行是世界上最独立的央行。类似的情况还有澳大利亚、新西兰，它们也是浮动汇率、通胀目标，所以它们持有经营外汇储备并不影响美元。是汇率政策束缚了货币政策的独立性，而不是谁持有经营外汇储备。所以前些年，尽管中央很早就判断储备已经够用了，但是在主要经济体量化宽松、全球流动性过剩的情况下，资本大量流入中国，为了阻止人民币过快地升值，我们不得不暂时放弃了外汇储备目标。这也是周小川行长经常讲的，中国是一个大国，对大国来讲对内平衡优先。在前期资本流入的情况下，我们放弃了外汇储备目标，一个很重要的原因就是在资本流入的情况下，外汇供过于求。如果不想增加外汇储备，就得容忍人民币进一步升值。在全球金融危机、世界经济衰退的情况下，人民币进一步升值，政府担心会影响出口，影响出口主要是担心会影响就业，影响社会稳定。对一个大国来讲，对内平衡高于对外平衡，所以外汇储备是对外平衡，这个目标要暂时让位于对内平衡。并不是说央行有重商主义，愿意攒那么多外汇储备，这还是一个权衡问题。在对内对外平衡发生冲突的时候，需要让位于对内平衡。那个时期央行采取了一系列的对冲操作，来对冲由于外汇储备增加，外汇占款投放增多带来的流动性的过剩。从这个意义上讲，这确实对央行的货币政策独立性造成了一定的负面影响。

"8·11"汇改以后，中国又出现了资本流向的逆转，资本集中流出、储备下降，外汇占款减少。这时中国人民银行又采取了 MLF、SLF 这些操作来进行对冲，一定程度上也是对央行货币政策独立性的挑战。

做理论研究的可以是理想主义者，而做政策研究的则应该是务实主义者。任何事情都有两面性，我们要搞辩证法，客观评价国际收支状况对货币政策独立性的影响。我的看法是，外汇占款渠道投放货币不一定是件坏事，要看跟谁比。在 1994 年汇率并轨以前，中央银行的货币投放渠道就是再贷款，是纯信用投放。1993 年底中国人民银行资产负债表上，70% 都是对其他存款信用公司的债权，是纯信用投放（见表 3.2）。汇率并轨以后，逐渐地外汇占款成为中国人民银行基础货币投放的主要渠道，这是用外汇作为支持的货币投放，相比于纯信用投放是一个进步。

表 3.2　中国人民银行资产构成

	2016 年底（亿元）	相当于总资产比重（%）	1993 年底（亿元）	相当于总资产比重（%）
国外资产	229 796	66.9	——	——
其中：外汇（中央银行外汇占款）	219 425	63.8	1 431	10.5
对政府债权	15 274	4.4	1 582	11.6
对其他存款性公司债权	84 739	24.7	9 609	70.3
对其他金融性公司债权	6 324	1.8	251	1.8
对非金融公司债权	81	0.0	682	5.0
其他资产	7 497	2.2	——	——
总资产	343 712	100.0	13 673	100.0

资料来源：中国人民银行，WIND。

2011 年、2012 年发生欧美主权债务危机，2011 年 7 月，美债上线谈判陷入僵局，8 月 5 日美债信用被降级，美国爆发主权债务危机，欧洲主权债务危机进一步恶化。这两个欧美主权债务危机叠加，在 2011 年底到 2012 年第三季度，中国出现了一波资本集中流出，即资本项下是逆差。我们经常讲中国双顺差，贸易大量地顺差，资本大量流入，在 2011 年底到 2012 年第三季度，这个时期的资本项目是逆差。当时中国面临的问题是，由于资本项目净流出以后，外汇占款渠道的货币投放减少。为了稳定经济，我们在 2013 年央行搞了货币政策工具创新，就是现在的 MLF、SLF。这并不是 2015 年 "8·11" 汇改以后对冲操作创设的工具，实际上在 2013 年由于国际收支形势发生变化，外汇占款渠道的货币投放，这个渠道没有了，于是央行创设了新的工具来进行市场流动性的调节。也就是说，中国那么快的经济增长速度，肯定需要金融资源支持，考虑到中国现实的金融市场结构，我们是以间接融资为主。所以肯定只有中国人民银行通过货币创造来提供流动性。只要经济的快速成长，不需要 M2 的扩张这是不可能的。

关于储备问题的讨论，我的结论和建议有四点。

第一，任何政策选择都是有成本的，甚至你站在不同的立场和角度都会得出不同的结论。前些年讨论中国外汇储备，有一点被人诟病的是中国人民银行持有大量外汇储备，人民币升值就蒙受了巨额的汇兑损失。人民币升值，最多时中国人民银行账面上有数万亿元人民币的汇兑损失。但是，中国人民银行的会计报表是按历史成本法，上述账面损益在中国人民银行资产负债表上是不反映的。到 2017 年 5 月人民币贬值，由此产生的汇兑损失减少到了几千亿元人民币。从这个意义上讲，算中国人民银行的小账，人民币贬值是一个好事。但是算社会大账，人民币贬值就是坏事。

第二，雄厚的外汇储备，是中国改革开放四十年来积累的宝贵财富，确实增强了国家的抗风险能力和纠错能力。当然，它的代价是延误了汇率市场化改革，影响了货币政策操作。

第三，在金融全球化背景下，外汇储备是一个信心指标，具有向下的刚性。增强抵御跨境资本流动冲击风险的能力，关键还是要迈出汇率市场化的惊险一跃。当然，汇率市场化也不能包治百病。最近，新兴市场出现了货币动荡，阿根廷早就搞浮动汇率了。但是由于比索大幅贬值，政府开始干预市场，抛售外汇储备，提高利率。汇率成功转型的一个重要前提条件就是金融体系的健康。正因为阿根廷的经济金融体系存在大量的问题，所以浮动汇率也不能帮它解决问题。它为了解决国内的经济金融体系，有时候仍然要去干预汇率。刚才我们谈到，现在人民币汇率市场化改革有一个很重要的时间窗口。2016年底以来，中央的宏观调控从稳增长转向防风险以后，有些金融风险指标得到了改善。从这个意义上来讲，这就为下次的汇率市场化改革创造了条件。

第四，制约中国货币政策操作的不是中央银行持有外汇储备，而是汇率政策。为了支持国内经济成长，货币投放不通过外汇占款，就必然要通过其他渠道。对中国来讲，现在关键的问题是，建立健全中央银行退出外汇市场常态干预后货币投放机制。MLF、SLF这些结构性的工具是不是常规的工具，是不是还有进一步的改善余地，这在市场上是有不同观点的。只有你的货币投放机制是健全的，货币纪律是强化的，才能更好地享受汇率浮动带来的好处。改革是一个系统工程，它一环扣一环，互为条件，你想货币政策独立，需要汇率浮动，但是汇率要浮动，也需要货币政策的框架转型，这是一个互为因果的关系。

四、资本流动管理

我们搞市场化的汇率就要研究市场，研究市场就要看一些外汇收支数据。我比较喜欢用低频的季度或者年度的国际收支数据，因为国际收支数据是国际可比的数据。外汇局公布结售汇数、跨境收汇数，这些数实际都不是国际可比的数据，它是借用了国际收支的概念。

举个简单的例子。企业出口以后收外汇，把它换成人民币，银行就把它统计为出口结汇、贸易结汇。但是企业还有一种可能，收了外汇以后它不马上结汇，先变成外汇存款，过一段时间再结汇。在结售汇统计里仍然统计为贸易结汇，但是在国际收支统计里就不是了，变成了外汇存款以后就变成了资本项下的流出。如果它把存款调回，变成资本项下的流入，然后再把它结汇，如果进入中央银行外汇储备，就变成了外汇储备的增加。外汇储备的增加，在国际收支平衡表里记流出，这是官方的对外投资，记流出，它是这样一个借贷记录。所以，拿国际收支统计和结售汇统计一对比，发现有时候两个结论是相反的，一个说是资本项下的流入，另一个说是经常项下的流入，根本的原因还是结售汇和跨境收汇是借用了国际收支的概念，不是真正意义上的国际收支。

看国际收支数据，可以发现一个很有意思的现象。2015 年、2016年中国遭遇储备下降、汇率贬值。从国际收支数据来看，是因为资本项目的逆差超过了经常项目的顺差。2015 年，经常项目顺差 3 042 亿美元，资本项目逆差（含净误差与遗漏）6 471 亿美元，外汇储备资产（剔除估值影响）减少 3 423 亿美元。2016 年，经常项目顺差 2 022 亿美元，资本项目逆差 6 459 亿美元，外汇储备资产减少 4 487 亿美元（见图 3.23）。这里的资本项目是含净误差遗漏，因为我知道市场上有人把净误差遗漏当作资本外逃。资本外逃在中国是一个贬义词，会引起很多争论，我们就把它中性化处理，把它放到资本项目里。2016 年的这种情况，它的经济和政策含义告诉我们，现在的人民币汇率走势不是由贸易收支决定的，它不是商品价，而是由资本流动决定的，资本流动决定说明汇率已经变成资产价格。资产价格和商品价格的一个重要的区别是，资产价格容易出现超调，也就是周小川行长讲的过冲理论，即市场汇率容易相对于经济基本面决定的均衡汇率出现过度的升值或者贬值。

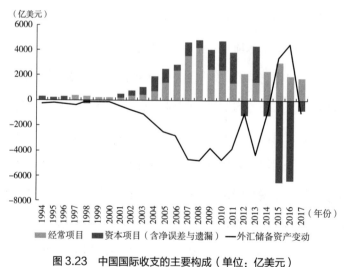

图 3.23　中国国际收支的主要构成（单位：亿美元）

资料来源：国家外汇管理局，WIND。

注：外汇储备资产增加为负值，减少为正值。

这些数据告诉我们，前期的资本流动、资本的流出不完全是基本面的原因，一定程度上跟市场信心驱动的汇率超调有关系。从资本流动的期限结构，我们可以更加看清楚，2015 年、2016 年的资本外流，主要是短期资本集中流出，短期资本的净流出规模超过了基础国际收支顺差。基础国际收支顺差就是经常项目加上直接投资的顺差。为什么这两个叫基础呢？因为经常项目是用实际资源去外面换得的外汇，是一种稳定的外汇来源；直接投资是长期资本流动，也是稳定的资本流动，所以这两件事是国际收支差额的基础。基础国际收支差额，本来是短期资本流动和外汇储备变动之间的一个护城河或者防火墙，在 2015 年、2016 年时，这个护城河变浅，防火墙变薄，所以短期资本流动直接导致了外汇储备的下降。2015 年、2016 年短期资本流出分别相当于基础国际收支顺差的两倍和四倍（见图 3.24）。短期资本流动有一个很重要的特点，就是容易受到市场情绪的影响，它经常会偏离经济基本面的变化。

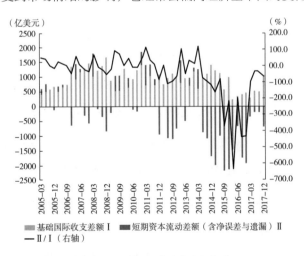

图 3.24　中国国际收支的主要构成

资料来源：国家外汇管理局，WIND。

大家可能觉得这个东西很抽象，但是很多学过经济与金融的人应该很清楚。2016年底美国大选，大选期间预测特朗普当选概率很高，主流观点认为特朗普当选对美国不好，所以当时美股跌，美元也在跌。但是大选结果出来以后六个小时，出现了所谓特朗普效应。同样是特朗普在竞选期间的竞选诺言，一些经济政策被大家炒作成美国再次伟大，美元升值。2016年美元总共升值了3.6%，最后两个月升值了5.4%，就是在特朗普当选以后升值的。六个小时经济并没有什么大的变化，仅仅是市场的看法发生了改变，美元、美股走势就发生了变化。2016年底大家都谈特朗普效应，2017年初特朗普效应消失了，美元一路下跌，全年美元跌了10%，这就叫多重均衡，市场情绪驱动。

中国市场也是这样。2014年以前，大家都相信强势经济、强势货币，相信购买力平价。2016年人民币购买力平价3.57，很多人都相信人民币长期升值不可避免。2014年初人民币最高的时候，市场汇率升到6.04元，当时大家都认为人民币要破6进5。2015年"8·11"汇改以后，大家又相信另外一套理论，叫中国货币超发，已经超过美国，人民币必有一跌，相信资产组合理论。实际上这些理论，包括利率平价理论，这些都是汇率决定的一个流派，没有说谁就不对，谁就非理性，都有道理。但是在不同的时候大家相信不同的东西。政府根据基本面得出的判断，认为人民币在均衡合理水平附近，但是可能市场有不同的看法，它有不同的均衡汇率的决定模型，这个时候谁能说服谁，关键看价格在哪里。如果你说均衡，最后你这个价格确实让相信均衡的人赚钱了，越来越多的人就会跟你站在一起。如果你说均衡，最后人民币贬值了，信你的人都亏了，不信的人都赚了，越来越多的人就会跑到不信的队伍里去。这就是政策的逻辑、市场的逻辑。

2016 年 2 月 13 日，G20 上海会议之前，美国前财长雅克卢接受媒体专访。当时雅克卢点评外汇政策的三个工具，首先讲资本管制，他说中国本身就是资本管制，不是要不要管，而是怎么管的问题，可见美国人并不反对中国采取管理的措施。这方面中国确实有很丰富的实践经验。亚洲金融危机期间，我们加强外汇管理，同样也有一个先决条件，就是不能违背经常项目可兑换原则。但是经常项目只管进口不管出口，所以那个时候我们就打击出口逃汇，要求企业出口以后，外汇必须调回境内，然后结成人民币，这不违背经常项目可兑换。经常项目可兑换不能限制出口，但是不排斥你对进口进行真实性审核。当时有一些企业用假进口报关单到银行去骗购外汇。为了堵住骗购外汇的漏洞，我们开发了一个系统叫进出口报关单联网核查系统，银行、海关、外汇局三家联网，企业去购汇的时候，银行一刷企业的 IC 卡（集成电路卡）就知道你在海关有没有进口。你有进口就给你付汇，付汇以后记录就进了外汇局的系统，进行进口付汇核销，就完成了资金流、货物流的一一匹配，监管的技术闭环把骗购外汇的漏洞给堵住了。

我们还把内地的监管要求包装了以后到香港去"玩"，而且"玩"得大家都很开心。2004 年中国人民银行为香港个人人民币业务提供清算服务，当时的判断是内地和香港之间资金人员往来非常频繁，人民币和港币已经实现了事实上的可兑换，在这种情况下地下交易非常活跃。为了让监管变暗为明，有人建议由中国人民银行为香港的个人人民币业务提供一个清算安排。但是当时大家有两个担心，第一个担心是你连人民币在内地的流通使用都管不好，还想管人民币在香港金融市场上的流通使用，大家觉得管不好。第二个担心是人民币还是一个不可兑换货币，如果对香港开放了，就相当于对全世界开放了，所以一定要慎重。后来，党中央、国务院拍板可以干，干了就不能出事，要对得起领导的信任。

第一，我们把这件事情统一归口管理，方便监管和监测，我们当时想选定一家中资机构。后来香港方面说，你不能在香港市场上指定一家机构来做人民币清算业务，清算行不能够指定，要用市场的方法去遴选。最后的标准是，这个清算银行必须在香港和内地都有丰富的网络，才能为人民币业务的参加行提供良好的清算服务。这个标准实际上就只有一家中资银行符合，而且这个标准也是有市场道理的。后来台湾跟大陆也有一个新台币的清算安排。台湾货币当局指定了台湾银行上海分行作为清算行。我不知道台湾银行在台湾岛是不是一个主要银行，但至少我知道它在大陆是没有什么网点的。因为它在两地都没有丰富的网络，所以就没有起到把大陆和台湾之间新台币的往来统到一个渠道的作用。

第二，在香港做个人人民币业务，内地有一系列监管要求。比如，存款必须给香港居民个人开户，不能给外国人开户，不能给大陆居民开户。存款兑换每天等值 6 000 元人民币，后来提高到 20 000 元人民币。汇款每天不得超过 50 000 元人民币等。但是，因为香港的自由金融市场不能有这些管制措施，当地金融管理部门不可能出规定。怎么办？解决的办法是，跟清算银行签订清算协议，把所有监管要求作为清算银行的义务写在里面，你只要履行这些义务，你吸收的存款就可以转存到内地，你兑换的人民币或者外币就可以到内地来平盘等。清算行就拿着清算协议，跟香港当地的人民币业务参加行签协议。而且是"二选一"。要么签清算协议，按照内地提的要求作为义务去执行，要么不签协议，原来你怎么"玩"继续怎么"玩"，不能到我这里来清算，我不给你兜底。然后，香港监管部门去银行检查，如果银行不执行这个清算协议，它就可以认为你经营不谨慎，就可以处罚你，这是基于商业自愿的原则签的清算协议。这样，通过市场的方法，把内地对人民币业务的监管要求传递到了香港。正是因为香港个人人民币业务平稳起步，到 2004 年下半年这个方法就扩大到澳门，2009 年才有跨境贸易人民币计价结算的业务。对此，我的体会是，对于有争议的改革，只要你能平稳起步，就有可能继续往前推进。如果中间出现了波折，那些持怀疑态度的人就会对你提出批评和质疑，就会影响改革进程。这对改革者提出了很高的要求。

如何评价 2016 年底出台的资本流动管理措施，我觉得也是一分为二来看。首先，这些管理措施为改革和调整争取了时间。2017 年的人民币汇率升值，首先是从离岸市场开始的。离岸市场率先升值的重要原因是 2016 年底内地采取了管理措施，减少了人民币的流出，推高了香港市场的人民币的利率，增加了做空的成本。还有一些管理措施减少了外汇供求缺口，减少了人民币的贬值压力，所以香港市场就率先升值了。2016 年还采取了一项措施，是对企业海外投资加强管理。尽管对于管理的方式方法还可以讨论，但是效果是立竿见影的。2017 年国际收支口径的对外直接投资，净流出减少了 53%，直接投资由上一年的净流出重新转为净流入 600 多亿美元。上一年净流出 400 多亿美元，这一负一正就是 1 000 多亿美元。

基础国际收支顺差是经常项目加直接投资。2016年直接投资是逆差，所以它把分母变小了。现在直接投资又变成了顺差，把分母又变大了。2017年，短期资本净流出又重新小于基础国际收支顺差，外汇储备剔除估值影响以后才有930亿美元的增加。而外汇储备的增减，大家都认为跟国家金融安全密切相关。原来我们都以为，中国有三四万亿美元的外汇储备，跨境资本流动冲击风险离我们很远，但是2016年我们看到风险已经兵临城下了。2017年因为中央果断决策，有关部门共同努力，有效化解了跨境资本流动的冲击风险，这是正面的。

我现在站在政府和市场中间，可以给大家提供一些中立的、客观的、平衡的观点。我的观点是，管理只有辅之以可信的价格信号，才可能起效果。2016年实际上也加强管理了，但是在人民币贬值的情况下，我们看到市场外汇流出减少，流入也减少了。2016年仍然是一个几千亿美元的大逆差，外汇储备资产真金白银减少了4 487亿美元。2017年人民币从年头升到年尾，从年初流入就开始增加，流出小幅减少，现在我们仍然是逆差，但是2017年的逆差大幅下降，这是很典型的。比方说，监管部门年初的时候找一家国企，跟负责人说，你要有大局意识，出口收入要调回结汇。2016年底，他肯定要来找你，因为他年初结完汇以后，到年底亏了6%以上。负责人肯定会跟你说，我这也是国有资产，国资委、财政部也对我进行考核，我没法交差。2017年初如果结汇了，到年尾他肯定高兴，什么都没干就赚了6%。这样肯定越来越多的人站在你这边，这就是你的管理要辅之以可信的价格信号，让被管理的人不能吃亏。亚洲金融危机人民币不贬值，没有走成的钱，没有因为贬值损失，走了的钱也没有因为贬值赚钱，这是一个公平的政策。这次我们坚持有管理的浮动，人民币兑美元有变化，如果升值了，就让不相信人民币能够稳定的人亏了，让相信的人赚了，这样相信的人就变成你的盟友了。

我还观察到一个现象，即只要从单边升值或者贬值变成双向波动，国际收支就能自主平衡。这在 2012 年发生过。当时人民币由单边升值变成双向波动，经常项目顺差、资本项目逆差，储备仍有增加，但是比上一年大幅减少。2014 年也是如此，年初人民币加速升值，第二季度以后人民币转向双向波动，当年经常项目顺差，资本项目逆差，外汇储备继续增加，但是增幅也是大幅减少。而且在 2012 年、2014 年都没有采取任何额外的资本管理措施。2018 年第一季度，中国出现经常项目逆差将近 300 亿美元，如果我们事先知道会有 300 亿美元的经常项目逆差，市场一定会焦虑，一定会有贬值的预期出现。但是 2018 年在延续 2017 年人民币这种由单边到双向波动、市场预期分化的情形下，经常项目逆差，资本项目顺差 544 亿美元，外汇储备不但没有减少，还增加了 266 亿美元。

出现这种情况很正常。中国人民银行行长易纲前段时间接受媒体专访时说，中国人民银行过去一年来基本上退出了外汇市场常态干预。在它不干预的情况下，有买的一定就有卖的，有卖的一定就有买的。经常项目和资本项目就是一个镜像关系，即经常项目顺差，资本项目一定逆差；经常项目逆差，资本项目一定顺差。不用人为地设计、人为地操作，这就是市场的力量。这就是为什么我们要让市场来发挥资源配置的决定性作用，它能够起到一个自动稳定器的作用。

大家担心外需波动对中国经济的影响很大。2017 年中国经济超预期,很重要的原因就是外需拉动比上一年拉动作用提高了 1.1 个百分点。2018 年第一季度外需对经济增长的拉动是负的,同比下降 0.7 个百分点。但正是因为过去二十年来,中国一直在进行经济结构调整,消费投资、进出口协调拉动,结果第一季度外需不行,内需上投资拉动。这就是为什么我们经常项目逆差的原因,因为投资拉动增强以后,进口增加很快,形成了我们的逆差。

最后谈几点结论和建议。

第一,应对资本流动冲击,汇率、储备、管制这三个工具都是各有利弊。政府必须排出政策目标优先顺序,不可能既要、又要、还要。这三个工具不能都变成目标。

第二,资本流动管理不是蛮干,它是艺术,要讲求技巧。包括要熟悉了解国际规则,运用规则提供的空间进行管理。管理不是国际收支保障条款,不是危急状态,所以不能管理过度、用力过猛。

第三,可以多尝试一些市场友好型的管理措施。我们提到的港澳人民币业务的设计,就是市场友好型的。还有一些更多基于市场价格的宏微观审慎措施。还有将来要根据国际上通用的"三反"展业原则,也就是反洗钱、反恐融资、反避税,了解客户,了解业务,尽职调查,用这些来替代我们现在的一些监管办法,提高监管的效率。

第四,辅之以可信的价格信号,可提高管理的有效性。但是管理只能作为临时性手段,一旦市场趋稳,应该及时调整。这就是从 2017 年 9 月开始,中国人民银行及时地把一些宏观审慎的措施和一些资本管制的措施取消了,这是监管政策中性。

第五,从长远来看,中国必将形成经常项目和资本项目,两者一个顺差一个逆差互为竞项的一个自主平衡关系。但是这时资本不论是内流还是外流，都不等于人民币必然升值或者贬值。我们一定不会简单到用贸易逆差去解释美元的贬值，用资本流入来解释美元的升值。人民币将来也是如此。

最后一点，资本流动管理只是争取时间，不能替代必要的调整与改革。解决经济金融稳定的根本性问题，这是资本流动稳定的前提。同时，要深化汇率市场化改革。如果汇率市场化改革不到位，肯定就会一会儿控流入，一会儿防流出，政策变来变去，很大程度上会影响长期资本的流动。

债务、债务密集度与去杠杆[1]

李扬[2]

最近，我参加了好几个会议，会议的主题之一是讨论这个世界的变化。2008 年开始的全球金融危机确实是一个大事件，越来越多的研究者都强烈地感觉到，从那时开始，整个世界、整个经济、整个金融的运行，甚至整个世界的秩序都在发生变化。这些变化必然会对经济和金融的理论提出挑战，需要我们更深入地去探索和研究。过去很多的理论现在似乎已不太适用，尤其像基本的货币理论和货币政策操作都遭遇了挑战。今天我想讲的主题是，世界的变化主要基于哪些因素。我主要讲三点。第一，关于本轮全球金融危机。第二，经济增长的债务密集度上升以及金融周期问题。第三，去杠杆的问题。

---

① 本文根据长安讲坛第 347 期内容整理而成。
② 李扬，中国经济 50 人论坛成员，国家金融与发展实验室理事长，中国社会科学院学部委员、研究员。

一、关于本轮全球金融危机

众所周知，从 2007 年开始的全球金融危机是一场债务危机，既然是债务危机，减少债务、降低杠杆率，就是走出危机的必要条件。然而，IMF、NIFD（国家金融与发展实验室）数据显示，截至 2018 年 4 月，全球债务水平高达 320 万亿美元，远远超越了 2017 年底的 237 万亿美元，同比增长了 83 万亿美元。与此趋势一致的是，全球的杠杆率也从 2007 年底的 209% 上升至 2017 年底的 245%，跃增了 36%。

现在我们回头看，危机过去了没有？如果用传统的指标来看，好像是过去了。我们来看以下两个指标：一是主要发达经济体流动性风险指数（见图 3.25），二是主要发达经济体信用风险指数（见图 3.26）。这两套指数都是我们 NIFD 的研究人员编制的。

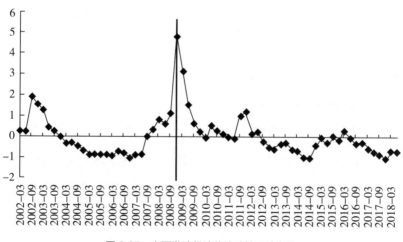

图 3.25　主要发达经济体流动性风险指数

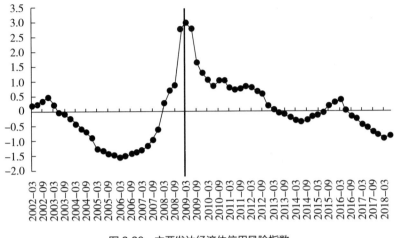

图 3.26　主要发达经济体信用风险指数

从以上两图可以清楚地看出，流动性风险比较容易过去。这里有一条竖线，标示的是危机，显而易见，危机之后不久，流动性风险就过去了。当然，流动性风险解除，应该归因于各国货币当局采取非常强的救助措施。美国在危机之后不久，就决定采取扩张性的货币政策。这套政策沿着两条线索推展。一是利率。迅速地降到了 0~0.25%，且保持了五年。二是货币供应。美联储连续六年，每两年更新实施量化宽松（QE）政策，向市场几乎无限量地投放货币。

针对这两项救市政策操作，研究人员可以提出很多理论问题，我们暂且不论。但我们看到的结果是，流动性危机、信用危机都逐渐平复了。这里有许多值得思考的问题，其中之一就是为了救助危机，我们是需要宽松的货币金融环境，还是相反？美国及发达经济体的经验告诉我们，答案是宽松。这个经验值得我们吸取，因为中国现在正面临大约八年前美国面临的问题。值得一提的是，在那场几乎让整个资本主义世界灭亡的 1929—1933 年大危机中，各国当局采取的政策正相反，即竞相紧缩。正是这一政策，使那场危机的结果非常惨烈，最终导致了第二次世界大战。这次危机救助，显然是接受了那次的教训，事实的确如此。此次危机的处理要归功于当时的美联储主席伯南克，他作为一名经济学家，其专业正是反危机。

流动性风险很快就过去了，接着信用风险也缓慢下降，然后，用传统的指标来衡量，危机爆发三年后，全球的增长也摆脱了失速，逐渐恢复了正常（见图 3.27）。

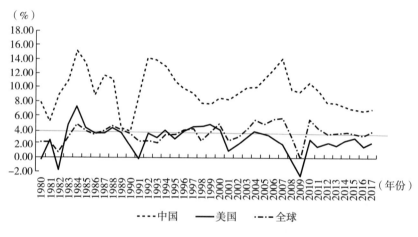

图 3.27 中国、美国及全球经济增长率（1980—2017）

在图 3.27 中，我们用一条横线代表从 1980 年以来全球的平均增长速度。同时，标出了中国、美国和全球的经济增长率。显然，中国的经济增长速度远远高于全球平均增长速度，美国是在匍匐前进，全球的平均水平基本上在 3.5% 左右。从这个曲线的运行来看，全球经济自 2010 年之后应该恢复正常了，但是大家都觉得有问题。这种矛盾的现象，给我们经济学研究者提出了挑战。

进一步看，最让人头疼的问题就是全球的杠杆率仍然在上升。从

图 3.28 的三条曲线可以看得很清楚。一条是发达经济体，一条是新兴经济体，一条是全球的平均情况。危机之前，全球的"债务/GDP"，也就是我们现在常说的杠杆率很平缓，可以把它看成是一种正常状态，危机之后上升，而且不断上升。

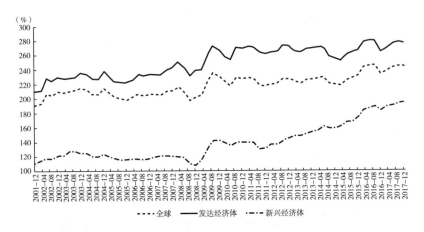

图 3.28　全球杠杆率（债务/GDP）仍在上升

杠杆率上升的直接后果，就是破坏了金融与实体经济的稳定关联，这降低了货币政策的效力，甚至对去杠杆的合理性，也提出了质疑。在一片"减少债务"和"降杠杆"的呼声中，债务和杠杆率却稳步上行，这的确是对十年来全球宏观经济政策的讽刺。

考量并应对债务和杠杆率不降反增的现象，可以有两种思路。第一种思路，因循传统政策框架，仔细检讨过去减债和去杠杆政策的疏漏，动用更多的政策手段，堵塞漏洞，把债务规模和杠杆率降下来。然而，在信用经济条件下，经济增长与债务增长保持着密切的正向对应关系，只要我们对经济稳定和经济增长还有所顾及，债务水平下降显然就十分困难。第二种思路颇具批判性。鉴于债务和经济增长存在某种均衡关系，是否存在这种可能，某些条件的发展变化，使这个均衡点随时间的推移而缓缓上升？换言之，高债务和高杠杆如今或许成了新常态。第二种思路并非我们的发明，早在 2015 年，英国前金融服务管理局（FSA）主席阿代尔·特纳勋爵在其所著《债务和魔鬼》这本书中首先提出了这一假说。在他看来，如果这个世界如本·富兰克林 1789 年所说，"除了死亡和税收以外，没有什么事情是确定无疑的"，那么现在，在这确定无疑的事物清单中，显然应当将债务添上。

以上讨论的是总量，下面看一看结构。

首先看非金融部门（见图 3.29），为了得到更多的信息，我们进行了中、美、欧、日的比较。

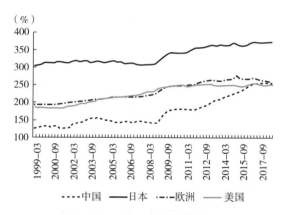

图 3.29　非金融部门杠杆率：中国、美国、欧洲、日本比较

从图上看，美、欧、日的非金融部门杠杆率的走势比较相同，危机之前比较平缓。美国在危机之前有一个明显的上升时期，危机爆发、政府开始解救危机后，又平缓下来了。这个图值得我们警醒的是，在全球危机之前，中国的杠杆率是比较平缓的，危机之后却上升了，而且上升很快，目前还在上升。客观地说，由于我国金融机构以银行间接融资为主，而且我们管理债务的能力相对来说比较弱，所以，债务问题可能会给我们带来大的麻烦。我国非金融部门杠杆率上升问题，必须引起高度关注，也就是说，我们决定拿出几年的时间，将杠杆率降下来，的确是切中时弊的决策。

再看企业，问题一下子就暴露了。图3.30显示，日本、美国、欧洲这三大发达经济体，企业的杠杆率非常稳定，而中国则相反，企业的杠杆率在跳跃式上升。这就是说，如果中国的杠杆率出现了问题，那么，首先就是企业的杠杆率出了问题。从这张图中不难看出，发达国家企业的财务结构非常稳定，这个结论十分重要。我们中国经济50人论坛在讨论2019年该干什么的时候，大家一致认为，有一件十分重要的事情，那就是要把企业改革搞好，要把企业稳定住。经济的核心是企业，不是政府，更不是金融机构。因此，稳定企业应当是我们今后的核心任务，因为企业居于整个经济运行的核心，没有企业哪有就业？哪有产出？哪有收入？哪有财富的积累？

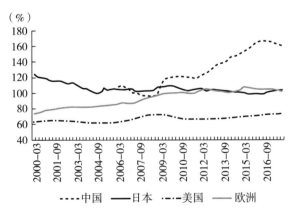

图3.30　企业杠杆率：中国、美国、欧洲、日本比较

早在 1979 年，时任中国社会科学院工业经济研究所所长的蒋一苇教授就发表了一篇著名的文章，就社会主义市场经济中企业的地位问题，做了深入研究，并给出了全面、系统的阐述。这篇文章就是《企业本位论》，发表在《中国社会科学》创刊号上。蒋一苇教授是老一辈革命家，新中国成立前曾是小说《红岩》中提及的著名的《挺进报》的负责人。就是这位"老革命"，经过多年潜心研究，在改革开放之初，针对中国经济的核心问题发出了振聋发聩的呼声：现代经济应是企业本位，绝非政府本位，舍此无他。在那篇著名的文章中，蒋教授阐述了四个观点。其一，企业是社会经济的基本单元，是国民经济的基石。其二，企业是一个具有能动性的有机体。其三，企业应当具有独立的经济利益。其四，社会主义制度下国家与企业的关系，不是行政隶属关系，而是一种经济关系。以上诸论，如今听起来仍然闪耀着光辉。大家想一想，近四十年前，关于企业在国民经济中的基石和核心地位问题，关于企业的独立性问题，关于政企分离问题，关于政府和企业关系问题等，蒋一苇教授就已经基本说清楚了。四十年后的今天，我们仍然在围绕这些问题争论不休，岂不令人扼腕！这种状况提醒我们，即便是社会主义市场经济深入发展的今天，我们还要不断为企业呼吁，还要不断地为企业和企业家争取应有的社会和政治地位。

再看居民户。图 3.31 显示，欧洲、日本居民户的杠杆率一直比较稳定，美国的情况则是危机前上升，并触发了危机，然后下降，恢复正常水平。回顾历史就能知道，20 世纪初，美国爆发了互联网危机，为了应对那次危机，美国政府采取了一系列措施，其中最重要的措施就是启动房地产市场。大家要注意，美国是市场经济国家，在充分竞争的条件之下，房地产市场中并没有特别多的机会。为了救市，美国政策当局找来找去，发现只有穷人的住房需求这一块还没有得到充分满足。然而，按照正常、健全的财务标准，银行是不能借钱给这些穷人去购买住宅的，但是，经济下行的压力，使美国政府不得不出此下策去救市，于是就有了次级抵押贷款（简称次贷）这一举措。从这个概念就能看出，美国当局很清楚其中的风险，但是为了保增长，它没有办法。从历史上看，次贷很早就出现了，但从未大规模推行过，这次危机发生以后，为了整体经济恢复，美国当局大规模启动了那些按照正常的财务标准不能借到钱的穷人也能借到钱的这种金融安排，然而，危机并没有消弭，只是推迟了而已。我们已经看到，次贷危机爆发，在 2007 年引发了全球金融危机。

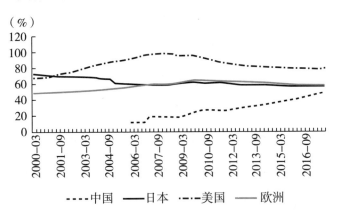

图 3.31　居民户杠杆率：中国、美国、欧洲、日本比较

中国的情况令人担心。居民户的杠杆率在迅速上升。关于中国居民杠杆率问题，研究者有诸多激烈的讨论，大致可以认为，中国居民户的杠杆率原本是不高的，上升的空间也确实存在。但是，这一点的腾挪空间，很快就被利用完了，导致居民户的杠杆率已经到了不能够

再上升的程度。最近我们做了一项研究，如果把居民杠杆率的分母替换成居民可支配收入，那么，2017年底，中国居民的债务对居民可支配收入之比达到了85%。顺便说一下，国内有机构也做了同样的计算，其结果是超过100%。什么意思呢？也就是说，中国居民户作为一个总体，已经寅吃卯粮了。当然，经过核对，我们还是坚持85%的这个数字，但是，这个数字已经足以令人警醒了。因为，美国次贷危机之前，其居民户的对应杠杆率达到103%，我们现在的情况离103%不远了。这是一个不好的消息，因为它告诉我们，中国的债务问题已经达到比较危险的水平，再继续下去，企业可能会倒闭，工人可能会被解雇。最近我看到一份材料，证券业已经开始解雇员工。证券业的情况，有可能马上外溢到其他的领域。我们必须认识到，中国如果想成为健康的发达经济体，居民债务一定要保持在稳定的水平。

再看政府部门。由图3.32可见，危机以来，日本、欧洲和美国政府的杠杆率都在提高，相对而言，中国政府提高的幅度并不大。这里

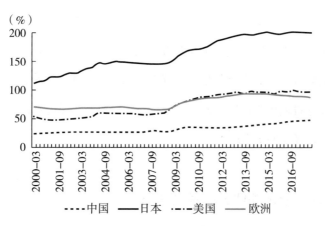

图3.32　政府部门杠杆率：中国、美国、欧洲、日本比较

要说明的是，近年来，中国地方政府的债务问题引起了国内外高度关注。所以在这张图上，显示的政府债务上升不多，主要原因是 2015 年中国政府做了一项调整，从此以后，从法律上说，地方政府融资平台绝大部分划归企业债，也就是说，地方政府债务大多都划归企业，在政府这边，不能重复计算了。

把这几张图放在一起，就会发现一些有意思的现象。在发达国家，宏观经济出问题的时候，倘若私人部门无法依靠自己的力量去解决，便会有政府部门出面承担，让企业、居民渡过难关，所以，政府的财政赤字以及政府债务都会骤然增加，甚至达到很高的水平。其中，债务最多的是日本，日本政府的债务是 GDP 的 200% 多，其次是美国，特朗普政府提出了很多经济刺激计划，说来说去还是要借债，增加政府债务。也就是说，在这些国家，金融危机事实上已转移到了财政上，只要政府不倒闭，财政总有办法解决问题。所以，在这几张图的背后，深藏着发达经济体宏观调控的逻辑。我认为，中国下一步要想发展成为发达经济体，需要研究借鉴这些国家的调控逻辑，提高治理机制和治理能力。在中国，通常的格局是，经济出了问题，政府并不愿意承担，而倾向于让企业和居民共同承担。仔细想一想，恐怕还是发达经济体的这种调控逻辑更有道理，这种逻辑恰恰应当是处理政府和企业、政府和市场之间关系的准则。

二、经济增长的债务密集度上升

近几十年来，全球经济的债务密集度显著上升。所谓债务密集度是指，为了支持某一水平的 GDP 增长，需要创造的债务增量。所谓债务密集度上升是指，为了支持某一水平的 GDP 增长，需要越来越大规模的新增债务。比如，2017 年为了一个点的 GDP 增长，我们需要创造 1 元的债务，那么 2018 年就有可能增加到 1.1 元，照此趋势下去，2019 年就可能需要 1.2 元，债务会越来越多。与此对应，杠杆率也会不断上升。这样，金融与实体经济之间关系的均衡位置有可能是不断上升的，而且永远回不到原先的位置。我倾向于认为，这很可能是新的趋势、新的常态。经济增长的债务密集度上升，对应到实体经济领域，就是资本产出的弹性持续下降。也就是说，为了达到一个点的 GDP 增长，现在比过去需要投入更多的资本。总之，无论怎么考察，要达到某一个水平的经济增长，如今比过去要花的钱多了，而且今后可能会越来越多。

为了让大家更清楚地了解债务与国民经济的关系，我们再看下面两张图。图 3.33 说明的是债务增长与 GDP 增长的关系，显然，

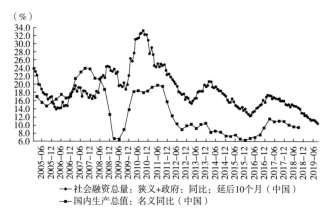

图 3.33　中国：债务（滞后 10 个月）与 GDP 增长

资料来源：OECD。

在中国，两者关系密切，而且，自2009年以来，这种密切关系加深了，中国已经成为典型的债务驱动型经济。

再看图3.34，它说明的是中国的债务密集度与宏观杠杆率的关系。显然，自2009年以来，中国的债务密集度在波动中上升，而且始终高于宏观杠杆率，这说明，中国的债务率进入了某种上升通道。

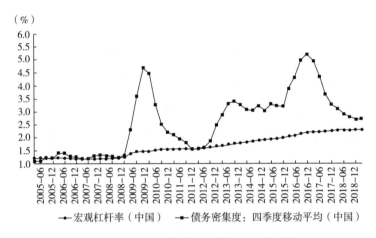

图 3.34　中国：宏观杠杆率与债务密集度的关系

资料来源：OECD。

（一）货币金融的发展史中，潜含着债务密集度上升的因素

我们倾向于认为，债务密集度上升是一条规律，而且，随着金融创新的日新月异，这一趋势日益明显。我们不妨循着货币、金融、金融衍生品的发展历程，来分析这一历史趋势。

从历史上看，人类社会脱离蒙昧时代后，货币便出现了。货币的出现对经济发展有两方面的作用。首先是对实体经济的发展有促进作用，主要体现就是它解决了储蓄和投资的跨期配置问题。也就是说，若无货币，每一个经济主体的当期储蓄都必须而且也只能转化为其当期投资，并且这种转化只能局限在同一个经济主体上。货币的出现，改变了这种状况：生产者当年生产的东西若未完全消费（产生储蓄），他可以将之卖出，从而用货币的形式保有其储蓄。对于货币的这一积极作用，无论是马克思主义学说还是西方学说，均无异议。

但是，就是这样一件堪称革命性变化的事情，其中已经在酝酿着经济的虚拟化。首先，货币一经产生，就有了价值和使用价值的分离，两者就可能不一致。其次，由于货币供应很可能而且经常是与货币需求不对应，通货膨胀或通货紧缩就有可能发生。事实上，一部货币史，就是探讨货币供应怎样与货币需求相吻合的历史，所谓对货币供求的研究，其核心内容就是努力寻找一种机制，使货币的需求得以充分展示，使货币的供应得以伸缩自如，进而使货币的供给和对货币的需求，经常相吻合。

这里还需要指出，在广义上，货币就是债务，是其发行主体的债务。当我们拿着崭新的钞票时，千万不要误以为这是中央银行在掏自己的钱给我们用，其实是中央银行增加了对我们的债务。这让我想起一个相关的问题，即中央银行发行钞票的机制问题。前几年，社会上甚至学术界有很多人很轻佻地嘲笑美联储的所谓"直升机"理论。我将这种评论说成是"轻佻"的，是因为这些人根本不知道这个理论是怎么来的，在这个看似笑话的理论背后，深藏着多大的学问。事实上，货币供给的直升机理论，最早是由著名的货币经济学家 M. 弗里德曼提出的，他发现了一个问题，就是通货膨胀在地域上的展开是不均匀的，造成这种状况的原因，是货币发行的地域非均匀性。钞票是由中央银行发行的。但是，最早得到这些钞票的，是中央银行所在地的企业和居民，注意，在这些钞票面世之时，整体物价水平并未变化，也就是说，中央银行所在地的人拿到新发的钞票时，其购买力并未变化，因此，这些人获得了净收益。然而，当这些新钞票随着商品流通逐渐向整个社会流转出去时，物价水平也逐渐上涨，也就是说，后续获得这些新增货币的人，其货币的购买力被侵蚀了，整个过程直至全部增发货币都被物价吸收后方才结束。显然，这个在宏观上被简单化为物价水平因增发若干货币而平均上升了若干点的表述，在现实世界中并不是均匀发生的。大致来说，整个社会，因其与货币中心的远近，受这个政策行为的影响截然不同。有人事实上获益，也就是最先拿到造成通货膨胀之增发货币的人，有人的损失要高于平均数，即那些在物价已经被新增货币"搞上去"之后才拿到这些新增货币的人。怎么解决这个问题呢？弗里德曼说，不妨考虑使用"直升机"，在全国各地同时起飞，且同时向下面撒钱，基于这种均匀撒钱的方式，就没有人能够在通货膨胀中得到额外好处，也没有人的购买力再在通货膨胀中受到额外侵蚀了。显然，"直升机撒钱"，是一个非常智慧的想法，嘲笑它的人是十分无知的。总之，从一开始，经济社会就需要研究多少货币量恰好能同实体经济对应，且不会造成通货膨胀或通货紧缩的问题。

在货币的基础上，金融发展起来。在这里，金融指的是已经提供到市场上的货币的有条件转移。正因为有了金融，信用问题、期限问题和利率问题等，才开始出现在经济生活中。

金融出现的革命性意义，在于它使储蓄资源可以跨主体（在赤字单位和盈余单位之间调节余缺）、跨空间（储蓄从此地区向其他地区转移）转移，从而进一步提高资源配置的效率。我们常说，市场经济条件下是"物跟钱走"，这就是说，资源的配置现在体现为货币的配置，而货币的配置是通过货币的流通和金融交易完成的。在这里，虚拟的货币金融流动引领了实体经济因素的配置过程。

同时我们也看到，金融活动在货币流通的基础上产生之后，经济活动进一步虚拟化了，"金融上层建筑"也显著增加了层次。这不仅表现在经济资源的实际流转逐渐被掩盖在货币借贷的洪流之下，而且表现在货币交易自身开始成为目的，一批以经营货币为业的专门机构和人群应运而生。与此同时，当我们用存款/贷款的方式、发行债券的方式、发行股票的方式等，更为有效地展开资源配置的时候，诸如信用风险、市场风险、利率风险等新的风险也产生了。更有甚者，金融产品一经产生，其自身也就成为交易的对象，在其自身供求关系的左右下，金融产品的价格可以飙升飙落，从而引起货币供求的盈缩，带来社会的剧烈动荡。

回到我们讨论的债务密集度概念上来，金融发展的结果就是，经济增长的债务密集度显著提高了。

金融发展的下一阶段就是金融衍生品的出现。这里所说的金融衍生品，指的是其价值是名义规定的，衍生于所依据的资产或指数的业务或合约。在这里，"所依据的资产"指的是货币、股票、债券等原生金融工具。应当说，金融衍生工具的出现是有巨大积极作用的。通过远期、调期、互换、期货、期权等手段，通过一系列令人眼花缭乱的"结构性"金融操作，我们的经济社会得以大规模地规避和转移风险，流动性大大提高了，进而资源配置效率也大大提高了。

然而，伴随着衍生金融工具的产生和发展，同时产生了对经济进一步疏远化的效果。如果说在金融原生产品上，金融与实体经济的关系还是若即若离，在金融衍生产品上，这种联系彻底地被割断了。因为金融衍生产品本就不是根据实体经济来定义的，它的全部价值都存在于其赖以产生的金融原生产品的价格波动之中。发展到这里，金融活动已经变成一个影子、一种称呼、一种符号、一组数字。更有甚者，对金融产品（原生产品）价格变化的追求甚至操纵，在衍生品市场上可能成为常规，因为它本就是应这些产品的价格波动而生的。

显然，金融衍生品的发展，使经济增长的金融密集度的提高获得了几乎无限的空间。

这里的讨论无非是想提醒大家注意这样的事实：从货币到金融，再到金融衍生品，资源配置效率在不断提高，实体经济亦日益发展，然而，从另一个方面来说，经济增长的债务密集度也在不断上升，这个过程不仅使金融与实体经济日渐疏远化，而且也逐步弱化了货币金融政策的效力。

（二）经济金融化的影响

20 世纪金融创新兴起以来，有一个现象，即经济金融化逐渐进入了人们的视野，并潜在地改造着我们的世界。而经济的金融化，正是债务密集度不断提高的又一驱动力。

我们不妨从房地产及房地产金融说起。全球危机伊始，时任美联储主席伯南克便明确指出：危机的根源，在于金融对实体经济日益疏远。关于实体经济，伯南克给出了一个颇令人深思的定义，即除了金融和投资性房地产之外的其他产业，都是实体经济。这是一个非常有启发意义的定义。伯南克事实上指出了一个很重要的发展趋势，即随着金融创新的不断发展，我们的经济正经历着一个不断金融化的过程。

这个过程，在投资性房地产市场上最早表现出来。我们知道，房地产是不动产，其流动性是最差的。然而，一旦金融因素介入，也就是说，一旦我们基于流动性最差的不动产业，在其上累加足够多的创新金融产品，这个非流动的不动产便可能拥有足够的流动性。现实发展果然如此。首先，银行针对住房提供抵押贷款，其期限，美国最长可达 50 年，中国则是 30 年。长达 30~50 年的贷款活动出现在银行的资产负债表中，无疑会导致期限错配，即借短用长问题。倘若住房抵押贷款规模上升到一个显著水平，则会使提供抵押贷款的银行陷入严重的流动性不足风险中。开辟抵押贷款的交易市场，是解决问题的途径之一，但是，抵押贷款期限过长、规模过大，住房市场有一点风吹草动，市场交易便会停止，流动性风险将立即降临。

金融工程的广泛运用，完美地解决了此处的期限错配问题。我们可以把足够数量和规模的抵押贷款聚合在一起，形成一个贷款池，进而基于该贷款池中各贷款的现金流，对之进行分拆、重组、打包，形成符合要求的新的现金流，然后据以发行新的债券（抵押贷款证券），这样通过抵押贷款证券化，住房市场的流动性便奇迹般地提高了。

显然，抵押贷款证券化的原理是可以大范围复制和推广的，于是我们就有了各式各样的资产证券化。正是这样一些证券化产品，构成了发达经济体影子银行体系的主体，其规模如今在美国已达到其社会信用总量的 30% 左右。

其实，债务密集度不断提高的事实，还可以从单个金融领域的发展及其同实体经济的关系变化中观察到。例如，经济的证券化率（各类证券总市值 /GDP）上升、金融相关比率（金融资产总量 /GDP）不断提高，证券市场年交易量、信贷余额、年保费收入、外汇日交易量等对 GDP 的比率稳步上升，贸易相关的资本流动与非贸易相关的资本流动的比率的逆转（在 20 世纪末已达 1:45），等等。这些都是佐证。

毫无疑问，债务密集度不断提高，正逐步改变着人们之间的经济关系，使债权 / 债务关系、股权 / 股利关系、风险 / 保险关系等金融关系，逐渐在经济社会中占据了主导地位。这种变化的潜在影响，仍有待于我们进行全面估计。

（三）贫富差距扩大的影响

债务密集度的提高，还同贫富差距加剧有关。

说到贫富差距，不能不提到一位法国的年轻学者托马斯·皮凯蒂（Thomas Piketty），以及他的那部风靡一时的巨著《21 世纪资本论》。

正如其书名所显示的那样，皮凯蒂继承了马克思的分析思路，从资本和劳动两个基本要素及其相互关系来展开他的全部分析。不过，马克思的理论兴趣和分析起点在生产领域，他关心的是全部流通和交换过程背后的剩余价值的生产过程，搞清楚资本生产的秘密后，他再将自己的视野扩展至流通、分配和消费领域。皮凯蒂则不然，他的主要注意力集中于分配领域。他将经济高度抽象为资本和劳动力两大基本要素，并假定两者都被用于生产并分享产出的收益。资本与劳动力的区别在于，资本可买入、卖出、拥有，而且从理论上讲可无限累积，劳动力是个人能力的使用，可获得酬劳，但不能被别人拥有。皮凯蒂认为，由于资本回报率总是倾向于高于经济增长率，所以贫富差距是资本主义的固有现象。他由此预测，发达国家贫富差距将会继续扩大。

根据皮凯蒂的研究，在可以观察到的三百多年的数据中，投资回报平均维持在每年 4%～5%，而 GDP 平均每年增长 1%～2%。投资回报率高达 5%，这意味着每 14 年财富就能翻一番，而 2% 的经济增长则意味着财富翻一番需要 35 年。在近一百年的时间里，资本拥有者的财富翻了七番，是最初的 128 倍，而同期整体经济规模只是一百年前的 8 倍。长此以往的结果是，虽然拥有资本和没有资本的人都较过去变得更加富有，但是，贫富差距却变得越来越大了。

对本文讨论的问题而言，贫富差距扩大的意义是什么？其意义就在于，穷人和富人处置自身收入和财富的方式存在根本性区别。正是这些区别，为债务密集度上升提供了又一基础。因为，一般而言，富人的消费倾向是较低的，他们更倾向于用"理财"的方式来处置自己规模庞大且增长迅速的储蓄。相反，穷人的消费倾向较高，他们用金融方式处置的储蓄，只占他们全部资产的较小的比重。基于上述分配结构，随着经济的增长，少数富人所拥有的国民收入和国民财富的比重将不断增大，例如，在发达经济体中，大约是 10% 的人群拥有了 70% 以上的国民收入和国民财富。然而，这一部分富裕的少数人并不把自己的收入和财富直接投入发展实体经济，而是投入"用货币生产货币""用金融生产金融"中，正是他们的这种偏好，促成了金融上层建筑日趋膨胀，并因此提高了债务的密集度。

（四）问题的国际方面

全球债务密集度不断提高，更同国际货币体系的演变有密切关系。

1971年之前，国际储备货币与黄金挂钩，当时实行的是所谓"双挂钩"制，即美元与黄金挂钩，各国货币与美元挂钩。形象地说，基于这种复杂的"挂钩"关系，1971年之前的国际货币体系存在一个"黄金锚"。

1971年后，美元与黄金脱钩了。在那之后的几年里，国际货币体系如无锚之舟，在全球危机的惊涛骇浪中风雨飘摇。最后，还是美国"打开了新世界的大门"，里根政府全面开启了以债务为锚发行美元的机制。这种机制，在内，使公开市场交易，即在公开市场上买卖政府债务成为货币政策操作的主要手段；对外，则使美国的贸易逆差成为各国乃至整个世界经济不断获得新增储备货币的主要途径。换言之，1971年之后的国际货币机制的核心就是，世界经济和全球贸易的正常发展，要以美国不断产生贸易赤字，大多数国家不断产生贸易顺差为条件。

里根政府开创的"新范式"一开启，便一发不可收，他所导演的戏码便不断重演。1981年，美国国债余额9 979亿美元；1983年"星球大战"计划实施时，为1.38万亿美元；1989年里根离任，美国国债余额跃增为2.86万亿美元。这样一种通过买卖政府债务而调控货币发行的新范式，为美国政府的宏观调控开创了一种新模式。由于政府可以通过发债融资，支持其财政支出和货币体系运转，其对税收的依赖就下降了。正是在这个意义上，里根经济学开启的连续减税计划顺利实施并大获成功。

我们看到，以美国政府债务支撑美国国内货币体系和国际货币体系的体制机制，在危机之后似乎得到了进一步加强。2018 年美国政府债务创下了 21 万亿美元新高，但特朗普依然可以同时实施大规模减税，其基本原因就在这里。

（五）金融周期

金融密集度提高，其影响十分深远。一个最显著的影响就是我们面对的经济周期变形了。

过去我们所知道的危机，都是生产过剩型危机。整个过程始于盲目生产，导致产品过剩，进而引发物价剧烈波动（下跌），然后，企业倒闭、失业率上升、市场萧条、银行关门、金融市场狂泻等接踵而至。这种可以被称为"古典型"的危机，通常顺次经过危机—萧条—复苏—繁荣四个阶段。如今不同了。如今我们看到的危机已经有了显著的变化，主要变化有两个。其一，整个危机的进程只留下了"上行"和"下泻"两个阶段，而且波动剧烈。其二，这个周期和实体经济周期日渐脱离了关系。过去的危机，主要表现为 GDP 的增长出现剧烈波动，如今，即便在危机中，GDP 的增长都很平稳，但是，金融市场上却是天翻地覆、惊涛骇浪。

从 20 世纪 70 年代开始，金融创新的全面开展，导致经济"金融化"或"类金融化"，经济运行显著受到金融的"繁荣—萧条"周期的影响，经典的经济周期产生了大变形。主要表现，金融周期逐渐趋于主导，巨量的债务和货币源源不断地注入并滞留于经济体系中，这不仅加大了金融体系对实体经济的偏离程度，而且使金融方面的扭曲往往先于实体经济的扭曲发生。这一切导致了传统的经济危机机制发生了明显改变：在过量的货币和信用在实体经济中转化为全面通货膨胀之前，由资产价格高位崩溃带来的金融危机就已经爆发了。

这一变化，对传统的中央银行宏观调控机制及其理论提出了挑战。教科书告诉我们的货币政策传导机制，主要有两条线索，一条是影响物价，一条是改变利率水平。物价变化引起生产扩张或收缩，利率变动提高或降低生产成本，这样一些变化，进一步引导了企业和居民的行为变化。如今不同了，在货币政策的两条传统渠道尚未来得及起作用时，资产的价格就已经产生了巨变，这一变化，直接改变了市场主体的资产负债表，继而引发市场主体经济行为的调整。恰如《桃花扇》中那句著名的判词："眼看他起高楼，眼看他宴宾客，眼看他楼塌了。"

这个变化的影响，全面而深刻。它告诉我们，要驱动同样水平的经济增长，如今需要提供越来越多的债务增量。债务的累积造成资产价格泡沫膨胀，形成金融周期。也就是说，在现代金融体系下，危机的发生可以直接经由资产价格路径而非传统的一般物价和利率路径。这同时也回答了最近几十年一直困扰货币经济学界的一个问题，那就是货币政策要不要管资产价格？过去的回答是明确的"不"，现在的回答显然是"要"。如此一来，诸如房地产市场、资本市场，大宗产品市场等，都要进入货币政策的视界中。这意味着，如果债务密集度不断提高的趋势得到确认，中央银行的宏观调控理论就要改写了。

总之，债务的累积造成了资产价格泡沫膨胀，这构成了金融周期的基础。在金融周期主宰的情况下，利率的作用将大大减弱，调控物价可能也没有多少作用，这就是说，经典的菲利普斯曲线有可能失效。

由于较高的债务积压，宏观政策左右掣肘，而且经济复苏变得非常缓慢，我们现在正处在这样一个旷日持久的痛苦之中。货币政策、金融监管以及金融理论均面临着严峻的挑战。

三、去杠杆问题

最后，我想集中讨论一下去杠杆的途径及债务可持续性问题。

去杠杆的对策一是偿还债务，这是正道。但是，任何减债方式都有紧缩作用，如果出售资产，那就更是紧缩了。更有甚者，如果经济主体不约而同地用偿债或出售资产的方式偿债，则会出现合成谬误，导致著名的"资产负债表衰退"。以稳定经济为第一要务的政府，不可能容忍这种状况发生。所以，虽然理论上讲这一条是最合理的路，但在实践中根本行不通。

对策二是债务减记、划账。但是，这种方式的可行性存疑。因为这种行为几近赖账，其结果是乱了规矩，而且它可能进一步导致信用萎缩，打击市场信心。

对策三是通货膨胀，这是老办法。政府对付自己债务问题的老办法就是通胀。如果真能"胀"起来，不消几年，庞大的债务将会被侵蚀殆尽，变得微不足道。但现在的问题是，通货膨胀总是不肯降临，近年来，货币发行了这么多，物价还是涨不起来，我们现在正为此头痛。所以，这条路也行不通。

对策四是金融资产价值重估。美国的去杠杆，相当程度上是价值重估的结果。危机十年，美国股市涨了八年。危机刚开始时，市场狂泄了一下，自那以后则是总体上升。股价一涨，企业的权益便增加了，拿资产同权益相比较，杠杆率自然下降。应当说，这条路非常有诱惑力，但是很可能会有副作用，这种副作用在美国还没有看到，但在中国显然已经看到了。2015 年 5 月之后的股市狂跌，就是这个原因。有些人寄希望于用股价上升来支持企业去杠杆，结果适得其反。应当说，随之而来的股市剧烈波动，明确否定了这种思路的合理性和可行性。

上面的四条对策都是直接去杠杆。还有一条是杠杆转移，这包括三种方式。一是政府承担，政府以借债的方式把企业债务承接下来。二是中央银行承接，用发行货币即扩张资产负债表的方式把居民、金融部门和企业部门的不良资产拿过来。现在政府不可能大规模承接债务，那就由中央银行来做。所以，在美国就有了美联储资产负债表扩张三倍的情况发生。中央银行往市场上放钱，当然皆大欢喜，但是，中央银行从市场上收钱，即开始缩表，则是一件很痛苦的事情。

看起来，所有上述路径都存在问题。于是还剩下一条路，就是把 GDP 搞上去，恢复经济，这才是实实在在的。但是，GDP 要搞上去谈何容易？需求侧的手段已经穷尽，再搞下去就会副作用大于正效应了，于是，大家的目光便聚焦到了供给侧，而且，全世界政府的聚焦点都不约而同地转到了这一侧，都希望通过实实在在的结构性改革，通过实实在在地发展实体经济，最终将杠杆率降下来。幸运的是，中国是比较早认识到这种状况的国家，而且，在这一轮中，我们是最早提出供给侧结构性改革的国家，同时我们也认识到，去杠杆要准备打持久战。由于 GDP 增速下降，其他条件不变，即便债务不增加，杠杆率也会上升。所以，在危机持续的过程中，设定去杠杆任务，其核心意义在于提醒全社会不能迷失方向，不能过度依赖需求管理，特别是不能只靠货币政策的调控去解决危机，而是应当遵循从供给侧合理安排去杠杆的路线图，并坚定不移地推进它。去杠杆的长期性也因此确定了。

最后的问题是杠杆率的可持续性。首先要有一个正确的认识，负债、杠杆并不是洪水猛兽，它是工业社会正常运行的条件，是现代经济和传统的农耕经济、自给自足的经济相区别的最主要的特征之一。它在分工的基础上，把全社会的资金集中在最能够有效地使用它的企业家手里，所以才有了储蓄、投资，才有了发达的金融市场，这些金融资源不断运行，这就是现代金融和现代经济。这就是说，负债和杠杆其实是一个正常的现象。因此，正确地提出问题，需要解决的应当是债务的可持续问题。

关于债务可持续性的度量，我们给出两层指标，一层是微观，另一层是宏观。微观层面上，可以用债务和息税前利润之比来衡量，如果低于1，债务是可持续的。比如企业借债，钱借来了开始生产，生产出了产品卖掉，还了本，还有一部分剩余，这部分剩余可以归还利息。如果这个过程能够持续，这个企业的微观债务就是可持续的，这就是健康的债务。实际上，大部分企业一直都是这种情形。

同样的道理推广到宏观层面，思路也一样。宏观比什么呢？我们拿当年整个经济的利息支出和当年全社会 GDP 的增量相比，同全社会当年的储蓄增量相比。如果后者大于前者，则债务可持续，如果相反，则可持续存在问题。

非常遗憾地告诉大家，根据我们的计算，目前中国的债务已经到了不可持续的边缘。2012 年，我国的利息支出就已高于当年 GDP 的增量，往后好几年都是如此。大家回想一下，大概正是从 2012 年开始，越来越多的企业抱怨说，自己是在为银行打工，而且打工的钱还不够还贷。大约也是从那年开始，所谓金融不服务实体经济，便成了一个社会共识。2014 年，一位有良心的银行家公开承认，他们赚钱已经赚得不好意思了。总之，社会的反映同我们的计算是相吻合的。这个问题同样在国家外汇储备外流的现象上得到反映。从国家层面来说，储备的流出也是为了解决本国债务问题。因为，其本质就是把过去作为财富积累的那些储备拿出来变现，把存量变成流量来解决当下的流量短缺问题。当然，这种解决办法的经济影响是很负面的。

最后，还要强调一下不良资产的问题。现实中，如果资产中有很多是不良资产，则降杠杆就面临很大的压力。如果不良资产比重不高，而且我们有妥善的办法来处置，这个债务就不会出现问题。如果资产中出现了不良资产，则与之对应的债务风险将会增大，为了挤掉水分，就要拿优良资产来冲抵国民财富的净损失。这样，可用于冲抵不良资产的优良资产规模，构成了债务承载能力的上限。我们的计算显示，截至 2017 年底，中国的净资产为 20.7 万亿元人民币，这就是我们的上限。这说明我们有这个能力解决债务问题，但是债务不能太多，问题不能拖太久。

最后要说的是，去杠杆必须综合施策。一是去杠杆一定要和企业改革密切结合。如果不同时或者不把重点放在解决杠杆率高悬、债务高悬产生的体制机制原因上，不把精力放在企业改革上，可能过七八年同样的问题还会再来一次。20 世纪末到 21 世纪初，我们就曾有过一次，但到了今天，问题依然存在。原因就在于杠杆率提高的根源并没有根除，我们希望这次要从根本上去掉高杠杆的体制基础。二是要强调债务处置的目的是改善企业经营环境，管理金融风险，进行结构调整，因此应该同等对待国有企业和民营企业。三是去杠杆必须遵循市场化原则。如果不能贯彻市场化原则，仅仅着眼于去杠杆，在我看来，如果市场原则被破坏，那还不如不去杠杆。四是必须坚持于法有据，所有事情必须在法律的框架下进行。最后，特别值得注意的是，针对逆全球化浪潮，中国正在推动"一带一路"倡议，因此，中国处置不良资产、处置杠杆率也应当有全球眼光。现在有很多企业、很多资产在我们看来不值钱，但是国外的人却非常看好，他们有他们的路数，有他们的衡量标准，在这种情况下，去杠杆必须要有国际视野。

总之，去杠杆是一项长期战略，必须要把握好时机、节奏、步调。清产能和去杠杆，为的是杜绝危机发生，然而，倘若操之过急，很可能自我制造出"明斯基时刻"。即便整个去杠杆的过程可控，由于体量庞大、结构复杂、牵涉广泛，也很难保证风险不产生系统性蔓延。经济危机史已经证明，金融周期的塌缩都是来自内部或者外部货币和监管政策的收紧，中国也不例外。从单纯去杠杆到结构性去杠杆，再到稳杠杆，然后又回归结构性去杠杆，这一系列政策重点的调整说明，中国的去杠杆政策已渐趋稳健、理性。

第四章　精准扶贫与激发人口内生动力

扶贫攻坚的方法与路径[1]

汤敏[2]

目前，上到国家、各地政府，下到社会组织和很多企业，都在关心和努力做一件事，这就是扶贫攻坚。按照我们的发展计划，到 2020 年，中国将全部消除绝对贫困，这在中华民族的历史上是一个空前绝后的大事件，即使是在人类历史上，也从来没有一个这么大的国家能够把所有的绝对贫困问题全部解决。

说它是空前的，是因为没有一个国家，能够在全国范围内，把每一个贫困户都找出来，然后采取一户一策的方式去解决他们的贫困问题。为什么说是绝后呢？因为 2020 年以后，就不再有绝对贫困了，所有贫困人口能做到不愁吃不愁穿，住房、上学、医疗能得到保障，实现所谓"两不愁，三保障"。当然，在这种情况下还会有极少的贫困人口，因为任何一个社会总会有一些失去工作能力的人或有特殊情况的人，我们可以用低保的方式给他们兜底。所以我说，中国的扶贫攻坚是空前也是绝后的。

---

[1] 本文根据长安讲坛第 344 期内容整理而成。

[2] 汤敏，中国经济 50 人论坛成员，国务院参事，友成企业家扶贫基金会副理事长。

在这场空前绝后的扶贫攻坚中，我们已经解决了很多问题，现在时间还剩两年。这两年会很难吗？我们称它为"扶贫攻坚"，意思就是打仗已经到了最后的堡垒面前，它难在什么地方？我们应该怎么去"攻"？我想跟大家一起来探讨一下这个问题。

首先，我们来看看扶贫工作已经做到了什么程度。

如图 4.1 所示，这是在云南省的西双版纳傣族自治州，这个村子接近老挝边境，叫河边村，是一个贫困的少数民族村庄。这是几年前我到这里时村子里的样子，当时的住房条件和环境条件都很差。

图 4.1　云南省西双版纳傣族自治州的河边村

2017 年 11 月我又去了这个村子，这里发生了非常大的变化。图 4.2 展示的就是村民现在居住的房子，几乎所有的村民都住上了这样的房子。有些房子里还布置了几间客房，提供给来村里旅游的游客。现在这个村子每年都会有络绎不绝的旅游者前来游玩。当然，我不是说中国所有的贫困村都变成这样了，至少这是我亲眼见到的一个贫困村发生的巨大变化。这应该是我们扶贫工作的一个缩影。

图 4.2 河边村的新变化

　　而在 2017 年的时候，这一切还仅仅是几张图纸。当时我觉得，能把这些图纸上的内容变成现实简直就是天方夜谭。然而，中国农业大学人文学院院长李小云教授，他毅然辞去了院长职务，带了几个学生在这个村子里蹲点了几年，不仅帮助农民规划新的村庄，还和当地政府沟通联系，做了大量工作，终于让河边村产生了这样巨大的变化。现在，像河边村这样的变化正在祖国大地上不断涌现，我相信未来两年还会有更多的河边村出现。

　　其次，我想大致介绍一下我们扶贫攻坚已取得的成就。

　　1978 年我们刚刚开始改革开放的时候，世界银行做了一项统计，中国的贫困人口有 7.7 亿。用国际最低的贫困标准来衡量，按最穷的发展中国家扶贫标准来看，中国 95% 以上的农村人口都属于贫困人口。即使到了 2012 年，中国还有将近 7 000 多万的贫困人口。在过去的五六年间，我们每年实现脱贫 1 300 万人，而且减贫的速度越来越快。不久前，国务院扶贫开发领导小组办公室正式宣布，全国 832 个贫困县当中，已经有 153 个贫困县摘掉了贫困县的帽子。

　　习总书记特别关心扶贫工作，他曾多次深入贫困地区考察。过去扶贫主要是扶贫办的工作，现在各级党和政府的一把手，一直到村里的"第一书记"都亲自抓扶贫工作。全国有将近 300 万名扶贫干部，全脱产来到贫困地区，扎根在贫困村进行帮扶。

同时，我们还有来自社会各界的帮扶。比如东部一些发达省份的对口支援，包括像北京这样的城市跟西部地区 70 多个地市对接，每年派干部，拨资金，投放很多物资。很多企业也积极参与"万企帮万村"活动，一万个民营企业对应一万个贫困村进行对口帮扶。

作为一家公益机构，我们友成基金会也加入了扶贫的潮流中。我们与沪江网、北京师范大学以及多个公益机构一起开展"乡村青年教师社会支持公益计划"。我们请了很多北京师范大学的教授和一些优秀的乡村老师在整整一年的时间里，给三万多名乡村青年教师通过互联网每个星期上两次培训课，让这些乡村教师学习别的地方的乡村教师是如何在贫困地区工作的，如何照顾留守儿童的（见图 4.3）。

图 4.3 乡村青年教师社会支持公益计划

2018 年 9 月，新的学期开始，又有来自全国的 19 000 多名乡村青年教师开始接受我们的培训，其中在新疆和田、喀什地区同时有 2 000 多名老师参加了培训，这些都是社会参与扶贫的方式。

虽然有这么多力量加入，脱贫攻坚依然任务艰巨，那么，脱贫攻坚难在哪里？

现在我们已经进入了扶贫攻坚的关键阶段。全国贫困人口已经从原来的 6 600 万人减少到 3 000 万人，只剩下原来的一半，这不是很容易了吗？恰恰相反，我们称之为"行百里者半九十"，剩下这一小部分才是最难的，越往后面越是难啃的硬骨头。

扶贫的第一块硬骨头是深度贫困地区。所谓深度贫困有"三区"和"三州"。"三区"指的是西藏地区，四川、甘肃、青海、云南等地的藏区和新疆南疆的四个地州。"三州"指的是四川凉山州、云南怒江州和甘肃临夏州，这"三区"和"三州"是目前我国最贫困的地区，当地扶贫的难度非常大，压力非常大。此外，各省也有一批深度贫困县、乡、村。

有些地方不仅是贫困地区，本身还有非常难处理的事情。比如在大凉山的悬崖村，这个地方从山底到山顶有 800 多米，山特别陡峭，只能通过羊肠小道攀着那些藤蔓上去。孩子们上学要从山上下来，放学再攀上去，一个来回要爬相当于 300 层楼这么高。后来当地花了100 多万元架了一个铁梯子，让孩子们能爬梯子来回，尽管有父母陪着，这也是非常危险的事情。现在的解决办法是，孩子们只能被安排在山底的学校住宿，每年爬梯子回家三四次。这只是孩子们上学，当地老百姓的生产、生活状况也就可想而知了，买一次东西就得爬 300 层楼，生产生活条件非常艰苦。这就是典型的深度贫困地区的状况。

第二块硬骨头叫"异地搬迁"。像刚才我讲的悬崖村，那种地方就应该把村民们搬迁下来，假设我们要把电线拉上去，自来水管道修上去，接通卫星电视、互联网，需要花多少钱？难度实在太大。现在这个村不用搬了，因为媒体报道以后，大家都知道这个地方有一个悬崖村，好多年轻人跑到山顶上吃饭住宿，悬崖村已经变成一个旅游景点。但是还有很多地方需要搞异地搬迁，我大概算了一下，全国一共要搬迁1 000万人左右。我们修三峡工程的时候，最大的困难就是移民搬迁，要把被水淹的地方的村民搬到高处去，总共搬迁了120万人。当时几乎动员了全国的力量，还在电价中专门加了几厘钱，叫"三峡移民搬迁附加费"，一加加了几十年。现在要搬迁1 000万人，相当于八个三峡工程的搬迁安置量。

如图4.4所示，这是贵州省黔东南州雷山县。这里政府修的房子非常漂亮，都是专门给移民搬迁户准备的。房子准备好了，家具买好了，连柴米油盐都放进去了，移民搬迁户只需要把东西往新家里一搬就可以生活了。但是，搬迁不难，难在搬迁以后他们能干什么？原来他们在村里还有一块田，可以种地，可以自给自足。搬出来以后没有地可种了，村民买菜、喝水都要花钱。所以异地搬迁后这上千万人的就业问题也特别重要，这得靠我们在短短的两年时间里解决。

图4.4 贵州省黔东南州雷山县给移民搬迁户准备的房子

第三块硬骨头是在现有的 3 000 万贫困人口中，几乎一半以上属于因病因残致贫，有些人本身就是残疾人。这些人如何才能脱贫？另外，在这 3 000 万人里，65 岁以上的老人就占了 15%。

第四块硬骨头，我们称之为解决内生动力不足之人的问题。什么叫内生动力不足之人呢？就是老百姓说的整天"坐在门口晒太阳，等着政府送小康"的人，也就是村里的懒汉。越懒越贫困，而且这种人占的比例越来越大。

第三，脱贫攻坚，如何攻坚？

党的十九大报告提出，我们不但要扶贫，而且要打好这场脱贫攻坚战，什么叫"好"呢？

一是要保证质量。要帮助贫困人口不但脱贫，而且还要稳定脱贫。不能到 2020 年他脱贫了，但是 2021 年又返贫了。现在我们建立了一种新的机制，就是不由政府组织扶贫验收，而是由第三方或学界派人去验收，这是确保验收结果的真实性的非常重要的措施。

二是要使帮扶对象有获得感。你给正在饿肚子的人送一件棉袄，他没有获得感，因为他需要的是粮食，而不是棉袄。现在有些贫困地区确实存在这个问题。不是他想要脱贫，而是政府要他脱贫，结果把东西给他，他反而不领情。我们一定要有针对性地解决贫困人口迫切需要的问题。

三是要坚持现行标准，不能降低也不能拔高。现行的脱贫标准，是指人均年收入要超 3 300 元，具体到各地，有些地方标准稍微高一点，有些地方标准稍微低一点。还有一个标准叫"两不愁、三保障"，首先是不愁吃，家里都存有余粮，保证不会挨饿。其次是不愁穿，贫困人口不但有衣服，而且还有四季衣服可换，不能到了冬天还穿单衣，到了夏天还穿棉袄。"三保障"第一是指有住房，不能住在危房里，要有一定的安全保障。第二是保障孩子要接受九年义务教育不辍学。第三是医疗保障。贫困人口病了以后要有四重保险，一是农村的医疗保险，二是大病保险，三是医疗救济，四是对贫困人口有专门的保险，如果住院治疗，有些地方让贫困户花的钱不能超过医药费的10%，医药费的90%以上要给他报销。凡是达不到"两不愁、三保障"的，就不能算脱贫。在中部各省，要求贫困发生率不能超过2%。在西部各省，贫困发生率不能超过3%，否则也不算脱贫。这里还有2%以下和3%以下的，有一些可以用低保兜底，但不能超过这些标准。各地都需要按照这个标准来严格验收。

2018年，中央政府对贫困帮困投入超过了1 000亿元人民币，1978—2003年国家所有扶贫款加起来也没有2018年一年投入多，而且这些钱主要投放到了"三区"和"三州"，对生态扶贫也有很多投入。

一谈扶贫，我们往往想的就是要帮助贫困户建一个大棚，养几头猪、几只羊等。现在我们又开始采用一种新的模式，叫"扶贫车间"。扶贫车间就是把工厂生产的一些工序放到村头去，很多贫困家庭的大爷、大娘都可以到车间去做一些活儿。平时她们可以先把家里照顾好，把饭做好，然后到车间里做一些简单的活儿，一天也能赚到50~60元，一个月下来也能收入1 000多元，一年就有10 000多元的收入，一家都可以实现脱贫了。

如图4.5所示，这就是我们引进的扶贫车间，在村头搭一个简易车间，村民不出村就可以工作。他们把孩子安排上学以后，可以来工作几个小时，然后回家做饭，做完饭把孩子接回来，安顿好孩子后，她们还可以再工作几个小时。这样不用背井离乡出去打工就可以赚钱。可能赚的钱没有外出打工赚得多，但是不离家，两头都可以照顾，还有了比较稳定的收入。我们正在大力推广这样的扶贫车间，把一些工业品生产的工序送到农村去。虽然把产品原材料运到贫困地区，运费可能增加了，但是其他的费用可以减少。比如工资成本可以降低一些，扶贫车间也不用企业缴"五险一金"，因为它不算真正的就业。扶贫车间这种模式，对移民搬迁这种情况特别适合，一千多万人搬迁出来没有就业门路，可以在这些移民的新家附近搞一个扶贫车间，让他们在扶贫车间工作，很多人就能实现就业。我们把扶贫车间引入贵州省毕节市，企业把很多编织品和手工艺品的粗加工环节给了贫困村，帮助贫困户增加了收入。

图 4.5　扶贫车间

　　另外一个也是我们参与的扶贫项目，叫电商扶贫。有些贫困地区的农产品生产出来后卖不出去，我们就想办法通过电商的方式来帮助销售，助力扶贫。如图4.6所示，这是在我们贵州省雷山县的一个项目，这个项目叫"让妈妈回家创业"。很多农民工把孩子留在家里，夫妻俩都到城里打工，根本无法照顾家里。我们为他们提供培训，尤其是针对农村女性群体，把她们培训成电商从业者，她们可以在村里开一个网店，把当地的农副产品包装以后，通过物流卖到城市。她们还可以把农村所需的工业品通过互联网平台卖给村里，她们作为电商就可以在中间赚一点手续费。这样不仅可以改善自己的生活，还可以带动村里的生产和加工。近几年来，我们友成基金会就给12 000个村子培训了12 000多名电商从业者，不仅仅限于女性，基本是每个村子培训一个人。过去他们只会做农活，现在他们可以自己经营一家网上商店，可以把村里的农产品放在网上销售，还可以把村子里的其他贫困户也带动起来。

图4.6　农村女性电商创业培训

我们采取面对面培训的方式，在五天面对面的培训时间里，教他们怎么使用电脑，怎么上网，怎么注册，怎么在电商平台上买卖商品。五天培训结束以后，我们再找一些志愿者，有些志愿者本身就是电商从业者，由志愿者主导拉了一个微信群，每天在微信群里教这些刚刚入门的新手具体怎么做，随时解答遇到的问题。经过三个月、半年左右的"传帮带"，这些农民电商就成长起来了。我们的培训方式既有线上也有线下，总体还是比较成功的。70%左右的农村女性经过培训后都取得了一定的成效。她们每个月能多赚 500~3000 元。

我们还跟"今日头条"合作，为一些农副产品做宣传。图 4.7 是雷山县的县委书记代言雷山县的当地特产黑毛猪和腊肉。今日头条把杀猪、制作腊肉的过程拍成纪录片，县委书记出镜代言。看起来特别有趣，一下有两百多万人上网抢购，很快就把当地的猪肉买光了。我们还跟阿里巴巴、腾讯、京东等知名电商平台合作，把这些贫困地

图 4.7 县委书记为特色农产品代言

区的农副产品向城市推广。现在我们正在酝酿在超市里专门设立一个扶贫柜台，把贫困地区的产品放到扶贫柜台售卖。在每一个产品的包装上写明这是从哪一家贫困户来的，他们家是什么情况，还可以把他们的照片贴上去，鼓励城市里的爱心人士来购买贫困地区的各种农副产品。这些爱心人士不但自己消费了，还帮助了贫困户，他们可以称为消费扶贫志愿者。我们需要把整个社会都动员起来，一起来帮助贫困户脱贫。

过去我们认为，扶贫都是政府的事，像马云这些企业家可以捐资扶贫，普通老百姓做不了什么。但是通过这种消费方式，普通老百姓也可以参与扶贫工作。我们正在跟各大企业合作，让他们跟贫困地区对接起来，直接购买贫困地区的农副产品，帮助贫困户赚到自己的第一桶金。

在扶贫攻坚中还有一个要解决的问题是贫困传代。什么叫贫困传代呢？就是贫困家庭的下一代可能仍然贫困。因为贫困，父母照顾不好孩子，也无法给孩子提供很好的教育，所以孩子在他的那一代人当中，学习成绩比别人差，认知能力比别人低，长大以后还可能生活在社会最底层。贫困会一代一代地传递下去。这种情况不仅在中国有，在全世界也普遍存在。

即使是到 2020 年，如果贫困地区的教育质量还很差，贫困家庭的孩子学习成绩比别人差，那么贫困代际相传的问题就很难解决。因此，要想阻断贫困的代际相传，就一定要提高贫困地区的教育质量。但是，这个问题又是最难解决的。越是贫困的地区，往往它的教育质量越差。过去贫困地区对教育的硬件投入不够，校舍漏风漏雨，桌椅板凳也不够，学生们的学习条件非常艰苦。现在这些问题已经基本解决了。当前最主要的问题在于软件，也就是老师。贫困地区很难让优秀的教师长期留在那儿，教室建得再好，没有好老师，教学质量还是上不去。要解决贫困传代问题，首先要解决教育质量问题，而教育质量问题的关键是要有好老师。

如图 4.8 所示，这是我们做的一个实验。在大凉山地区的学校，孩子们现在上课不是听老师讲课，而是通过看卡通片来学习。清华大学投资的一家叫爱学堂的公司，把小学一年级到初中三年级所有的课程内容全部制作成卡通片，清华附小、清华附中的优秀教师参与制作，每分钟制作成本达 20 000 元。他们免费给我们使用，我们把这些教学卡通片用于贫困地区的课堂上。这都是最好的教学卡通片，制作非常准确，而且内容易懂。如果一遍看不懂，还可以看第二遍，然后由当地老师组织学生进行讨论，给学生进行辅导。这是提高当地教学质量的一种方式。

图 4.8　大凉山一村小在用动漫课件上数学课

现在农村贫困地区的学校最缺音乐、体育和美术老师。这和我们的中考、高考制度有关，好不容易有了一个老师名额，赶紧放到数学、语文、英语这些中考、高考要考的科目上，而音乐、体育、美术这些科目往往没有老师，常常是找一个体育老师都代替了。但是音乐、美术的教育非常重要，马云曾说如果你现在不教孩子音乐、美术，二十年以后他们到社会上可能都找不到工作。现在人工智能越来越发达，但艺术类的活动很难被机器人替代。所以我们在这些贫困地区通过互联网的方式，由上海市最优秀的美术老师给他们上课。

如图 4.9 所示，这是我们跟波音公司合作，把飞机模型课直接引入贫困地区的课堂，很多城市学校还不一定有这样的课程呢，我们优先把它送到了农村去。

图 4.9　农村地区的飞机模型课

既然我们的中小学生都可以在互联网上学习，成年人为什么不行？所以现在我们又开始了新的实验，叫作"乡村振兴领头雁"项目。这是清华大学社会学院跟我们一起合作的乡村振兴项目（见图 4.10）。

图 4.10　乡村振兴领头雁项目

　　2020 年后，乡村振兴将是比脱贫攻坚规模更大的运动。要想让乡村振兴，就要有大批年轻人回到农村，全靠现在留守农村的老人是无法把乡村振兴起来的。年轻人在外打工，其实有很多人是愿意返乡的，但是如果他们在家乡赚不到钱，还是会出去打工。要想留住这些返乡青年，就要想办法让他们在家乡赚到钱，这就是我们探索"乡村振兴领头雁"项目的初衷。

　　我们通过互联网的方式，把清华大学社会学院的老师请来给他们讲农村的政策，把很多在农村一线创业致富的能人请来给他们讲创业的方法和路径。这一系列课程从 2018 年 10 月 29 日开始，首批在全国的四个省招收 2 600 人，每个星期 3 次课。课程包括农村电商、乡村旅游、种植养殖技术，还有关于农村金融的内容等，在四个月的时间内学完（见图 4.11）。我们希望通过这样的培训，能有一批乡村青年掌握致富的技能，然后慢慢把整个村子带动起来。现在全国一共有 750 万返乡青年，如果我们把他们培训好了，受益的人会更多。这些都是我们在扶贫攻坚中运用的新模式、新办法。如果社会各界包括企业、学校都动员起来，都来关心农村的发展，关心贫困地区的脱贫工作，我们就一定能把扶贫工作做好。

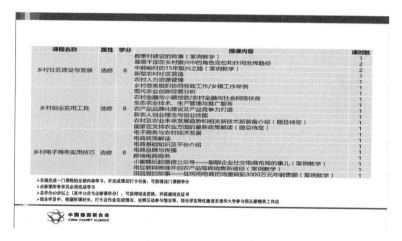

课程名称	属性	学分	授课内容	课时数
乡村振兴基础知识	必修	16	从当代中国变迁认识乡村振兴	1
			从小农村社制认识中国乡村的独特性	1
			城镇化、制度创新与中国未来	1
			乡村的生态人文与中国城乡关系	1
			世界范围内不同人地关系下的农业模式，东亚模式的特点与比较	1
			国家乡村振兴战略解读	1
			农业与生态环境	1
			中国农业发展历程与新视角下的六次农业	1
乡村旅游与休闲农业	选修	8	新农人如何打造农旅产品和服务	2
			乡村旅游供给侧创改革	2
			休闲农业入门	2
			揭秘袁家村——乡村旅游的袁家村模式（案例教学）	1
乡村创业优秀项目案例与实操	选修	8	"书生老板"姜后丽的乡村创业故事——浅谈农业供给侧改革与农业产业融合（案例教学）	1
			返乡创业，靠创新更靠情怀（案例教学）	1
			野山鸡也能变凤凰——新思维新理念助推传统养殖新发展（案例教学）	1
			一村一品北京老栗树的故事（案例教学）	1
			让山珍走出大山——浅谈农产品供应链和渠道的协作（案例教学）	1
			从高校教师到乡村羊倌——固镇县百万只湖羊产业链诞生记（案例教学）	2

中国慈善联合会 CHINA CHARITY ALLIANCE

课程名称	属性	学分	授课内容	课时数
乡村社区建设与发展	选修	8	都觉村建设的故事（案例教学）	1
			基层干部在乡村振兴中的角色定位和作用发挥路径	2
			中部岭南村的15年振兴之路（案例教学）	2
			新型农村社区营造	1
			农村人力资源管理	1
			乡村各类组织间协同工作/乡镇工作举例	1
乡村创业实用工具	选修	8	现代农业创新经营分析	1
			农村金融与小额信贷/农村金融与社会网络探营	1
			生态农业技术、生产管理与推广理	1
			农产品牌化建设与产品竞争力打造	1
			新农人创业理念与创业技能	1
			农村及农业未来发展趋势和相关新技术新装备介绍（题目待定）	1
			国家在支持农业方面的最新政策解读（题目待定）	1
乡村电子商务实用技巧	选修	8	电子商务与农村经济发展	1
			电商政策解读	1
			电商基础知识及平台介绍	1
			电商品牌与传播	1
			跨境电商商务	1
			小蜜蜂玩起微信公众号——聊聊企业社交电商布局的事儿（案例教学）	1
			用互联网思维开启农产品电商销售新途径（案例教学）	1
			田园居的故事——如何用电商把鸡蛋做到3000万元年销售额（案例教学）	1

➤在线完成一门课程的全部内容学习，并完成课后打卡任务，可获得该门课程学分
➤必修课所有科目必须全部学习
➤总学分达40分以上（其中16分为必修课学分），可获得结业资格，并获颁结业证书
➤结业学员，根据听课时长、打卡及作业完成情况、社群互动参与情况等，综合评定择优邀请至清华大学参与领头雁精英工作坊

中国慈善联合会 CHINA CHARITY ALLIANCE

图 4.11 "乡村振兴领头雁"项目的课程设置

我们还在筹划医疗扶贫。现在农村 50% 的贫困是因病致贫，虽然全国一共有 103 万名村医，但是他们缺乏很好的专业训练，水平参差不齐，医疗能力非常有限。我们与北京的协和医学院、北大医学院、

清华医学院、红十字基金会、平安好医生等医疗机构联合起来，准备像培训乡村青年教师一样培训村医。互联网的好处就是可以用很低的成本把最优质的教育资源直接输送到农村去。现在中国农村的互联网包括移动互联网已经非常普及了，所以我们可以充分利用新的技术、新的工具来推动农村的扶贫工作，包括乡村振兴的发展。

最后我们来总结一下。目前扶贫攻坚和乡村振兴已经取得了很大成绩，但是最后只剩下两年时间，还有3 000多万人和"三区""三州"的深度贫困地区是最难啃的硬骨头。需要我们一起行动起来，发动社会力量，发动企业力量，跟政府一起来推动扶贫工作。扶贫没有旁观者，让我们在最后的两年时间更加努力工作，让所有贫困地区的人都能得到帮助，为伟大的反贫困事业贡献自己的一份力量。

不易的前行[①]

——大巴山区、大凉山区扶贫纪实

杨凯生[②]

"为中国人民谋幸福，为中华民族谋复兴"是我们党的初心和使命。

上下五千年历史所留下的社会发展的不平衡，960万平方公里的自然条件的不相同，这是中华民族必须面对的一项严峻挑战。新中国建立以来，中国共产党作为执政党，为了让人民都能过上好日子，做出了艰苦曲折的努力。改革开放后更是明确提出了贫穷不是社会主义，坚持走社会主义道路的根本目标是实现共同富裕。1986年党中央、国务院决定成立"贫困地区经济开发领导小组"（1993年改为"国务院扶贫开发领导小组"）。党的十八大以来，我国的脱贫攻坚事业取得了决定性进展。全国现行标准下的农村贫困人口由2012年底的9 899万人减少到2017年底的3 046万人，五年累计减贫6 853万人，减贫幅度达70%，年均脱贫人数1 370万人，创造了我国减贫史上的最好成绩，

---

① 本文根据长安讲坛第330期内容整理而成。
② 杨凯生，中国经济50人论坛特邀专家，中国银监会特邀顾问，中国工商银行原行长。

赢得了国际社会的高度评价。党的十九大将精准脱贫与防范化解重大风险、污染防治一起，作为三大攻坚战，凸显了脱贫攻坚工作对全面建成小康社会、实现第一个百年奋斗目标的重要意义。2018 年习近平总书记在成都召开了打好精准脱贫攻坚战座谈会，总结了脱贫攻坚的六条宝贵经验，同时就脱贫攻坚提出了新的八项工作要求。这六条宝贵经验和八项工作要求，为新形势下打赢脱贫攻坚战提供了行动指南。一场脱贫攻坚的决战正在以前所未有的广度、深度全面展开。

中国工商银行自 1995 年起，按照有关部门的统一安排，开始参与四川省大巴山区的通江县、南江县、城口县的定点扶贫工作（城口县 1999 年归辖重庆市后定点扶贫单位进行了调整）。2002 年，中国工商银行按照国务院有关部门安排，增加了达州万源市为定点帮扶对象。2015 年，又新增了凉山州的金阳县。二十三年来我们不断努力，开展了教育扶贫、卫生扶贫、绿色扶贫、产业扶贫、救灾扶贫、金融扶贫等一系列扶贫工作。

历史需要记录，历史应该被记录。近几年来，我五进大巴山区，两进大凉山区，围绕扶贫、脱贫的工作拍摄了一些照片。今天和大家分享的是从中挑选出的部分照片。我们计划要将这个专题拍摄活动持续到 2020 年。其实这些照片不仅记录了中国工商银行作为企业履行社会责任的表现，更是记录了中华民族生生不息努力拼搏的一段特殊历史进程。

在拍摄的过程中，我注意把握两个原则。第一，尽管扶贫、脱贫都离不开一个"贫"字，但摄影人不能仅仅表现山沟里的贫穷、落后和痛苦，更要反映那里发生的变化、进步和发展，不能刻意追求人们满脸的沧桑甚至是有点呆滞麻木的表情，要聚焦于贫困地区父老乡亲们的艰苦奋斗精神，要展现他们坚毅的目光和健康阳光的笑容。第二，作为反映扶贫内容的专题摄影，当然具有鲜明的思想性和政治性。我们希望人们看到这些照片能受到一些触动，能受到一些教育。同时我们也要努力把思想性和艺术性有机融合起来，要注意遵循摄影自身的规律。当然，这两点仅仅是我的愿望和追求，由于水平有限，离目标还有不小的差距。我们还要继续努力，还要不断提高。

第一部分　历史的遗留　自然的困厄

四川省凉山彝族自治州历史悠久，是四川省民族类别最多、少数民族人口最多的地区。金阳县位于凉山东部边缘，是一个以彝族为主的少数民族聚居县。其境内群山连绵，地势切割明显，立体气候特征分明。奇特的地形地貌和典型的立体气候，孕育了此地独特的高山、二半山、河谷"三带经济"优质有特色的农牧资源。

披着查尔瓦的彝族一家人靠着墙根，他们似乎默默地在看着眼前变与不变的一切。屋子的外墙上贴着一张通缉毒贩的追捕通告、一张文明新生活倡议标语、一张防止艾滋病宣传页，还有一家屠宰场的生猪批发广告（见图 4.12）。

图 4.12　彝族一家人

注：摄于四川省道 208 线，西昌—金阳段。

　　一群彝族老乡围坐在路边烤火取暖。天气渐冷了，这在当地是一种常见的场景（见图 4.13）。

图 4.13　围炉烤火

注：摄于凉山彝族自治州昭觉县日哈乡。

　　路边集市上，老两口希望的是今天不要再把这些菜背回家了（见图 4.14）。

图 4.14 买菜的农民

注：摄于四川省道 208 线，西昌—金阳段。

几个孩子靠着墙根玩耍。他们的衣服风格各异，有传统的，也有"时尚"一些的。有的或许是爹妈省吃俭用买的，有的或许是来自山外的捐赠。然而寒冬来临，中间的小女孩还缺一双鞋（见图 4.15）。

图 4.15 靠着墙根玩耍的孩子

注：摄于金阳县丙底乡沙洛依达村。

几个小孩在雨后的公路上玩耍。他们正是该读书的年纪（见图 4.16 ）。

图 4.16　公路上玩耍的孩子

注：摄于金阳县丙底乡丙底洛村。

除了喝茶、歇脚，茶馆更是人们交流信息、沟通感情的特定场所（见图 4.17 ）。

图 4.17　茶馆一角

注：摄于西昌老街的一个茶馆。

小姑娘握着一把零钞，仔细地清点着。一筐辣椒卖完了，姐妹俩今天可以早一点回家了（见图4.18）。

图4.18　卖完辣椒的孩子正在清点钱数

注：摄于四川省道208线，西昌—金阳段。

80岁的阿古米老人。她对我们说，"不好看"，当我把拍摄的照片给她看时，她笑了（见图4.19）。

图4.19　面对镜头的老人

注：摄于凉山州金阳县丙底洛村附近。

天冷了，孩子的脸被寒风吹得皲裂（见图4.20）。

图 4.20　面对镜头的孩子

注：摄于四川省道 208 线，西昌—金阳段的一个集市上。

图 4.21 是背着秸秆回家的几个孩子。放大脸部，可以清晰地看到他们的眼神……

我们的镜头无法不聚焦于他们。

图 4.21　背秸秆的孩子

注：摄于凉山州金阳县马依足乡唐家屋基村。

第二部分　共同的努力　进步的印记

　　这些披着小小查尔瓦的彝族儿童，有人关心着他们的成长（见图4.22）！

图 4.22　彝族儿童

注：左图摄于四川省道 208 沿线，西昌—金阳段。

注：右图摄于凉山州昭觉县解放乡松林坡。

　　教育扶贫领域始终是中国工商银行投入的重点。多年来我们捐建的希望小学、宿舍楼、教学楼及"爱心小厨房"等，让孩子们开心不已。我们连续十五年开展的"烛光计划——优秀山村教师表彰"活动，给予了扎根深山的优秀教师莫大鼓励。我们连续十四年开展"启航工程——优秀贫困大学生资助"活动，资助家境困难的大学生圆梦象牙塔。中国工商银行四川分行开展"一对一千人帮扶助学计划"，大中小学生和工行员工结对帮扶。2016 年开始，中国工商银行进一步延伸教育扶贫链条，启动贫困大学生专项招聘项目，为贫困大学生提供工作岗位和就业机会，通过一人就业带动全家脱贫，真正做到斩除穷根，阻断贫困的代际传递。

　　多少年来这条小河上没有桥，村里 20 多名学生上学、放学要靠父母接送。陈家坝希望小学的女教师李佐英从担任代课老师起就承担起了背送孩子们过河的重任。一背就是二十多年。每逢下雨涨水的日子，她一天在齐膝深的河水里要来回走四五十趟。她背过的学生数量难以计算。后来她患上了严重的风湿病。2010年夏天，一场百年不遇的洪水淹没了这所小学，陈旧的校舍倒塌了。灾情发生后，中国工商银行捐资重建了该校，并在河上修了一座爱心桥，李佐英老师再也不用背着孩子们淌水过河了。

李佐英老师的家就在陈家坝希望小学的河对面。她在这所乡村小学执教已经有二十四年了，如今她已经由代课老师转正了。前几年，她在中央电视台和光明日报联合举办的"寻找最美乡村教师"的活动中入选。她把当选全国模范教师的荣誉证书和奖章拿给我们看。这是她家里最贵重的"财产"（见图4.23）。

图4.23　陈家坝希望小学和女教师李佐英

注：摄于巴中市通江县陈河乡陈家坝村希望小学。

陈河乡中心小学是中国工商银行最早在四川定点帮扶的一所学校，自1997年开始，中国工商银行先后捐资对原教学综合楼进行加层，扩建了教室和教师宿舍。近几年又平整了运动场，新建了学生厨房，建成了多媒体教室，添置了课桌椅，购置了一批体育器材和图书。

图4.24是孩子们在运动场上体育课，一旁立着一块历经风雨侵蚀已显得有些斑驳的奠基碑，上面写着：中国工商银行捐资五万元援建，体育运动场，陈河乡中小学立，一九九九年十一月。

图4.25是孩子们在做早操。在重新修建的平整、开阔的操场上，活动也更丰富了，除了做操、跑步，孩子们每天还有齐诵古诗词、合唱等活动。

图4.26是孩子们在明亮的教室里上音乐课。

图4.27是小学四年级的孩子们在科学实验室上课。

图4.24　正在上体育课的孩子　　　图4.25　正在做早操的孩子

图4.26　上音乐课的孩子　　　图4.27　上科学实验课的孩子

　　巴山生态牧业科技有限公司总经理张育贤给我们讲解了产业扶贫新模式。中国工商银行生态养殖扶贫项目创新实施"工行＋政府扶贫部门＋村党支部＋龙头企业＋建档立卡贫困户＋保险"的"5+1"发展模式，由中国工商银行年捐资400万元从龙头企业购买仔猪提供给建档立卡的贫困户，解决"成本统一"的问题。龙头企业负责技术指导、疫病防治，积极引入保险机制，解决"养殖难"的问题。扶贫部门负责立项监督，驻村第一书记负责日常管理，解决"监管难"的问题。龙头企业负责兜底回购，解决"卖猪难"的问题。"工行融e购"帮助企业拓展销售渠道，解决农产品走出深山打响品牌的问题（见图4.28）。

图4.28　产业扶贫新模式

注：摄于巴中市通江县。

目前中国工商银行已开展了通江土猪、南江黄羊、万源黑鸡、金阳花椒等种养殖扶贫项目，支持了 40 多个集体经济项目，让当地的一些贫困户获得了实实在在的收益（见图 4.29）。

图 4.29　养殖扶贫项目

贫困地区的金融服务往往都面临着成本高、风险大、融资难等问题，中国工商银行想办法从各个方面突破，努力提高这些地区的普惠金融服务覆盖面和可得性，充分发挥金融扶贫的撬动作用。在兼顾履行社会责任和商业可持续原则的前提下，中国工商银行调整完善相关行业信贷政策，加大对贫困地区和建档立卡贫困人口的信贷支持力度，发挥金融扶贫的"输血"功能。我们在四川试点实施无需担保和抵押的"致富创业贷"，在对种养殖带头人进行融资支持的同时，要求贷款人必须通过招聘贫困户打工、收购贫困户生产的原料、租赁贫困户生产经营场地等方式，使贫困户获取工资、租金、货款等收入。

简文波是外地嫁过来的媳妇，几年前她依靠中国工商银行的 16 万元贷款开始养牛。当时这位年轻的母亲独自在家照看两个孩子和近 20 头牛。如今"简文波菜牛养殖场"已发展到 40 多头牛，还养了一批黑鸡。她的希望是中国工商银行给她的贷款期限能稍微延长一点。"现在卖牛还贷款的话，赚得太少，划不来。"简文波说（见图 4.30）。

图 4.30　简文波在她的养殖场

李培云，当年他担心自己闻名一方的酸水豆腐手艺后继无人。他说自己老了，身体一天不如一天，儿子、女儿又都不愿干这一行，"恼火得很呢"。现在李培云的儿子、女儿都到作坊来帮忙了，他们做的豆腐干交给老爷子把质量关。客户买完豆腐走了，李培云老人总要到门口送一送。

李培云指着墙上写的那些电话号码，说这些有的是预订豆腐的，有的是赊账的，"都是老朋友，老客户"（见图 4.31）。

图 4.31　卖酸水豆腐的李培云老人

注：摄于巴中市南江县寨坡乡酸水豆腐作坊。

　　在卫生扶贫领域，中国工商银行通过捐款连续八年开展"母婴平安 120"项目，累计帮助一万多名贫困孕产妇到医院顺利分娩。"爱心永恒·启明行动——中国工商银行光明行"活动，为 5 800 多名贫困白内障患者免费实施了复明手术。此外，多个乡镇卫生院、博爱卫生站、救护车辆等都延伸了医疗救助范围。

　　图 4.32 是中国工商银行捐助修建的爱心诊所。几年来我们一共援建了 6 个乡镇卫生院、8 个爱心诊所。李家沟村爱心诊所里有诊断室、观察室、处置室、注射室及药房。图 4.33 是李家沟村爱心诊所的邓良斌医生。他毕业于四川达州市医学院。他告诉我们每天大概有十

几个人来看病。"一般的小毛病问题不大，大病还得往县里、市里转。"
他说。

图 4.32 中国工商银行捐助修建的爱心诊所

图 4.33 爱心诊所的邓良斌医生

在金融扶贫领域，中国工商银行累计投放贷款 80 多亿元，有力地支持了当地一批龙头企业及基础设施项目的发展。我们依托融 e 购电商平台，探索出了创新电商扶贫新模式，设立了营业网点和离行式自助银行，推广运用了一系列金融设备，这些都提高了金融服务的便利性和可得性。

图 4.34 是设在凉山金阳县丙底乡一个小卖部里的中国工商银行助农取款服务点。当地农民可用借记卡在中国工商银行设放的 ATM（自动取款机）机上直接取现。

图 4.34　助农取款服务点

第三部分　不息的生机　升腾的希望

一个母亲在野外劳作的间隙抽空给孩子喂奶。背后的这座山在变，脚下的这块地在变，不变的是人们生生不息的精神（见图 4.35）。

图 4.35　母亲和孩子

注：摄于四川省道 208 线，西昌—金阳段。

　　下面一组照片，我们从中可以看到贫困地区人们的生机与希望。（见图 4.36—图 4.43）

图 4.36　边走边通电话的彝族老人

注：摄于凉山州金阳县丙底乡。

图 4.37　小学生李岱霖怀抱着中国工商银行捐赠的书包

注：摄于通江县陈河乡陈家坝村希望小学。

图 4.38　老师背着自己的孩子，牵着学生们去学校

注：摄于凉山州昭觉县。

图4.39　与希望同在的凉山州金阳县春江乡工商银行希望小学

图4.40　赶着满载的驴子的彝族妇女

注：摄于四川省道208线，西昌—金阳段。

图 4.41　吃苹果的孩子

注：摄于四川省道 208 线，西昌—金阳段。

图 4.42　乡村里的标语

注：标语的大致意思是"精准扶贫非常好，彝家儿女很高兴"。

图 4.43　老百姓新盖的楼房

让贫困人口和贫困地区同全国人民一起进入全面小康社会是中国共产党的庄严承诺。

为了没有贫困的未来[①]

——反贫困与儿童发展创新实验

卢迈[②]

这是我第二次到长安讲坛来，上次是 2016 年，我介绍了关于社会公平和扶贫方面的实验。这次我收到邀请，是因为我们的实验有了一些结果和数据，可以证明这样的一条路是可以走通的。

首先我要问一下，全球消除贫困的努力是可能成功的吗？其次看一下消除贫困和儿童的发展有什么关系。三是看看中国在这方面所做的努力。四是介绍我们中国发展研究基金会的探索。最后说一点对这些问题的看法。

第一个问题，全球消除贫困的努力有可能成功吗？

贫困是千百年来的一种社会现象，是一个伤疤，是一种疾病。消除贫困是人们的理想，很多人都提出了这样的主张。近年来联合国可持续发展目标提出这样的主张，中国政府也明确高举起消除贫困的大旗，中央提出的三大战役之一就是要精准脱贫。

---

① 本文根据长安讲坛第 333 期内容整理而成。
② 卢迈，中国经济 50 人论坛特邀专家，中国发展研究基金会副理事长兼秘书长。

如果你从农村来，对一些贫困现象应该不陌生。下图左上角的照片是我们在云南省寻甸县拍摄的，这个县离昆明只有 100 公里。这个少数民族家庭确实是家徒四壁，屋里很黑，一家人围守着火塘。虽然他们离昆明很近，却没有出去打工，无法分享经济增长的红利。其他三张照片也是同一次拍摄的，在这些照片里，我们经常能看到一些贫困家庭孩子的生活状况，他们的表情很呆滞，生活条件很差，让人痛心（见图 4.44）。

图 4.44 贫穷的窘迫

在 19 世纪初，世界上绝大多数人口都生活在贫困线以下，十几亿人处于温饱或者温饱不足的状况。中国当时也是同样的状况，古人用"朱门酒肉臭，路有冻死骨"几句诗就把社会贫困、饥饿、灾荒的情景描述出来了。随着工业化的发展，1820 年以后人类消除贫困的努力取得了一定的成绩。1820 年工业化在欧洲的发展开始加速，贫困现象开始减少。到了 2015 年，一批高收入国家实现了现代化。凯恩斯在 20 世纪初预测，随着工业的发展、经济的发展，20 世纪末在一些高收入国家能够消除贫困，现在来看，这一点基本实现了。当然在这十几亿人口中，还有收入比较低的和相对贫困的人，但是绝对贫困已经消除，很好的社会保障系统就像一张安全网，可以为这些低收入人群兜底。

按照 2016 年全世界 74 亿人口算，高收入国家人口占整个人口的大概 15%，中等收入、中低收入国家人口占了大部分，低收入国家人口是比较小的一部分。在发展中国家，贫困仍然是一个严重的问题。在 1820 年前后，世界开始了大分流，发达国家的收入增长非常快，而发展中国家在这个过程中被远远甩在后面。

20 世纪八九十年代是一个重要的时间节点，一批发展中国家包括中国、印度，约 40 亿人口的大群体正追赶上来，未来的前景将是彻底消除贫困，解决人类历史上这样一个疮疤、病痛。西方国家把这称为大趋同的过程。

发达国家用了两百年取得了这样的成果，而多数人的现代化成了我们这个时代的特征，同时，还预示着在如今的人口规模中，消除绝对贫困也是可以期待的。发达国家通过全面的社会保障来解决问题，发展中国家通过经济高速增长和开发式扶贫来解决问题，欠发达国家也就是大约占全世界 6% 人口的国家，则需要国际援助，需要外部给予的基础设施投资，等等。

图 4.45 是 2014 年世界银行数据给出的绝对贫困人口的比例。在 20 世纪，中国绝大多数人口实际上是处在世界银行的贫困线附近，大家都一样贫困，中国的贫困发生率在当时是很高的。这些年由于中国减贫所做出的贡献，全世界在这方面也取得了相当大的进展。

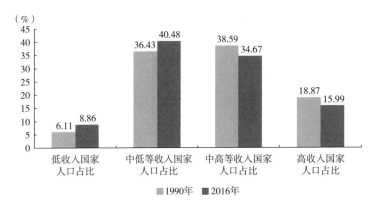

图 4.45　按照世界银行标准分类的绝对贫困人口占世界总人口的比重

　　中国在脱贫方面有几件事做对了。一是高速的经济发展。以经济建设为中心是党和政府一直坚持的一项原则，有了经济发展，很多问题可以在发展中得到解决。二是开展开发式扶贫，尤其是 20 世纪 80年代搞的以工代赈，是很好的扶贫方式。搞开发式扶贫，帮助贫困人口解决生产资料和生产手段的问题，三是社保体系的建设。21 世纪初期取消农业税以后，农村开始探索新型农村合作医疗和新型农村社会养老保险。千百年来，农民对国家有交税的义务，除了闹天灾能得到一点救济以外，他们基本没有从国家那儿得到什么福利。现在随着中国经济的发展、国力的增强和政策的倾斜，农村和农民从中获益很多。

　　党的十八大以来，中央的战略决策是要全面建成小康社会，必须要在农村解决贫困问题，让大家同步进入小康。小康的这个概念就是虽然不是很富裕，但是大家都应该能够达到衣食不愁的水平。我到一些市县跟大家讨论扶贫，县里的人说现在叫脱贫攻坚，一定要让农民摆脱贫困。扶贫和脱贫看起来是一个词的变化，但是意味着目标已经变得非常清晰，即要确保到 2020 年我国现行标准下农村贫困人口实现脱贫，贫困县全部摘帽，解决区域性整体贫困，做到脱真贫真脱贫。这是党和政府对整个社会做出的承诺。

中央财政的扶贫资金近几年大幅度增加，由 2011 年的 200 多亿元增加到了 2017 年的 861 亿元，在其他各项专项中，中央也拿出了很多钱。一个贫困县一般一年的财政收入是 3 亿元左右，最多也就 5 亿元，但是其财政支出一般最低也要 13 亿元，这些都是靠财政转移支付来实现的。

随着精准脱贫政策的实施和资金投入的增加，我国贫困线以下的绝对贫困人口，每年差不多以 1 000 万人的速度下降，到 2017 年还有 3 000 万人生活在贫困线以下。现在的贫困线标准根据物价水平做了调整，在不断上升（见图 4.46）。

图 4.46　中国贫困人口数量和贫困线标准

2018 年举办中国发展高层论坛的时候，我们说中国还是一个发展中国家，美国的学者非常不同意，说你们还是发展中国家？从中国的沿海城市来看，我们确实已经有很高的收入水平，但是如果到城中村，到中国西部去看看，我们的底色就露出来了，底色上还有不少贫困的痕迹。我们向美国学者介绍这些情况，他们还是很认同的。

中国现在的人均收入水平和美国相比有很大的提升。1990年的时候我们的人均收入水平是美国的1.4%，到2016年已经相当于美国的14.5%，这个增长速度是相当惊人的。但是我们是发展中国家这一点没有变，我们处在社会主义初级阶段没有变，这是一个清楚的现实。这里我们是用现价美元来做比较，而不是用购买力平价来比较。

消除贫困，发达国家做到了，发展中国家仍在努力。联合国在可持续发展目标中提出，2030年要在全世界消除绝对贫困，中国的目标是2020年就提前完成消除绝对贫困，能做到吗？我们到农村去，基层干部说，如果年人均收入达到3 000元这点不难做到，但是要让他们彻底脱贫确实不容易。现在各级政府有这么多的资金投入，有一对一的干部精准帮扶，有全社会的动员，扶贫力度非常大。3 000万贫困人口，概算起来有800万户，能做到每一户都有干部精准帮扶到家，美国人对此很惊讶。如果到2020年，实现了人均年收入3 000元，我们真的就能解决贫困问题吗？杰弗里·萨克斯曾经写过一本书叫《贫穷的终结》，书里给出了一个药方，即如果解决了基础设施问题，解决了教育和卫生问题，这个地方是可以彻底地摆脱绝对贫困的。在这里他指的是一些非洲国家，比如，疟疾横行造成很大的生产力损失，如果给一顶蚊帐，损失状况就可以缓解。如果帮助当地儿童改善营养不良状况，他们就能健康成长，基础设施的建设，会给当地人发展经济提供良好的条件。

但是萨克斯有一个重要的前提，就是要有人提供大量的援助。萨克斯做过哈佛大学国际发展研究所的所长，他的基本理念就是发展中国家尤其是处于绝对贫困陷阱中的人口，要想把他们从底部捞上来，需要有一个强大的外力。这里用到了他的临床经济学的观点，前提就是要有巨量的援助。当时他的倡导是发达国家应该将每年的国际援助资金提高至1 350亿~1 950亿美元，持续二十年来解决非常不发达、非常贫困的国家脱贫问题。萨克斯是我们中国发展研究基金会的"史带学者"，在2016年的时候，我们请他做过午餐演讲，我也很佩服他的勇气，当着七八十位财富五百强企业的首席执行官的面，讲现在收入分配如何不公平、不合理。他提出的解决方案，前提建立在有人愿意提供大量援助之上，就像他当时给俄罗斯开的休克疗法的药方一样，这是一个很难实现的前提。

如何做到可持续的脱贫呢？我们基金会希望能够加大人力资本的投资。过去人作为一个自由的主体，不能作为资本，而从人力资本的理论来说，把人作为投资的一个结果，他的技能本身就是通过投资来取得的。在这种情况下，人力资本的状况是一个国家财富最重要的组成部分。

在美国和欧洲，人力资本的存量大概相当于他们其他物质财富的五倍甚至六倍。我们要想实现彻底脱贫，仍然需要走这样一条路，就是投资在人的身上。增加人力资本的存量，提高人发展的机会，让他们适应现代经济、知识经济和新的工业革命的需要，这样才能够彻底地帮助他们摆脱贫困。

如果我们按照中央的战略意图，依托中国现在的财力，和社会各界团结一致，把低保线和贫困线统一了，保证所有贫困人口一年3 000元的消费水平，我们就可以说摆脱绝对贫困。但是，由于天灾、疾病、家庭变故以及其他事故等很多因素，这些贫困线以上的人随时可能返贫。我们怎么能够实现可持续脱贫呢？

中央给的脱贫政策非常好，目标也非常明确，标准就是"两不愁"和"三保障"，这些比较容易做到。还有两条，一是贫困地区的人均收入增长要快于全国平均水平，二是当地的公共服务水平要达到全国平均水平。公共服务水平要达到全国平均水平，这是对国家财政的考验。人均收入水平要快于平均水平，也就是说比其他农村甚至比城市都要快，这个光靠修路能解决吗？刚才说到的寻甸县离昆明只有100公里，但农民也不出去打工，因为他们的普通话说不好，到城市里会感到害怕。所以要真正地摆脱绝对贫困，我们一定要投资人，这也是国际普遍认可的经验。人的智力水平、劳动能力很大程度上决定了他的劳动生产率和他的收入水平。

如图4.47所示，美国麻省理工学院曾经对150名婴儿进行脑电核磁共振得出的结果是，在大脑灰质总量的比较上高收入家庭是最上边的，中间是中等收入家庭，最下面的是低收入家庭。到了孩子36个月龄的时候，大脑发育的差别很大。

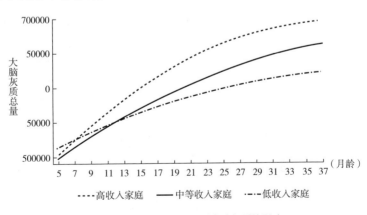

图4.47　家庭经济状况对大脑灰质的影响

基因和外界环境的共同作用，塑造了孩子的大脑。孩子刚出生的时候，大脑重量大概是300多克，由于脑细胞本身的发育丰满的过程，通过树突连接的过程，脑重不断增加，5岁能达到700克，7岁能达到1100克。在这个过程中有两个因素起到了很重要的作用，一个是营养，营养不够就发育不好，另一个是养育，即家长与儿童之间的互动。我们说投资于儿童，是有神经科学、脑科学、心理学、经济学等研究成果支持的。脑科学在20世纪90年代越来越多地为人所知，近20多年来更是取得了突飞猛进的发展。脑科学研究表明，贫困对大脑本身有影响，而大脑的发育又对贫困的代际传递产生了直接的作用。

这里我们介绍两位中国发展研究基金会儿童发展研究中心的顾问，一位是阿玛蒂亚·森，还有一位是詹姆斯·海克曼，他们都是诺贝尔经济学奖的获得者。他们的主张是，要投资于人，就要投资于儿童早期。阿玛蒂亚·森认为，成年人所具备的各方面能力，与其童年经历有着深刻的关联。对教育和其他丰富童年体验的机遇进行投资，可以从许多方面提升人在成年以后的各种能力，因为它能够提高人们过好生活的技能，增强自信，提高成年后的生存能力和创造经济收益的能力。

詹姆斯·海克曼是芝加哥大学的教授，他认为人力资本的积累是一个贯穿整个生命历程的动态过程。一个人掌握的技能越多，就越容易通过协同作用，学会更多的技能。能力是多种多样的，有认知方面的，也有非认知方面的，要通过各种不同的学习情景来培养，而早期形成的能力有助于进一步地学习。海克曼的一个非常重要的观点是预分配比再分配更有效益。所谓的预分配就是要投资于儿童，阻断贫困代际传递。此外，他还有一些很有意思的判断和研究，他认为，经济中很少有一项政策能够真正兼顾公平和效率。人们现在的口号是要更好的效率和更好的公平，这只能是一个愿望。企业员工下岗，就是更多地要效率，但是对这些下岗的个体，显然就很不公平。要讲更多的公平，可能就要牺牲一点效率，比如沿海一些省市每年都要上缴扶贫资金，他们说如果把钱留下，钱能够有更多的回报，将来再去扶贫，不是更好吗？这就是效率优先。但是现在我们需要的是公平优先，否则这些不安定的社会问题就会迅速蔓延，在贫困地区解决不了的问题，最终会影响沿海、城市，影响到每个人。

效率与公平之间存在一致性，也存在矛盾。投资于儿童是打基础，很高效，也是为了最终实现公平。这既是人力资本投资，也可以有很高的回报，同时又能够促进公平，很少有政策比投资于儿童更能够同时实现效率和公平。海克曼有一个最重要的贡献，他从 20 世纪 60 年代开始，跟踪各个国家尤其是美国的儿童早期发展实验，然后做了成本和收益的分析，收益主要还是指的社会收益，最后来计算他们的回报。

如图 4.48 所示，这个曲线大家经常会引用，横轴指的是年龄，纵轴指的是投资回报率。如果在 0~3 岁，投资 1 美元最高可以产生 17 美元的回报，而学前项目能够产生 7 美元左右的回报。这个回报的计算，包括成年就业以后你的收入缴纳的税费、社保贡献、医保支出，等等。在美国，原来低收入的黑人犯罪率很高，因此雇用警察、建设监狱的成本很高，而减少犯罪则可以产生很大的社会回报。

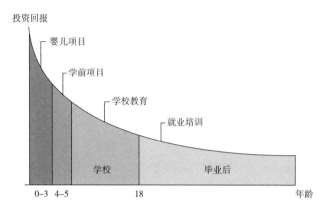

图 4.48 不同年龄阶段人力资本投资回报率

接着看学校教育的效果，它的回报率是 1∶1 或者更少。芝加哥学派在早期的时候，很多学者都研究人的技能培养。从亚当·斯密开始，对工人技能取得的培训都很重视。但是从海克曼的研究开始，他认为早期投入更加重要，比原来所说的技能培训又进了一步。

这条曲线综合了多个实验结果，说明投资儿童早期可以取得很好的回报。詹姆斯·海克曼和阿玛蒂亚·森都认为，投资儿童早期，使他们具备各种能力，能使他们在后来的生活中取得更多的收入，更能够摆脱贫困。

我们再看一下中国在这方面做的工作。

中国发展研究基金会做了一项研究，如果根据国际上通用的办法，将农村平均收入中位数的 50% 作为相对贫困线，城镇收入中位数的 40% 作为相对贫困线，2013 年中国处于相对贫困线下的农村贫困人口比例达到 14.24%，城镇相对贫困人口比例有 8.8%，全国有 11% 将近 1.5 亿人收入低于城乡的相对贫困线。帮助这些相对贫困人口，提高他们的收入，使其可持续地摆脱绝对贫困，是一个非常艰巨的任务。即使在发达国家，相对贫困也还是大量存在的，但是中国的低收入群体有将近15%，1.5亿人生活在相对贫困线以下，这个数量还是不少的。

生活在这些贫困家庭的孩子是什么状态呢？对于儿童早期发展，我们用国际上的工具做了筛查和分析，也就是ASQ（儿童发育筛选量表）测度的办法。在甘肃省华池县、贵州省七星关和新疆吉木乃地区，我们开展了0~3岁儿童早期发展的实验，开始的时候都有一个极限的数据。我们发现异常（发育水平很低）和可疑（需要进一步观察）这两者的比例少则33%，多则56%，都是比较高的。我们在上海市实验的结果都是不到10%，只有2.66%是异常，有7.32%是可疑。

这是早期的心理发展水平，我们再看一看他们的身体发育状况。2007年，我们在广西壮族自治区都安县开展学生营养改善试验项目。试验项目开始时，我们请中国疾控中心陈春明院长和他的学生团队一起参与，调查数据显示，都安县13岁孩子的平均身高，仅相当于城市10岁孩子的平均身高。这样的发育水平和身体状况是需要我们采取行动的。中国政府先后制定了《90年代中国儿童发展规划纲要》《中国儿童发展纲要》《贫困地区儿童发展规划》，事实上，中国在实现联合国千年发展目标的各个方面都完成得很好。阿玛蒂亚·森教授就非常注意儿童死亡率和营养不良的比率，他觉得和印度相比，中国简直好太多了。虽然他是印度人，深爱自己的祖国，但是他对印度政府的所作所为有很多保留的看法。

所以，如果我们要想消除绝对贫困，就一定要从儿童做起。我们已经看到了贫困地区儿童的发展现状。政府也在行动，制定相关的政策，那么这些政策能有效地实施吗？我们基金会想了解一下，通过儿童发展消除贫困能不能起到真正的效果。我们从 2007 年开始学生营养改善实验，2009 年开始儿童早期发展实验，到现在也就是十几年的时间。我们计划一直追踪到他们 40 岁，现在已经有了一些评估意见，可以说明这些政策是有效果的。

我想介绍一下基金会的几个项目，第一个项目就是从学生营养改善入手。我们最开始筹集了 400 万元资金，在试点县有 2 500 个孩子参加，取得了很好的效果。政府再投入 285 亿元，现在覆盖了 1 576 个县，有 3 700 万儿童受益，效果还是很理想的。

现在我们又从早期的实验转为通过互联网、云计算来监督，我们设立了阳光校餐数据平台来监测分析，我们最早开展的试点现在已经有国家政策的支持了。

国家花了 200 多亿元，这还不算地方政府的投入，加上解决供餐，解决炊事员的经费等，大概有 300 亿元了，取得了什么结果呢？

如图 4.49 所示，这是 2012 年和 2016 年试点地区儿童身高的比较，最上面这条线是全国儿童 7~11 岁的平均身高。7 岁的时候，2016 年和 2012 年几乎没有什么差别，意味着虽然经济方面有发展，生活有改善，但是儿童入学的时候，营养状况没有什么太大的改变。随着学生营养改善计划的实施，各个年龄的孩子在 2016 年都显示出比 2012 年的孩子有显著改善。11 岁的年龄段，在试点地区，2016 年的孩子平均身高是 143.6 厘米，2012 年的时候平均才 138 厘米，高了 5 厘米，差别还是很明显的，跟全国平均水平的差距也缩小到 4 厘米。

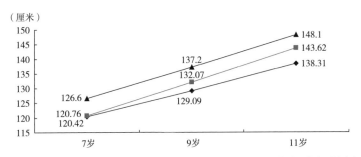

图 4.49　农村贫困地区儿童身高比较

如图 4.50 所示，在 62 个监测县，192 万名学生的体检数据表明，贫困地区儿童矮小和偏矮的比例在下降。全国体检的数据表明，18 岁全国平均身高是 1.72 米，标准差是 1.66 米，低于它就是偏矮，低于 1.60 米就属于矮小。2012 年，这些贫困地区的孩子，11.7% 是矮小，44.6% 是偏矮。随着营养改善的实施，这些数据发生了特别可喜的变化，在 2016 年，矮小率降到了 4.8%，偏矮率降到了 19.6%。如果坚持营养餐项目，将来西南地区的重庆、四川、贵州、云南人口的矮小比例，可能会很少。

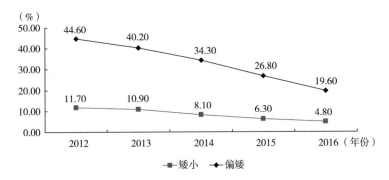

图 4.50　贫困地区农村儿童 7~12 岁矮小与偏矮比例逐年降低

2007年我们开始试点的时候，提到身材矮小，有人不服气也不同意，说这是西南少数民族的基因问题。但是我们拿出一个数据，美国的非洲移民和欧洲移民，刚来的时候身高是不一样的，他们之间没有经过不同族裔之间的通婚，追踪下来的结果是，经过一代或两代之后身高基本上没有区别了。所以人类基因对身高差别的影响很小，主要还是看营养状况。国外有文献说，身高和智商有关系，一般来说身高高智商也比较高，但是不能反过来说。同等身高的人，他们的智商和收入之间没有关系。大多数人在身体健康的状况下，当身高达到了他生长潜力的时候，他的智商和智力发育是比较健康的。如果是幼儿，将来他的劳动生产能力会更强，学习也会更顺利，对家庭也会更有希望。

再说一下学前教育。国际上特别重视学前教育，许多孩子上学后的表现和有没有学前教育有关系。美国人的研究结论是，只要是富裕家庭，孩子上不上幼儿园，对他上学后的表现影响不大。因为在家时有人可以给他读书，孩子的发育正常。但是对于贫困人口的家庭，孩子上没上过幼儿园至关重要。美国根据这项早期开端计划，政府拿出很多钱支持穷人家庭送孩子上幼儿园。美国福特基金会的会长就是20世纪60年代早期开端计划的受益人。他的妈妈知道政府有这项计划，就特地把家搬到有幼儿园的地区，让他上幼儿园，现在他事业有成，是全球性大基金会的会长。他认为这项计划对他的成长效果很明显，而我们现在关注的就是这样的一个群体。

现在中国大力推动学前教育，2010年我国学前教育的普及率仅有50%，通过两期学前教育三年行动计划，现在已经达到了78%。政府还在开展第三期学前教育计划。那么剩下的 20% 呢？他们在哪儿呢？他们就是需要我们特别关注的农村贫困家庭的孩子。如果教育不能进村，那里的孩子就只能在田间地头玩了。所以我们基金会在 2009—2017 年，已经在 17 个县建了 2 100 所幼儿园，直接受益的儿童有 6 万人，累计受益儿童已经超过了 16 万人。

基金会的这些尝试，得到了地方政府的支持，一些硬件设施，比如教室装修都是地方政府出的钱。2012 年，我们在贵州省松桃县建了山村幼儿园，现在整个铜仁市已经建了 100 所，而且运转良好，我们在其他很多地方也在探索推广。

实行山村幼儿园计划效果如何？我们也能给出一些数据和结果（见图 4.51）。

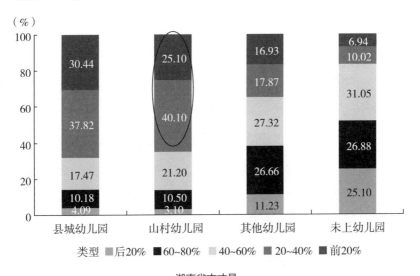

湖南省古丈县

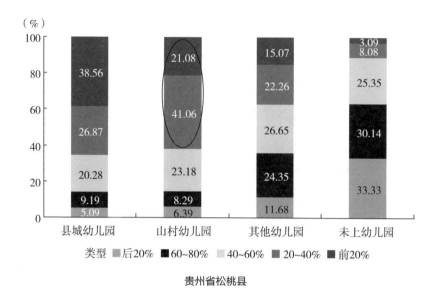

（%）

类型 ■后20% ■60~80% □40~60% ■20~40% ■前20%

贵州省松桃县

图4.51 山村幼儿园给山村孩子的学习带来的变化

我们收集了两个县的学生的学习表现，分四组参加全县统考，最左边是县城幼儿园的孩子，往右依次是山村幼儿园的孩子、其他幼儿园的孩子和未上幼儿园的孩子。在湖南省古丈县全县的考试中，大约18 000名孩子，把所有成绩放在一起，然后按照五等分，分出来看这四组孩子都是什么状况。县城幼儿园受的教育最好，成绩也最好，68%的县城幼儿园教育出的孩子进入了前40%。而没有上过幼儿园的孩子，只有将近17%进入了前40%，有25%是在底部的20%里。山村幼儿园的孩子和没上幼儿园的孩子家庭情况差不多。山村幼儿园里36%的孩子是留守儿童，没接受过学前教育的是32%，贫困家庭有20%是山村幼儿园的孩子，没有接受过学前教育的儿童是16%。为什么村里还有没有接受学前教育的孩子呢？当村里的儿童人数低于10人的时候，我们就没有去设点，按道理讲应该去，但是如果师生比太低，成本就太高。如果有足够的支持，能不能把这个比例降低，比如说有5个孩子就可以设点。同样的数据在贵州省松桃县得出的结果是，有62%的山村幼儿园的孩子进入了前40%。也就是说进入前40%的学生，高考差不多能进入"二本"高校。

有两点我印象特别深，第一点，这些孩子学会了说普通话。我们在青海实行这个项目，当时的省委书记强卫去考察，他的第一印象就是村里的孩子普通话说得很好，而当地的基层干部不少人讲方言，省委书记还听不大懂。这些孩子长大了去外地找工作和生活肯定不成问题。第二点，孩子在幼儿园里很快乐。老师经常给予孩子们鼓励和表扬，还组织他们一起做游戏，在这个群体里，孩子们感觉非常愉快。有些孩子说在幼儿园交了不少朋友，这种社会交往能力，对他们未来的成长至关重要。而没有上幼儿园的孩子，一旦跟人交往都会害怕，主要因素就是没有安全感，不知道怎么应对陌生人。

山村幼儿园的具体运作，一是用村里原有的教室或者其他公共设施，比如村委会、党支部学习室。二是聘请村里的人，也有可能是别的村或本县的人作为幼教老师。我们参考乡镇民办幼儿园的工资水平，工资定得比民办幼儿园略高，当然比公办幼儿园还是低很多。我们要求老师达到中职以上文化程度，但是不要求都有幼师资格证，我们称之为幼教志愿者，主要强调这项工作的荣誉感，要对孩子的成长负责任。三是强调培训，提高他们的幼教水平。我们比民办幼儿园条件好，自成体系，当地教育局拨经费，我们负责培训。四是由地方教育局通过中心校或者中心幼儿园来管理。五是开设混龄班。因为一个幼儿园平均人数是20多人，如果按20个人配一个老师，就不可能把3～5岁的孩子分开。混龄教学的好处是大孩子带小孩子，小孩子促大孩子。大孩子可以在生活技能上帮小孩子，为了教小孩子唱歌跳舞，大孩子更会努力去学。

现在农村里一般都是老人、小孩、妇女，还有一些单亲家庭、离异家庭、残疾家庭。2017年我们到湖南省古丈县，看到一个小孩，裤子是破的，两只袜子不一样，我们问怎么弄成这样，他说爸爸快60岁了才有他，妈妈少一只手是残疾，不能干针线活。我国残疾人达到8 000万，其中有不少是在农村。

我再介绍一下早期养育项目。这个项目是我们基金会从2015年开始实施的，先在甘肃省华池县试点，现在逐步扩展到贵州省毕节市七星关区、新疆吉木乃县和阿勒泰地区。基金会的谢宇教授建议选一个有100个村子的县，这样比较容易做对照。

我们的做法是，县乡村三级，县有总督导，乡镇有督导员，村里有家访员，基本是仿照卫生体系设立的。家访员每人负责不超过8个家庭大概14个0~3岁的孩子，然后定期家访。我们有一套教材，是英国学者在牙买加开发的，国际公认这套教材的科学性，对于每个月龄的孩子应该会什么，有比较清楚的分析。我们把它本土化，在这个基础上制定了教程。保证对每一户每周有一次家访服务，成功后再向全国推广。家访员的主要工作对象是看护人，不是像山村幼儿园的老师那样去教孩子，而是要教看护人怎么带孩子，这样的效果是很明显的。

在这个实验的基础上，我们把华池县100多个村子全都覆盖了，再把它推广到新疆吉木乃县和贵州毕节的七星关区。现在我们还要在湖南古丈县、青海乐都县、贵州松桃县这几个县开展试点。2018年3

月我们举办了专题论坛，新疆吉木乃县有一位哈萨克族家长来到现场，送给基金会一面锦旗，上面有哈萨克语和汉语绣的字，表达了对这个项目的感谢。他们直接感受到了这个项目给孩子们带来的变化，给家庭带来了希望，带来了欢乐。原来他们觉得小孩子就放到外面自由生长了，现在他们知道要好好地教育孩子，希望孩子长大以后能够更有出息，也上清华、北大这些名校。

这些是基金会 2007—2009 年开展的实验，现在这些实验都还在实施中。有几个县的山村幼儿园已经由地方政府接手，他们给幼教老师发工资，负责提供校餐，我们帮他们培训、评估。

我们现在有几个研究项目在进行中，比如中国纯母乳喂养的比率只有 20% 多，需要提高和改善。农村的孩子可能不缺热量，他们只吃米饭、馒头，热量一般也够，但是他们缺乏优质蛋白，缺蔬菜和维生素等营养元素，如果能改善膳食结构，增加蛋白质、脂肪和维生素，相信对长身体会有很大的帮助。如果女孩子的身高有了变化，还会直接影响下一代，这是世界公认的。

最后我总结几点。

第一，中国消除贫困是可行的。政府在努力，社会各界齐心协力，中国可以给发展中国家起一个带动作用。全世界 12 亿人口消除了绝对贫困，是发达国家经历二百年才取得的成果，而中国经过改革开放四十年，已经做到 8 亿多人口消除绝对贫困，这本身就是很了不起的成绩。由中国带动其他多数发展中国家，实现联合国可持续发展目标，那将是一个更伟大的成绩。

第二，脱贫要想可持续，要使这些贫困人口有向上流动的可能性，重点应该关注儿童的营养健康和教育，而且应该全程给予关注。

第三，要进行供给侧改革。有人认为要发挥市场机制，不干预市场，比如不用办山村幼儿园，给他们2 000元让他们到乡镇幼儿园去上学。但是实际情况是，贫困家庭没有劳力，没有收入，客观条件也不允许他们送孩子到乡镇去上幼儿园，所以我们必须提供公共服务。所谓供给侧改革，就是你提供公共服务，而且要使服务可及，成本合理，质量有保证，才能真正为贫困地区人口脱贫办实事。

第四，发挥中国的制度优势，党和政府与社会全面参与。

第五，理解贫困人口和地方特性，充分利用地方资源和现代技术。刚开始我们对地方特性并不了解。比如2009年我们在贫困地区给孩子们发放营养包，发现有的小孩不吃鸡蛋却在啃凤爪，他把鸡蛋卖给小卖部，然后换垃圾食品吃。我们很惊讶，问孩子为什么这么做。他说家里不是没鸡，而是鸡下了蛋，就把鸡蛋卖到小卖部再换别的东西，这个观念就一直传下来了。还有的地方说鸡蛋是"发物"，孕妇、小孩不能吃。当他们明白吃鸡蛋好的道理以后，家里还会给孩子蒸鸡蛋羹。比如在宁夏，当地给孩子一天发一个鸡蛋，搞"鸡蛋工程"，结果我们在学校里发现孩子们把蛋黄扔得到处都是，还有的孩子把鸡蛋带回家，说是给奶奶吃。所以光说鸡蛋如何有营养是不行的。后来学校想办法做各种有鸡蛋的菜，比如西红柿炒鸡蛋、黄瓜炒鸡蛋、西红柿鸡蛋汤，孩子们都吃光了。所以要真正了解当地的情况，然后再采取有效的措施。

儿童发展非常重要，需要经济基础和制度保障。美国的早期开端计划，政府是花了很多钱的，一个贫困孩子上幼儿园每年补助八九千美元，相当于五六万元人民币。但是他们没有制度基础，有几类问题就解决不了。一是族裔问题，黑人、少数族裔受歧视。二是社会问题，贫困人口居住的社区，枪支、毒品泛滥。三是移民问题，这些家庭很难找到合适的工作。所以项目就很难持续。美国现在还有 4 000 万相对贫困线以下的人口，他们从 20 世纪 60 年代开始反贫困，时任总统约翰逊的口号是"建设伟大社会、向贫困宣战"，措施实施也很努力。但是到了里根总统时代，里根说，在这场与贫困的战斗中，他必须承认，贫困赢了，原来贫困人口有 4 000 万，现在仍然还有 4 000 万。后来也有学者做了测算，说美国政府已经帮助 4 000 万贫困人口提升了社会地位，如果没有这些努力，那可能就不是 4 000 万，而是 6 000 万甚至 8 000 万了。我们不知道这个计算结果是怎么得出来的，但是它说明，如果没有一个完整的社会制度保障，光投资儿童并不是一个最佳的解决方案。我们有这样的社会制度，有这样的经济基础，帮助儿童可以帮助他们阻断贫困代际传递，但是不能反过来说，有了儿童发展我们的贫困问题就都解决了。

2017 年 11 月我们到巴西考察。巴西非常重视儿童发展，多数众议员在哈佛大学受过培训，都认为儿童发展很重要，所以他们一致通过决议，要重视儿童早期发展。我们的家访项目刚在几个县开始进行，而巴西已经要在全国所有的州普及。巴西的政府官员告诉我们，巴西有将近一半人口生活在相对贫困线以下。巴西早期的国家殖民地经历造成了社会分裂，经济发展不稳定，宏观经济管理存在着一些问题，这些都会影响政府扶贫政策的效果，而且这些问题不是一个儿童早期发展项目就能解决的。

我们对中国扶贫工作和儿童发展工作很有信心。我们起步比较晚，在脑神经科学等方面的研究还相对落后，但是我们从现在开始努力，可以很快把国外的一些先进的办法引进来，我们甚至可以在这方面做得更好。中国消除贫困，首先要消除绝对贫困，到 2050 年再把相对贫困大大减少，到 21 世纪末实现一个相对公平和非常理想的社会是完全可能的。

中国的城市化还能走多远 [①]

蔡昉 [②]

一、引言

在过去四十年里，中国经济取得了史无前例的高速增长。一个大国在四十年的时间里，年平均保持 9.5% 的经济增长速度，而且在 2012 年之前都是两位数的高速增长，应该说这是人类经济发展史上的一个奇迹，其他国家都没有过这样的经历。

中国的城市化速度在这四十年里也是世界上最快的。我查了一下数据，横向比较起来，160 多个国家里大概有四五个国家比中国速度快，但是这些国家都非常不典型，而且大都是最不发达的国家。它们的城镇化是什么样的大家可以想象，有很多居民只是住在城市的贫民窟里，根本就没有沐浴到所谓的"城市之光"。

在改革开放之初的 1978 年，我们统计显示的中国城镇化率只有

---

① 本文根据长安讲坛第 348 期内容整理而成。

② 蔡昉，中国经济 50 人论坛学术委员会成员，十三届全国人大常委、农业与农村委员会副主任委员。

17%多一点，远远低于世界平均水平。前几年我们的城市化率已经超越了世界平均水平，这是一个了不起的成绩。今天中国的城镇化到了一个新的高度，这个高度在国际比较中到底处在一个什么位置？目前，中国的城镇化速度已经降下来了，减速的原因是什么？该不该减速？是不是我们到了一个新的阶段？最近我在一个论坛上讲城镇化，我后面的一个演讲者在发言中说不赞成我的观点。他说城镇化是阶段性的，到了一定阶段一定会减速。我们来看看，58.5%的城镇化率是不是应该减速？如果答案是否定的，那么为什么不应该减速？下一步中国城镇化要继续推动应该进行哪些方面的改革和政策变革？我尝试回答这些问题，这得先从回顾中国改革开放以来的城镇化开始。

孔子说"四十不惑"，意思是说人活到四十岁就活明白了。我们的改革开放进行到四十年的时候，也应该总结一些经验，对这些经验在理论上做一些概括，提炼出中国智慧，总结出中国方案。这些方案虽然我们不去强加给别人，但是总有很多发展中国家是希望学习中国经验的。此外，我们做理论研究工作不能自说自话，只按照自己的逻辑讲道理，我们还是要有一些针对性，力图把中国经验放在人类社会的一般发展规律中来观察，把中国经验的理论放在与其他理论的比照中进行概括。

中国经验能够回答哪些已经有影响的理论？这里我选了三个代表性的人。这三个人并非都对中国经济发展发表过什么看法，因为有两位还没有看到中国的崛起就去世了，但是他们的理论影响了中国问题的研究者，而且被广泛应用于中国研究中。

第一个是哈耶克，奥地利学派代表性人物，得过诺贝尔经济学奖，晚年在美国任教。人们引用他的最著名的一个说法,我把它概括为"意外结果论",就是说,这是人类行为未经事先设计的结果。中国的改革开放是成功的,创造了奇迹,但是这并不是我们的初衷,因为我们走了一条自己没有想到的路,是在无意之中取得了这样的成就。作为一个中国改革开放四十年的观察者,我们看到了农民、工人、企业家和各个层次的政府官员,在改革中艰难探索,有成功也有失败,共同完成了今天中国改革开放的巨大成就。如果把这个过程看作一个意外结果,我觉得至少是对中国改革开放探索者的忽略。

在理论上接受这种说法的,包括很多有影响力的经济学家,如张五常教授和科斯教授,后者与王宁写过一本书叫《变革中国》,他们都认为中国改革的成功就是这个意外结果假说的经典案例。从改革起步的时候,邓小平就确定了"三个有利于"原则,即我们的改革要不要搞,怎么判断它是成功了还是失败了,归根结底以"三个有利于"来衡量,其中最主要的是能不能提高人民的生活水平,这是终极的标准。科学回顾改革开放过程,以及城市化在其中的作用,有利于我们丢掉所谓的"意外结果论"认识。

第二个是所谓局部障碍论。钱纳里曾任世界银行首席经济学家,他有一个理论,虽然并不是针对中国的。他说一个国家经济的发展,会有很多障碍,但是如果把几个主要的障碍抓住了并且克服了,经济就能够实现增长,不管是否具备其他经济增长的基本条件。中国改革开放二十多年的时候,我参加了一个研究团队,后来出了一本很厚的书,国内也翻译出版了。这本书的主编之一叫罗斯基,他的出发点就是想看中国改革发展的"钱纳里效应",即中国能在改革中抓住几个最主要的要素，就足够了。当时我不是完全理解他的用意，也没有很在意，最近我又与他沟通过一次。他说他在读研究生的时候就读过钱纳里的著作，得出了这样的结论。他说中国经济的发展就印证了这个理论，中国并不是一个整体的改革，有些东西触动了，还有很多东西没有触动。但是触动的那些障碍，恰好足以决定经济增长。

按照这个逻辑，有的学者比如黄亚生教授就说，中国有些改革是非常成功的，比如20世纪80年代的农村改革就很成功，但是之后改革进入城市，就乏善可陈了。事实证明并非如此，我们的改革从农村转向全面改革以后得以继续推进，才取得了今天这样的成绩，成为世界第二大经济体。如果真如他们所言只是局部改革，取得这样的成就是不可想象的。所以我觉得，这个理论把我们的经济体制本身及其改革过程割裂开来，这在方法论上也是不正确的。

第三个，我把它叫作匀质经济论。代表性人物是经常到中国来的保罗·克鲁格曼教授。他把中国经济和教科书上的新古典增长看作是一回事，认为它们应该是一个匀质经济，没有二元经济结构。因此他不承认中国有刘易斯式的二元经济发展，看不到剩余劳动力转移的贡献，也不承认有人口红利。既然是一个新古典类型的增长，就一定会遇到报酬递减。持续投入资本，报酬递减就一定会发生。由于他看不到中国经济增长中有全要素生产率的提高，因此判断中国经济增长不可能持续，也就不是什么奇迹。他从20世纪90年代开始批评"亚洲四小龙"，随后就转向批评中国，不厌其烦地预测中国经济要"撞墙"，就像喊"狼来了"的孩子一样喊了很多年。但是事实证明，至少到目前我们还没有按他的逻辑去"撞墙"，而且我随后会告诉大家，一是我们有人口红利这个很特殊的经济增长源泉，可以让资本报酬递减现象在一定时期内不会出现。二是我们有结构变革和资源重新配置，也可以提高全要素生产率。中国曾经是一个二元经济，经历了刘易斯式的二元经济发展，而不是克鲁格曼假设的匀质经济。

二、从"退出""流动""进入"看改革与城市化

我们讲改革，可以从不同的角度回顾和概括。一是我们总要找一个角度，尽可能依据更强的逻辑性对这个改革过程进行概括。二是我们想把这个改革和中国的城镇化结合起来，以便看后者的重要作用。所以从这个意图出发，我把改革用三个行为，或者说三个阶段、三种形态来概括。第一，"退出"。退出是指退出传统体制，同时也就退出了生产率低的部门。第二，"流动"。退出以后它就可以流动，并不是退出就回家了，而是在企业之间、城乡之间、部门之间、区域之间流动，这就是所谓生产要素的流动。第三，"进入"。流动是为了配置，而流动中选择的新配置就应该是更有效率的配置。因此，进入就是在退出低生产率的部门之后，通过流动进入生产率更高的部门，从另一个角度讲，退出旧体制，通过流动选择一个更市场化的体制。这个过程一方面改善生产要素的配置效率，把原有的生产要素存量使用得更有效率，因此提高了生产率，实现了经济增长。另一方面也是在这个过程中，资源配置越来越转向市场机制。而在整个退出、流动和进入的过程中，城市化就是它的主要实现途径。我想从这几个角度简述中国改革开放时期的城镇化。

农村改革是推动劳动力退出的第一个动力。正好是在四十年前的冬天，安徽省凤阳县小岗村的 18 家农户找到生产队长。往年他们也找生产队长来开介绍信，因为实在太穷，每年冬天村里人都要外出逃荒要饭，有了介绍信才不会被看作是盲流。但是这次他们找生产队长说，你要不要带着我们搞包产到户？如果你因为这事坐了牢，我们这 18 家负责把你的儿子养到 18 岁。他们当场写下一个契约，18 家农户摁了红色的手印，中国国家博物馆现在还保存着这个契约。这些农民并不知道，当时在北京已经召开了党的十一届三中全会，重新确立了解放思想、实事求是的思想路线，为改革奠定了基础，然后启动了改革开放。

从 1978 年冒着风险开始试验家庭联产承包责任制，到 1984 年改革在全国全面推开，随后人民公社体制也被废除了。这从根本上解决了什么问题呢？农民作为劳动力是一个最基本的生产要素，但是在人民公社时期，大锅饭和平均主义盛行，不允许农民退出。现在终于可以退出了，从此农民可以自己支配并重新配置劳动力了。过去农民搞一点家庭副业都被看作是资本主义的尾巴，想外出打工也没有人会用你，生产队还要把你追回来。现在农民不仅可以种粮食，同时还可以搞副业生产，可以种一点其他的经济作物。后来又从种植业扩大到农林牧副渔大农业，再以后又有乡镇企业的异军突起，农民可以在本地就业从事非农产业，这叫离土不离乡。再后来他们又开始转移到小城镇，进而走向中等城市、大城市，从内地转移到了沿海地区。今天的农民工可以到任何地方居住和工作，这个过程就是生产率不断提高的过程，也是劳动力配置不断市场化的过程。

从图 4.52 中我们可以看到，城镇化的提高，伴随着劳动生产率的增长，以及农业劳动力比重的下降。农业剩余劳动力退出以后，经历了一个克服流动中的体制障碍的问题。从 20 世纪 90 年代开始，我们逐渐放宽了对农民工的流动限制，最初允许他们长途贩运，允许他们把剩余农产品运到外地去卖，第一次让农民实现了跨地域从事经济活动。接下来我们又允许农民自带口粮（当时粮票制度尚未废除）到别的地方就业，这就从根本上打破了城乡流动界限。

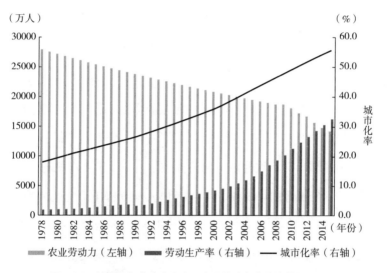

图 4.52　城镇化与劳动生产率、农业劳动力比重的变化关系

农民的流动逐渐拓展到全社会的部门间、产业间、地域间、城乡间，甚至所有制之间。这种流动从微观层面讲，是农民选择到收入更高的就业岗位，从宏观层面讲就形成了生产率的整体提高，因为挣钱多的地方一定是生产率更高的部门，因此资源的重新配置就真正发生了（见图 4.53）。

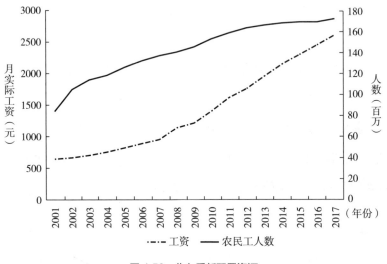

图 4.53 收入重新配置资源

还有一些方面的改革，就是不断清除劳动力进入的制度障碍。过去把农民工叫作"盲流"，即所谓的盲目流动人口。虽然劳动力可以流动，但是城市并不欢迎你。我们曾经做过一项研究，发现城市经济是波动的。经济好的时候城里需要劳动力，就对农民工进城宽容一点，允许企业雇一些外来工人。但是，如果城市出现了失业现象，首先就要清退农民工。在 20 世纪八九十年代，这种事情的发生已经成为一种周期现象。甚至有些城市还会列出工作岗位，规定哪些岗位只允许本地户籍劳动力从事，哪些岗位是没有户籍的农民工或外地人可以从事的，也就是把那些好的岗位、正规的岗位都留给本地人，农民工或外地人只能从事边缘性的工作。当时国际上也有类似的说法，叫"三 D 岗位"，即只有危险的、肮脏的和要求苛刻的岗位才允许农民工从事。随着改革的不断推进，尽管今天还存在劳动力市场的分割，还存在户籍制度，但是总的来说，农民工理论上已经可以进入任何城市、任何地区、任何企业、任何所有制，甚至理论上也可以是任何岗位。

从图 4.54 大家可以看到，现在的城镇常住人口中，也就是我们所说的占全国人口 58.5% 的城镇常住人口中，大概有 20% 是由农民工构成的。现有大概 4 亿多城镇就业人口总量中，接近 40% 是农民工，这也是一个重要的变化，这个数据甚至鲜为人知。

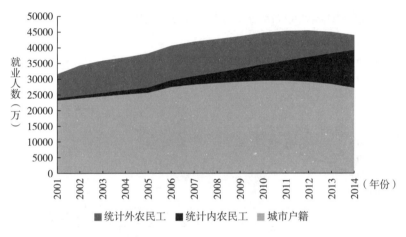

图 4.54 农民工构成城镇常住人口和就业人口的一部分

三、从兑现人口红利看高速增长与城市化

城镇化和改革的过程如何促进中国经济增长？它是通过退出、流动、进入的过程，把中国有利的人口结构兑现成了人口红利，转变成了经济增长动力和速度。我们经历的改革开放四十年，其中有三十年即 1980—2010 年这个阶段正好处于一个人口变化的特殊时期。

如图 4.55 所示，如果把人口分成两部分，持续快速增长的这部分是 15~59 岁的劳动年龄人口，这些人大多就业，因此他们作为生产者的功能大于作为消费者。还有非劳动年龄人口即 15 岁以下的和 60 岁以上的人，在这三十年期间的变化是停滞的，总量上是没有增长的。这个剪刀差式的人口变动表明什么呢？这种"食之者寡，生之者众"的人口结构特征，使我们的社会负担变轻，有更多的人可以就业和创造财富。因此在经济学里，我们也把这个时期叫作"人口机会窗口"。如果把这些因素变成经济增长动力，就可以叫作人口红利。

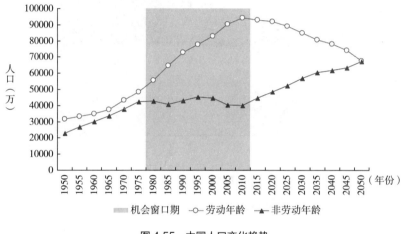

图 4.55　中国人口变化趋势

如果进行国际比较的话，在同一时期这是中国特有的。如果把中国在这个时期即 1980—2010 年人口变动特点与发达国家进行比较，与其他发展中国家比较，可以发现中国这个时期的人口转变是独特的，其他国家整体平均状态不是这样，它们都没有这么好的人口变化趋势，所以这是我们独特的人口机会窗口。

如何把人口机会窗口变成人口红利，进而转化成经济增长速度呢？当然要通过改革开放。具体来说，就是通过前面所说的退出、流动、进入作为整个资源重新配置和体制障碍消除的过程。过去的三十多年期间持续接近 10% 的经济增长，可以从生产要素供给和生产率提高等方面进行分解。其中很重要的一个要素就是人口红利提供的大量劳动力做出的贡献。这个容易理解。还要看到的是劳动力质量的贡献。发展中国家有一个特点，新进入劳动力市场的人口永远比已经在劳动力市场的人口受教育程度要高，新一代的人力资本肯定要比上一代有所改善。所以当新增劳动力不断涌入劳动力市场的时候，就可以以很快的速度改善劳动力存量的人力资本。我们过去一直处在这个过程中。

至于资本积累对经济增长的显著贡献如何理解，或者说资本积累与人口红利有什么关系，我想可以从两个角度看。一是当人口结构呈现剪刀差状变化的时候，这就意味着人口抚养比在下降，而且处在很低的水平，整个社会的负担就轻，人们就可以把剩余储蓄起来，于是形成了高储蓄率。把储蓄用于投资就形成了高投资率，解决了资本来源的问题。同时，由于有充足的劳动力供给，就不会过早遇到资本报酬递减的现象。新古典增长理论假设劳动力是固定不变的，因此投入更多的资本以后会导致报酬递减，但是我们的劳动力不是固定的而是无限供给的，因此我们不会很早遇到资本报酬递减现象。清华大学经管学院的白重恩教授估算过，在整个改革期间，中国的投资回报率几乎是世界上最高的。因此，资本积累的贡献也是与人口因素相关的。

另一个是生产率的提高也和人口因素有关系。过去三十多年，全要素生产率提高有很大一部分来自资源重新配置，即大量劳动力从低生产率的农业转向高生产率的非农产业，提升了资源配置效率。为了说明这点，我用劳动生产率做了一个分解计算（见图 4.56）。

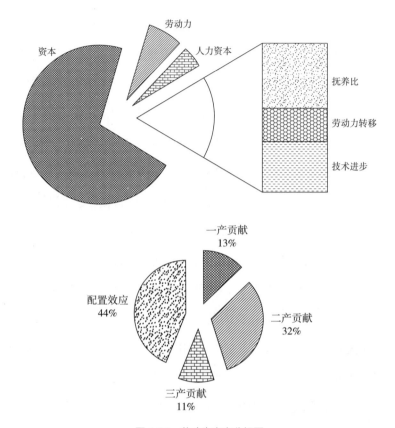

图4.56　劳动生产率分解图

从1978年至2018年，中国的总体劳动生产率提高了17倍。其中第一产业即农业劳动生产率做出的贡献是13%，第二产业做出的贡献是32%，第三产业做出的贡献是11%，加起来是56%，不是100%。还有一部分既不是来自第一产业，也不是第二产业，也不是第三产业，而是劳动力在三个产业之间的流动和重新配置。劳动力从农业退出来，流动到二产、三产，提高了劳动生产率，这个配置过程对劳动生产率的贡献率是44%，基本上跟各个产业的贡献总和平分天下。这个过程其实也是城镇化的过程，这是我们过去高速增长的依据。克鲁格曼不懂也不承认这个过程，虽然他知道经济学说史上有过刘易斯其人，也知道刘易斯在他之前获得了诺贝尔经济学奖，但是他并不承认也不愿借助刘易斯的理论来认识一个二元经济发展过程。因此，克鲁格曼就不能解释中国经济增长的来源，陷入不断预测中国增长源泉的枯竭，不断被事实证明预测错误的尴尬中。

有利的人口结构带来了生产要素的充分供给，如劳动力的充分供给，人力资本改善非常快，资本积累也比较快且投资回报率也比较高，而且资源重新配置能够提高全要素生产率。如果把这些因素搁到一个描述增长的模型，譬如一个生产函数里，就可以回顾性地预测出中国过去三十多年潜在增长率大概是10%。再与实际增长速度相比，发现虽然实际增长波动比较大，但是平均下来也是10%。也就是说，有利的人口结构或人口红利使我们能够实现，事实上也实现了10%的增长速度。这就是在2010年之前我们高速增长的来源（见图4.57）。

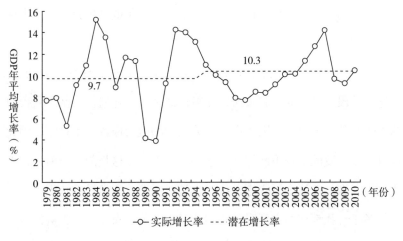

图 4.57　人口红利带来了高速增长

四、从就业扩大看分享发展与城市化

综上所述，我从一个特殊角度来概括过去改革的过程，就是劳动力的退出、流动、进入，并且我又从另一个特殊角度来解释中国经济增长的源泉即人口红利。改革通过城镇化、劳动力转移、扩大就业把人口红利兑现成了经济增长速度。从这个过程中也可以看到，中国经济增长伴随着就业的扩大和劳动力的重新配置，很自然地就带来了一个结论：中国经济增长应该是分享型的。尽管收入差距在一段时间扩大，但是这个扩大和很多国家是不一样的。因为在经济高速增长中蛋糕不断做大，虽然有收入差距的扩大，但是社会每个群体的收入都在提高，只是有的提高快，有的提高慢而已。如果蛋糕不做大，加上根据谈判地位不断进行再分配，那些具有话语权的社会阶层就会得到更大份额，另一部分群体的收入就会绝对恶化。说中国过去的增长是一个分享型的增长，总体来说可以从三个发展阶段或三种分配类型来观察。

第一个阶段。在很长的时间里，我们有大量的农村剩余劳动力，在这个阶段不管工业扩张多快，能新创造多少就业岗位，都能获得源源不断的劳动力供给，因为农业中劳动力的机会成本几乎是零，因此就可以用不变的工资不断地雇用这些转移人口。这是刘易斯模型告诉我们的道理。在这个过程中，我们也是在慢慢改变自己的认识。曾经有很多年，我都在写文章跟一些同行辩论，争论农民工的工资低是否存在被剥削，是否是在为美国人打工，而利润都被人挣走了。如今反过来美国人用同样的说法批评我们，说我们廉价的劳动力把他们的就业岗位抢走了。但是，如果一开始工资就很高，我们的企业得不到利润，则没法发展扩大，也就创造不出这些就业岗位，也就不会有这些农民工，更谈不上更高的工资水平，相反会是一个没有就业的状态。农业剩余劳动力，就意味着有一部分劳动力只从事农业，而且已经不创造价值了。如果这时把它转移到非农产业中，他们挣到的这份工资远远高于在农业生产中得到的报酬。因此我们看到农民工人数不断扩大，非农就业所得总额的提高，本身就提高了农村居民的总体收入水平。这就是刘易斯式的二元经济发展时期收入分配的格局，它本身也表明经济增长具有分享性质（见图 4.58）。

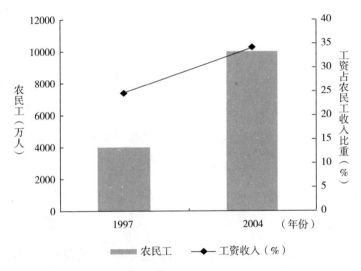

图 4.58　农民工工资收入和农民工人数不断增加

第二个阶段。2004 年我们遇到了劳动力短缺，当时叫"民工荒"。起初我们以为这是一种制度现象、周期现象，最后发现这是因为人口结构变化了，没有那么多劳动年龄人口了，当然劳动力供给就不足了。从那以后，劳动力供给就没有再回到原点上，一直处在短缺状态，而且 2004 年之后工资上涨也很快（见图 4.59）。

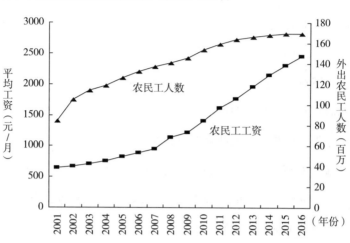

图 4.59　2004 年后农民工人数增长放缓

按照定义，这就是所谓刘易斯转折点。这个转折点之后，并不是说劳动力就没有了，而是说必须涨工资才能得到所需的工人。农民、农民工、低技能的劳动力和低收入家庭的收入提高就靠工资水平，因此这时这些群体的收入加快提高。如果说第一个阶段是靠劳动力的整体参与率提高从而工资总量扩大改善收入分配，那么现在则是靠劳动力的工资水平提高改善收入分配。这就是刘易斯转折点之后劳动力市场作用的结果。

第三个阶段。刘易斯转折点的到来也带来了一种现象，即伴随着劳动力短缺，劳动者在市场中的谈判地位提高了。过去一个企业要招十个工人，可能会有一百多个人前来应聘，用人单位还要挑三拣四，甚至有时还要找老乡帮忙说个情。而现在企业想招十个工人，来报名的或许只有两三个。所以这两三个人就可以跟雇主谈工资、谈待遇，不满意就不来了，或者工作中有不满意，随时会"跳槽"。这是工资改善和劳动条件改善的依据。整体劳动力短缺以后，政府也逐渐加大再分配力度。这个过程包括加快劳动力市场制度建设，譬如加快劳动立法。2008年一年就有三部与劳动相关的法律实施，还有最低工资制。最低工资水平调整的频率越来越快，提高的幅度也越来越大。此外，政府还在大幅度改善就业环境，加快建设社会保障体系，提高基本公共服务的均等化水平，等等。所有这些作为一种再分配的机制，进一步改善了收入分配状况。

随着时间的推移，一方面是劳动力市场结果，另一方面更由于政府再分配政策力度加大，收入分配改善速度明显加快了。因此，我多年前就预期一个库兹涅茨转折点的到来。如今的确可以看到这种转折点的雏形，2008年之后，无论是城乡收入差距，还是全国的居民收入基尼系数，都在达到了峰值之后开始下降。这就是中国二元经济发展的分享过程，是在劳动力资源重新配置和城市化的过程中实现的（见图4.60）。

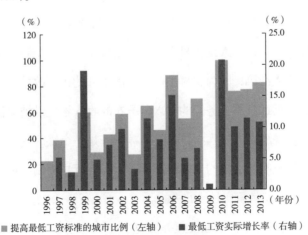

图4.60　城市收入分配改善速度加快

五、城市化是否已经减速，是否应该减速

今天中国的城市化是什么状况？是不是已经减速了？在这个阶段城市化该不该减速？首先，农民工的数量增长的确已经减速了。离开本乡镇进入城市的农民工数量，2017 年是 1.72 亿，总量巨大但增长速度明显下降了（见图 4.61）。

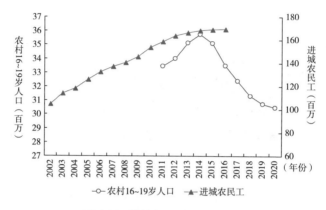

图 4.61　进城农民工数量增长放缓

原因是什么呢？可能有些人觉得城市对他们越来越不友好，但这不是整体现象。还有人说农村现在条件变好了，他们想回去了，我认为这话也不太准确，因为农村生产和生活条件的确在改善，但是务农的收入仍然远远赶不上务工的收入，务农的收入不足以把他们吸引回去。而且，经济发展过程中，农业份额下降是一个铁的规律。主要原因就是已经没有那么多的人要出来了，而在现行户籍制度条件下，农民工到了一定年龄确实是要回去的。

每年外出的农民工来源主要是农村 16~19 岁的人口。这部分人口包括初中、高中毕业生和辍学的。这部分人口过去一直在增长，到了 2014

年达到了最高点，之后数量就开始减少，呈现负增长。很显然，目前农民工增长速度减慢，背后原因是人口年龄结构的变化（见图4.62）。

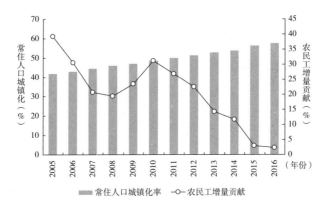

图 4.62　人口年龄结构变化带来农民工增长速度减慢

在过去的城市化进程中，农民工做出了很大贡献。由于农民工增长速度放慢，农民工增量对城市化、城市人口增长的贡献也就大幅度下降，近几年已经降到非常小的比例。现在常住人口城镇化率是58.5%，虽然看上去城市化率还在提高，但是如果实际计算的话，会发现增长速度是逐年下降的。农民工是城镇化的一个主要贡献群体，农民工对城镇化的贡献大幅度下降以后，为什么城市化率还能继续增长呢？

我们用人口数据做了一个分解，来看在一年里城市的新增人口是从哪儿来的？一是有16%是自然增长，自然增长就是城里人自然出生的。二是农民工贡献占了26%，只要他们在城市生活超过六个月，统计局就把他们定义为城镇常住人口。三是异地迁入、转户口的，只占微不足道的5%。四是所谓就地变更户籍身份，占了53%。这是什么意思呢？由于县改市（区）、乡改镇、村委会改居委会，很大一部分人口一下子从村民身份变成了居民身份。这些人可能没有改变就业类型，也没有离开居住地，但是一下就变成了市民（见图 4.63 ）。

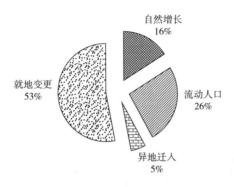

图 4.63　城市新增人口的来源

我曾经在江苏南通农村调研,去了一个村子叫某某新村。这个"新村"的情况是，土地基本都被征用了，只剩下少量的耕地，当地企业非常多，外来人口也多，远远多于当地人口，所以当地 3 000 多村民没有外出打工的。虽然他们大都从事非农产业，住在标准的楼房里，但是这个地方目前还是叫村，他们的身份还都是村民，属于农村人口。如果按照现在国际上通行的城市化定义，当地政府随时可以把他们变成城镇人口，这就是就地变更。其实他们的职业和生活方式早就变了，并不会因为改变了登记方式还会发生新的变化。因此，这部分并不是我们所说的那种资源重新配置式的城市化，而只是一种事后追认或者叫口径变化现象。真正有意义的城市化，应该来自既改善收入分配又改善生产率的流动人口的贡献。由于人口因素这种转移越来越少，因此导致城市化开始减速。

当前这个城市化的减速该不该发生呢? 应该说，中国不久之后要成为一个高收入国家，以现有的 58.5% 的城镇化率，与高收入国家平均 84% 的城市化率相比,还有很大的距离要赶超。按照人均 GDP 来说,我们已经是中等偏上收入国家，而中等偏上收入国家的平均城市化率是 65%，我们还相差很多。再进一步，我们可以把中国与一些相关的国家的城市化水平进行比较（见图 4.64）。

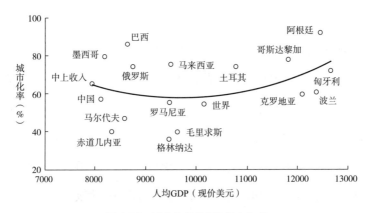

图 4.64 城市化赶超任务尚未完成

进行比较的这些国家有一些共同特点，它们的人均 GDP 都高于中国。同时，它们的人均 GDP 大多在 12 000 美元之下，也就是说这些国家属于中等偏上收入国家中，人均收入高于中国但是还没有跨到高收入国家门槛的国家，是未来几年我们要赶超的国家。我们希望在未来几年里，比如到 2022 年左右，跨过高收入国家和中等收入国家的分界点，所以这些国家就是我们要赶超的对象。虽然这些国家有的城镇化率比中国还低，但那是比较特殊的情况。总的来说，城镇化率随着收入的提高必然要提高，与它们的平均水平相比，我们还有十多个百分点的差距要缩小。因此我得出这样的结论，没有一个大国或者典型的经济体能够在城市化率非常低的情况下，实现现代化并进入高收入国家的行列。中国的城镇化路径可以有自己的特色，事实上我们也有鲜明的自身特色，但是中国的城市化目标和结果不应该有例外。因此，我们应该继续推进城市化。

六、城市化是实现高质量发展的着力点

党的十九大做出了一个重大判断，指出中国经济已经从高速增长阶段转向高质量发展阶段。因此，我们必须要加快实现到高质量发展的转变。下一步的城市化也应该是高质量城市化，这就是我们实现向高质量发展转变最重要的途径和着力点。党的十九大报告对高质量发展的定义是，更有效率、更加公平、更可持续。我们可以从这三个方面来看一下，城市化如何帮助我们实现更高质量的发展。

第一，更有效率。中央经济工作会议曾经提到，提高劳动生产率，提高全要素生产率，提高潜在生产率。这三个要求的排序表明，其一，全要素生产率是提高劳动生产率的可持续源泉。其二，这两个生产率的提高，很大一部分要靠资源的重新配置。过去生产率在产业之间重新配置，贡献了生产率提高的44%，因为我们的农业劳动力比重、农村人口比重还很高，还有下降的余地，这个下降就是重新配置，因此更有效率就要进一步的城市化。其三，通过提高全要素生产率和劳动生产率，实现经济增长动力转换，从而提高潜在增长率。

第二，更加公平。更加公平的源泉来自收入分配改善和基本公共服务均等化。一是劳动力市场更加发展、劳动力进一步转移、就业更加充分，城乡收入差距才能进一步缩小。二是更大的再分配力度，就是基本公共服务均等化。劳动力市场的作用和政府加大再分配力度，以及改善基本公共服务供给水平，导致了2008年以来基尼系数下降，

城乡居民收入差距减小，我们把它叫作库兹涅茨转折点。库兹涅茨画了一个倒 U 字形曲线，说收入分配随着经济发展先提高，到达一个峰值后下降。我们已经看到了这个转折点。尽管我们并不认为以后就会一路下行，因为经济增长也好、城市化也好、全球化也好、技术变革也好，都不会自动带来收入分配的改善，必须还有相应的再分配政策支撑。而城市化既有利于通过劳动力市场一体化实现收入分配改善，也有利于改善基本公共服务供给和均等化水平（见图 4.65）。

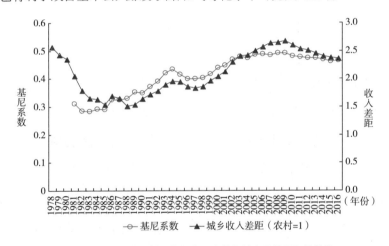

图 4.65 城市化有利于收入分配改善和基本公共服务均等化

第三，更可持续。前面讲过，我们对中国经济增长的来源进行了分解，而分解到 2010 年就截止了。在 2010 年之前，经济增长分别来自资本积累的贡献、劳动力数量的贡献、人力资本的贡献、劳动力转移的资源重新配置贡献，以及全要素生产率的贡献，这几个贡献构成了过去的经济增长速度。到 2012 年经济开始减速，这一年发生了一个重要的人口学意义上的变化，即劳动年龄人口在这一年达到了峰值，从 2011 年开始呈负增长，人口抚养比从下降转向提高。因此我们遇到了一个巨大的人口转变类型的根本转折，这对经济增长的影响巨大。在劳动年龄人口负增长的条件下，劳动力数量很快就不增长了。新成长的劳动力减少了，人力资本改善速度也就放慢了。劳动力短缺导致大量资本替代劳动，就会带来资本报酬递减，因此投资回报率下降，资本贡献也会弱化。企业家虽然不知道什么是资本报酬递减规律，但是他们明白过去只要有钱，投在哪都赚钱，但是现在谁都想给我钱，我却找不着可以赚钱的领域。因为劳动力转移速度放慢，资源重新配置的空间也在缩小，所以生产率的提高速度和自然速度就会降下来。

可见，中国经济已经到了这个阶段，人口红利消失了，开始远离二元经济结构，也就越来越接近高收入国家的发展阶段，增长速度要逐渐慢下去，经济学上把它叫作"回归到均值"。这里讲的均值是什么呢？我们可以假设，世界经济的平均增长率是3%，这就是均值，那么也就是说，我们的增长速度终究有一天要回归到3%。我们与国际上的悲观估计不同之处在于，我们认为，中国经济有潜力可以保持中高速增长，2050年之后才会真正回归均值，我们需要做的就是在回归均值的过程中，潜在增长率下降的速度尽可能慢一些，从而把中高速增长的时间尽可能延长一些。

如果通过深化改革，比如说加快以农民工市民化为核心的城镇化，能够增加劳动力供给，可以提高全要素生产率，就可以预期潜在增长率的明显提高。如图4.66所示，我们的模拟表明，虽然潜在增长率长期看终究是要下降的，但是更大力度的改革可以使这个潜在增长率的下降慢一些，保持在中高速的时间更长一些。这样，到了2050年的时候，我们的人均GDP就会更高一些。那时候我们的人均收入水平将达到高收入国家的标准，但是高一些和低一些还是不一样的。因为在高收入国家中，有的国家刚刚高于 12 000 美元，也有的国家高达八九万美元，这个差距还是很大的。

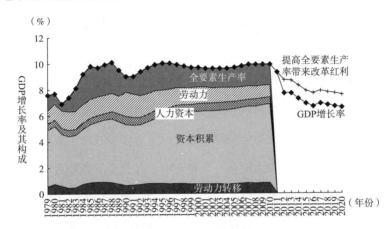

图 4.66　深化改革把中高速增长的时间尽量延长

七、通过推动城市化获取改革红利

我们如何通过推动城镇化获取改革红利呢？人口红利应该说是一去不复返了，虽然还有潜力要挖，但是我们必须转向向改革要红利。这里说的改革红利是什么意思呢？就是真金白银的红利，是指通过这些改革能够提高生产要素供给，提高生产率，从而提高潜在增长率，让我们未来的实际增长速度尽可能高一些。更高质量的发展要求更高质量的城镇化。

首先从退出角度来看。过去农业劳动力退出农业是靠激励，即实行家庭联产承包责任制以后，农民自己决定生产要素的使用和配置，生产率和产量一下就提高了，劳动力过剩显露出来，于是农民就开始寻求外出打工挣钱。那么这个过程之后，下一步还有什么因素可以促进劳动力的退出呢？已经没有太多的激励因素，因为他们已经可以自由配置自己的资源。接下来要想解放农业的劳动力，唯一的途径就是改善农业生产方式，大幅度提高农业劳动生产率，所以退出机制要有一个更高质量的跨越。

其次从流动角度来看。现在农民工可以从农村流动到小城镇、中等城市、大城市，甚至可以在部门之间、所有制之间流动，也可以进入国有企业、机关事业单位受聘就业。但是有多少农民工实现了纵向流动？他们当中有多少人能在一个企业中上升到高层管理者？或者获得城市户口像城市居民一样生活？这个流动还是横向的，还没有做到纵向的社会流动。做不到这个纵向流动，就意味着资源配置效率还有很大的潜力可挖。

最后从进入角度来看。现在农民工作为劳动者可以进入任何地方，但是他们只是外来务工人员或客籍劳动力。他们虽然住在城市，统计上把他们计入城镇常住人口，但是他们没有获得城镇户口，没有享受到与城镇户籍人口完全均等的基本公共服务，解决不了退休以后的养老问题，也解决不了医疗、失业等社会保险的问题和孩子的教育问题。因此，他们不能成为稳定的劳动力供给者，也不是一个稳定的消费者群体。所以，要推动农民工从作为劳动者的进入，到作为城市居民的进入。我的同事也做了一个分析，农民工在不改变就业、不增加收入、不改变其他所有人口特征的情况下，只要获得城市户口，他们的消费就能够提高27%。这表明户籍身份给了农民工太多的后顾之忧，使他们不敢正常消费。

有人说农业劳动力比重已经降到很低了，这样就可以了。中国人口多，劳动力总规模大，要像美国和日本一样把农业劳动力比重降到1%是不可能的。但是事实上，我们的确也没看到哪个发达的经济体，哪个高收入的国家，无论人口规模是大是小，能够在农业劳动力还占很大比重的情况下成为一个现代化国家。中国现在的农业增加值占GDP比重只有8%，农业劳动力按官方统计还有27%，我估算没有那么高，但仍然有17%左右。这就意味着同样的劳动力生产的增加值太少，其收入水平就不可能向其他产业靠拢。如果农业劳动生产率那么低，收入却比其他产业还高，唯一的办法是实行保护政策，这样就形成了一个扭曲的农业。在市场在资源配置中发挥决定性作用的体制下，农业显然不能成为例外。

我们做了一个国际比较（见图4.67）。按照人均收入水平，中国的农业劳动力比重处在非常高的水平上。再深入观察，把那些人均收入水平比中国高，但是还处在中等偏上阶段的国家拿来对比，这些国家的农业劳动力比重都大幅度低于中国。我们不能想象中国应该是个例外的情形，因此要继续降低农业劳动力比重。我们现在已经观察到一个"生产率趋同悖论"。在改革开放之初的1978年，农业劳动力比重是70%多，城镇化率是17%多，很显然当时农业劳动生产率是极低的。随后我们加快了城镇化过程，推动农业劳动力退出、流动、进入，大规模实现了农业劳动力转移，农业劳动力比重也大幅度下降，如今不到20%，城镇化率也逼近60%。与此同时，农业现代化水平也在大幅度提高，农业机械化增长速度非常快。特别是20世纪90年代后期以来，大型农业机械使用以两位数的幅度增长，意味着农业机械化已经开始节约

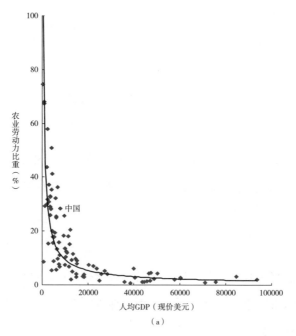

（a）

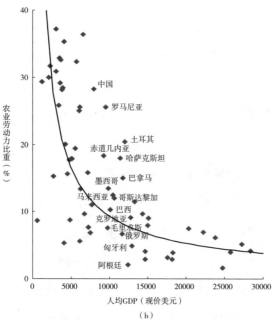

（b）

图 4.67　农业劳动力比重的国际比较

劳动。这些因素虽然导致农业劳动生产率提高，但是没有带来农业与非农产业劳动生产率差距缩小（见图4.68）。

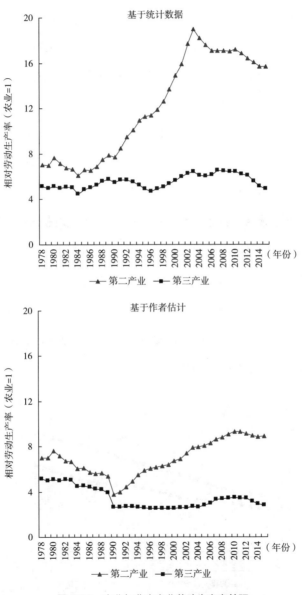

图 4.68　农业与非农产业劳动生产率差距

发生了这么多的变化，我们本来可以预期农业劳动生产率要提高，要与第二产业和第三产业劳动生产率实现趋同或至少接近才对，然而这个预期的趋同没有发生。这个悖论是怎么产生呢？虽然发生了这么多的变化，但是最后发现有两个东西没有变，一个是体制因素即户籍制度没变，另一个是各种因素导致农业经营的规模没有变。这两个因素分别是分子效应和分母效应。

我们统计上现在有两个城镇化率。一个叫常住人口城镇化率，现在已经接近60%了。另一个叫户籍人口城镇化率，即真正有城市户口的人口比重仍然只有42%，这中间还有十几个百分点的差距，这反映出了农民工进城居住就业而没有获得户籍身份。农民工没有真正成为市民，因此他们对城市化的贡献只表现为特定时期和特定领域的劳动力，很多城市化应有的效果并没有发挥出来。从这个意义上说，户籍制度的存在，大幅度制约了真正意义上的城市化，降低了城市化对经济增长的作用。因此必须推动户籍制度改革，通过推进农民工的市民化解决面对的问题（见图4.69）。

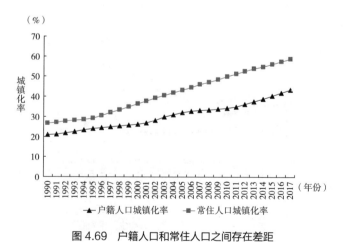

图4.69　户籍人口和常住人口之间存在差距

再来看农业经营规模。针对解决农业、农村、农民问题的"三农"政策发生了显著的变化，农民收入提高的速度也是前所未有的。但是有一个事实始终没有变，这就是中国农业的平均经营规模。1997年，中国每户农民平均拥有耕地规模是0.67公顷（约等于10亩），这个数字再早十几二十年或者再晚十几二十年都没有变化。世界银行把户均两公顷土地以下的农户定义为小土地所有者，中国农户的经营规模则只有这个"小土地所有者"标准的1/3的水平，和任何类型的国家相比，经营规模小到不可思议。如表4.1所示，中国农户平均土地经营面积，仅相当于巴基斯坦的1/5，印度、日本的一半，法国的1.5%，美国的0.4%，英国和巴西的不到一个百分点。可以说，世界上极少有这么小的农业规模。以这样的规模实现农业现代化是不可能的，因而也就不可能把农业劳动生产率提高到和二产、三产相当的水平。所以，城镇化亟待加速提高，要让农民真正转移出来，就要扩大农业的经营规模。我们对农业的规模经营强调得还不够，而这个应该是"三农"问题的根本出路。所以，我们要通过户籍制度改革、土地制度改革和一系列相关政策，通过分母效应、分子效应解决农业劳动生产率的问题，进一步推动新的城镇化。

表4.1　农业经营规模的国际比较

	普查年份	平均规模（公顷）	中国相当于（%）
中国	1997	0.67	100.0
巴基斯坦	2000	3.09	21.8
印度	2000/2001	1.33	50.6
日本	2000	1.20	56.2

续表

	普查年份	平均规模（公顷）	中国相当于（%）
法国	1999/2000	70.86	0.9
美国	2002	178.35	0.4
英国	1999/2000	70.86	0.9
纳米比亚	1996/1997	2.89	23.3
乌干达	2002	3.25	20.7
匈牙利	2000	6.67	10.1
罗马尼亚	2002	2.93	23.0
尼加拉瓜	2000/2001	31.34	2.1
巴西	1996	72.76	0.9

第五章　经济制度改革与展望

Chinese　Economists 50 Forum

Chinese　Economists 50 Forum

事权与支出责任划分改革有关问题[①]

楼继伟[②]

今天，我想与大家分享一下事权改革方面的研究体会。我讲五个方面的内容：一是事权划分的问题表象，二是改革的症结，三是基本原理，四是相关国际经验，五是改革建议。

一、问题表象

事权和支出责任不仅是财政问题，更是国家治理的基本要素。清晰高效的事权和支出责任划分，是形成合理的行政秩序、市场秩序和社会秩序的基本前提，是推进国家治理体系和治理能力现代化的必然要求。受多方面因素影响，我国政府间事权划分缺乏明确统一的规范，分工不清晰、不合理的问题较为突出，由此形成了碎片化、冲突性的体制机制，不利于发挥市场在资源配置中的决定性作用和更好地发挥政府作用，这也诱发了收入分配不公，可持续性发展堪忧等问题。我

---

① 本文根据长安讲坛第 331 期内容整理而成。

② 楼继伟，中国经济 50 人论坛成员，全国社会保障基金理事会理事长。

简要举几个例子说明一下这个问题。

比如，对外贸易体现国家主权，应当作为中央专属事权，但在我国却混乱不清。加入WTO时，为履行"入世"承诺，我们规范贸易体制，中央政府层面对3 000多部法律法规和部门规章做了清理，而地方政府清理了90 000多部，是中央的30倍，这反映出地方政府已经是实际意义上的外贸管理主体了。这种扭曲的外贸管理体制，引发了市场割据、恶性竞争、国际贸易政策不统一等一系列问题，损害了资源配置效率，这种情况在可比的大国中是难以想象的。

社保制度方面，社会保险特别是养老保险事关劳动力自由流动和国家长治久安，通常由中央政府直接管理。我国的情况是，社会保险制度名义上由中央统一制定，但具体的管理和执行交由地方，导致各地的缴费率、养老金替代率、待遇增长率等差异极大，社保制度呈现高度碎片化，既不公平，也不利于全国劳动力市场的统一，成了影响经济社会可持续发展的重大隐患。

知识产权保护方面，统一有序的产权保护是市场经济发展的重要基础。近年来，我们不断加大产权保护，在北京、上海、广州设立了三家知识产权法院，最近的国务院机构改革又将与保护知识产权的相关职能整合在一起，重新组建国家知识产权局。但与此相关的事权划分问题没有得到有效解决，中央与地方间知识产权保护的职责划分仍不够合理。在美国、德国、日本等国家，知识产权案件由于有跨区域性合同，属于统一市场的事务，都是由联邦或中央管辖的，在中国则是双管。最高法院管规则，具体执行的知识产权法院作为中级法院，却属于地方管理，难免会有资源不足、专业性不强和地方保护倾向等问题。

此外，跨域食品药品安全、跨域环境保护、海域管理等具有中央事权属性的事务，在我国也由各级政府分级管理，导致监管一致性缺失，行政效率偏低。更为严重的是，各地出于地方利益的考虑，缺乏严格执法的内在动力，引发了毒奶粉、松花江水污染、非法疫苗和假药大案等一系列社会事件，最终造成了跨区域甚至国家层面的利益损失，形成"公地悲剧"。

事权和支出责任划分领域存在的问题，困扰我们多年。令人欣喜的是，自党的十八大特别是十八届三中全会明确提出建立事权与支出责任相适应的制度以来，我们按照适度加强中央事权的要求，积极推进改革，取得了一些进展。十八大以来党中央、国务院出台的重要文件中，涉及政府间事权和支出责任划分的共50件，涵盖经济体制、生态环保、市场监管、民生保障、政法、国防、外交等多个领域。其中，15件明确界定了相关领域中央和地方的事权和支出责任范围，包括人民防空、金融监管、环保监察、司法管辖、内贸流通、优抚安置、外交、外援、海域海岛管理等方面。特别是在职能配置的实体化方面进展明显。比如，设立最高法院巡回法庭，实施环保监察省以下垂直管理、环境监测全覆盖和环境督察制度，整合海警队伍，建立国家公园体制，推行省以下法院和检察院垂直管理等。改革后事权履行效率明显提升，中央事权有所加强，成为全面深化改革中的亮点。但在上述领域之外，事权改革要么尚未触及，要么刚刚破题，相关文件多以"按照中央和地方的事权划分，明确各级政府支出责任"的原则性表述笼统规定。事权划分不够清晰合理的问题尚未得到根本解决，与国家治理体系和治理能力现代化的要求不相适应。

党的十九大报告明确提出到 21 世纪中叶建成社会主义现代化强国的第二个百年奋斗目标，为此做出分两个阶段安排的战略部署，相应提出了实现国家治理体系和治理能力现代化的阶段性目标。习近平总书记在关于深化党和国家机构改革的说明中也明确要求，要"理顺中央和地方职责关系，更好发挥中央和地方两个积极性，中央加强宏观事务管理，地方在保证党中央令行禁止前提下管理好本地区事务，合理设置和配置各层级机构及其职能"。总之，事权与支出责任划分改革已经成为我们实现两个百年宏伟目标征程中不可回避的重点问题。道理很简单，党的十八届三中全会明确财政是国家治理的基础和重要支柱，党的十九大提出的宏伟目标包含实现国家治理体系和治理能力现代化，而事权和支出责任划分是财政改革最难啃的硬骨头，必须下大力气攻坚克难。

二、改革的症结

事权问题多年悬而未决，有着深刻的历史原因和体制机制背景。建国后，我们实行"一边倒"政策，国家治理模式打上了明显的"苏联烙印"。"五四宪法"作为我国现行宪法的基础，实体部分很大程度上借鉴了苏联 1936 年宪法（"斯大林宪法"）。比如，苏联宪法规定，苏联部长会议作为国家管理机关，其职权按照行政隶属关系，并根据计划管理需要设置；各加盟共和国和各行政区域自身没有经济决策自主权，都需要接受苏联部长会议的统一指导和管理。这种以中央计划管理经济、统一分配资源的行政机构设置模式，被照搬移入"五四宪法"。1982 年宪法的第二条进一步加以明确，"中央和地方的国家机构职权的划分，遵循在中央的统一领导下，充分发挥地方的主动性、积极性的原则"。实际执行中，按照计划体制要求，国家通过计划指标控制经济运行，中央制定计划后，按照行政隶属关系层层分解，从中央、地方到企业的职能高度一致，都是生产和公共职能的统一体，都是计划分解落实的载体，形成了典型的行政性分权模式。长此以往，加上传统官僚文化的作用，政府间事权划分的体制模式逐渐定型：中央国家机构的主责是立政策、定标准，然后政府间逐级发号施令、层层转发文件，千针万线走到基层，主要由基层政府负责事权的具体执行。这样一种机关化的政府间关系体现出强烈的行政命令色彩，同一项事务多级政府均不同程度参与其中，责任主体不明确，执行效率不高，形成的体制惯性影响延续至今。

　　改革开放后，计划体制开始松动，我们也逐步认识到明确政府间事权划分的重要性。1993 年党的十四届三中全会通过的《中共中央关于建立社会主义市场经济体制若干问题的决定》，首次明确提出要"合理划分中央与地方经济管理权限，调动中央和地方两个积极性"，"把现行财政包干制改为在合理划分中央与地方事权基础上的分税制"。此后，在事权划分方面做了一些有益的探索。比如，1994 年分税制改革时，实行国税、地税分设，由新组建的国税系统负责中央税种和必要的共享税种的征管，这是中央事权实体化的起点，多年来成效明显。1998 年改革人民银行管理体制，撤销人民银行省级分行，设立跨区域分行，避免地方利益对国家金融宏观调控的干扰。1999 年调整煤矿安全监管体制，实行全国垂直管理，人财物统一由中央负责，增强了监管有效性和一致性。这一时期的改革也有反复。比如，1998年机构改革时，将食品药品监管、工商行政管理由分级管理改为省以下垂直管理，后因强化地方主体责任的需要，又分别于2008年、2011年恢复为分级管理，反映出事权调整缺乏明确统一的标准，多次因危机事件或矛盾积重难返而触发风险。

需要强调的是，上述这些改革包括党的十八大以来事权划分领域取得的积极进展，大多没有宪法层面，甚至法律层面的支撑。1982年和以后多次修订的宪法，以"五四宪法"为基础做了与时俱进的修改，但中央、地方事权划分方面仍是沿用计划经济的做法，与社会主义市场经济已高度不契合。归纳起来，事权改革问题的症结在于：受传统计划体制影响，各级政府职能配置天然缺乏清晰分工的理念，"机关化"特征显著。上级政府惯于通过行政命令方式管控下级政府，约束下级政府按上级偏好履行事权，而非由各级政府根据事权属性，通过建立本级的机构队伍，采用"实体化"的方式直接承担相关事权，从而导致政府间权责边界模糊，共同事务泛滥，行政效率偏低。特别是中央事权履行的实体化不到位，与单一制大国的基本要求不尽吻合。从中央政府公务员占全国公务员总人数的比例看（见图5.1），OECD成员国平均为41%，联邦制的美国约19%，实施分权化改革后的日本也有14%，均远高于我国6%的中央政府公务员占比水平[1]。

---

[1] 我国公务员只计入按人事制度划分的公务员和参公事业单位人员。如果将义务教育教师和为公务机构服务的事业单位人员计入，将更有国际可比性，则该比例仅有约4%。

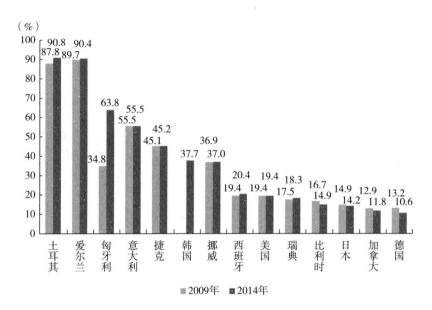

图 5.1 2009 年、2014 年部分 OECD 国家中央政府公务员比重（%）

资料来源：Government at a Glance 2017，OECD。

注：韩国 2009 年的数据缺失。

从中央支出占全国支出比重看，2016 年我国一般公共预算中央本级支出只占全国支出的 15.1%，如果再加上基金预算，中央本级支出占比进一步下降到约 11%，主要是政府性基金和社保基金支出都有约 4 万亿元，其中中央支出的比例更小。而 OECD 国家平均约 61%，主要国家大体情况是，英国约 75%、美国 51.5%、德国约60%（见图 5.2）。

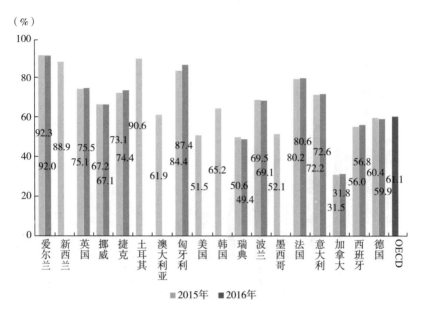

图 5.2　2015—2016 年部分 OECD 国家中央政府支出比重（%）

资料来源：OECD。

注：社会保险支出已根据事权划分，计入中央（联邦）政府支出。

三、基本原理

在多级政府条件下，如果有可能，将政府职能全部划归中央政府最为简便，可以避免层级之间的利益冲突。但因为信息具有复杂性、不对称性，将政府职能全部划归中央政府会导致效率低下。地方政府接近当地居民，更了解其愿望和需求，因此，也有观点认为应当将政府职能尽可能下放，但这又会产生局部利益和全局利益的冲突。

如何合理划分各级政府的事权，明确各自的收入和支出责任，既让不同层级的政府各司其职，高效提供相应的公共产品和服务，又能避免相互之间恶性竞争和推诿？从实践看，无论是单一制国家还是联邦制国家，在政府间事权划分方面都有大致的框架：中央政府是宏观经济稳定和收入再分配职责的主要承担者，资源配置（提供公共服务）职责虽然主要是省州和地方政府职责，但全国性公共产品以及具有大范围规模经济和空间外溢的活动仍然需要中央政府承担或参与。在大的框架下，针对具体的事权划分，通常遵循以下三个原则。

（一）外部性

假如一项活动只是一个地方得益，或者一个地方受损，这个事情就交给这个地方来管理。若一项活动不仅是一个地方受益或受损，还有其他地方受益或受损，就具有外部性。如果其外部性是跨区域的，更适于更高的区域级别政府管理。换言之，政府间事权划分或者各项公共服务的提供，应该由控制着这一服务提供的效益与成本内部化的最小地理区域的辖区来进行。也就是说，只要不至于产生服务成本与受益在辖区间的不匹配，公共服务的提供责任就应该尽可能下放到最低层级的辖区。

（二）信息处理的复杂性

信息处理越复杂，越可能造成信息不对称的事项，越应让地方政府管理。因为地方政府熟悉基层情况，能掌握更为真实、准确的信息，比中央政府有明显优势。信息复杂程度低一些，属于全局性的事务适合中央政府来管理，而往往属于全局性信息的事务，其外部性也是全局性的，因此也应该由中央管理，这与外部性原则也相符。例如，社会保险中养老保险信息相对简单，只需知道人的年龄、生死、就业状况。相比之下，医疗保险还要知道身体情况、药品、医院，等等，信息高度不对称。所以，中央政府有条件全面管理养老保险，而医疗保险可能需要中央为主，地方政府配合管理，医疗救助一般是面对低收入人群的大病医疗救助，信息复杂程度更高，以地方政府为主管理，中央政府提供资源帮助更适宜。

（三）激励相容

要设计一种体制，使得所有的参与人即使按照自己的利益去运作，也能实现整体利益最大化，这种体制就是激励相容的。从政府间事权划分的角度看，如果在某种制度安排下，各级政府都按划定的职能尽力做好自己的事情，就可以使全局利益最大化，那么这种制度安排就是激励相容的。

如果不适当地划分政府间职能，导致政府间激励不相容，局部利益可能损害整体利益，会造成经济社会运行的低效率。我国的食品药品安全监管就是激励相容的反面例子。美国食品药品监督管理局（FDA）是联邦机构，有两万多人，其中一部分是专家，在多个国家实验室做标准测试，区域和检测品种覆盖全国；另一部分是执法人员，在全国执法。FDA管理跨域销售的食品药品安全，有权追溯供应来源，可要求地方政府相应机构配合管理。地方政府相应机构还负责域内销售食品和药品的安全。而我国相应的管理职能在各个地方、各级政府的职能是相似的，各地有放松监管的激励，最终导致了国家层面的效率损失。

四、国际经验

事权和支出责任划分作为现代国家治理的组成部分，不仅有基本的原理可循，典型国家的经验教训也值得借鉴。美国是联邦制国家的典型代表，俄罗斯在破除苏联计划体制的影响下走向现代国家，日本是单一制国家且与我国文化相近。上述三个国家的事权划分特别是改革调整的主要做法，可从不同角度为我们提供借鉴。

（一）美国

美国政府间事权划分的主要依据是美国宪法。《美利坚合众国宪法》第一条规定，联邦专属事权包括联邦财政权、州际通商管理权、国防权等18项，同时明确了禁止联邦和州政府享有的事权。如联邦对各州之间贸易不得征税，在通商政策上不得给予任何一州特权。禁止州政府从事的事务主要包括州际征税、缔结条约、货币、国防等。在上述规定基础上，联邦宪法第十修正案规定："本宪法未授予合众国也未禁止各州行使的权力，分别由各州或由人民保留。"因此，从法理上看，美国宪法通过列举联邦专属事权，将联邦政府权力限定在一个较小的范围，为州政府保留了相对宽泛的事权空间，也革除了联邦政府干预州政府事务的法律依据，保持了地方的独立自主。同时宪法也体现了灵活性，为联邦政府保留了援引"必需及适当"规定的机会，使其可以根据经济社会发展的客观需要扩大权限。联邦权力扩张的宪法基础主要来自"州际贸易条款""财政权力条款""基本人权保障条款"。美国进步时代以来的联邦权力扩张，也印证了这一点。此外，法律层面并未明确美国联邦和州政府的共同事务或委托事务，实践中一些需要各级政府合作的事务，如高等级道路建设维护、非英语少数民族义务教育等，多由联邦政府通过专项转移支付的方式对具体承担的州和地方政府予以补助。

从根源上看，美国的政府间事权划分来源于其建国理念与固有的价值遵循。权力分立与制衡，是美国政治结构建构的基本原则。美国作为典型的联邦制国家，联邦政府和州政府的权力来源不同，彼此不存在隶属或领导关系，天然具备清晰划分事权的优势。实践中，属于联邦政府的事务由联邦政府所属的机构和人员直接组织实施，州或地方政府事务由本级机构负责，政府间职能配置完全实体化，并形成了稳定高效的分工合作关系。比如，对于社会保险等关系市场统一的事务，属于联邦政府直接组织实施的联邦事权。法律规定社保缴费为工资的 12.4%，医保缴费为 2.9%，合计按 15.3% 的税率征收工薪税（Payroll Tax）。从联邦政府实际征管效率情况看，实缴额与应缴额的差额为零，远高于我国职工养老保险部分相应约 30% 的差额比例。

（二）俄罗斯

苏联的 1936 年宪法采用"中央列举、地方概括"的方式，明确了苏联应承担的国防、外交、加盟共和国疆界变更、制定国民经济计划、"规定教育和保健事业的基本原则"和"管理有全联盟意义的运输和邮电"等24项职责①,并规定加盟共和国享有24项职责外的所有权力。同时，宪法赋予了苏联中央政府最高领导机关的地位，明确"苏联部长会议发布的决议和命令，在苏联境内都必须执行"，苏联部长会议"统一并指导全联盟的各部、联盟兼共和国的各部长和部长会议所属其他各机关的工作，通过各加盟共和国部长会议实现对各经济行政区的国民经济委员会的领导"。此外，对各加盟共和国在国家纵向权力配置的从属地位做了规定，比如"加盟共和国部长会议根据并且为了执行苏联和本加盟共和国的现行法律和苏联部长会议的决议和命令，得发布决议和命令，并且检查这些决议和命令的执行情况"。在上述安排下，苏联政府间职能配置呈现明显的机关化特征，大量中央事权交由地方执行，同时中央政府又通过行政命令方式大量介入地方事务，形成"上下一般粗""你中有我，我中有你"的局面。这也契合了高度集中的计

---

① 苏联1936年宪法第十四条规定："苏维埃社会主义共和国联盟由它的最高国家权力机关和国家管理机关行使下列职权：（一）在国际关系中代表苏联，缔结、批准和废除苏联同其他国家间的条约，规定各加盟共和国同外国相互关系的一般准则；（二）决定战争与和平的问题；（三）接受新共和国加入苏联；（四）监督对苏联宪法的遵守，并保证各加盟共和国宪法符合于苏联宪法；（五）批准各加盟共和国间疆界的变更；（六）批准在各加盟共和国内成立新自治共和国和新自治省；（七）组织苏联国防，领导苏联的一切武装力量，规定各加盟共和国军队编制的指导原则；（八）根据国家垄断原则进行对外贸易；（九）保卫国家安全；（十）制定苏联国民经济计划；（十一）批准苏联统一的国家预算和决算，规定列入全联盟、各共和国和各地方的预算的税收和其他各项收入；（十二）管理全联盟所属的银行，工业和农业的机关、企业以及商业企业；对联盟兼共和国所属的工业和建设事业实行总的领导；（十三）管理有全联盟意义的运输和邮电；（十四）领导金融和信用系统；（十五）组织国家保险；（十六）借款和贷款；（十七）规定使用土地和使用矿藏、森林、水流的基本原则；（十八）规定教育和保健事业的基本原则；（十九）组织国民经济统一统计的制度；（二十）制定劳动立法基础；（二十一）制定关于法院组织和诉讼程序的立法基础、民事和刑事的立法基础；（二十二）制定关于苏联国籍的法律、制定关于外国人权利的法律；（二十三）制定婚姻和家庭立法基础；（二十四）颁布全联盟的大赦令。"

划经济体制的要求。

苏联解体后，1993 年颁布的俄罗斯联邦宪法，按照规范化、实体化的原则，重构了政府间事权划分。一是明确规定，"划分俄罗斯联邦国家权力机关和俄罗斯联邦主体国家权力机关的管辖范围和权限，由本宪法和有关划分管辖范围与权限的联邦条约和其他条约予以实现"，奠定了事权划分和调整的法律基础。实践中，宪法和作为联邦法的《俄罗斯联邦与联邦主体职权划分原则与办法》明确了事权划分的原则、大体范围以及调解程序与争议解决办法等。在此基础上，联邦与各联邦主体分别签订条约或补充协议，对各自职责范围进行细化。二是在沿袭"中央列举、地方概括"的事权划分模式基础上，明确列示了"确定统一市场的法律基础"、对外交往、国防安全、边境事务等 18 项联邦政府专属事务①，并规定这些事务须由联邦政府自行管辖，不经法定

---

① 俄罗斯 1993 年宪法第七十一条规定："属于俄罗斯联邦管辖的是：1. 通过和修改俄罗斯联邦宪法和联邦法律、对其遵守情况实行监督；2. 俄罗斯联邦的联邦结构和领土；3. 调整和维护人和公民的权利与自由，俄罗斯联邦国籍，调整和维护少数民族的权利；4. 确定联邦立法、执行和司法权力机关系统、它们的组织和活动程序，建立联邦国家权力机关；5. 联邦的国有财产及其管理；6. 确定俄罗斯联邦国家、经济、生态、社会、文化和民族发展领域中的联邦政策和联邦纲要的基础；7. 确定统一市场的法律基础，财政、外汇、信贷、海关调整、货币发行、价格政策基础，联邦经济机构，包括联邦银行；8. 联邦预算，联邦税收和集资，联邦地区发展基金；9. 联邦能源体系、核能、放射性材料，联邦运输交通道路、信息和通讯，航天活动；10. 俄罗斯联邦的对外政策和国际关系，俄罗斯联邦的国际条约，战争与和平问题；11. 俄罗斯联邦的对外经济关系；12. 国防与安全，国防生产，决定武器、弹药、军事技术装备和其他军用物资的销售和购买的程序，毒物、麻醉品的生产及其使用程序；13. 规定俄罗斯联邦国界、领海、领空、特别经济区和大陆架的地位并予以保护；14. 法院组织：检察机关，刑事、刑事诉讼和刑事执行立法，大赦和赦免，民事、民事诉讼和仲裁诉讼立法，知识产权的法律调整；15. 联邦冲突法；16. 气象机构、标准、标准器具、公制、时间计算、大地测量和制图、地理目标的命名，正式的统计和会计核算；17. 俄罗斯联邦的国家奖励和荣誉称号；18. 联邦国家机关。"

授权不能委托或转让给联邦主体，从宪法层面推动联邦政府实体化。另外，对于自然生态保护、社会保障、司法公证等部分共同事务，宪法规定，"在俄罗斯联邦管辖和俄罗斯联邦权限范围内，根据俄罗斯联邦和俄罗斯联邦各主体共同管辖的对象，联邦执行权力机关和俄罗斯联邦各主体执行权力机关在俄罗斯联邦组建统一的执行权力体系"，即将这些共同事务的执行交由归属联邦政府的组织机构，进一步加强了联邦职能的实体化。

（三）日本

日本与我国文化相近，也具有浓厚的官僚传统。第二次世界大战后由美国主导制定的昭和宪法，赋予地方自治的主体地位，配套出台的《地方自治法》对地方政府权限和中央和地方事权也做了较为明确的划分。但受传统体制影响，战后日本中央和地方政府的职能配置仍具有明显的机关化色彩，主要体现在中央政府通过机关委任事务制度，大量介入地方政府事务。机关委任事务制度起源于明治时期，第二次世界大战后又得到扩展。《地方自治法》列举了中央委托地方的600余项事务。这些事务传统上归于中央事权（实际上大量属于地方事务或中央地方共同事务），通过专门立法等方式，中央政府将事权委托地方执行，但中央保留最终决策权，地方在具体执行时也必须接受中央的指导和监督，地方议会不得干预。据统计，都道府县负责事务的80%，市町村负责事务的40%，属于中央政府委托的机关委任事务。在委托事务的实际执行中，中央政府各部门频频行使监督权，对地方进行广泛具体的行政指导，甚至基层车站的迁建都需要报中央部门审批，导致机关委任事务制度被视为日本中央集权型行政体系的典型。

　　针对上述体制弊端，20 世纪 90 年代末日本开始推行地方分权改革，修改了《地方自治法》等 475 部法律，并颁布《地方分权一览法》，为理顺中央地方事权奠定了基础。改革的核心内容是废除机关委任事务制度，按照事权属性将 600 余项机关委任事务重新配置。其中，约 300 项划归地方政府，改为地方自治事务，以扩大地方政府自主权；约 250 项改为法定委托地方事务，并明确中央的干预限于"改善劝告"或"代理执行"；其余约 50 项改为中央事务，由中央政府机构自行实施。同时，修改后的《地方自治法》明确了中央干预地方的标准方法和程序规则，设定了中央政府与都道府县、市町村三级政府间发生纠纷时的准司法性纠纷处理制度，将各级政府独立平等的实体地位加以法律化。分权改革后，由于中央委托地方事务和中央地方共同事务大幅减少，政府间事权划分进一步明晰，行政效率明显提高。部分中央事权实体化后，也进一步提升了中央支出比重。改革前，日本中央与地方政府的收入划分是"七分集权、三分自治"，后来支出比例恰好倒过来，中央占三成，地方七成。改革之后，中央政府支出比例反而提高到 42%，收入比例大致为 60%，差额用于对地方的一般性转移支付以及合作事务与委托事务的专项补助。另外，改革也节约了行政成本。比如，撤销了 1960 年设立的专司中央和地方事务协调管理的自治省，改由总务省负责少量必要的协调工作。

五、改革建议

革除事权不清的顽疾，必须牢固树立问题导向、目标导向，立足国情并参考相关国际经验，对准症结，有的放矢，以革命的勇气和先破后立、不立不破的魄力，以"实体化""法制化""高阶化"为重点，推动改革取得成效。核心要义是对现行宪法"中央和地方的国家机构职权的划分，遵循在中央的统一领导下，充分发挥地方的主动性、积极性的原则"，做出适应社会主义市场经济的改造。

（一）通过实体化方式加强中央事权

我国作为单一制社会主义大国，必须坚持统一领导，适度加强中央事权。按照事权属性，涉及国家主权、经济总量平衡和区域协调发展、全域要素流动等领域的事务，必须要完整集中到中央，以加强国家的统一管理，确保法制统一、政令统一、市场统一，维护和巩固中央权威。为避免在事权履行过程中因"中央发令、地方执行"导致的权利不清、责任不明、推诿扯皮、效率低下等问题，要通过实体化方式，改组或设立专门的机构和人员队伍，负责具体事务的执行。特别是在国防、外交、外贸、国家安全、职工社会保险等关系全国统一市场、海域和海洋使用管理、食品药品安全、生态环境安全、知识产权保护、跨区域司法管理等领域，在维护中央决策权的同时，要重点强化中央的执法权，合理配置机构，增强执法一致性，提高行政效能。按此调整后，不仅强化了中央事权，还可以明显压缩中央和地方共同事务以及委托事务数量，降低清晰划分中央、地方事权的难度。同时，按照党和国家机构改革的要求，对那些由下级管理更为直接高效的事务，应该赋予地方更多自主权，这样既能充分调动地方积极性、因地制宜做好工作，又有利于中央部门集中精力抓大事、谋全局。通过上述努力，推动从"计划经济分权制"向"市场经济分权制"转变，最终形成"原则上谁的事权就由谁的队伍（含派出机构）执行"的实体化职能配置模式，从而建立决策和执行相统一、权利和责任相一致、事权和支出责任相适应的体制机制。

（二）推动事权划分和调整规范化、法律化

习近平总书记指出，"科学立法是处理改革和法治关系的重要环节"，"要实现立法和改革决策相衔接，做到重大改革于法有据、立法主动适应改革发展需要。在研究改革方案和改革措施时，要同步考虑改革涉及的立法问题，及时提出立法需求和立法建议。实践证明行之有效的，要及时上升为法律。实践条件还不成熟、需要先行先试的，要按照法定程序做出授权"。我国政府间事权划分的法律基础薄弱，宪法仅规定"中央和地方的国家机构职权的划分，遵循在中央的统一领导下，充分发挥地方的主动性、积极性的原则"，并授权国务院规定中央和省级政府的职权划分。实践中多以文件形式加以界定，讨价还价、相互博弈、上收下放频繁，缺乏必要的法律权威和约束力。建国初的《共同纲领》第十六条规定："中央与地方政府间职权的划分，应按照各项事务的性质，由中央人民政府委员会以法令加以规定，使之既利于国家统一，又利于因地制宜"，第四十条明确要求"划分中央和地方财政范围"。新的历史时期，应当继承和发展上述科学规定。按照党的十八

届四中全会提出的"推进各级政府事权规范化、法律化，完善不同层级政府特别是中央和地方政府事权法律制度"的要求，建议在宪法中明确事权划分原则，对中央事权、地方事权、共同事权和委托事权等形态做出原则规定，并以此为指导，通过立改废等多种形式，在各相关单行法律中具体规定该领域的事权划分，以法律的权威性保证事权划分的稳定性和连续性。另外，以立法形式，规范上级政府对下级政府事务的干预方式，并明确纠纷协调和仲裁救济办法。比如，明确在行政法规与地方性法规不一致时，由全国人大常委会以事权划分为依据确定两者的适用问题。

（三）提升改革的组织和决策层次

事权改革作为推进国家治理体系和治理能力现代化的重要内容，涉及政府与市场、政府与社会、中央与地方的关系，涵盖政治、经济、社会、文化和生态文明各个领域，是一项复杂的系统性工程。具体操作又牵扯中央与地方、部门之间的利益调整，以及相关的人财物划转，十分复杂且比较敏感，不仅需要缜密谋划、稳妥推进，也要求各方面凝聚共识，自觉服从大局。更为重要的是，需要提高决策层次，发挥党中央"总揽全局、协调各方"的核心作用，自上而下推动改革取得决定性进展。党的十八届三中全会以来事权改革方面的主要成果，例如，设立最高法院巡回法庭，推行环保监察省以下垂直管理、环境监测全覆盖和环境督察制度，整合建立海警队伍等，这些都是在党中央的领导下，财政部配合有关部门推动的。因此，事权和支出责任划分，不仅是建设现代财政制度的主要内容，本质上更是属于政治和法律的高阶问题，必须由高层推动。仅从这一角度看，组建中央全面依法治国委员会非常必要，正当其时，体现了以习近平同志为核心的党中央强烈的担当精神和改革勇气。

总之，推进事权和支出责任划分改革，必须提高认识，将其置于国家治理体系和治理能力现代化的重要组成部分统筹谋划，并把握好以下三方面关系的处理。一是同"姓资姓社"的关系。改革涉及多年传承积淀的行政体制机制调整，特别是宪法和相关法律的修订，但本质上属于现代国家治理的问题，绝大部分与基本的政治制度和意识形态无关，而是反映了计划经济的政府间事权划分与不同形态的市场经济政府间事权划分的本质区别，是"姓计姓市"问题。而我国建国以来的历史和国际比较经验都表明，国家治理体系的现代化，只能以市场经济制度为基础。二是同"四个意识"的关系。我们建设符合社会主义市场经济要求的现代国家治理体系，必然面对地方、部门和社会各方面的不同利益诉求。调适这些差别化甚至矛盾对立的利益关系，引导各方面讲政治、讲大局，加强"四个意识"是重要基础，但绝不能代替制度建设。要通过制度建设，形成有效的激励约束机制，积聚改革合力，实现总体利益最大化。如同全面从严治党的路径，"不想腐"是思想基础，但也离不开扎紧制度笼子，构建"不敢腐、不能腐"的体制机制。三是同"两个积极性"的关系。我国作为地区间差异巨大的大国，统一领导、因地制宜，调动中央和地方两个积极性一直是我们治国理政的基本理念。但在计划经济时期，始终没有做到，处于"放乱收死"的循环之中。改革开放之后，开始走出这个循环，初期特区的"放"，造成一定程度的"乱"，在"收"的时候收回了不可持续、不可推广的政策，将"可复制、可推广"的经验，"放"到了全国适用。党的十八届三中全会之后建立的"自贸试验区"，汲取了早期经验，一开始就明确不是"政策洼地"，而是"可复制、可推广经验的改革试验高地"，但在总体上还没有实现事权清晰划分基础上的调动"两个积极性"。在前面进行国际比较的三个国家当中，美国幅员与我们接近，地区间人口、种族、文化、经济水平等方面也有较大差异，但建国以来国家治理模式保持稳定基础上的逐步演进，各级政府间的分工合作总体上清晰有效，其内在的制度架构具有参考意义。习近平总书记强调中国的改革发展要借鉴一切人类文明成果，但也绝不照抄照搬。如何立足国情并汲取他国经验，克服传统路径依赖，探索出调动两个积极性的合理有效方式，值得我们认真思考。

关于改革目标的实现途径，我认为别无他途，只有牢牢坚持中国共产党的领导，这也是中国特色社会主义的最本质特征。不仅仅是事权改革，我们在实现两个百年目标和国家治理体系与治理能力的现代化的宏伟征程中，面临着艰巨复杂、广泛深刻的利益调整，没有坚强的中国共产党领导，特别是党中央的权威，改革不可能成功。美国是在宪法框架下，经过各级争斗、判例强制，直至战争，最终形成了适应现代国家治理要求的事权框架。俄罗斯是在经历苏联解体以及休克疗法的剧痛之后，痛定思痛，革除了原体制的弊端。日本则是抓住了多数党强势且全国有共识的时机，统一行动，理顺了中央与地方事权关系。

最后需要强调的是，上述关于事权改革的看法是一些前瞻性的考虑，相关建议也不见得立即就能付诸实施。作为问题提出来，希望给大家提供一些启发，共同推动事权改革取得进展。

将预算改革进行到底 [1]

高培勇 [2]

首先让我们稍微回顾一下政府预算的定义：第一，我们把它称之为关于政府收入与支出的基本计划，也就是说它是一个计划；第二，我们又把它称之为关于政府收入与支出的法律文件。

政府的存在就是政府职能的存在，而政府职能的履行一定是要有钱做支撑的。在这个世界上，没有不花钱的政府职能存在。为履行政府职能而花钱，就会形成政府的支出。因为政府是一个公共部门，它要先做一个计划跟大家报告。这个计划一旦通过立法机关的审议批准，就形成了一部具有法律意义的文件。所以我们说它既是一个基本计划，又是一个法律文件，这是我们给预算的一个定义。

2018 年我在参加全国"两会"时注意到两件事，第一件事是李克强总理做政府工作报告时的多次掌声，其中一次掌声和个人所得税直接相关。大家知道，李克强总理在报告中讲到个人所得税有三处，第一处是在讲改革的时候说，2018 年要加大个人所得税的改革。第二处

① 本文根据长安讲坛第 336 期内容整理而成。
② 高培勇，中国经济 50 人论坛特邀专家，中国社会科学院副院长。

是讲到个人收入分配时，说 2018 年打算提升个人所得税起征点，全场响起雷鸣般的掌声。实际上这句话说完以后是一个逗号，总理报告后面还有一句话：要增加子女教育、大病医疗等专项扣除，代表们并没有什么回应。我立刻就能感觉到，我们的人大代表和政协委员对个人所得税知道的实在是太少了。为什么呢？讲个人所得税改革，大家对个人所得税的改革方向有个预期。当讲到提高起征点的时候，前提就是要增加子女教育和大病医疗的扣除，即没有子女受教育的人不能扣除。按照目前的规定，不能扣除三胎，只能扣除二胎。大病医疗也是如此，只有真正发生了跟大病医疗有关的费用才可以扣除。这实际上是告诉大家，中国的个人所得税一定要和个人的综合申报连接在一起，不能是只见钱不见人。我国现行的个人所得税是分类所得税制，分类所得税的一个特点是只见钱不见人，我向谁支付了 5 000 元，我按照 5 000 元做计税依据就可以了，基本不考虑收入总额是多少。所以这实际上给了大家一个很重要的信号，中国要实行个人所得税综合制了。但是，又有多少人能够意识到这样一个问题？

第二件事，也是 2018 年我在全国"两会"上的经历，就是审议政府预算报告。我所参加的小组会，把政府预算报告和政府工作报告一起审议，大家发言的时候，基本谈的都是政府工作报告，大多没有涉及或很少涉及政府预算报告。政府预算报告就放在那里的，但几乎没人去翻看，代表们觉得自己看不懂。其实最重要的报告应当是预算报告。为什么这样讲呢？一位经济学家曾这样说过，你要了解政府在过去的一年都做了哪些事情，看它的预算报告就行了。你要了解政府未来一年要做哪些事情，看它的预算报告也就知道了。所以，要了解政府的运行状况，要知道国家治理的状况，最简单的途径就是读预算报告。还有一位经济学家这样说过，如果你是一个经济学家，你不一定是一个财政学家，但如果你是一个财政学家，你一定是一个经济学家。可见预算报告对于解读政府的经济职能、经济活动，对于解读政府履行职能以及其他方面的活动是非常重要的。

今天我和大家讨论中国预算改革，主要有四个方面的问题。第一个问题是改革的语境。预算改革是一个常识性的话题，我们今天提出将预算改革进行到底，是基于大不相同于以往的改革语境。第二个问题，这一轮预算改革是从党的十八届三中全会开始启动的，我们要回顾一下十八届三中全会至今改革进展有哪些。第三个问题，在此基础上，仔细审视预算改革亟待跨越的突出障碍是什么。第四个问题，下一步预算改革的重点，也就是焦点、难点和痛点是什么。

先说第一个问题，改革的语境。谈论任何改革一定是和语境直接相关的。当我们立足于 2018 年 5 月份谈预算改革时，可以看到当下的改革语境和预算改革相关的因素至少有五条：一是历史方位的认定，二是社会的主要矛盾，三是改革的目标，四是政策框架，五是财政职能。

党的十九大报告指出，我国发展的当前历史方位，就是中国特色社会主义进入了新时代。它告诉我们三件事，一是新时代意味着新起点、新任务、新要求，过去这些任务、要求可能不是那么重要，但是在今天就变得重要了。二是以往我们可能想不到、不敢想的事情，立足新的历史方位，要想得到，要敢想了。以往可能因视野和条件所限，提不上议事日程的事情，现在必须要着手解决了。预算改革就是其中的一项工作。三是要按新时代的要求制定大政方针政策，其中包括预算改革方面的大政方针政策。

当前我国社会的主要矛盾，已经由过去人民日益增长的物质文化需要同落后的社会生产之间的矛盾，转变为人民日益增长的美好生活需要和不平衡不充分的发展之间的矛盾了。它意味着生活在新时代的中国人的需要已经发生了变化，好像"互联网+"一样，人们在原来的物质文化需要的基础上要求增加一些东西。第一是对物质文化产品的层次需要提升了，需要更高水平、更好质量的物质文化产品。第二个更重要，正如党的十九大报告当中所提到的，人民对民主、法制、公平、正义、安全、环境方面的需要日益增长，已经超出了物质文化产品的范畴和层次，而是属于制度性、政策性的产品。这类需要对应的载体是什么？我们说一是制度安排，二是政策设计。这就是在原来物质文化产品需要的基础上又拓展了人们的需要。

所谓不平衡不充分的发展，并不局限于我们日常生活中或家庭个人所需要的那些工业和服务业产品。党的十九大报告中提出，发展的不平衡不充分还包括法制化水平不高、社会建设短板、生态文明建设区域差距、城乡差距、收入分配差距，等等，它是政府供给范围之内的不平衡不充分，或者说是制度产品和政策产品供给的不平衡不充分。除了市场系统之外，政府系统供给的不平衡不充分也是需要关注的问题，而且是更加重要的问题，我们要把它和预算改革联系在一起，才能够体会到更深层次的意义。

改革目标是建立现代化国家治理体系。从十八届三中全会开始，我们就明确了一个改革方向，叫作坚持和完善中国特色社会主义制度，不断推进国家治理体系和治理能力的现代化，简称为国家治理的现代化。这样一个新的改革目标的提出，显然是根植于中国的改革已经由经济体制改革进入到全面深化改革这样一个新阶段。全面深化改革，包括经济、政治、文化、社会、生态文明一起联动的改革，它是更广范围、更高层面的改革，目标定位不仅是在经济领域，不仅是在政治领域，而是包括五个领域一起改革的目标定向，所以它是用国家治理现代化来加以解释。而在国家治理现代化当中一个很重要的事就是，要让财政税收制度成为国家治理体系当中的一个基础性要素和支撑性要素。

党的十八届三中全会文件这样写到，财政是国家治理的基础和重要支柱，科学的财税体制是优化资源配置、维护市场统一、促进社会公平、实现国家长治久安的制度保障。我们要实现的国家治理现代化，是以财政作为基础和支柱的国家治理体系的现代化。现代化的国家治理体系，一定要建立在以财政为基础和支柱的作用之上。财政的职能要覆盖国家治理活动的全过程和各领域。

为什么财政是基础和支柱？第一，在大家所能看到的政府职能当中，财政职能是最具综合意义的基本政府职能。每个政府部门都有它特定的职能，政府部门之间的职能是有交叉的。但是有没有哪一个部门的政府职能和所有部门都有交叉？答案是有，这就是财政部门。财政系统和所有的部门都得交叉，因为所有部门的活动都需要钱，钱都是通过财政部门拨付的。只有财政资金到位之处才是政府职能履行之地，不花钱的政府职能是不存在的。只要有政府职能，就一定有财政支出。

第二，在所有的制度安排当中，财政制度是最具基础意义的基本制度安排，在所有的制度当中排序，最具基础意义的是财政制度。观察和回顾中国改革开放四十年，每一次改革都是财税改革先行，然后带动其他方面的改革，从而引导改革向着既定目标前行。跟我们直接发生关系的、最具基础意义的一定是跟钱有关的制度！

第三，财政是最具"牛鼻子"意义的基本关系链条，只要带动它就牵动了其他。比如，政府和市场之间的关系、国家和社会之间的关系、中央和地方之间的关系，细究一下其中财政关系是最基本的关系。普通百姓和政府之间的关系是和税收相关联的，如果没有税收怎么能牵动在一起呢？

谈到现在的宏观政策，有几句话大家耳熟能详。第一，我们由高速增长阶段转向高质量发展阶段，重要目标是建设现代化经济体系，这意味着当前宏观经济运行中的主要问题是结构问题、质量问题。由此可见，中央决策层对于中国经济的基本看法或基本认识已经发生了非常大的变化。

2012 年是党的十八大召开之年，也是中国经济发生重大转折性变化的一年。从那一年开始，中国经济的增速开始出现较大幅度的下滑。2013 年我们对增速下滑的原因做出诊断，当时提出了一个概念叫"三期叠加"：一是经济增速的换档期，二是结构调整的阵痛期，三是前期刺激政策的消化期。我们正处在这样一个特殊的历史时期，但是当时没说这个特殊的阶段是长时间的还是短时间的，是周期性的还是要持续下去的。

2014 年又提出经济发展的新常态，那么不管是增速的换档，还是结构的调整等，都是要与我们长期相伴的经济现象。

解决了对经济形势怎么看的问题之后，2015 年，先是提出了五大发展理念，紧跟着又提出了要实行供给侧结构改革这样一个宏观经济部署。到了党的十九大，又做出经济发展由高速增长阶段转向高质量发展阶段的判断。

关于财政职能，过去讲到财政，是把它当作经济范畴，讲到财税体制，一定是把它当作经济体制的组成部分。现在提出，财政是国家治理的基础和重要支柱，而国家治理既包括经济，又包括政治、文化、社会和生态文明。所以今天的财政就不仅仅是经济范畴了，财税体制也不仅仅是经济体制的组成部分了，而是国家治理范畴和国家治理体系的一个重要组成部分。它的职能范围、职能边界一下子拓展到了国家治理领域。党的十八届三中全会的文件给财政职能做了如下的定位：第一，优化资源配置；第二，维护市场统一；第三，促进社会公平；第四，实现国家长治久安。这四大职能的定义都没有局限在经济领域，而是已经脱出经济领域延伸到国家治理领域了。

比如优化资源配置，不管是宏观经济学的教材，还是财政学的教材，都会提到优化资源配置的职能。但是在讲到财政和优化资源配置之间关系的时候，请大家特别注意，它所配置的不仅仅是 GDP。在我读书的时候，老师讲什么是财政赤字？直接定义就是国民收入的分配过了头，你挣了 100 元，但是分配出去的是 110 元，多出来的 10 元就是财政赤字。当时讲国民收入，不用 GDP，国民收入就是全国人民劳动一年的收益，讲的是流量、增量。现在讲优化资源配置，是着眼于整个国家的治理活动，不仅仅包括当年的 GDP，还包括历史上收入的存量，以及国有资产、国有资源，这是一个更大范围的资源配置。

维护市场统一指的是中国的大市场首先在财政税收制度上要统一。不能说我在这办企业，你给我 3% 的税收优惠，换个地方别人就给我 5% 的税收优惠，这不是人为把市场分割了吗？

促进社会公平。原来的说法是调节收入分配，当你把财政的职能定义为调节收入分配的时候，它能调节的最大空间是当年的收入。例如，我 2018 年挣了 10 万元的工资，你调节范围扩展到 20 万元，这不行。现在着眼调节的是促进社会公平，既包括当年的增量，也包括历史上的存量，不仅调节收入，而且调节财产，这是很关键的。

前几年中国的基尼系数很不容易有所下降，现在又有了增长的趋势，原因在哪儿？经济研究的结果是，增长主要不是来自增量，不是来自收入，而是来自存量，来自财产性收入。因为拥有财产的差异，导致了基尼系数的扩张，所以如果你把调节收入分配只局限于当年收入的时候，是达不到这个目的的。一定要从收入延伸到财产，从流量延伸到存量。

实现长治久安，就是要稳定经济。经济稳定就是财政职能的一个目的，但国家的长治久安不仅仅包括经济的稳定。

关于党的十八届三中全会以来的预算改革进展，十八届三中全会在部署全面深化改革的同时，将重点放在财税体制改革上。全面深化改革的总目标是国家治理现代化，所以对它的基础和支柱的要求就是要建立现代财政制度。也可以说是以现代来匹配现代，整个国家治理体系必须现代化，财政制度也要现代化，财政制度的现代化表现在预算上是什么要求？即八个字：全面规范、公开透明。

财税体制包括三个方面的改革：预算改革、税制改革，以及中央和地方之间关系的改革。我们在这里主要讨论预算改革。

对于现代财政制度而言，在预算改革上要建立现代预算制度，而现代预算制度在当下中国最需要的就是全面规范、公开透明。如果讲规范，我们也能理解，讲公开我们也能理解，讲透明也能理解，但为什么在规范、公开、透明前面加了"全面"两个字，这是具有中国特色的重要的观察点。

图5.3是目前中国政府收入的结构版图。1997年我给领导干部讲课时，是从这个概念说起的：当下的中国财政收入不等于政府收入。这是什么概念呢？在此之前，我们总说财政收入和政府收入是一回事儿，但我认为两者是不同的。我们看到最大的一块政府收入来自税收收入，其次是非税收收入，非税收收入包括政府所收取的国有企业利润，比如一些规费收入、使用费收入，政府提供的一些服务收取的费用，比如工商执照费等。这几部分相加就构成了当下的财政收入，也就是说财政系统所管理的收入，这是中国改革以来的一大特色。

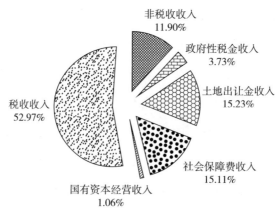

图5.3 2016年中国政府收入的结构版图

接下来，政府性税金收入和政府土地出让金收入，被称之为政府性基金收入。需要注意，这不是财政收入，但属于政府收入，是除了财政预算之外政府另外收的一笔钱，这笔钱是经过费改税之后仍有一部分政府收费沿袭下来的收入，同时地方政府还有卖地收入，这两部分加起来是政府收入的第二部分。此外还有社会保障费收入和国有资本经营收入，国有企业利润中有一部分要作为政府收入来对待。这样加起来，我们就可以拼成这样一个版图，整个政府收入目前分为四个部分：第一部分是财政收入，第二部分是政府性基金收入，第三部分是社会保障费收入，第四部分是国有资本经营收入。这是政府收入的概念。我们现在给财政预算起了一个新的名字，叫一般公共预算，另外三部分就是非一般公共预算。相对于规范、公开、透明而言，目前最大的问题并不存在于一般公共预算中，而是存在于另外三部分预算的不规范、不公开、不透明，这就是为什么要用"全面"二字的原因。

我们看到，一般公共预算的收入占政府收入的比重是 64.87%，政府性基金收入占政府收入的 18.96%，社会保障费收入占政府收入的 15.11%，国营资本经营收入占政府收入的 1.06%，而这所有的政府收入加起来占 GDP 的比重是 33.06%。这是 2016 年的数字。

但是，一般公共预算收入占 GDP 的比重是 21.45%。还有一个宏观税负的概念，还有政府部门和企业围绕着宏观税负水平的数字进行的不同解释。看到以上这些，你就能理解了。企业在评判中国宏观税负有多少的时候，它用的是四本预算相加的方式，我们称为全口径的政府收入。而政府部门在论证中国税负有多少的时候，用的是一般公共预算的口径。所以，在当下的中国，理解财政收入不等于政府收入，是非常重要的。我们在进行国际交流的时候，必须要把这个概念说清楚，因为外国人不理解这个概念，就经常会说你的数字造假。其实不是这样，只是统计用的口径不同。

大家要理解我们为什么要在规范、公开、透明之前加全面两个字，这就是说，所有的政府收入都是同样的公共性质，在规范上没有差异，在公开上没有差异，在透明上也不应该存有差异。而问题在于现实是存有差异的。

全国"两会"提交给大家讨论的政府预算报告，大家只关注财政部的一般公共预算，而对政府性基金预算关注过吗？对社会保险预算关注过吗？对国资委主管的国有资本经营预算关注过吗？2018年政府的一般公共预算支出是30多万亿元，如果把其他三项支出都包括在内，则是更大数额的支出数字。所以本轮预算改革的核心内容，就是要解决非一般公共预算的规范问题和公开透明问题。其中最难啃的骨头就是非一般公共预算。

从中华人民共和国建国那天起，我们就有预算，叫财政预算。改革开放之后，为了调动各方面改革的积极性，在财政上放权让利，结果就是各个政府部门都收费，各种政府性收入出现了，最初这些收入是不纳入预算的。1998年以后实行公共财政，开始编预算，经过若干年调整形成了政府性基金预算；要搞社保体系，社保部门也要收费，形成了社会保险基金预算；国有企业利润要上交财政，后来说有困难少交一点，便形成了一个国有资本经营预算。这四本预算并列的时候，你会发现在管理上非常困难。最初不编预算，后来编了预算又不纳入统一预算，再后来要求都要纳入预算，都要上报给全国人大审议批准。

即便如此，即便编了预算，也上报了预算，但是管理标准上也不一样。一般公共预算因为历史悠久，制度相对健全，尽管有不如意的地方，但是相对而言，管理还是比较规范、公开、透明的。但是一旦走出公共预算，其他三个预算就不能同日而语了。所以本轮预算改革的重点内容和核心部位，是非一般公共预算。

从 2013 年开始启动预算改革，进展还算顺利。到 2014 年的下半年，终于有了一个改革的成果叫新预算法，2015 年 1 月 1 日新预算法正式颁布实施。财政关系是现代国家治理领域中最重要、最基本的关系，所以这是一部和国家治理现代化连接在一起的新的预算法，它的意义可想而知。新预算法开始秉承现代预算理念，把四本预算统统纳入预算体系中，形成一个完整的体系。要解决地方政府债务问题，解决税收优惠政策问题，还要推出一系列的制度，这是当初设计的起跑点。

但是今天看来，这部新预算法也存在着不足之处。我认为它存在着抽象与具体层面的不对称的问题。先来看抽象层面，所谓抽象层面大家可以理解为原则层面。首先新预算法总纲的部分，原则提得非常之好。比如第一条，制定预算法的目的是规范"政府"收支行为，而原来老预算法的提法是规范"财政"收支行为。新预算法规范的是所有的政府收支行为，而不是财政收支行为。其次，不能存在游离于预算之外的政府收支。第三，政府预算目前包括四本，这是一个完整的体系。

问题就在这里，一部法律不能仅仅是原则性的提法，而是一定要进入具体层面。既然四本预算都在具体层面上了，我们该怎么办呢？

要一本一本地去规范。新预算法建立在老预算法基础之上，老预算法所管辖范围就是财政预算，所以对于财政预算的具体内容描述就比较容易做到。比方说一般公共预算，讲收入与支出、税收收入、国有企业利润上缴收入、规费收入、使用费收入，一条一条列出。预算支出是用类款项目分的，也规范得非常清楚。一般公共预算收入从哪儿来，支出到哪儿去，在预算法里都能找到。

新预算法相对于老预算法发生的最大变化，就是由一本预算拓展到四本预算，由财政收支拓展到整个政府收支。另外三本预算总得照猫画虎吧，比如政府性基金预算，经过一段时间的改革，目前政府性基金收入有29种，一个一个写出来才便于管理，结果是写不了，写不了就打包吧。政府性基金的用途是什么？是投资还是基础设施？还是教育？要写下来，也写不了。接下来是社保，也写不了。还有国有资本经营收入，也写不了。为什么写不了大家能理解吗？把钱的来源说清楚，你要说清楚了，钱就被管起来了。所以相关利益部门不愿意说清楚来源，一旦规定我的钱要用到哪个地方去，这笔钱对我来说就没有意义了。谁都愿意花没有数的钱，没有指定用途的钱。在政府部门的收入账簿当中，最难花的就是财政拨的钱。如果是自己创收的钱，或者是其他途径的钱，那就相对好办了。对于另外三本预算的收支范围怎么计算，条文规定是按照法律、行政法规和国务院的规定执行，但是并没有指明是哪条法律或者是国务院哪年颁布的哪部行政法规，只是采取了模糊处理的办法。这是预算改革留给我们的一个未了事项。

还有一个未了事项。法律的实施一定要配置实施细则，比如新的个人所得税法修订以后，要在基本法律的基础上制定实施细则。税务部门执行的就是实施细则。新预算法通过之后,要有实施细则作为具体的依托和依据。从 2015 年 1 月 1 日施行新预算法到今天,我们还没有关于新预算法的实施细则。原因和制定预算法时一样,困难的来源没有变化。

所以在当下的中国,实践层面的预算统一和完整,路途依然遥远。当我们说财政职能是最综合的政府职能,财税体制是最基本的制度安排,财政关系是最具牵"牛鼻子"的基本意义的链条关系的时候,实际上我们都在强调一件事,即财政部门要把所有的政府收支统统管起来。但是,我们现在并没有做到这一点,财政部门现在有效管理的仍然是一部分政府收支,而不是全部的政府收支。我们的预算虽然表面上覆盖了所有的政府收支,但是真正能够有效地加以管理的,还只是其中的一部分,这是我们当下预算改革所遇到的突出矛盾。虽然有些问题可以理解,甚至可以设身处地地站在某些政府职能部门的角度上去体会,但是放在当前的改革大的语境下,我们的确有进一步推进改革的需要和动力。

矛盾究竟出在哪儿?什么是我们的主要障碍,我们亟待跨越的障碍是什么?我的一个基本判断是,最关键的就是我们的理念、思想和战略尚未真正转变。虽然我们已经意识到中国特色社会主义已经进入新时代了,相对以往会有不同的理念、思想和战略,但是一旦遇到具体问题,往往用的还是老办法,维系的还是老格局。从实践层面来讲,设计改革方案只是停留在字面,走样缩水的现象并不少见,在预算改革上表现极为突出。为什么老的、旧的一套如此难以撼动呢?我们需要找找深层次的原因。

第一个原因是，我们的税收收入结构是畸形的。图 5.4 是我们税收收入结构版图，最大的一块叫一般流转税。一般流转税就是所有的产品和服务，无一例外地都要交这个税，而针对某些人单独征收的叫特殊流转税。一般流转税就是增值税，增值税占政府全部税收收入的55%。特殊流转税比如消费税，一共有 14 个税目，并不是所有的产品都要交消费税。比如，一瓶矿泉水就没有消费税，但是它有增值税。我们规定有高消费、高耗能、高污染三类商品才征消费税，汽车除了增值税，还要加征一道消费税，手表类似。此外，其他流转税，包括中美贸易摩擦中提到的关税、城乡建设税，等等。

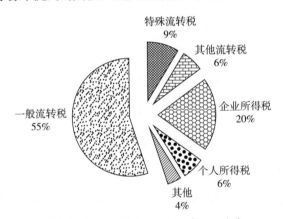

图 5.4 我国税收收入结构版图（2013 年）

把这三种流转税占比相加，得出的结果是 70%。这意味着政府每收 100 元的税收，有 70 元是流转税。流转税是间接税，间接税是要在商品价格当中附加征收的，是向消费者转嫁的税。这种税收是隐含征收的，我们称为间接税。这种不透明的税收，特点就是大家在不知不觉当中负担了这种税。生活当中的所有消费品，其中都是含流转税的，我用的茶杯含税，茶叶含税，自来水含税，甚至连服务员的工资都含税，但是它们都不那么公开、透明，这让你感受不到政府的支出和政府预算跟你之间有什么关系。

第二个原因是在中国现行税收结构条件下，纳税人主要是企业。有很多人说自己是纳税人，其实用专业的眼光看，我们在很少的场合是纳税人，而在更多的场合是负担税收的负税人。政府的税收来源结构尽管名称各异，但都是企业交的，加在一起有90%。也就是说今天中国政府每收100元税，有90元是企业交的，而不是老百姓交的。剩下的10%中，有6%左右是我们交的个人所得税，实际上个人所得税也不是自己交的，而是别人通过代扣代缴替你交的，只是你可以感受到了。但是90%的那部分你是感受不到的，因为它是企业交的。很多人觉得这样很好呀，这是中国税制结构的优点，我们都不交税啊。但是在税负归宿的问题上，企业实际上只是一个"空壳"，它其实是不承担任何税收的。你观察一个企业，法人是自然人注册的法人，法人所缴纳的任何税收只有两个途径消化掉。一个途径是加在价格当中转嫁给消费者，即向前转嫁。另一个途径是落在股民、股东身上，用减少股东分红的办法，把税收消化掉。企业有生有死，过两年消灭掉了自然就消除了。税哪儿去了，一定是转到个人身上去了。但是，对于这90%的转嫁过程有多少人能意识到？意识不到就意味着很难理解，并且难以看清政府支出和个人之间的关联。

如果不讲其他政府预算，只讲一般公共预算，2018年至少有22万亿元。中国有13.8亿人口，拿22万亿元作为分子、13.8亿作为分母计算一下，人均税负至少是15 000元，一家三口一年大体就是50 000元。这还是平均数，在北京就不是这个数字了，而且全国70%

的税收来源于东部。我想说明的是，为什么大家对预算感觉不敏感，就是因为没有直接感受，所以对预算就不怎么关注。

第三个原因是支出。整个政府支出一般分为三类，第一类叫作政府基本职能支出，第二类叫经济建设性支出，第三类是社会福利性支出。我们一般把社会福利性支出称为民生领域的支出。

如表 5.1 所示，我们来做个比较，第一类政府基本职能的支出，一般包括公共服务、国防、外交、公共安全、环保，等等，这是各国政府都要做的事。中国的占比是 20.81%，美国的占比是 29.03%，法国是 20.07%，日本是 19.8%，北欧三国是 18.37%，转型三国包括捷克、匈牙利等国是 22.6%，就这类支出来说，我们和其他国家没有太大差别。

然后看第二类，经济建设性支出。经过公共财政支出的改革之后，中国的支出比例是 38.67%，美国是 11.94%，法国是 9.38%，德国是 11.36%，英国是 8.76%，日本是 11.56%，北欧三国是 9.32%，转型三国是 14.72%。

再看第三类，社会福利性支出。中国是 40.51%，美国是 58.78%，法国是 70.08%，德国是 68.84%，英国是 67.92%，日本是 69.03%，北欧三国是 72.36%，转型三国是 62.73%。我们在向社会福利领域投入的财政支出比重相对偏低，这和计划经济年代延伸下来的思路是一样的，先生产后生活，这是一个历史形成的过程。所以老百姓直接感受到的和财政支出的关联度相对偏低，总觉得公共领域的事情是国家的事情，跟我关系不大，自然对预算的关注度就不是那么大。

表 5.1　各国政府支出分类比较

支出分类	中国（%）	美国（%）	法国（%）	德国（%）	英国（%）	日本（%）	北欧三国（%）	转型三国（%）
政府基本职能支出（一般公共服务、国防、公共安全、环境保护）	20.81	29.03	20.07	19.99	23.1	19.8	18.37	22.6
经济建设性支出（经济事务、住房和社区设施）	38.67	11.94	9.38	11.36	8.76	11.56	9.32	14.72
社会福利性支出（医疗卫生、文化体育传媒、教育、社会保障就业）	40.51	58.78	70.08	68.84	67.92	69.03	72.36	62.73

第四个原因，中国的财政收支在过去很长的一段时间内，特别是在计划经济年代，是一种"取自家之财，办自家之事"的格局，这和当时的中国财政收入的格局有直接关系。

如图 5.5，1978 年启动改革那一年，我们的财政收入比例是，国有经济提供的财政收入占 86.8%，集体经济（大集体）提供的财政收入比重是 12.7%，加起来是 99.5%。换言之，那时候政府所花的钱，主要是从公有制企业得到的钱，还没有向个人收税，实际那时也没有多少私营企业，所以也没向私营企业收多少税，拿的钱基本都是从公家口袋转过来的。当时的支出，基本建设支出占 40.3%，企业流动资金支出是给国有企业的，挖潜改造资金和科研三项费用支出也是给国有企业的。文教、科学、卫生事业费支出占 10%，也是行政事业单位系统的。国防支出占 15%，其他支出占 23.2%，这 23.2% 当中也是大量应用于公共领域。所以在政府部门官员看来，这都是花自家钱办自家事，对普通百姓而言，那都是公家的事，跟自己没有关系。

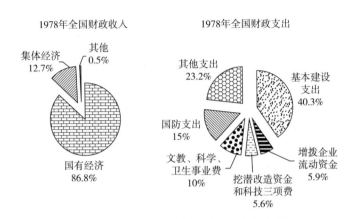

1978年全国财政收入

1978年全国财政支出

集体经济
12.7%

其他
0.5%

国有经济
86.8%

其他支出
23.2%

基本建设
支出
40.3%

国防支出
15%

文教、科学、
卫生事业费
10%

挖潜改造资金
和科技三项费
5.6%

增拨企业
流动资金
5.9%

图 5.5　1978 年全国财政收入和财政支出的对比

第五个原因，在中国人的历史传统中，我们始终认为交税不是自己的事情，都是企业的事情。老百姓从来不认为自己应该交税，国家运转要靠企业交税。老百姓这样和新时代不相匹配的认识，和我们过去长期实行那种具有典型的隐含征税的体制直接相关。

在改革开放之前，我们的财政收入是从哪儿来的呢？

我画了一个图（见图 5.6），上半部分是农副产品统购统销制，当时农民收获的粮食和农作物，如果要换成钱，只能卖给国有供销社。我们小时候看过一部电影《青松岭》，农民把自产山货拿到集市上卖属于非法行为，不是不让他卖，而是他只能卖给国有供销社。他为什么不愿意卖给供销社呢？因为国有供销社对农副产品实行的是低价统购，收购价是国家计委执行的低价。供销社低价收购之后再低价统销到城市里去，城市居民再按低价凭副食本、粮本来购买。为什么要粮食低价呢？因为这样就可以在城市实行低工资。当年我父母两人工资加起来 100 元，养活全家六口人，也算够用，因为基本食品价格都很低，城市实行低工资制，工资是国家计委统一规定的八级工资制，把人分为若干类，一级工多少钱，二级工多少钱。什么时候涨工资也是由国家统一组织的，国家不发文件所有人都不能涨工资，这在制度上保证了低工资。

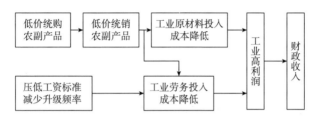

图 5.6 低价农副产品和低工资提供了财政收入

工业品的成本，不管是原材料投入成本还是劳务投入成本都很低，这都是由国家计委统一定价的，是从高定价。学中国经济史会读到一个概念叫剪刀差，讲的就是工业产品和农业产品的比价，像一把剪刀一样越分越开，其实这都是政府定价决定的。比如一瓶矿泉水的成本本来是 0.8 元，政府把它的成本价压低到 0.5 元，上市出售价格却又定成 2 元，在低成本和高价格之间挤出的是工业的高利润。工业高利润留给国有企业了吗？没有。当时的经济体制上还有一个制度叫统收统支，就是它的所有的收入都上交国库，它的所有支出再由国库拨付。就这样，这笔钱到了国库，形成财政收入。所以在老百姓的心中，认为这个税不该我交，应该企业交，而企业实质层面上是代我们交的，这是一个历史过程。我们对这个问题应该有一个清晰的认识了。

最后要谈谈预算改革的重点。党的十九大对下一步改革做出了很清晰的部署。在预算改革问题上，提出要建立全面规范透明、标准科学、约束有力的预算制度，全面实施绩效管理。原来写的是全面规范公开透明，后来说公开透明是一回事，可以简练一点，就写全面规范透明。

说标准要科学，什么叫标准科学？我们现在执行的是不一样的管理标准，对一般公共预算执行是偏严的标准，而一旦走入政府公共预算，走到社保，走到国资，标准就五花八门了。国资经营预算收入是在自己内部系统运行的，社保的预算也和一般公共预算之间存在距离，所以要标准科学。接下来说要约束有力，预算制度不能有严有松。还有第二个层面，要全面实施绩效管理。花钱得讲绩效，连不懂经济学的人都要问花一笔钱到底值不值，你2 000元买一套西装，母亲说买贵了，这就是在实行绩效管理。政府支出也得执行绩效管理，不管哪本预算都是如此。在这样的条件下，下一步预算改革的重点就凸显出来了。

第一，要加快建立现代财政制度。党的十八届三中全会提出建立现代财政制度，放到预算上就是建立现代预算制度。而在党的十九大之后，特别在宣布我们已经进入中国特色社会主义新时代之后，要加快建立现代预算制度。因为全面深化改革任务完成的时间表是2020年，预算制度是全面深化改革的基础和支柱，所以加快将财税体制改革特别是预算制度改革的蓝图绘到底，真正落到实处，已经成为中国特色新时代的迫切要求，这是一个重点内容。

第二，将新预算法落到实处。新预算法的预算理念是现代的，新预算法的改革路径是科学的，新预算法所提出的要求是符合时代特点的，但是它还没有落地，或者说还没有真正落地。这种落地不仅仅是在预算法内容上，要仿照一般公共预算法把另外三本预算补足，更重要的是，要让新预算法的实施细则尽快和我们见面。按照要求，新预算法落到实处的任务很艰巨，特别是在原有的规范透明基础之上，又加了一个绩效管理，这就使预算改革的任务更重了。这个管理标准在实质层面上实现统一，绩效的管理由点到面，是下一步预算制度改革亟待攻克的障碍，也是现代预算制度必须具备的基本素质。

第三，要依托于现代税收制度。人们之所以对预算关注度不那么高，对政府支出和个人之间的关系认识不那么清楚，一个很重要的原因就是我们现行的税制结构。现行税制结构一个最致命的弱点，就是缺乏和自然人、居民直接关联的税收制度安排。我们改革的一个方向，是把对企业征税的一部分转移到自然人身上，把对商品征收流转税的一部分转移到直接税上，从而实现税收负担分配的公开透明和公平正义。比如要让富人比穷人多交税，我想没人反对，但问题是怎么能够实现让收入高的人和拥有财产多的人多交税，让低收入者和需要救助的穷人不交税、少交税呢？在现行体制条件下解决不了，道理非常清楚，我们70%的税都压在流转税上。流转税转移是在价格上征收的，90%的税都是向企业收的，谁能知道向企业收的这些税和在流转环节所征的这些税最终落到谁的身上去了？我们很多人在经济学研究当中搞模型，我们能用一个模型把这事说清楚吗？说不清楚。更何况经济学的基本原理告诉我们，间接税就是累退税，收入越高的人所缴纳的税收占他收入的比例越低，所以不能不调整。这并不是说把全部的流转税改为直接税，但是总得逐步地增加一点税收负担的公开透明，逐步增加一点税收负担分配上的公平正义。

党的十九大文件专门把个人所得税和房地产税提出来，甚至把这两种税和地方税体系的建设直接挂钩。十九大关于财政体制改革的安排有70多个字，提到税收的时候就说了两句话，一句叫"深化税收制度改革"，另一句是"健全地方税体系"。深化税收制度改革，涉及到六个税种：增值税、消费税、资源税、环保税、个人所得税、房地产税。前四种税的改革任务已经大致完成，连环保税 2018 年都开始实施征收了。没有启动的税种改革，一个是个人所得税，一个是房地产税。党的十九大报告提出要深化税收制度改革，我们可以理解为要深化个人所得税和房地产税的改革，要落在健全地方税体系上。从这个角度讲，直接税改革就是地方税改革，健全地方税体系就是健全地方收支体系。当前需要做的，是要达成与之相匹配的理念共识。如果在这个层面上我们还不能求得共识，何来个人所得税改革，何来房地产税的改革？所以我们要从关注直接税的改革入手，来撬动大家对于政府预算报告的关注，从而筑起推动将预算改革进行到底的动力机制。否则很难达到现代国家治理体系所要求的现代预算制度的那样一些目标。

我的结论有三句话。第一句话，一定要真正将改革方案付诸实践不走样。预算改革有一套非常清晰的改革方案，既包括改革目标，又包括改革内容，甚至包括改革的路线图。现在基于某种障碍，某种难以跨越的障碍，而不得不打折扣。但是这些障碍是必须跨越的，我们不可能接受一个打了折扣的改革结果，那是和现代国家治理体系、国家治理能力的目标不匹配的。

第二句话，党的十八届三中全会制定了改革目标，文件中是这样写的：2015 年预算改革取得阶段性进展，2016 年重点工作基本完成，2020 年现代财政制度基本建立。我们今天讨论预算制度改革，恐怕也得采取一种倒计时的计划安排。

第三句话，必须调整理念、思想和战略，不能不讨论改革的语境问题。我们现在要立足于中国特色社会主义新时代，我们要面对新的社会主要矛盾，人民群众已经从对物质文化需要，转化为对美好生活的需要了。美好生活需要当中就包括民主法制、公平正义、安全环境，就包括对预算运行的新的要求。着力推进国家治理现代化，而不仅仅是经济体制改革，不仅仅追求经济市场化，而且要实现国家治理的现代化。我们履行的是新的财政职能，而不是以往的财政职能。

关于预算改革的大体内容，我给大家做了上述的介绍，并且用"将预算改革进行到底"这样一个标题，特别希望大家能够理解预算的重要性，理解预算改革对于全面深化改革的基础和支撑意义，理解在中国特色社会主义进入新时代的背景条件下，将预算改革进行到底，是我们每一个人义不容辞的历史责任。

服务经济时代展望：发展和治理 [1]

江小涓 [2]

很高兴有机会和大家讨论一个比较重要的问题：服务经济时代的发展。今天要讨论的问题主要有以下六点。

第一点，为什么说中国进入了服务经济时代。

第二点，服务业的思想史和服务业发展的特点。

第三点，简单描述一下中国服务业的发展。

第四点，中国进入服务经济时代，和其他发达国家有不同的背景。

第五点，网络数字时代的服务业。

第六点，当代服务业和服务经济时代治理面临的机遇和挑战。

一、中国进入服务经济时代，我们准备好了吗？

一个国家是否进入了服务经济时代，是由几个简单的数据决

---

① 本文根据长安论坛第 341 期内容整理而成。
② 江小涓，中国经济 50 人论坛学术委员会成员，十三届全国人大常委、社会建设委员会副主任委员，清华大学公共管理学院院长，教授、研究员。

定的，一是服务业是否已经成为第一大产业？二是服务业占 GDP 的比重是否超过了一半？据统计，中国服务业增加值占 GDP 的比重，2012 年超过了 43%，2015 年就超过了一半。按照相对比重最低的服务业增加值占 GDP 的比重来看，毫无疑问，2015 年服务业比重超过了 50%，我们已经进入了所有标准衡量的服务经济为主的时代。

这样一个变化，并不表明我们会享受到更多更好的服务。消费者的体会，可能会觉得服务更贵了，而不是服务更多了。原因是我们没有理解服务业和制造业的差别。我举一个例子来说说什么叫服务业比重上升。1984 年的时候，一个人家里雇了一个保姆，同时家里又买了一台黑白电视机。当时一台 17 英寸黑白电视机大约 999 元，雇一个保姆每年是 500 元，每月 40 多元。用最简化的方式讲，电视机是制造消费，雇保姆是服务消费，当时制造和服务的比重是 2∶1，我们是以制造业为主的消费结构。到了 2018 年，"6·18"网购促销，32 英寸彩色平板电视才 1 000 多元，而保姆的费用每年上涨到 50 000 元，一个月要 4 000 多元。这时候的制造消费和服务消费的比例变成了 2∶98，这是典型的以服务为主的消费结构。

问题是，我们真的享受到了更多的服务吗？真实的消费结构有变化吗？首先，制造业没有问题，随着科技的进步，现在的电视机已经远远不是 20 年前的电视机了，无论从任何方面比较，它们已经不是同一水平的产品了。现在的保姆比以前更好了吗？可能文化水平高多了，以前的保姆大多是不识字的。从服务的角度讲，服务的意识可能各有长短，不能说不好，但对一个家庭来讲实际上并没有变化。但是今天的制造和服务的比例已经发生了根本性的变化。为什么会出现这样的架构？这是一个相对价格的因素。这个案例引起我们思考的是，我们是不是真的享受到了更多更好的服务。

再讲一个很实际的案例。2013年的春节，所有的主流媒体包括新华社发布了一个报道，事由是北京居民抱怨菜价高。海南的杭椒到了北京的菜市场，卖到30元一斤，老百姓说菜太贵了。到底贵在哪儿呢？媒体讨论这个问题主要聚焦在两点。第一，海南的农民卖的杭椒是13.8元一斤。农民得到的太少，那么辛苦地把辣椒种出来，只得到它价值的40%左右。第二，聚焦在所谓"最后一公里"，海南的杭椒运到北京的时候一斤卖16元，两级批发完以后不到20元一斤，但是到了零售市场就卖到了30元一斤。当时《北京日报》相关的报道就是《最后一公里怎么了？》。后来我花了比较多的时间，把这个案例从头梳理了一遍。所谓"最后一公里"，就是会城门农贸市场的零售摊位，我到那里去调查了整个过程（见图5.7）。

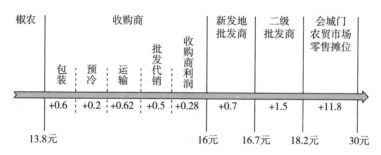

图5.7 海南辣椒运到北京价格涨了一倍多

在收购环节，海南辣椒的价格是13.8元一斤。运到北京，中间有五道工序，变成了16元一斤。而且这个过程中不能有任何意外，如天气不好、道路运输受阻等。收购商好像赚得并不算多，而且要承担风险。

到了新发地农产品批发市场以后，批发每斤加 0.7 元，二级批发每斤加 1.5 元，再到农贸市场大概每斤就加了 11.8 元，感觉确实加了不少。但是，我们到农贸市场具体调查一下，最后卖菜的人赚的钱是不是很暴利？是不是很不合理？当时是 2013 年春节，会城门农贸市场从进口数第四个摊位，大概每月是 2700 元的租金。夫妇俩守一个摊子，早上 4 点去拉菜，到晚上 8 点收摊，每人每天工作 16 个小时，加在一起每天要工作 32 个小时，等于我们正常的四个工作日，就算春节期间加价，生意最好的时候一天卖 30 公斤，日常也就是卖 10 公斤左右，每天粗菜、细菜算下来大概一天能赚三四百元，大概每个月能赚到 1.2~1.5 万元。听上去赚得不少，实际上是夫妇俩一天付出了四个满时的工作日，从早上 4 点工作到晚上 8 点，中间就是换着吃饭。对此 2013 年北京市民人均收入，毫无暴利可言。

那么菜价到底是在哪个环节出问题了？看了半天，说实在的哪儿都没有出问题，就是这样一个商业模式在运转。是不是有路上乱收费？我调查了一下，一分钱都没有，海南蔬菜进北京，全程绿色通道，要保证给首都人民送上新鲜可口的便宜的蔬菜。其中加价比较多的环节就是运输，比如一台最大的 19 吨货车，两个司机，三天三夜换班不停车，从海南拉到北京全程 6 000 公里，大概要用九天时间往返。特别是前三天司机基本不休息，驾驶室是双排座，前面的人开车，后面的人可以睡觉，这真是车跑人不停，72 小时在路上奔波，等于八个整天的工作日。按运菜 1.24 元一斤的话，19 吨大概 11 000 元，路上油费去掉 3 200 元。两个人至少是双倍的工作量，九天能赚 8 000 元，而且不能有任何意外，不能抛锚，不能修车。如果把全年可能遇到的意外加起来，跑一趟两个人能赚 6 000 元，一个人分得 3 000 元，回去休息一次，一个月能跑两趟，想想他们真是非常辛苦，也没有赚很多。我们从每个环节跟着看下来，好像都是恰当地赚钱。其实，"最后一公里"的问题，就是服务的效率问题。

二、服务业的思想史和服务业发展的特点

在经济理论中间，服务经济理论早期属于一个比较边缘的领域，但是一直有人在研究。我把最基本的几个阶段划出来。

在亚当·斯密的时代，服务业就被提到了。亚当·斯密认为，服务业的最大特点是非生产性，因为它是随生随灭，随用随灭，不能积累也不能进一步创造财富。他给出的例子就有演员、仆人、旅行服务、保安、牧师这样一些职业。马克思当时把大部分服务业也归为非生产性行业，但是马克思有一个非常重要的贡献，他明确地提出当时服务业是非常低效的。因为大工业时代是发展非常快的时代，和制造业相比，服务业效率没有任何的变化，所以他认为是低效率的。

然后又经过了一个非常有意思的时代，这个时代的人认为连制造业也是服务业。那个时代的经济学家认为，你制造出了什么东西，物质是实体的，你只是改变了它的地点、形状、化学成分、物理形态。所以，制造产品是在物质上附加的服务，这是一个短暂但是很有意思的服务换代经济理论的时代。紧跟着第三产业时代，有几位大家已经比较熟悉的做经济发展阶段研究的专家，他们依然认为服务业是低效率的。

1960 年以后，主要发达国家的服务业比重超过了一倍。首先是一位加拿大的经济学家，后来是鲍莫尔，他们两位给出了对服务业的一个最经典的描述。第一，它是低效率的。服务业不能采用高效率的机器设备，它是面对面、人对人的服务，所以效率很难上去。第二，由于它是低效率的，所以服务业的比重上升会使经济增长成本增加，有个词称它为"成本病"。由于它每增长一定比例，所需要的投入就会大大增加，所以最后导致经济低增长。所以服务经济往往和低增长匹配在一起。以上是服务经济理论的一个简单演变过程（见图 5.8）。

质疑服务时期 （1700–1850）	服务泛化时期 （1850–1930）	第三产业时期 （1930–1960）	服务经济时期 （1960–）
亚当·斯密　马克思	巴斯夏　卡尔松	费希尔　克拉克　索韦　福拉斯蒂　库兹涅茨	富克斯　鲍莫尔
服务产出非实物：随生随用随灭。低效率。	各种生产都是提供服务。	测度为主，比重上升是因为低效率。	服务经济低效率，成本病，低增长。

图 5.8　服务经济理论的演变

传统理论认为服务业效率低。首先，服务具有生产者和消费者面对面、人对人、同时同地这三个特点。比如教育，现代化的小学开始以后，每个班的合适的学生数额，大概就在 30~50 人，而且学生的均比在提高，每个老师能够教的学生数量在下降，所以效率是不能提高的。再说医疗，每个医生在八小时内面对面医治的病人数量，近 200 年来几乎没有变化。另外，一个保姆服务一个家庭，多少年来效率也没有变化。经典的案例是鲍莫尔使用的，他说五位乐手演奏一场半小时的室内音乐会，需要付出 2.5 小时人工成本，这个成本从 1880 年到 2000

年没有任何变化。而在这个过程中间，制造业的效率则是在大大提高。由于服务业没有办法使用机器设备，缺乏规模经济，它的劳动生产率一直没有办法提高。

所以服务业增长和服务业比重提高，有四个含义。

第一个，要有真实服务消费的增长。随着经济增长和人们收入的提高，原来很多人只上小学、中学，现在有越来越多的人上大学，真实的服务消费在增长。

第二个，服务相对价格的上升。前面讲到保姆和彩电的例子，它并不是真实的服务量增加，而是相对服务量价格上升。这是服务业增长的一重含义。我简单测算过，2014年中国服务业比例上升占将近一半的贡献，相当程度是价格上升导致的服务比重上升。

第三个，服务切割外移。原来制造业内部，有很多内涵环节现在独立出去，这个现象非常普遍。比如汽车制造厂的汽车设计、家具行业的设计，已经完全外包出去了。原来被归入制造业内部计算的部门，独立出去以后成为单独的设计企业，它的产值就被单独统计了。

第四个，家务劳动的社会化，自我劳动变成相互服务。原来每天回家自己做饭，现在改成了叫外卖。典型的场景是，张太太给李太太送水饺，李太太给刘太太打扫卫生，刘太太给张太太洗窗帘，原来这些都是没有纳入GDP核算的，现在纳入GDP核算，家务劳动社会化成了产值。在20世纪60—80年代，加拿大服务业比重上升到13%，就是这个因素造成的。

从国际经验看，服务业比重上升是不是增长速度要下降？我们挑了一些其他国家（地区）来观察。原因一是有可比的数据。很多发达国家，服务业比重比较早就达到了 50%，但是那个时候的统计数据现在不能直接拿来同口径使用。二是这些国家和地区体量比较大，太小的经济体比照意义不大，人口最好在 7 000 万以上。三是它们是和中华亚洲文化一致的经济体，要去掉亚洲人多数愿意自己干，不愿意外购等因素。趋势是比较明显的。随着服务业比重的上升，增长速度在下降，基本上还是非常规律的一个喇叭口的变化。国际经验大体上可以证实，服务经济理论所说的低效率、成本病和增长速度下降的关系。

三、中国服务业的发展

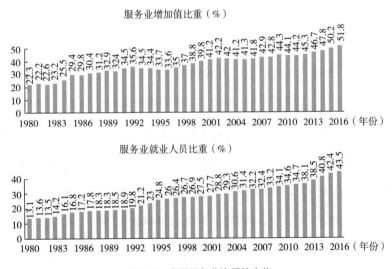

服务业增加值比重（%）

服务业就业人员比重（%）

图 5.9　中国服务业比重的变化

图 5.9 有三个看点。第一点，服务业长期增长缓慢，比重还是偏低。第二点，原因分析。第三点，服务业比重上升与增长速度下降下一步的趋势。

1980—2016 年，中国服务业增加值占 GDP 的比重和服务业就业人员占 GDP 的比重，没有什么特殊之处。如果大家看统计年鉴，应该稍微关注一下服务业统计的困难。服务业统计的准确度比制造业低很多，所以每五年经济普查的时候，会对服务业比重有一次调整。大体上可以看出来，服务业每五年会有一个比较大的变化，这和统计数据有关。我觉得服务业比重会保持一个很精准的上升速度。

四、中国进入服务经济时代，和其他发达国家有不同的背景

中国的服务业在同组别国家中间，比重仍然是比较低的。

2004 年中国还处在中下等收入国家的时候，我做了这张图（见图 5.10），当时中国就在这条均线趋势线的下面。现在我们已经是中等收入国家了，我们仍然还在线下。按照规律来说，基本上所有国家都在这条线上或者围绕这条线来发展，大体趋势是存在的。当一个国家人均 GDP 达到 5 000 美元的时候，服务业比重应该达到 50%。中国现在人均 GDP 将近 9 000 美元，服务业比重刚刚高出 50%。而和我们同组别的一些国家，人均 GDP 大概是在 8 000~9 000 美元，我们的比重是最低的，比例也很低。中国仍然是服务业比重和收入比重偏低的经济体。

为什么服务业比重低呢？简单地说，一是低消费率的影响。大概消费率和同等国家相比低 20% 左右。二是高出口比率的影响。中国的制造业不仅是为国内消费生产的，还有很大一部分是为全球消费者生

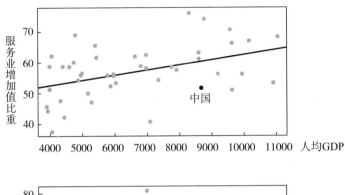

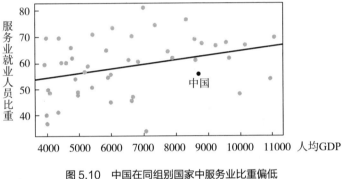

图 5.10　中国在同组别国家中服务业比重偏低

产的，所以制造业比重高出了以国内消费为主的产业结构。三是全能企业体制的影响。国外很多制造业从采购到设计再到最后的营销，都有社会化的服务企业在服务，但是我们有些企业还是全能体制，把大量服务包含在制造业内。这三点主要影响，大概可以消除掉服务业比率偏低的 2/3 以上的偏差。

中国和其他国家发展趋势也是相符的。从 2008—2018 年，随着服务业比重的上升，经济增长速度从将近 10% 掉到了 7% 左右。我个人相信，这个趋势都会延续一段时间，而服务业比重还会继续上升。如果我们再看下一个十年，服务业比重现在是 52.5%，我们把它设定在60%，大概一年上升 0.78 个百分点，这是比较保守的统计。到 2027 年，经济上涨速度设定为 6%，这是一个比较乐观的设定。服务业比重继续上升，经济增长速度继续下降，这是一个大的趋势。

五、网络数字时代的服务业

把这个话题拉回来，我们并不希望我们和发达国家一样，服务业比重上去而经济增长速度下来。我们如何才能和发达国家不一样，或者我们能表现得更好？我讲三点理由。

第一点，我们现在到了一个网络和数字时代。

第二点，中国是一个最大规模的经济体。

第三点，全球化的环境也是发达国家不能比的。

首先，网络和数字技术改变了服务业的性质。刚才讲了服务业的增长是低效率、高成本带来的低增长，这是服务经济的一个特点。低效率是因为服务需要面对面，一个保安只能管理一栋楼，一个保姆只能服务一个家庭，一个老师只能给三四十名孩子讲课，一个医生一个上午只能看十个病人等。办一场交响乐音乐会，场地再大，无非就是容纳几千人的规模，它没有规模经济。

网络技术改变了若干服务业的基本性质。首先它使规模经济变得极为显著，网络空间服务制作成本相同，而且边际成本非常低，但是它服务的对象是一个到上亿个。我们就处在这样的时代。如果我讲课有直播，坐在我对面的只是一百多个人，但是还会有全球成千上万甚至更多人同时在听课，它的生产成本是相同的，制作成本也是相同的。一个服务平台形成以后，可以销售多种产品和服务。现在有几个著名的视频平台，每一个视频平台都有文化、影视、音乐、体育比赛等，三大视频平台大概都有上千个品种的服务在线提供。现在经济上讲多样性和规模经济是有冲突的，但是在网络时代，多样性并不意味着效率的降低，这个冲突我觉得被消解掉了。

我们来看几个最典型的案例。2016年全年，中国举办的音乐会现场观众有628万人，但是同年网络音乐用户规模达到5.24亿人次。一首歌，歌手在现场唱一遍有一千人听，唱两遍有两千人听，但是放到网上以后，下载是没有任何边界的，而且制作成本也不会上去。王菲是很多人喜欢的歌手，她的个人音乐会现场观众是1.8万人，而腾讯视频在166个国家同步直播，吸引了2 100万观众在线观看，累计播放3.4亿人次。

所谓多样性，就是网络经济特有的"长尾效应"，大家常举的例子是书店。全球最大的实体书店只能摆100 000本书，但是网络书店的供应是没有限制的。网上有很多书店，它会替你去找你需要的旧书，或者帮你去复制。你能想到的书，它都能帮你买到。一旦没有了实体的店铺限制，多样性基本上不是效率的障碍。你买某个电视盒子，里面能够播放的视频品种非常多，同期可以选看无穷多的节目。长尾效应能够容纳的多样性是远远出乎想象的，这是网络和数字时代给服务带来的变化。

由于网络时代的服务变得可贸易，所以服务贸易占进出口比重持续在上升。据2000年的统计，服务贸易占进出口总量都超不过20%。从2008年以后这个数字开始上升，现在我们每年都要进口很多国外的视频节目，因为它是可以远距离实现贸易的。网络的空间服务除了表演权收入这一部分之外，其他的都可以进入全球市场，音乐是最典型的。一旦规模扩大到全球以后，它的规模经济、它的范围经济还在继续上升。

作为网络时代的大国，中国发展服务业的优势更加明显。网络是讲究规模经济的，人越多，数据越明显，大国首先支持了服务业。你在国内发展，哪怕是一个很小众的项目，由于中国人口基数很大，也可能会获得可观的效益，这是大国的优势。另外，它可以形成分工细化的生产性服务业。刚才讲到的家具制造，负责家具设计的企业在深圳就有 60 多家。家具设计本身也可以细化到很专业的程度，这一定要有很大规模的制造业来支撑一个很专业的生产性服务业。如果没有多家制造商的需求的话，专业化的设计公司是没有办法生存的。意大利一家汽车设计制造商，每年起码要设计 13 款车型，这个企业才能生存下去，所以它需要一个很强的制造能力来支撑生产性服务业。如果在国内发展起来了，市场够大的话，这个服务可以比较成熟地进入国际市场进行竞争。

另外，还有一个全球化的背景。体育产业在国外差不多就是一个支柱行业。美国是一个制造强国，但是它的体育产业产值比汽车产业产值大得多。而在中国，这个产业却受到了主流经济学界的漠视。2016 年因为工作需要，我翻看了《经济研究》《管理世界》《中国社会科学》等一些主流经济学刊物，想找几篇相关文章看看，却没有找到。我在一些学术讨论会上提出来，希望对体育产业能够多做一点研究，却遭到了一些学者的质疑，说体育的本意是为了提高人民的身体素质，一定要由政府来提供服务，不能交给商业运营。所以，我也因此有一种很挫败的感觉。同时我也想试试看，能不能把体育产业带到主流学界里来吸引更多的关注。

《体育产业的经济学分析——国际经验及中国案例》是我刚刚出版的一本书，我想告诉大家，我讲这些是因为我刚做过一项研究。2018 年以来，我在《经济研究》《管理世界》上发表了几篇文章，还要在《中国社会科学》上再发一篇。我希望体育产业应该得到足够的重视。

体育产业的发展我大概讲四点。一是上中等收入和高收入阶段的国家，体育就是支柱产业，我们已经到了这个阶段。二是它符合现在服务业的时代特点。三是大国体育产业规模一般都很大。四是全球化给它带来的机遇。

首先，我们进入了一个中等偏上收入并继续加快发展的阶段。在这个阶段，健康与快乐的需求高速增长。体育爱好人皆有之，现代奥林匹克运动会，从第一届到现在已经 100 多年了，再往前从马拉松起跑看已经有 2000 多年了。什么叫产业？消费者愿意付费的时候它才是真正有效的需求。投资者愿意投资，而且关联产业条件好。中国有一个特别有利的条件，就是政府意愿很强，所以体育产业进入了一个快速增长的发展阶段。按正常阶段讲，我们应该有多大的增长空间呢？

如图 5.11 所示，深灰色表示一些国家体育产业增加值占 GDP 的比重，浅灰色表示体育就业占劳动力就业的比重，从美国、欧盟、英国、法国、德国、韩国的数据来看，无论体育产业增加值占 GDP 比重，还是就业占劳动力就业的比重，明显我国都是偏低的。这是 2016 年的数据，现在的发展状况还是比较滞后。

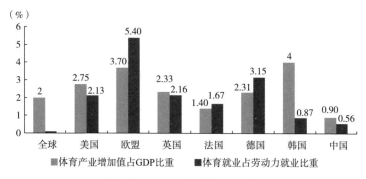

图 5.11　体育产业比重的国际比较

　　体育产业能够有效利用网络和数字技术，特别是体育赛事。现在看体育比赛，劳动生产率大大提高了。一场足球比赛，两个队，22 个球员，到底能够服务多少观众呢？世界上第一场职业足球比赛是在 1861 年，一直到 1961 年的 100 年间，最多的现场观众就是 4.5 万人左右，它的劳动生产率是无法再提高的。1962 年卫星电视出现了，可以全球转播，现场仍然是 22 个球员在场上奔跑，提供竞赛表演，但是现场观众加电视直播的观众最多的一场达到了 1.12 亿人次，重播又是近 1 亿人次。而到了互联网时代，现场 + 电视 + 网络，最多的一场直播有 1.27 亿人次观看，相关话题参与者达到数亿人之多，回看比赛及各种集锦又有数亿人次。生产的提供者仍然是 22 个足球运动员，我们无法衡量它的效率有了多少倍的提高。巴西的球王贝利是一位著名的足球运动员，但是他所处的时代不太幸运，他正好在卫星电视服务出现之前退役了，所以他一年拿到的薪金只有 15 万美元左右，而现在的 C 罗（克里斯蒂亚诺·罗纳尔多）年收入在 2 000 万欧元以上。不是贝利踢得不好，他踢得非常好，只是可惜看到的人太少了。现代体育产业能够非常有效地利用网络和数字技术来提高效率。

　　体育产业是网络时代非常特别的产业。很多广告对投资者来说不是为了直接赚钱，而是为了吸引眼球。美国总统特朗普年轻的时候曾经投资过体育产业，1984年他花了900万美元买下一支橄榄球队。当时美国橄榄球全国性最大的联赛由NFL（美国职业橄榄球联合会）主办。20世纪80年代，有一批人想在美国另搞一个新的顶级联赛。特朗普觉得可能是一个机会，所以他买了一支球队参加。但是要想在全美搞一项顶级联赛需要有很多条件，需要有一流的队员、一流的教练，需要有场地和观众，最后这个联赛做不下去了，一年以后就停办了，特朗普投的900万美元打了水漂。但是他说，我虽然损失了900万美元，但是我的这笔投资价值10亿美元。因为他花了900万美元，做了铺天盖地的平面和电视广告，"特朗普"这三个字被数万次重复提起，如果他要在这些吸引眼球的媒体上做广告，大概需要付出10亿美元。

　　后来他又闹上法庭去起诉，状告全美橄榄球联赛垄断市场，排斥新的竞争者。跟着开发布会，上电视，上平面媒体的头条，用足了这次投资带来的广告效益。

　　大国的优势，一是最能有效发挥信息技术带来的规模效应。中超（中国足球协会超级联赛）和CBA（中国男子篮球职业联赛）电视收看人数分别超过了4亿和7亿，这在其他国家无论如何是难以想象的市场规模，毫无疑问，它们占据了各国比赛国内收看人数之首。重要比赛的单场次转播，国内收看人数也超过8 000万，好几场重要的"德比之战"收看人数非常高。

　　二是范围经济效益很显著。在转播平台上，有几百种、几千种产品在提供服务，长尾效应很突出。另外，转播版权价值很高。2015年，中超五年的全媒体也就是电视、网络和新媒体转播版权，卖出了80亿元人民币。当时我在四川，有人给我发信息，说卖到了80亿元，我当时第一感觉是肯定多敲了两个零，因为在这之前，每年能拍出8 000万元就到顶了。中超成为欧洲五大联赛之外转播费用最贵的足球联赛，这就是因为我们的人口基数大，同样一场比赛受众多，所以带来了极高的效益。

我觉得，我国的体育产业要比很多国家更有发展前景。第一，人口规模大，可以容纳多个流行项目发展。第二，大城市非常多，200万人以上的大城市有235个，500万人以上的大城市有105个，1 000万人以上的大城市有14个，任何一个国家都无法和我们相比，就连整个欧盟也没有办法和我们比。体育产业非常需要集聚效应，养活一个顶级的职业联赛俱乐部，它的底线是"双两百"：两百万人口和两百亿美元的产值。中国的北京、上海、广州等大城市，CBA和中超球队大概都有3~4个，这就是大城市带来的优势。第三，中国的网络和数据产业发达，普及和应用程度高，可以将网络空间体育服务传递给亿万级的消费者。国外不少俱乐部跑到中国来推销，像西甲、英超都把重要比赛场次的时间改了，希望能方便中国观众收看，他们主要是看到中国的市场之大。欧洲很多俱乐部拥有的中国球迷超过了它在本土的球迷人数。

还有一个非常有中国特色的项目已经成为商机，这就是广场舞。现在国内有六个网站可以对广场舞进行商业化运营。一个特点是，在这些平台上，会同时有几百个不同的广场舞在线教学，你想要什么舞它有什么舞。另一个特点是可以上传广场舞视频。如果你觉得你的团队跳得好，你可以把自己的舞蹈视频上传，经过审核后就可以发表，展示给更多的人观看学习，所以非常受"大妈们"的欢迎。另外这些网站还经常举行现场比赛，直接上传视频给大家看。广场舞能成为商机，绝对是中国特色，同时有1亿多人在跳，还有1亿多人在看。虽然变现程度很低，大概最好的网站人均不到几元，但是它的量很大，基本就是买卖一些舞衣、舞鞋、道具、音响之类的项目。

我原以为广场舞只有中国有，某一天出国，发现国外也在跳广场舞。我到美国密歇根大急流市，晚上出去转转，看到不少人也在跳广场舞。那里的广场舞特点就是音乐声非常低，这一点和我们不一样。但是当地的人口基数很小，参与比例也很低，成不了产业。只有相当大规模的人数，才能使极小众化和人均消费很低的项目变成一个产业，这也是我们中国的一个特色。

在中国的文化背景下，体育产业能不能快速发展呢？大家最普遍的担心就是我们的文化传统跟西方不同，我们的体育偏好比较弱。但是在和我们同样的亚洲文化背景下，日本和韩国最流行的是职业棒球比赛，现场观众占人口比重和欧洲现场观众足球是一样的，大概有17.9%和16.3%。其中17%左右的人次是在现场看比赛。中国的台湾省健身人数比例和欧美也是相同的。

实际上，中国这两年变化非常快。如图5.12所示，这是普通居民区内600米半径内的健身房数据。2015年我研究的课题刚开始的时候，我搜索过相关数据，在我家附近600米半径只有1家健身房。过了两年，也就是2017年7月18日，我又搜索了相关数据，在我家附近600米的半径内，已经有了 10 家健身房。现在去超市买东西，总会有人把你拦住推销健身卡。

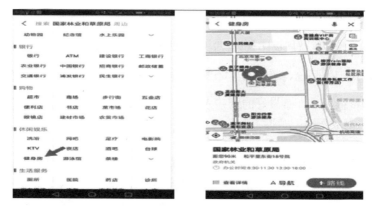

图 5.12　普通居民区 600 米半径内的健身房：从 2015 年的 1 家，到 2018 年的 10 家

我还找了三个不同的有代表性的地点，一是收入比较高的金融街，二是年轻白领比较集中的新中关，三是位于远郊的亦庄社区。结果数据非常均衡，在 600 米半径的区间内，都有 8~10 家健身房。亦庄这一带基本都是近两年建起来的健身房。所以，这个产业已经临近爆发式增长，我觉得非常正常，这是一个很自然的过程（见图 5.13）。

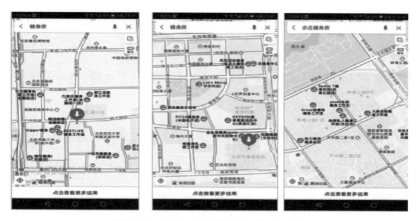

图 5.13　600 米半径内的健身房三地比较

最近我看到 2018 年"十一"期间的消费数据，"90 后"去健身房的比例是整个人群的四倍，是"80 后"的三倍。中国 20 世纪 90 年代出生的年轻人，在未来十年有健身消费需求的有将近 3 亿人，这一定是未来健身房的消费主流。现在全国大概有 1 000 万人拥有健身卡，占总人口的 0.9%。到 2025 年，保守估计也有 7 000 万人，正常估计我觉得会有 1 亿人拥有健身卡，也会有人在工作场所和家附近办两张卡。这是对未来健身行业规模的估计，所以我对这个行业非常看好（见图 5.14）。

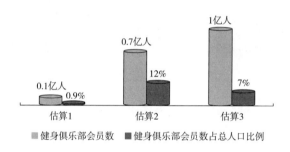

图 5.14　中国健身行业规模估算

电子竞技是一个新的体育项目。2017 年 11 月，英雄联盟全球总决赛在北京的鸟巢举办，票价很高。实际上它是网络同步直播，但是竟然有近 5 万人涌入现场来观看，火爆的场面震撼了全球电竞界。

中国电子竞技水平在全球确实是发展最快的，中国一参赛就拿下了电竞金牌，我们在新的体育竞技项目上非常有优势。中国人并不是不爱健身，不爱玩儿，不喜欢运动，完全不是这样。所以我对中国体育产业的发展非常看好。

体育产业也是一个高度全球化的产业。2017 年国家博物馆一场非常著名的展览，是由大英博物馆挑选了 100 件展品来中国展出。它的主题是"文物中的世界史",从文物来看全球交往是怎么发生的。其中一件展品很有意思,是一件球衣,标题是"一件球衣连接各大洲"(见图 5.15)。

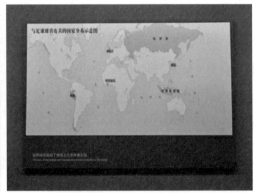

图 5.15　一件球衣连接各大洲

体育全球化已经成为当代全球化的一个标志,穿这件球衣的球员是科特迪瓦人,他在英超切尔西队踢球,还曾在法甲(法国足球甲级联赛)、意甲(意大利足球甲级联赛)、土甲(土耳其足球甲级联赛)和美国也踢过球,甚至很短时间内曾经加盟了上海申花,展览对这件球衣的解说是,切尔西队的老板是俄罗斯人,切尔西队的长期赞助商是三星公司,这件球衣是在印尼生产的,后来卖给了中国球迷,一件球衣连接了五大洲,它确实成了一个非常突出的全球化的标志。我们总觉得体育是一个娱乐活动,其实它是非常重要的全球化支柱性大产业。

体育全球化很好理解。一是体育竞赛规则非常统一,人类第一个被不同文化背景的人自愿接受的法律就是体育规则,这在其他产业中是很难想象的。二是它不需要语言,各国消费者都能选看全球任何比赛。三是所有的球员都能够跨国转会踢球。四是国际比赛无国籍，不太容易引起意识形态或者民族感情的争端。北京奥运会的版权属于国际奥委会，北京市只是受托的主办方。伦敦奥运会版权也属于国际奥委会，国籍不是英国，都属于无国籍的比赛，所有国际比赛都有这个特点。五是信息技术使体育跨国转播成本低廉，而且收益巨大。奥运会和世界杯开幕式全世界大概都有 10 亿人在收看，整个赛程收看人数可以突破 60 亿人次，这形成了非常巨大的产业。

近年来，体育产业的增长明显高于 GDP 的增长，体育产业增加值占 GDP 比重在不断上升。中国的体育产业，加上信息技术带来的优势，加上大国本身的优势，加上全球化带来的优势，一定会高速成长，而且在全球具有很强的竞争力（见图 5.16）。

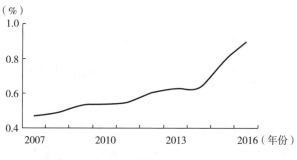

图 5.16　我国体育产业增加值占 GDP 比重

六、当代服务业和服务经济时代治理面临的机遇和挑战

网络时代，服务业发展带来很多治理的新问题，我们挑几个问题简单介绍一下。首先是公共服务和市场服务边界变得模糊。公共服务引入市场主体，市场主体要求政府干预。无论是对市场和政府，还是

对公民,都是机遇也是挑战。公共服务引入市场主体,所谓"巨头入局"就是大的市场主体进来了,但是它们进来并不是来做慈善或者是做好事,这叫市场争夺战,是商业化运作。

城市治理是最典型的公共服务,有评论认为企业能够提供公共服务,它是 PPP 的一种新的模式,可以依托新技术更好地治理城市,这也是企业的社会责任。在政府的支持下,可以在城市安置无数互联网节点,大数据商业开发就有了广阔的前景。另外物联网有了巨大平台,企业营销会更加精准,这些都是从商业角度来看城市治理。但是也有评论认为拿不太准,一是入局企业会获得巨量的公共数据,二是公民行踪处处可觅,三是私人数据会被非许可使用。这是对公共服务引入市场主体带来的一些问题的思考。

倒过来更有意思,市场主体也在要求政府干预。2018 年 10 月 5 日,阿里巴巴公司为允许行政干预的区块链系统到美国申请专利,美国是讲究自由的市场,阿里巴巴直接为第三方干预留后门的系统申请专利,我觉得这可能是一个里程碑式的事件。我把这个消息看了好几遍,我的理解是企业有那种责任感或者担心,所以它自己主动要求政府介入企业最深层次服务中。一个是公共服务引入市场主体,一个是市场主体要求政府干预,这都是此前少有的情况。

机遇和挑战在哪儿呢?以公共服务为例,企业介入公共服务领域,它不是公益或者慈善,而是作为一个商业模式来运作,企业同时提供市场监管职能。阿里巴巴曾经有一个知识产权保护模式,世界知识产权组织副总干事到北京来看过这个模式。现在全球每天假货泛滥,你上架一个产品,很快就可能有人起诉你说这是假的。不处理它有问题,处理它也很难。所以阿里巴巴就直接把诉求放在网上，然后让大家评估，你觉得它俩像吗？你觉得它俩是一回事吗？如果网民一致认为它没有抄它的，它俩不是一回事，那这事就过去了。如果大家说它俩确实有点像，这时候就会有后续的跟踪，有专业评委和一系列的跟进措施。企业为什么要管这种事呢？是不是可以直接交给国家产权局来管呢？回答是根本不可能。在网络时代，很多原来依靠政府外在监管的，可能必须要由企业来承担责任，它必须要发展出来一种新的监管能力。

政府干预可能会要求介入企业微观活动。比如，美国国会和欧盟都要求脸书（Facebook）提供一些商业交易底层的模式，要求腾讯限制游戏服务时长等，这些都是在直接干预企业的经营活动。

决策公开也是好事。公民首先要知情，知情才能参与，参与才能监督，监督以后才能对政府做一个正确的评价。我在20世纪80年代和90年代初做研究的时候看过一本书，说自从美国要求政府决策或者国会讨论的意见要面对公众之后，决策质量大大下降。因为政府需要考虑很多问题，需要讨好选民，需要讨好利益团体，所有人只替与自己相关的那个利益团体说好话，没有人再真正提出批评性的意见。可见决策公开以后，也会带来新的问题。PPP中间的数据资源授权，数据产业发展与个人数据保护，外部性强的新技术监管，AR（增强现实）技术监管，生物技术监管，新药品开发监管，有很多问题需要我们认真考虑。

以公共服务为例，企业介入公共服务领域，把它转化成一个商业模式。我们要求政府开放体育场馆，让老百姓能够享受低价到体育场馆去锻炼。这个模式已经从2012年开始在全国大面积推开，但效果并不好，这还真不是政府要拿它赚钱，因为也没有什么钱可赚。大型体育场馆，比如鸟巢，真正的运动场地面积只占了不到 15%，主要面积是看台、配楼和楼上的各种房间，这些都不能作为全民健身运动场所。所以现在很多商业化的场馆运作非常灵活，采用的是非常广泛的人均连接，人均付费虽然很低，但是它的人数很多，把大中小体育人群密集地分配在车程可到的场馆之内，然后通过网络相互连接。它提供的服务收费比政府有补贴的收费还低，但是它提供的服务很好。首先它需要人数足够多，要有很好的互联网平台，还要有足够的场地，才能把一种普通活动方式变成商业化可运作的方式。

还有一个公共数据使用的案例。我家亲戚的一个女儿到美国上学，家里人告诉她不要乱跑，因为当地治安不是很好。但是她到了美国的第三天，家里就收到了优步发来的一条短信，点开短信链接看一下，发现她晚上坐车跑到一个很远的地方去了。家里人赶快发微信，问她干什么去了？她说是校友聚会，并问你们怎么知道的？家人就发了一个截图给她看。我们都非常吃惊，因为她从来没有给优步留下任何信息。后来她问师姐，师姐说你到美国政府申请签证的时候，会要求你提供三个紧急联系人，然后政府就直接把他们的联系方式放到优步平台上了。这到底是好还是不好呢？对于公共数据，是使用优先还是许可优先？你个人的公共数据，美国政府签证要求提供，是美国政府强制性的要求，但是我并没有允许你把它提供给网约车平台。这样的例子还有很多。

政府拿到的信息可以和商业机构合作，但是我们还是要问一下，数据的使用要不要对个人隐私进行保护？为什么需要政府的干预？我觉得一定不能把它和商品时代的政府干预等同看待。大型的信息平台，人数众多而且都是匿名，对信息的管理不像传统媒体有人工的筛选功能，能够避免网络信息对他人生产生活和社会秩序产生攻击，避免网络攻击行为影响到经济社会的稳定。另外，网络现在就是一个公共基础设施，大型网络公司既创造了新经济，也创造了一个新社会，因此你还是要承担部分社会职能。

各国政府都在一定程度上对网络产品和服务层次进行了管制，所以不能照搬商品时代的理念，说政府干预是不对的。但是，我们也不能说都对，这个问题需要重新评估。所以阿里巴巴主动要求政府干预的那一套系统申请专利，我觉得可能预示着一个新的时代的来临。

今天讨论的结论，有以下几点。第一点，毫无疑问我们进入了服务型经济时代，服务在 GDP 中占了一半以上的比重。时代不同了，能够利用网络空间和数字技术的服务业已经成为高效率产业。

第二点，中国作为一个大国，在需求供给、网络技术开放等方面具备有利的条件，服务业一定会持续快速增长，和我们的制造业一样，形成比较强的国际竞争力。

第三点，前面说了那么多国际经验，到了服务为主的时代，经济速度就会降下来，变成中低速度增长。我们希望中国有可能突破先行者的规律，继续保持相对比较快的增长。如果有前面两点支撑，我们有希望能够保持 6% 以上的经济增长速度。

第四点，服务经济时代，特别是网络和数字时代服务业治理面临很多新的机遇和挑战。公共领域和私人领域，市场和政府边界现在完全是模糊和交叉的。对于市场主体、监管者、决策者都是很大的挑战。

第五点，这是一个很有意义的研究领域。我们所讲到的服务业，已经变得效率很高了。但是，服务业整体上是否摆脱了低效率的特征？是否摆脱了高成本的问题？有没有把经济增长速度往下拉的问题？目前我们还不能做一个准确的评价，我们只是说有些行业发生了根本的变化。服务业整体效率对增长的影响是一个很有意义的研究领域。全球服务贸易占全球服务业产值的比重，还是大大低于全球商品贸易占全球制造业的比重，原因就是服务业还处在一个我们没有完全把握的时代，有很多问题需要研究。

我在工业经济领域做过八年研究工作，在服务经济领域也做了八年研究工作，我觉得当下服务经济领域有挑战性的问题挺多。如果大家有兴趣做一些创新性的研究，便会发现这个领域很有意义。我也很希望大家可以对这个领域有更多的关注。

中国经济法律的发展及相关影响因素 [①]

张毅 [②]

2011 年，全国人大常委会委员长吴邦国在第十一届全国人民代表大会第四次会议上庄严宣布：中国特色社会主义法律体系已经形成。党的十九大报告在十八大报告"全面推进依法治国"的基础上，进一步要求"坚持全面依法治国"，进一步指明了我国的法治道路，也相应提出了更高的要求。

今天我要和大家分享的是我们法律体系的一个重要组成部分，经济法律的发展和演进。

大家知道，随着全球经济一体化的进程和我国经济社会建设不断取得重大成就，我国的经济法律体系也在顺应时代发展而不断演变。我国的很多经济法律在制定之初，在结合国情的同时，都积极学习和吸纳发达国家或地区立法的成功经验，比如，合同法借鉴了美国统一商法典的立法经验；证券法从审批制到核准制的转变，以及对注册制的探索，也受到了美国证券法、证券交易法的影响；我国还跨越了大

---

① 本文根据长安讲坛第 343 期内容整理而成。
② 张毅，中国经济 50 人论坛企业家理事会成员，金杜律师事务所中国管理委员会主席。

陆法系本身的局限性，建立了最高法院指导案例体系。

与此同时，国内经济的日益蓬勃发展为经济法律的制定或者修订注入了活力，也带来了挑战。外国投资的升级换代、资本市场的成熟发展、社会极为关注的环境治理、日益成为企业发展支撑的知识产权发展、飞速迭代的新科技、新经济等变化都在我国的经济法律立法和实践上打上了中国特色社会主义的时代烙印。

此外，我国日益完善的经济法律体系不但有效推动、巩固和维护了改革开放的伟大成果，而且逐步走向了国际化之路，在世界舞台上占据越来越重要的位置。

一、中国现行法律框架

（一）法律的定义

在论述法律的发展和变化之前，我们首先要讨论法律的定义和内涵。

马克思主义法学认为，法律是由国家制定、认可并由国家保证实施的，反映统治阶级意志，以权利和义务为内容，以确认、保护和发展统治阶级所期望的社会关系、社会秩序和社会发展目标为目的的行为规范体系。

我来解释一下，在中国，广义的法律可以是全国人民代表大会及其常务委员会制定的，也可以是国务院或其部门制定的，还可以是地方立法机关制定的。法律旨在调整人和人之间的行为规范，民法、合同法、证券法以及其他商事法律等都是为明确人和人之间的行为规范，调整行为人之间的权利和义务。法律是由国家强制力保障，一旦公民违犯法律，公安、检察院都有可能介入，最后由法院判决，这就是国家强制力实施。

对法律定义和内涵也有不同的观点。有人认为自然法是最高级的法律，孟德斯鸠讲法律源自自然法，古代的老子讲"道法自然"。也有学术探讨道德和法律的关系，常举的案例是路人扶起路上摔倒的老人，却被判承担一部分的民事责任。这类判决让我们思考法律或者司法对公序良俗是否形成正面的推动作用，这是道德和法律的关系。近几年非常火的《人类简史》一书作者尤瓦尔·赫拉利在书中对法律的定位是"法律存在于人类共识的想象之中，正如人类丰富的想象力，构建出宗教、国家、货币等想象产物，凝聚更大范围的陌生人的共识，共同抵御风险、共创事业，法律条文本身也没有意义，大家共同愿意去尊重法律，共同惩罚违犯法律的行为，法律才有了价值"。这个说法和卢梭的"社会契约论"有共通之处。

法和经济学也有交叉，比如，成本并不只是经济学下的概念，法律中也存在成本。相对于生活在没有任何法律或者规范的自由空间，遵守法律会导致个人成本的增加，但会令整个社会的治理成本降低。

法律最初从习惯、利益、宗教、道德等无形的行为规范演变而来，又走过族群法、城邦法、国家法，最后走到了国际法。随着社会的发展，随着国家的发展，随着人类的进步，法律本身也在发展。

（二）中国法律体系和违法的概念

中国的法律体系大概包括以下几个内容。

　　首先是宪法。宪法是具有最高法律效力的根本大法，只能通过全国人民代表大会以特别程序修订，规定国家基本制度、国家机构和公民的基本权利与义务等。宪法是万法之法，一个国家其他的法律、法令等都不得跟宪法相抵触。

　　其次是法律。一般"守法"里的这个"法"范围很宽泛，而狭义的法律是有严格定义的，只有全国人民代表大会及其常委会制定的法律规范性文件才是法律，狭义法律的效力是很高的。

　　再次是行政法规。国务院制定的是行政法规。律和规是有一个层次上的区别。国务院下属部门制定的则为部门规章，部门规章的效力就相对低。但由于国务院部门比较多，所以制定的部门规章也非常多。

　　最后是地方性法规。省、自治区、直辖市等省一级的人大和人大常委会有权制定地方性法规。省会城市（如石家庄市）和较大市（如青岛市）根据法律授权也可以制定地方性法规。地方性法规的效力只能局限在相关地方。

　　我国参加的国际公约、条约不是我国的法律体系组成部分，但它们是我国法律渊源的一部分，也对我国法律发展起到重要作用，比如我国加入了1958年的《纽约公约》。《纽约公约》的主旨是承认和执行外国的仲裁裁决。经济活动中很容易发生争议，争议发生后会有很多解决办法，如调解、诉讼，而很多情况下仲裁更为人们所接受。仲裁是非司法体系项下的民间解决争议的机制，仲裁委员会的仲裁员可能是律师，可能是经济学家，也可能是某一方面的有影响力的学者等，但这些人没有法官的职权，他们解决了这个争议以后，仲裁的裁决如何执行和实施就成了一个问题。1958年各国谈判制定了一个公约，约定只要是被认可的仲裁机构做出的裁决，只确认程序合法性就应当被《纽约公约》的成员国法院承认和执行，且一般情况下不审核裁决的实质内容（违反善良公俗等特例除外）。各国通过这样的约定，有效维持了仲裁的效率、裁决的有效性和可执行性。

法律体系的概念明确以后，就可以进一步理解"违法"的概念。违法的定义是：国家机关、企业事业组织、社会团体或公民，因违犯法律的规定，致使法律所保护的社会关系和社会秩序受到破坏，依法应承担法律责任的行为。我们在这么多年的立法和实践过程中，对违法的行为和后果，也有不断的深化认识。举例而言，最初《治安管理处罚条例》是国务院颁布的行政法规，后来经过合法程序成为《治安管理处罚法》。原因是《治安管理处罚条例》里有很多限制人身自由的条款，比如《治安管理处罚条例》第 24 条规定，倒卖车票、船票、文艺演出或者体育比赛入场券及其他票证，尚不够刑事处罚的，处 15 日以下拘留、200 元以下罚款或者警告。拘留是什么？拘留就是限制人身自由的强制措施。而根据《立法法》和《行政处罚法》规定，行政法规和地方性法规均不得设定限制人身自由的处罚，限制人身自由的强制性措施和处罚只能由法律规定。这样大家就能理解了，原《治安管理处罚条例》是国务院的行政法规，如果不升格为法律，就不能设定拘留等限制人身自由的处罚。这就是立法的逻辑。

和"违法"的认知变迁一样，我国对"依法治国"的认知也在发生变化。在十八届四中全会的时候，"依法治国"的翻译发生了变化，从原先的"rule by law"变成现在的"rule of law"。仅变了一个介词，但实质意义就发生了变化。rule by law，以法管制，以法律为工具来进行管制；rule of law，法的治理。我们现在讲都是依法治国，依法治理各种社会的关系，这个转变起到了非常重要的作用。

（三）英美法和大陆法

世界法系主要分两类，英美法系和大陆法系。英国、美国、澳大利亚、印度、中华人民共和国香港特别行政区等，都是英美法系。一般认为，英美法系的特点是以判例为主，成文法较少，法庭审判通常是律师在主导。中国是属于大陆体系，属于大陆法系的还有德国、法国、日本、中国台湾及中华人民共和国澳门特别行政区等。一般认为，大陆法系的特点是法律条文为主，判例没有约束力，审判中律师起的作用较少，主要由法官主导。

这两个法系自身却在不断的演进过程中越来越接近。

英美法系的国家现在制定的成文法非常多，比如美国是英美法系最典型的国家，它也是目前世界上制定成文法最多的国家。中国作为一个大陆法系的国家，也在借鉴英美法系的优秀经验。比如，我国最高人民法院在 2011 年首次颁布了四个指导性案例，目的是希望能够作为下级法院判案的参照，减少下级法院审判的随意性。最高人民法院指导性案例到目前已经颁布了近 100 个。当然"参照"和英美法系判例的"直接引用"或"适用"是不一样的，但两者之间的界线比较模糊。最高法院颁布指导性案例对下级法院发生什么样的影响，下级法院会不会照指导性案例来判，这个和"适用"的差异在哪里，仁者见仁智者见智。总而言之，我们是在学习英美法系的优秀经验的。

（四）合同法的发展

讲完中国法律的概况，我们讲讲合同法。合同法是一部非常重要的法律，我们今天拿它做个例子。

1. 合同要素

《合同法》第 12 条规定了合同一般具备的条款：当事人的名称或者姓名和住所、标的、数量、质量、价款或者报酬、履行期限、地点和方式、违约责任和解决争议的方法。

这些都是合同的要素吗？根据最高人民法院的司法解释，定合同的时候最少需要三个最基本的要素，合同才能成立，即当事人、标的、数量。剩下的条款如果不具备怎么办？法律做出弥补性规定。比方说合同没有规定价格，就参照市场价格，曾经价格是合同要素之一，现在价格不是定义合同成立的要件。如果合同里没有交货时间，履行业务的一方在接到另外一方通知的时候要有合理的准备时间，当然法律规定的合理的准备时间，根据卖的物品不同，可能生产、运输的时间都会不一样，如何定义合理就要根据情况判断。交货的地点也是一样的情况。

2. 合同法的演变

中国合同法的发展和演变有很多的故事。我们现在的《中华人民共和国合同法》是 1999 年颁布的，最高人民法院出了四个有关《合同法》的司法解释。

《合同法》的前身是 1981 年的《经济合同法》、1987 年的《技术合同法》和 1985 年的《涉外经济合同法》，每部法律只管一个领域的合同，很多都具有典型的计划经济色彩。比如，《经济合同法》第 16

条规定,违反国家利益或者社会公共利益的合同,如果双方都是故意的,应追缴双方已经取得或约定取得的财产,收归国库所有。再比如,《技术合同法》第10条规定,按照国家规定需要经过有关机关审批的合同,从批准时成立。《技术合同法》第19条还规定了一方当事人由于上级机关的原因,不能履行技术合同的情形该如何处置。这些适用于计划经济或者是计划经济为主、商品经济为辅的法律,在市场经济时代是起不到法律应该起到的作用的,所以到1999年《合同法》出台了。

在1993年左右的时候,我作为一个课题组成员,曾参与了一部分合同法的初步起草工作。当时我们协助起草合同法的时候,的确参照了1980年的《联合国国际货物买卖公约》和美国的UCC法典(《美国统一商法典》),尤其是关于要约、承诺、对价、要约的撤销、要约的撤回、缔约过失方面的规定。目前的《合同法》在"合同的订立"这一章节里,要约、承诺、对价这些东西都保留了。

总结一下,合同法变迁的原因分内因和外因,内因是我国经济发展的需求,外因是全球经济的一体化,同时我们参考了其他国家的先进经验。

(五)证券法律的发展

接下来我们讲一下中国证券法律的发展和变迁。

1. 股票发行制

1992年中国证券监管对股票发行采用审批制,而且是用额度/指标来控制的。当时企业如果申请上市,首先要向当地的政管办去申请一个上市指标,申请指标的难度很大。

1999 年《证券法》开始实施后，我国就进入了第二个阶段：核准制。我国目前还是在核准制的阶段。证监会一度探讨股票发行实行注册制的可行性，2013 年《中共中央关于全面深化改革若干重大问题的决定》明确提出推进股票发行注册制的改革，但 2013 年至今已经五年了，还是没有推出来，这表明改革的难度非常大。

2. 美国证券市场和监管

接下来讲一讲美国证券法和中国证券法的不同。

美国的证券法是联邦法，但是美国的公司法都是州法，公司法也叫蓝天法，意思是希望能够像蓝天一样给投资者保护，阳光是最好的防腐剂，能够给投资者更好的保护。但是美国联邦的证券法在全美国都适用，州法只在本州适用。所以会形成公司的股东、高管等方面行为是由州法管辖的，后期股票发行则是由联邦法管辖的情况。

美国对证券行业的管理非常有意思。我记得我在美国法学院读书时读过的一个案例，是关于美国证交会扩大解释什么构成了证券发行的行为。在这个案例中，一个人有一片树林，假设他想把树林的产权分割成 500 份，每一份对应一小块地和上面的树，然后把这些份额全卖了。美国法院判决这个行为属于发行证券的行为。以募集资金为目的，向不定向的众多人群（具体数量不记得）发售代表一定的经济利益份额的行为，就是证券发行。第二个案例是关于定义内幕交易人的范围。美国证交会非常厉害，他们找到了一个印刷厂里的清洁工，这个清洁工在清理废纸的时候发现被扔弃的文件，并从中读出来哪家公司有哪些重大的信息要发布，根据这些信息他买了几千股的股票然后获利。美国证交会就起诉了这个清洁工，并且成功将其定罪，其根本目的是扩大解释内部信息和内幕交易人，从而建立一种对社会的惩戒和教育机制。

相较于中国的证券市场，我认为美国证券市场和监管有四大明显的特征。

第一，美国是注册制，这个稍后再介绍。注册制就需要有强有力的法律救济保障，美国是个判例法国家。比如美国证交会起诉这名清洁工的案例公布以后，所有人都会引以为戒，理解美国证交会对于内幕交易、获得内幕信息的认定会非常广泛。

第二，此外，美国的法律救济措施还有集团诉讼。我去美国读书的时候曾收到两封法院寄来的信。第一封信是法院随机选我做陪审员，除非有法院接受的合理理由，被抽中的人必须去做陪审员，否则就是藐视法庭。当时我作为外国人以语言不通为理由申请免除义务被法院接受。第二封信是针对美国一个公司的集团诉讼，信里说如果我持有这个股票，可以选择退出这个集团诉讼，如果不退出就视为同意参与集团诉讼，将来可以享受集团诉讼的结果。请大家注意，美国的做法是有权选择退出，如果不退出，可以享受集团诉讼的成果。

第三，合格投资人。我国现在也在逐渐引进合格投资人的概念。合格投资人是什么？是个人收入（或者家庭收入）达到一定标准的人，收入达到这个标准以上就表明有足够的生活费可以预留，对投资的风险承受能力相应也较强。

第四，美国市场还有一个很典型的情况，机构投资人多。中国是一个以散户（个人投资者）为主的市场。在西方相对成熟的证券市场里，都是机构投资人多。在一个机构投资人为主的市场里，最主要的一个角色是什么？是分析师。分析师不写分析报告的公司，机构是不会投资的。而很少有分析师关注的小公司，它的交易投资一定不会很活跃。当然我们国家也有分析师，但是我们国家分析师的作用跟美国还是不太一样。

3. 中国证券市场和监管

中国在证券领域的法律救济措施出现频率最高的是行政责任，其次是刑事责任，民事责任是近几年才发展起来的。当然，因为中国证券市场出现了一些违规信息披露、虚假陈述的问题，甚至还有造假上市的问题，所以现在民事责任其实越来越多了，而最早的时候主要是行政责任。

行政责任有两种，第一种是对公司的行政监管措施，包括监管谈话、出具警示函、限制交易、责令暂停或者停止收购、认定为不适当人选、记入诚信档案、证券市场禁入、强制退市风险。第二种是因行政处罚或行政监管措施所带来的附带性影响。行政监管措施可能带来的附加影响是什么呢？公司不得公开发行证券、不得非公开发行股票、不得发行股份购买资产、不得发行优先股、暂停正在进行的重大资产重组、暂停正在进行的借壳上市、退市公司无法申请重新上市、不得实行股权激励计划、不得回购社会公众股份等这些直接限制公司的经济行为。所以并不是简单地给出一个行政处罚，行政处罚之后还有其他后果。

证券违规还可能会涉及刑事责任。比方说欺诈发行股票罪、欺诈发行债券罪等。

刚才讲到了美国的集团诉讼，中国没有采取集团诉讼这个制度，我们采取了代表人制度。简单来说，在美国，除非选择明确告知不参与，否则就会享受这个法院判决的结果。在中国，必须先行登记，只有登记的股东才是代表人诉讼的组成部分，不去登记就视为不参与。默认设置的不同使得两者有很大的区别：参加诉讼的人数、审理的工作量、将来审理结果的适用人群、案件的判决可能会带来的影响面都是不一样的。

（六）中国法律对外的影响

1. 中国法律对其他国家的影响

讲了合同法和证券法，让我们再次回到宏观层面，讲一讲中国法律对其他国家的影响。

有个段子说，东南亚有一个国家在搞改革开放，他们的办法很简单，就是派人到我们的新华书店，把中国改革开放以后颁布的所有法律书买来，翻译成当地的文字变成当地法律。这虽然是个段子，但是说明中国改革开放的成果是被实践证明的，中国法律对改革开放的保驾护航作用也是毋庸置疑的。

这是中国法律对其他国家法律的影响，所以我们不光受到先进国家的影响，其实也在影响别的国家。

2. 中国法的国际化之路

在我们承办的一些重大的跨国交易中，虽然适用外国法还是居多，但是逐渐开始适用中国法了。过去五年我们大概处理了900多个"一带一路"的项目，在跟一些国家签订某些合同时是适用中国法的。这个在以前是没有的，完全是扬我国威的表现。大家知道，法律是有严格地域限制的，如果一个国家的法律能够在域外得到合同选择适用，说明这个国家的法律在全世界很有影响力。所以我国法律一直在走国际化之路。

相应地，中国律师也在走国际化之路。大家有兴趣可以看看我们金杜的网站。金杜目前已经不仅是一家中国的律师事务所，而且已经成为了国际化的律师事务所。这是因为我们国家的影响增大了，我们国家的法律走出了国门，所以中国律师也逐渐走出国门。

二、经济活动对中国法律的影响和改变

（一）外国投资活动推动中国法律发展和完善

境外资本进入中国进行投资活动，推动了中国投资相关法律的发展，也进一步促进了其他方面法律的完善。

和外国投资紧密相关的法律有《中外合资经营企业法》《中外合作经营企业法》《外资企业法》。近年来我国一直在酝酿起草制定统一的外国投资法，但直到现在还没有完成，因为有些现实和法律的关系需要非常慎重的考量。比如 VIE 结构的处理。大家知道所有的互联网公司在海外上市时基本都采用 VIE 结构，它的全称是 Variable Interest Entities，直译为"可变利益实体"。VIE 结构中在海外设立的持股公司应该认定为一个外国公司还是一个中国公司？如果从实际控制人的角度来讲，VIE 架构下的海外持股公司最后是由中国股东持有的，它应该是一个中国公司。但是如果按照成立地来认定，它是一个外国公司。商务部曾经征求意见，认为应该按照最终实际控制人的国籍来判定，如果最终实际控制人是中国的（无论是中国的公司还是中国籍自

然人），即使在境外设立的公司，也应该认定为是一个中国公司。如果说最终实际控制人是一个境外的公司或者外国籍自然人，即使是在中国境内设立的实体，也应该认定为是一个境外公司。这是按照追根溯源的角度来看待这个问题。但是这个问题也会带来比较复杂的问题，比如，我们如何处理现实中已经大量存在的类似架构，这会涉及很多既得利益的调整。

（二）环境保护的挑战推动环保立法

习总书记说："绿水青山就是金山银山。"《环保法》也是经历了很多的变迁和改革。近年来，环保部巡视组做出的很多处罚是非常严厉的，但是大家一定要知道，这一局面来之不易。最早的时候，环保法在立法和执法方面都有很多空白地带。

在这里，我举两个案例。

第一个案例，1988年，有一个人向上海市宝山区河流排了含氰废水20多吨，造成了大面积河流污染，自来水停止供水，部分企业停产，造成直接经济损失210万元。这种行为虽然属于水域环境法处罚的范围，但无法归入当时适用的环境保护法，最后以投毒罪判处这个人死缓，剥夺政治权利终身。2013年最高人民法院的司法解释降低环境犯罪的入刑入罪门槛，首次实现环保犯罪入刑。

第二个案例，2016年，由于宁夏华御化工有限公司违规将超标生产废水直接排入蒸发池，严重破坏了腾格里沙漠本已脆弱的生态系统，中国生物多样性保护与绿色发展基金会提起针对华御公司的环境污染公益诉讼。当时法院争议的一个焦点是华御公司污染腾格里沙漠行为是否属于中国生物多样性保护与绿色发展基金会业务范围。最高人民法院最后确定了基金会有这个资格提起公益诉讼，但是对于提起的资格提了很高的要求。

所以环境保护对于我们国家法律的修改和执行其实也是有重大影响的。

（三）知识产权对中国法律的影响及改变

再讲讲现在比较热的知识产权问题。知识产权通常包括专利、商标、版权、商业秘密等。知识产权通常是一把双刃剑，就看谁是持剑人。

1. 剑下惊魂转为持剑人

华为作为一家高科技公司，有大量的知识产权案例。我印象比较深刻的是 2013 年思科在美国起诉华为 21 项知识产权侵权，最后结果是双方和解。据说华为支付了 5 000 万美元的律师费，可以想象这个案子有多大。

华为当然"吃一堑长一智"，不断加强知识产权体系的建设和保护。后来爱立信跟华为之间又发生了知识产权的争议，2016 年爱立信企图仿效思科通过知识产权诉讼击败华为，便以一项专利起诉华为，华为直接用几十个专利去反诉爱立信。爱立信很快就撤诉了。所以知识产权已经成为企业战略、维护企业权益、企业竞争制胜中一个非常有力的手段。

2. 美国知识产权保护

不论是企业还是国家，对待知识产权的态度也都是在不断变化的。美国对知识产权保护态度也有一个历史演变的过程。从中我们不

难看出，美国没有像它声称的那样从最初就尊重知识产权。英国在
1709年已经颁布《安娜法令》用以保护版权，但即便在100年之后，
美国仍然拒绝保护英国作家的版权。这样美国人就可以以非常低廉的
价格读到狄更斯等英国作家的小说，这在很大程度上促进了文化在美
国的传播。1887年世界第一份国际版权公约《伯尔尼公约》诞生，由
于彼时美国国内版权保护制度与公约有诸多差异，加入公约对美国的
出版业不利，美国就没有在公约上签字，直至1989年才加入。

但是美国后来就很强调保护知识产权，因为美国自己的知识产权
发展迅猛，也发现可以用其作为武器制约其他国家。美国版权法实施
到现在为止有60多条修正案，美国《千禧年数字版权法》是1998年
颁布的，保持每三年修订一次，越修订保护得越严密。

可以看得出来，其实每个国家在知识产权保护过程中都是跟国家
的发展、国家的战略、国家的利益相关的。即使是像美国这样的国家，
也有一个不停演进的过程。

3. 中国的知识产权保护

关于中国知识产权的保护，我们以电影《我不是药神》为案例，
讲讲知识产权中的专利保护问题。《我不是药神》涉及了仿制药和专利
保护的冲突。李克强总理也多次开专题会议讲到了仿制药的问题。实
际上这里面有很多利益的博弈。

第一，仿制药的质量难以保证，而且有监管难度。

第二，药企都是用高昂的药价来支撑新型药物的研发。如果仿制
药能够大量生产，利润下降了，研发的动力就会降低。

第三，如果支持仿制药，对大型医药企业的投资也会有影响。世

界上很多大型的医药企业在印度是不投资的。

当然支持仿制药正面的作用也很明显，它可以给更多低收入人群更多的选择和治疗的机会。由于问题本身的复杂性，有牵扯多方利益的博弈，我们对仿制药的态度和监管其实也是一直在变化。

（四）新科技对中国法律的影响及改变

1. 创新和法律的关系

创新和法律是一对固有矛盾。我特别摘录了吴晓波的一段总结，和大家分享一下。他说中国经济变革的四大动力，第一个是制度创新，第二个是容忍非均衡发展，第三个是巨国效应，第四个叫技术破壁。但是对于第一条制度创新，用吴晓波的话说，所有的制度创新都是从违法开始的。

2. 互联网经济的影响

以互联网外卖为例。政府可以监管这个生产外卖的饭店有没有营业执照、卫生许可证、厨师的健康证；外卖平台可以规范递送时间；快递小哥在递送过程中不能漏洒，否则消费者可以要求退货。每一个环节似乎都在规范中，但外卖使用的是塑料袋，易拆易装，这会不会导致在运输途中产生食品安全问题？又如何监管？如果采用政府统一提供的密闭盒子，那么这个盒子的成本谁来承担？

这是新经济的发展导致的监管空白，也是对现有的法律提出的挑战。

3. 无人机管制

再比如，无人机的问题。现在很多区域或者场合是不能飞无人机的，这涉及对低空空域或者特定区域管理的问题。2018年9月21日，张学友演唱会上出现了两台无人机，由于市区属于无人机飞行限制区域，警方随即使用反无人机装置击落一架，迫降一架。此外，无人机的航拍还可能涉及安全的问题，航拍可以和地图勘测挂钩。新科技、新产品的产生，对我们国家监管的法律的空白点提出了挑战。

4. 大数据保护

大数据保护是一个持续升温的全球性问题。首先需要了解为什么要对大数据进行保护，各国和全球各大企业对于大数据保护的出发点源于大数据是国家经济和企业未来竞争的重要资源。在大数据时代，数据已经被誉为新的"石油"，是经济发展的重要基础资源。

大数据有三个来源。第一个是用户向应用程序中输入的用户数据，这是用户提供的。第二个是检测、监控行为产生的，如GPS（全球定位系统）在跟踪用户的车行轨迹搜集到的监测记录。第三个是第三方靠算法测算和统计到的，比如消费习惯。

关于数据可主张的权利包括人格权、财产权、版权、数据库邻接权、商业秘密保护权等，而最核心的问题还是大数据的权属。属于用户？手机厂商？软件开发商？电信运营商？如何分割？如何授权？如何归责？都不明确。

欧盟动作迅速，2018年出台了GDPR（General Data Protection Regulation，《一般数据保护条例》）以进行网络大数据的保护，但其实也没能完全明确这些问题。根本原因就是法学界对于这个问题没有达成共识。这些关于大数据权利如何界定的问题，对于靠大数据营利的企业将来都会有很大的影响。

中国现在已经出台了《网络安全法》，其中讲到收集信息必须有用户明确同意，不能收集与服务无关的信息，而且保存的信息要按照法律法规以及和用户的约定去处理。但是用户在下载一个应用软件的时候一般不看完用户条款就同意了。商家给用户提供的格式合同的效力到底怎么样？谁可以去修改那些格式合同？法律就从最复杂的数据的问题回到了最基本的合同问题。

收集各类信息档案（如医疗、教育）是有正面作用的。如果医院、药厂能够拿到更多的大数据，可以增加新药的研发，因为大数据会显示什么是集中的问题。但是这个方面现在来讲依然是空白的。因为科技的发展对于我们的法律、立法都是很大的挑战。

前段时间在上海举行了全球的人工智能大会。马云说，不会运用智能技术的企业将全部进入失败领域。马化腾提了四个问题，未来人工智能是否可知、可控、可用、可靠？李彦宏说，不担心 AI（人工智能）造成失业潮，企业不够 AI 化才会被取代。关于人工智能，法律将怎么去管理？法律的起草者、法律的实施者、法律的执行者怎么去监管？这些问题都很复杂。

习近平总书记发表过关于人工智能的讲话，他曾强调要加强人工智能与相关法律法规、伦理道德和社会问题的研究。

最后，用一个字概括当今中国社会就是"变"，用两个字概括就是"恒变"。社会在变，科技在变，法律也在变，法律人同样在变。

中国经济 50 人论坛简介

中国经济 50 人论坛，是由我国经济学界部分有识之士于 1998 年 6 月在北京共同发起组成的、独立的学术群体。论坛聚集了具有国内一流水准、享有较高的社会声誉并且致力于中国经济问题研究的一批著名经济学家。

论坛以公益性、纯学术性为原则，组织年会、长安讲坛、内部研讨会、各地经济理论研讨会、国际学术交流等研究活动，深入探讨中国宏观经济改革等重大课题。论坛学术讨论秉承三个基本因素：一是有超前性学术研究的需要；二是有讲真话的学术作风；三是有相互尊重的学术氛围。论坛宗旨是把各个领域有着深入理论研究的专家，对中国经济问题及政策建议的研究成果集合起来，希望用他们研究的思想精华推动深化结构性改革，促进中国经济转型和持续稳定增长。

论坛依据章程，实行定期换届选举，确保论坛组织和成员的更新与活力。

论坛学术委员会是论坛的最高领导机构，负责论坛活动的规划与指导。

第四届论坛学术委员会成员是：白重恩、蔡昉、樊纲、江小涓、隆国强、杨伟民、易纲。

论坛学术委员会荣誉成员是：吴敬琏、刘鹤。

论坛秘书长：徐剑

附录 2

中国经济 50 人论坛成员名录

（第四届）

论坛学术委员会荣誉成员：

吴敬琏、刘鹤

论坛学术委员会成员：

白重恩、蔡昉、樊纲、江小涓、隆国强、杨伟民、易纲

论坛成员（以姓名拼音字母为序）：

白重恩　　清华大学经济管理学院院长、教授

蔡　昉　　十三届全国人大常委、农业与农村委员会副主任委员；
　　　　　　中国社会科学院副院长、学部委员、研究员

曹远征　　中银国际研究有限公司董事长，教授、研究员

陈东琪　　中国宏观经济研究院首席专家、研究员

陈锡文　　十三届全国人大常委、农业与农村委员会主任委员，教授

樊　纲　　中国经济体制改革研究会副会长；国民经济研究所所长；
　　　　　　中国（深圳）综合开发研究院院长，教授、研究员

方星海	中国证券监督管理委员会副主席
郭树清	中国人民银行党委书记、副行长； 中国银行保险监督管理委员会党委书记、主席，研究员
韩　俊	中央农村工作领导小组办公室副主任； 农业农村部党组副书记、副部长，研究员
韩文秀	中央财经委员会办公室副主任
黄益平	北京大学国家发展研究院副院长、教授
江小涓	十三届全国人大常委、社会建设委员会副主任委员； 清华大学公共管理学院院长，教授、研究员
李　波	中华全国归国华侨联合会副主席，研究员
李剑阁	孙冶方经济科学基金会理事长； 广东以色列理工学院校长，研究员
李　扬	国家金融与发展实验室理事长； 中国社会科学院学部委员、研究员
廖　岷	中央财经委员会办公室副主任，财政部副部长
林毅夫	十三届全国政协常委、经济委员会副主任； 北京大学国家发展研究院名誉院长、教授
刘尚希	中国财政科学研究院院长、研究员
刘世锦	十三届全国政协经济委员会副主任； 中国发展研究基金会副理事长，研究员
刘　伟	中国人民大学校长、教授
刘元春	中国人民大学副校长、教授
隆国强	国务院发展研究中心副主任、研究员

楼继伟	十三届全国政协常委、外事委员会主任；全国社会保障基金理事会理事长，研究员
陆　磊	国家外汇管理局副局长，研究员
马建堂	国务院发展研究中心党组书记、研究员
钱颖一	清华大学经济管理学院教授、清华大学文科资深教授
宋晓梧	北京师范大学中国收入分配研究院院长，研究员
汤　敏	国务院参事，友成企业家扶贫基金会副理事长
汪同三	中国社会科学院学部委员、研究员
王　建	中国宏观经济学会副会长、研究员
王一鸣	国务院发展研究中心副主任、研究员
魏　杰	清华大学文化经济研究院院长、教授
吴晓灵	清华大学五道口金融学院理事长兼院长，研究员
夏　斌	国务院参事；当代经济学基金会理事长，研究员
肖　捷	国务委员兼国务院秘书长
谢伏瞻	中国社会科学院院长、党组书记、学部委员、研究员
许善达	国家税务总局原副局长，高级经济师
徐　忠	中国人民银行研究局局长、研究员
杨伟民	十三届全国政协常委、经济委员会副主任，教授
姚　洋	北京大学国家发展研究院院长、教授
易　纲	中国人民银行行长，教授
余　斌	国务院发展研究中心党组成员、办公厅主任、研究员
余永定	中国社会科学院学部委员、研究员
张维迎	北京大学国家发展研究院教授

张晓晶	中国社会科学院经济研究所副所长、研究员
张晓朴	中央财经委员会办公室经济一局巡视员，研究员
周其仁	北京大学国家发展研究院教授
周小川	博鳌亚洲论坛副理事长，教授、研究员

附录 3

中国经济 50 人论坛企业家理事会成员名录

召 集 人　段永基　柳传志

秘 书 长　林荣强

副秘书长　王小兰

监 事 会　段永基　林荣强

理事会成员（以姓名拼音字母为序）：

    毕明建　中国国际金融股份有限公司总裁

    曹德云　中国保险资产管理业协会执行副会长兼秘书长

    陈东升　泰康保险集团股份有限公司董事长兼首席执行官

    丁建勇　上海东昌企业集团有限公司董事长

    段国圣　中国保险资产管理业协会会长；

          泰康资产管理有限责任公司首席执行官

    段永基　四通集团公司董事长

    桂松蕾　中新融创资本管理有限公司董事长

郭翠萍	中元宝通（北京）商业发展有限公司董事长
林荣强	信远控股集团有限公司董事长
柳传志	联想控股有限公司董事长
柳　甄	字节跳动高级副总裁
刘光超	北京市道可特律师事务所主任
刘晓艳	易方达基金管理有限公司总裁
刘志硕	中关村并购母基金合伙人；大河创投创始合伙人
卢志强	中国泛海控股集团有限公司董事长兼总裁
莫　斌	碧桂园控股有限公司总裁及执行董事
潘　刚	内蒙古伊利实业集团股份有限公司董事长兼总裁
潘仲光	上海潘氏投资有限公司董事长
平　凡	上海朗盛投资有限公司董事长兼首席执行官
王金生	北京天正中广投资控股集团有限公司董事长
王小兰	时代集团公司总裁
王志全	神州高铁技术股份有限公司董事长
杨宇东	第一财经总编辑
郁　亮	万科企业股份有限公司总裁
张礼明	51 TALK 在线青少英语联合创始人兼 COO
张　毅	金杜律师事务所中国管理委员会主席
张志洲	敦和资产管理有限公司首席执行官
赵　民	北京正略钧策管理顾问有限公司董事长
赵伟国	紫光集团有限公司董事长
周远志	新意资本基金管理（深圳）有限公司总裁
朱德贞	厦门德屹股权投资管理有限公司董事长

020000 048572 020000